KB232062

한국 청동기시대 편년

한국 청동기시대 편년

2013년 5월 20일 초판 1쇄 인쇄
2013년 5월 25일 초판 1쇄 발행

지은이 한국청동기학회(대표 안재호)
펴낸이 김선경
펴낸곳 도서출판 서경문화사

주소 서울시 종로구 동숭동 199-15(105호)
전화 02-743-8203, 8205
팩스 02-743-8210
E-mail sk8203@chollian.net
출판등록 300-1994-41호
인쇄처 바른글인쇄

ISBN 978-89-6062-108-4 93900

값 30,000원

한국 청동기시대 편년

● 한국청동기학회 편 ●

서경문화사

차 례

1 청동기시대 편년연구의 현황과 과제

이영문(목포대학교 고고학과 교수)

청동기시대의 설정은 해방 이후 한국고고학에서의 가장 큰 업적이라고 할 수 있을 것이다. 청동기시대란 용어가 사용되기 시작한 것은 1960년 전후부터이다. 북한에서는 1950년대 말에 사용하기 시작하였으며, 남한에서는 1964년이다. 한국의 청동기시대의 연구는 1970년대 이후부터 본격적으로 이루어졌다고 할 수 있는데, 다른 시대의 연구보다도 활발한 발굴과 분야별 연구로 괄목할 만한 성과를 거두었다고 본다. 1980년대 대규모 지석묘 발굴, 1990년대 전국 각지의 대규모 주거지 발굴, 2000년대 이후 주거 분묘, 생산 복합유적, 제사관련 유적 등 새로운 자료들이 속출하고 있기 때문에 연구자들의 견해 차이 등 문제점도 드러나고 있다. 한국 고고학계에서는 청동기시대 하면 바로 무문토기시대 또는 무문토기문화로 비판없이 받아들이면서 이해하고 있다. 청동기시대와 문화의 기원 문제에 있어 보는 관점에 따라 무문토기, 비파형동검, 세형동검문화를 제시하기도 한다. 다시 말해서 이는 시대 개념문제가 정립되지 못한 것에서 연유한 것이다.

본 글은 앞으로의 편년문제의 연구과제와 방향에 대해 정리해 본 것이다. 이는 필자가 평소에 생각하였던 것들에 대해 정리한 것이다.

Ⅰ. 청동기시대 편년연구의 현황

1. 청동기시대 개념과 설정과정

1) 청동기시대 개념문제

청동기시대의 개념 설정은 고고학에서 가장 기본적인 시간적인 편년문제와 공간적인 범위 및 사회적인 변화와 밀접히 관련되어 있다. 한국청동기학회의 설립 목적에 대해 '한국 청동기시대와 그와 관련된 문화에 대한 연구'라고 하였다. 당시 무문토기를 비롯하여 세형동검문화까지 포함하여야 한다는 것이었다.

청동기시대의 개념 설정에는 다음 4가지의 견해로 요약될 수 있다.

첫째, 청동기 생산과 사용된 시기

이는 청동기의 유입이 아니라 청동기가 존재한 증거 즉 주동이 시작된 단계로 용범, 채광유적, 주동유적 등 적극적인 증거나 청동 자체의 성분분석을 통한 증거가 있는 시기여야 한다는 견해이다.

둘째, 청동기 생산을 통한 인류문화 발전에 획기적으로 공헌하게 된 시기

셋째, 청동기라는 물질문화로 대표되는 사회적인 변화를 일으킨 시기

예를 들어 교역, 분업, 동물력에 의한 농경, 도시 · 문명 · 국가의 발생, 세습적인 신분제, 문자의 사용, 정복전쟁 등 사회적인 변화가 나타나는 것으로 보자는 견해.

넷째, 한국 청동기시대에 나타난 특징적 문화요소로 보자는 견해

이는 무문토기의 출현, 마제석기의 보편적인 사용, 농경 도구로 확인되는 농경의 보편화, 취락의 형성, 새로운 묘제의 출현, 청동기의 제작사용 등 이 시기의 특징지어지는 문화로 보자는 견해이다.

한국 청동기시대 연구에서 청동기가 등장하기 이전부터 무문토기를 사용한 시기를 포함하여 청동기시대로 설정한 개념이 일반화되어 있다. 하지만 이에 대한 이견으로는 무문토기문화를 청동기시대로 간주하는 것은 곤란하다는 이견, 무문토기와 비파형동검문화와는 계통적으로 다르다는 이견, 무문토기가 초기철기시대까지 사용되는 점과 용어상 일관성이 없는 점에서 이 시대를 대표할 수 없다는 견해가 있다. 이런 견해들은 한국 청동기문화의 발전과정이 지역적인 다양성과 특수성이 있다는 데 있다.

청동기시대의 표지유물로는 청동기와 무문토기가 있다. 이에 따라 학자의 견해가 다르다. 청동기를 중심으로 보는 견해는 다시 청동기가 유입되는 시점으로 볼 것인지, 청동기가 제작 생산되는 시점으로 볼 것인지의 두 측면이 있다. 무문토기를 중심으로 보는 견해는 청동기시대의 시작을 어떤 기준에서 보느냐에 따라 상한 연대 등 편년에도 차이가 있다. 무문토기 문화의 성격에 따라 청동기시대를 파악하는 것이 학계의 주류이다.

2) 청동기시대 설정과정

한국 고고학에서 청동기시대란 용어는 1960년을 전후한 시기부터 사용되기 시작하였다. 그 전까지는 해방이전 마석기시대(磨石器時代), 해방 이후 김해패총을 발굴한 후 석기에서 청동기를 거치지 않고 바로 철기를 사용한 시기로 보고 금석병용기(金石倂用期)라는 용어를 사용하였다. 청동기시대를 논하는 계기는 즐문토기와 성격이 전혀 다른 무문토기가 층위를 달리하여 발견됨으로 해서 북한에서 청동기시대의 주장이 대두되었다. 그 대표적인 유적이 1957년에 발굴된 황해 지탑리 유적으로 즐문토기 말기에 청동기문화의 영향을 받았다고 보고, 지석묘와 팽이형토기(이중구연단사선문토기)를 청동기시대로 편년하였다. 남한에서는 1964년 김원용에 의해 북한의 신자료를 소개하면서 처음으로 사용하였다. 이러한 청동기시대의 설정은 그 후 1967년 '우리나라의 청동기시대'란 저서와 1973년 김원용의 '한국고고학개설'에서 청동기시대를 설정함으로 해서 학계에서 일반화되었다.

하지만 그 이후에 청동기시대와 더불어 고조선문화, 청동기문화, 무문토기문화. 무문토기시대가 혼용되어 사용되고 있다. 이러한 시대나 문화 개념문제는 앞으로 논의되고 고민해 봐야 하는 것들이다.

2. 청동기시대 시기구분 문제

고고학에서 시대구분과 각 시대의 시기구분(편년)은 시대의 흐름과 그 변천과정을 보여주기 때문에 가장 기본적인 문제 중의 하나이다. 시대구분은 커다란 문화의 변화를 기준으로 설정하며, 시기구분은 한 시대안에서의 작은 문화적인 변화에 따라 구분하는 개념으로 사용한다. 한국고고학에서 시대구분 문제에 대해서는 1979년 김정배에 의해 삼시기법이 아닌 사회 경제적인 시대구분의 필요성을 제기한 바 있지만 본격적으로는 논의된 바 없이 청동기시대라 사용하고 있다.

청동기시대의 시기구분은 2시기와 3시기, 그리고 4시기로 분류하고 있다.

2시기로 분류한 경우는, 청동기를 중심으로 한 전기의 비파형동검문화와 후기의 세형동검문화로 보는 것이 대세이며, 토기를 중심으로 한 전기는 공열토기, 각형토기, 홍도 등 토기와 마제석기류가 공반된 시기, 후기는 점토대토기, 흑도장경호, 외반구연토기 등 토기류와 일부 석기들이 출토하는 시기로 분류하고 있다.

3시기로 보는 경우는 비파형동검 이전 시기를 설정한 경우와 소위 송국리문화를 중기로 설정한 경우가 있다. 최근에는 돌대문토기를 조기로 편년하고, 중기로 편년한 송국리문화 단계를 후기로 한 것이다. 2기에서 후기로 본 점토대토기문화를 초기철기시대로 보고자 한 것이다.

4시기로 보는 것은 비파형동검시기를 이전 시기에 비파형동검 문화를 전기와 후기로 세분하고 세형동검시기를 구분한 것과, 토기에서 전 · 중 · 후기에 앞서 발생기(또는 조기)를 설정한 것으로 나뉘어진다. 최근에는 조기-전기-중기(송국리문화 단계)-후기(점토대토기 문화 단계)로 하자는 의견이 많아지는 추세이다.

청동기시대의 시기구분은 학자간의 관점에 따라 달라지는 경향이 짙다. 그러한 이유는 다음 몇가지로 생각해 볼 수 있다.

첫째, 조기 설정이다. 돌대문토기 단계를 조기로 편년하는 것이 널리 애용되지만 최근 들어 돌대문토기와 이중구연단사선문토기의 공존 유적이 증가하면서 조기설정에 신중론이 재기되고 있다.

둘째, 송국리문화를 어느 시기로 설정할 것이냐 이다. 기존의 중기설을 고수할 것이냐, 후기로 설정할 것이냐에 따라 달라진다.

셋째, 점토대토기단계 문화를 포함할 것이냐 이다. 이 단계를 후기로 포함하는 경우와 초기철기시대로 보는 경향에 따라 달라진다.

이와 같은 청동기시대의 시기구분에 있어 1980년 이전까지는 전 · 후기로만 분류하던 것이, 1980년대 중반 이후에는 비파형동검문화의 전 단계를 설정하거나 비파형동검문화를 전 · 후기로 구분하였으며, 80년대 후반부터는 남부지방에 광범위하게 퍼진 송국리문화를 중기로 설정하고 있다. 2000년 이후는 조기를 설정하면서 송국리문화를 중기로 할 것인가, 후기로 할 것인가에 따라 3시기나 4시기로 편년되고, 점토대토기단계의 포함 여부에 따라 달라진다.

3. 청동기시대 연대 설정과정

청동기시대의 개시연대는 다양한 설이 있다. 1972년 요녕지방 청동기문화에서 동검, 동부가 카라스크 문화와 유관한 점과 은 · 주교체기가 기원전 1,100년대임을 들어 기원전 1000년기 초설, 요녕지방에서 비파형동검이 춘추초기 유물과 반출된 점을 들어 예맥족의 문화로 보고 기원전 8-9세기에 시작되었지만 한국의 청동기시대는 기원전 600-700년설, 한국의 석관묘가 카라스크 석관묘와 같은 계통임을 들어 기원전 1300년설, 세형동검이 사용된 시기를 청동기시대로 보아 기원전 1000년기 중반설, 요녕지방의 청동기문화와 관련하여 기원전 1000년 설, 비파형동검과 선형동부가 춘추 초의 유물과 반출되는 요녕지방 청동기시대의 연대를 들어 기원전 1000년대 초로 보는 견해, 무문토기 유적의 C-14년대 측정법에 의해 기원전 1300년까지 올릴 수 있다는 견해 등이 제시되었다. 하지만 청동기시대의 연대는 타가르문화와 관련하여 기원전 700년을 상회할 수 없다는 것과 절대연대의 불신에서 90년대 이전까지는 기의 정체된 연대관이었고, 신석기시대 하한과도 상당한 차이를 보여 한국고고학의 편년상의 문제점이 지적되었다.

90년대 이후 조사가 활성화되고 절대연대 측정치들이 많이 확보되면서 대체적인 시대편년과 시기구분안에 제시되기 시작하였다. 청동기시대의 상한을 기원 2000년설과 1500년 설이 있고, 하한은 기원전 400년 전후한 시기로 보고 있다. 그리고 전기를 기원전 1300-900년, 중기를 800-400년이라는 큰 틀은 마련되었다.

II. 청동기시대 편년연구의 과제

1. 청동기시대 연구의 공간적 범위 문제

청동기시대 연구의 공간적 범위를 어디까지 잡느냐 하는 문제는 연대문제와 문화권(영역권), 종족문제까지 결부된다. 현재의 한국(남한)이냐 북한을 포함한 한반도냐 중국의 동북지역까지 포괄할 것인가? 하는 문제이다.

북한을 포함할 경우 현실적으로 북한지역의 관련자료 정보가 거의 없고 확보하는데 어려움이 있으며, 중국의 고고자료를 확보하더라도 그 지역은 공백으로 남아있게 된다. 중국 동북지역을 포함한 경우도 그 지역의 관련 자료도 매우 제한적이며 아직은 미흡한

실정이다. 이런 점에서 한반도내로 한정하는 것이 현재로서는 현실적이라는 의견이 있다. 하지만 남한지역의 청동기시대 기원문제나 문화요소의 관련성에서 중국 동북지역을 포함해야 한다는 견해가 있다. 즉 원형점토대토기나 동검문제를 검토함에 있어 중국 동북지역까지 공간적 범위를 확대해 설정할 필요가 있다는 것이다.

북한에서는 비파형동검이 나오는 지역을 포함하여 고조선지역으로 설정하고 있는데 반해 남한에서는 양론이 있다. 우리나라 청동기문화가 요령지방의 청동기문화의 영향을 받은 것에는 이론이 거의 없지만 한반도의 독자적인 세형동검문화를 진정한 한국 청동기문화로 보아야 한다는 주장이 있다. 청동기시대에 들어오면 다양한 지역문화가 존재하게 된다. 청천강 이북과 요령지방에서는 비파형동검과 미송리식토기문화, 한반도 서북지방에서는 각형토기문화, 동북지방에서는 공열토기문화, 한강유역과 그 이남에서는 양 지역의 영향을 받아 혼합된 토기문화, 서남부지역에서는 송국리식토기문화, 남해안지역에서는 지석묘와 비파형동검문화 등 지역적으로 특징적인 문화가 형성되어 있다. 크게 보면 비파형동검이라는 유물은 요령, 길림, 한반도지역에서 공통적으로 출토되고 있다는 점에서 하나의 문화권으로 상정할 수도 있다. 하지만 한반도지역에서는 청동기보다는 석기문화가 유행하고, 요령지방에서는 청동기문화가 성행한 반면에 길림지역에서는 청동기문화와 석기문화가 공존하는 양상을 띤다. 이러한 현실에서 볼 때 세 지역 상호간에 문화교류가 이루어진 것은 분명하며, 따라서 각 지역적인 문화의 변천과정이나 사회적인 변화에서 동질성 여부를 구명할 필요가 있다.

현재 청동기시대 연구는 현 행정구역 단위로 분석 연구하는 경향이 있다. 행정구역을 중심으로 하는 연구는 어떤 문화가 산천을 경계로 형성 발전된다는 일반적이라는 인식에 배치되는 것이다. 예를 들어 금강을 경계로 하는 충남과 전북의 서해안지역은 같은 문화권을 가지고 있으면서도 각각의 연구 범위를 정한다는 것은 문제의 소지가 있다. 학회 차원에서 강유역과 산맥을 경계로 하는 연구 범위를 설정하는 것도 앞으로의 청동기시대 연구에서 절실하다고 하겠다.

2. 청동기시대 조기 설정 문제

청동기시대의 시작과 관련한 시기구분에 있어서 주요 논쟁은 조기를 인정할 것인가, 전기 속에서 이른 단계로 설정할 것인지 이다.

조기를 부정하는 측면은 조기의 문화내용과 전기의 문화내용(토기, 주거형태 등)에 있어서 큰 차이를 보이지 않는다는 견해인데, 돌대문토기요소 뿐만 아니라 이중구연(단사선문)이나 공열문 요소도 공존하는 것으로 이해되면서 전기의 역삼동 · 가락동 · 흔암리 유형 등의 요소와 구분이 어렵다는 것이다. 긍정적으로 보는 것은 새로운 물질 문화가 등장하는 시기로 보는 견해이다. 즉, 조기 문화 내용에 있어 지역마다의 다양성을 인정해야 하며, 그 지역에 최초로 등장하는 새로운 물질문화를 조기로 봐야 한다는 것이다.

현재까지 연구 성과로 볼 때 신석기시대 말기의 문화와의 연결고리가 명확하지 않다는 점이 문제이다. 신석기시대와 완전하게 구분되고 전체적인 맥락(사회의 변혁)에서 볼 때 돌대문토기단계부터 청동기시대로 인식하자는 것인데, 신석기시대와는 단절적인 경향이 강한 점에서 문제가 있다. 이에 대해 주민 교체설 등이 있지만 앞으로 조사와 연구 성과에 의해 그 공백기가 채워질 가능성도 있다.

3. 청동기시대 후기 설정 문제

한국 청동기시대의 하한문제는 점토대토기문화를 청동기시대에 포함할 것이냐 하는 문제와 결부되어 있다. 이에 대한 인식이 문제이다. 즉 청동기시대의 연속선상에 둘 것인가? 아니면 새로운 신문화(철기)의 등장으로 보고 초기철기시대로 볼 것이냐 이다. 연속선상에서 보고자 하는 것은 송국리식 주거지에서 출토되고 절대연대상에서 원형점토대토기가 중기인 송국리문화와 상당기간 공존하고 있어 후기로 포함해야 한다는 것이다. 원형점토대토기와 세형동검과의 관계에 있어 서로 시간적 차이를 두고 유입 가능성 있기 때문에 철기가 공반하지 않는 원형점토대토기까지를 청동기시대로 포함해야 한다는 것이다. 강원도나 한강유역의 사례로 보면 일찍부터 원형점토대 토기가 유입되었을 가능성이 있어 후기로 설정할 수 있다는 것이다.

이에 반해 원형점토대토기 집단은 확실한 외부집단이고 생업적 차이도 분명하기 때문에 청동기시대에서 제외하는 것이 타당하다는 견해이다. 또 원형점토대토기 집단이 송국리식토기 집단과 공존 기간 길지 않으며, 송국리식 주거지내에서 원형점토대토기가 출토된 예는 충청 서해안으로만 집중되어 있고, 이는 유입기의 일시적 현상에 불과하다는 것이다. 점토대토기 문화의 등장시점을 기준으로 하면 재지민은 여전히 청동기시대의 전통을 유지하고 있었고, 이 문화가 사회의 큰 변혁을 가지고 왔다고 보기 어렵고, 재지민에 큰 영향을 미쳤다는 증거도 불충분하다는 것이다.

남한에서는 기원전 2세기경 이후에 철기가 등장하는 것으로 이해되고 있다. 초기철기시대라는 명칭은 철기시대 초기의 뜻을 내포하고 있어 모순된다는 점을 지적하고 철기시대에 포함하여야 한다는 견해도 있다. 또 청동기시대 후기를 세형동검과 점토대토기를 내는 순수한 청동기유적을 청동기시대에 포함시키고, 철기가 공반되는 시기를 철기시대로 하자는 의견도 있다. 이처럼 청동기시대 후기의 설정은 다른 시기에 비해 사회 변화가 급변한 시기이어서 많은 이견들이 제시되고 있는 실정이다.

4. 기존 연대관과 전파론적 편년의 문제

한국 청동기시대의 문화는 북방이나 요령지방의 청동기문화의 영향과 그 문화의 전파되어 형성되었다는 가정에서 이해하고 있다. 기원지가 어디냐에 따라 연대가 달라지고, 지역의 원근에 따라 임의적으로 시기를 설정하고 있는 현실이다. 한국의 무문토기 문화가 북한에서 한강유역을 거쳐 남부로 확산된 것으로 보고 남해안지역을 늦은 시기로 편년하고 있고, 이와 같은 맥락에서 전형적인 비파형동검의 연대도 기원전 8세기로 설정하는 등 전파론적인 것에서 벗어나지 못하고 있는 실정이다. 전파론적인 이해에 앞서 당시의 문화 전파 경로과정도 지형이라든가 그전 단계의 문화 정도에 따라 그 영향이 상당하였을 것이다. 즉 전파경로에서 바다냐, 강이냐, 평지냐, 산악지역이냐에 따라 전파 속도에 차이가 있으며, 전통적인 재지문화가 강한 지역에서는 새로운 문화를 적극적으로 수용할 수 있으며, 집단 이주의 경우 약한 지역에 먼저 들어왔을 가능성이 높기 때문이다.

기존 연대관에서 벗어나지 못하고 있는 비파형동검의 경우 기원전 800년을 전후한 시기로, 세형동검도 기원전 400년을 상회하지 못하고 있다. 이는 요령지방 청동기와 관련시켜서 그 연대관의 영향이 크기 때문이다. 하지만 비파형동검의 경우 전기의 특징 유물인 이중구연단사선문토기나 삼각만입촉, 이단경촉 등과 공반 사례가 많고, 절대연대치도 상향되는 사례가 많다. 이로 보아 적어도 기원전 900년을 상회하고 있다. 기존 동일한 문화로 보던 다른 문화 요소들은 200년 이상 상회하는 경향과도 비교된다. 그래서 한국에서 출토된 유물의 편년과 연대는 한국고고학 연구 토대 위에서 설정되어야 한다.

또 고착된 연대관에 대한 인식문제이다. 예를 들어 석검의 경우 이단병식은 전기, 일단병식과 유경식은 중기로 편년하는 경향이다. 일단병식 석검 중에서 유단병은 전기 주거지에서만 출토되고, 유절병은 중기 주거지에서 주로 출토되어, 주거지 편년으로 보면 확실하게 연대 차이를 보인다. 하지만 주거지 연대와 무덤 출토 석검의 연대관에서 서로 다른 견해로 접근하고 있다. 청동기시대 연구의 편년은 토기를 중심으로 한 주거지 편년안이 현재로서 가장 설득력있고 대부분이 이를 받아들이는 추세이고, 모든 형식의 석검이 전기 주거지에서 출토되기 때문에 인식의 전환이 필요하다.

Ⅲ. 청동기시대 연구의 한계와 과제

앞에서 한국 청동기시대 편년이 지니고 있는 논쟁과 문제점을 제기하였다. 앞으로의 청동기시대 연구에서 서로 고민하고 풀어가야 할 사항에 대해 언급해 보기로 하겠다.

1. '청동기시대'의 명칭에 대한 고민

청동기시대에서 한국 청동기문화의 최성기인 세형동검문화를 제외한다면 시대 명칭에 대해 논의해야 된다. 시대 명칭으로 인하여 시기구분에 많은 문제점들이 드러나고 있기 때문이다.

청동기시대구분이나 시기구분에 대한 개념이나 기준을 마련하기 위해서는 이에 대한 철저한 검토와 논의가 있어야 한다. 즉 기술적인 도구발전에 따른 삼시기법, 사회 경제적인 구분, 사회발전단계, 문화변천에 따른 시대구분 등이 있을 수 있으며, 문헌상의 '국' 명을 사용할 수도 있다.

삼시대법에 의해 명명된 '청동기시대'의 모순을 지적하면서 사회 경제적 측면과 문화 발전단계로 하자는 의견도 있다. 청동기시대를 도시혁명(Childe), 문명의 시작(장광직), 미생시대(일본), 상주시대(중국) 등 다양한 시대명을 사용하고 있다. 최근 개관한 국립중앙박물관의 '고조선' 실에는 비파형동검 등이 전시되고 있는 점도 참고가 된다.

2. 청동기시대 편년 문제의 기본 인식

한 시대의 문화는 새로운 문화요소의 수용 또는 유입으로 발생하게 되고, 이 문화는 점차 발전하여 최성기를 맞이하면서 그 후로 쇠퇴하게 되고 또 다른 새로운 문화가 등장하면서 소멸하는 단계를 밟게 된다. 이를 토대로 하면

발생기(조기, 신석기문화 쇠퇴와 무문토기문화 등장시기)

성장기(전기, 형성기, 문화요소 통합, 유물 복합상)

성행기(중기, 지역문화 형성기, 자체 발생, 외부 영향)
쇠퇴기(후기, 강력한 외부 영향, 청동기문화 성행기)
소멸기(만기, 철기 등장, 소국 형성기) 라는 과정으로 이해될 수 있을 것이다.

3. 청동기시대 관련 용어문제

용어의 선택과 사용은 학자의 학문적인 관점나 선호의 차이라고 할 수 있는 일이기도 하지만 이로 인해 연구자의 혼동을 초래하기도 한다. 용어의 기준에는 시대를 반영하는 명칭, 형태의 명칭, 지역의 명칭, 기술적인 특징의 명칭, 기능(용도)에 의한 명칭 등이 있을 수 있다. 청동기시대 관련 용어에서 약간의 차이만 있어도 oo식, oo형이라 붙여 경쟁하듯이 신조어를 양상하고 있다. 같은 분야의 전공자도 이해하기 어려운 용어 사용이다. 전공자만이 이해할 수 있는 용어는 가급적 자제하고, 다른 전공자나 일반인도 쉽게 이해할 수 있는 용어를 선택하여야 한다. 이를 위해서는 지역명보다는 형태나 기술적인 용어를 선택하는 것이 더 바람직하다.

예를들어 지석묘의 경우 탁자식 기반식 개석식으로 하면 형태명으로 통일되나 북방식 남방식 개석식으로 하면 지역과 형태에 따른 용어로 일관성이 없게 된다. 일반적으로 탁자식하면 연상되는 형태이지만 북방식하면 전공자만이 알 수 있는 것이 된다. 같은 구조를 가진 묘역시설의 경우도 묘역식, 묘역지석묘, 용담식 지석묘 등 매우 혼동스러운 점이 있다. 유물에서도 예를 들어 동북형석도 대신에 ㄱ자형 석도 하면 쉽게 연상할 수 있을 것이다.

또 한편 지역명으로 애용하고 있는 송국리식토기의 경우 외반구연(호형)토기로 한다면 기술적 명칭인 이중구연단사선문토기나 공열토기와 함께 쉽게 이해시킬 수 있고 인식하게 될 것이다. 송국리형이나 송국리식이 혼용되어 사용되기 때문에 어떤 차이가 있는지 애매한 경우가 있다. 용어의 통일이 어렵다면 지역명에는 oo식(요령식, 북방식, 송국리식 등), 형태명에는 oo형(비파형, 탁자형 등)이라도 통일하는 방안이 마련되어야 한다.

청동기시대 관련 용어에 대해 다소 문제가 있다 하더라도 대체 용어가 적절하지 않기 때문에 그대로 사용하는 것이 바람직하다는 의견도 있지만 학회 차원에서 이에 대한 논의와 적극적인 노력이 있어야 한다.

4. 절대연대 자료 활용과 고고학적 분석 방법 응용

청동기시대 편년은 절대연대와 형식학 등 고고학적 방법 등으로 대체적인 시기구분과 연대가 마련되어 있다. 예를 들어 중서부지역 실연대 즉 절대연대로 보면 조기는 기원전 1,500년-1,100년(미사리유형), 전기는 기원전 1,300-800년(가락동유형 기원전 1,300-900년, 역삼동유형 기원전 1,200-800년), 중기는 기원전 800-400년(송국리유형), 후기는 기원전 600-400년(수석리유형, 원형점토대토기)이라는 측정치가 있다. 위에서 보면 많게는 200년 정도가 공존한 결과를 보이지만 대체적인 편년안은 마련된 셈이라 할 수 있다. 문화의 변천은 전후의 다른 문화들이 상당히 공존할 수 있다는 전제가 필요하다.

현재의 추세는 절대연대를 감안한 편년안이 제시되는 경향을 보이고 있기 때문에 이에 대한 적극적인 검토가 필요하다 할 것이다. 물론 절대연대에 대한 불신은 상존하지만 현재까지 시기구분 연구 결과에서 크게 벗어나질 않는다. 그렇다면 다양한 고고학적 연대 결정방법을 통해 접근한다면 세분된 편년안이 수립될 수 있을 것이다.

2 강원 영동지역의 조기~전기 편년

박영구(강릉원주대학교 박물관)

Ⅰ. 머리말– 청동기시대 조기~전기 편년 연구

남한지역 무문토기에 대한 편년에 대한 작업은 지역편년에 대한 연구작업으로 진행되고 있지만, 각 지역별 편년작업은 매우 다양하고 복잡한 양상을 띠고 있다.

청동기시대의 시기구분은 조기(돌대문토기)-전기(가락동, 역삼동・흔암리식토기)-중기(송국리식토기)-후기(점토대토기)의 4분기로 구분되다가, 최근에는 조기-전기-후기의 3분기로 구분하고 있다. 그러나 이러한 시기구분을 남한지역 전역에 일률적으로 적용하기에는 지역적인 문화양상의 차이가 보여지고 있어 무리가 있다.

남한지역의 무문토기문화의 성립은 모든 토기문화가 동시에 성립했다고 볼 수 없으며, 지역별로 다양한 형태로 발생 및 전개과정을 보이는 등 지역성이 보여진다고 할 수 있다.

본고의 청동기시대 시기구분은 4분기안인 돌대각목문토기・이중구연토기・공열토기- 조기, 가락동・흔암리・역삼동식토기-전기, 역삼동・송국리식토기- 중기, 원형점토대토기단계- 후기로 구분한다.

조기 설정

각목돌대문토기를 바탕으로 청동기시대 조기가 설정(이상길 1999; 안재호 2000)된 이래, 편년 및 계통 등과 관련하여 다양한 연구가 이루어지고 있다. 또한 각목돌대문토기와 공반되는 이중구연토기, 거치문토기, 공열문토기[1]에 대한 계통 및 조기설정에 관한 논의 및 조기설정론에 대한 비판적 견해 등 조기의 실체를 다각적으로 검토하고 있다.(배진성(2003 · 2007 · 2011) · 김재윤(2003) · 천선행(2005 · 2007) · 이형원(2007 · 2010) · 김현식(2008) · 김장석(2008) · 김병섭(2009) · 고민정(2009) · 정지선(2010) · 박영구(2012) · 정원철(2012) · 이기성(2012) · 한국청동기학회 (2012))

전기 편년

2000년대 이전까지 전기 무문토기에 대해서는 가락동식토기와 역삼동식토기를 이른 단계로 보고, 가락동식토기와 역삼동식토기의 요소가 결합된 흔암리식토기를 늦은 단계로 보아왔다. 이에 대해 김장석(2001)은 가락동식토기와 흔암리식토기 사이에 절대연대 측정치에 차이가 없고, 각 형식의 지역적 차이가 존재한다는 점에서 동일시기의 지역차이로 보았다. 이러한 김장석의 비판이후 가락동식토기, 역삼동식토기, 흔암리식토기가 공존하였다는 논의(이형원 2002)가 대세를 이루어왔다.

전기 무문토기의 특징은 돌대문토기가 소멸되고, 이중구연이 퇴화한 형태로 변화된 유사이중구연이 가락동식토기와 흔암리식토기에 채용된다. 유사이중구연의 요소가 보이지 않는 지역에는 공열문이 주요소로 자리매김하며(고민정 2003), 전기 무문토기는 특정문양의 형식에서는 시기를 결정할 수 없고, 지역에 따라 형식과 시간이 다르다고 할 수 있다고 보았다(천선행 · 안재호 2004).

반면에 각 형식 토기의 공존에 대한 의문과 함께 가락동식토기→흔암리식토기→역삼동식토기로의 변화된 편년도 제기되었다(김한식 2006 · 김현식 2008).

영동지역 무문토기 편년은 필자(박영구 2008)에 의해 이중구연토기요소와 공렬토기요

---

1 안재호의 조기설정 이후 조기라는 용어를 적극 사용하는 연구자들은 조기의 문화상을 미사리식의 돌대문토기 중심으로 보는 입장(안재호 · 천선행 · 이형원)과 돌대문토기와 더불어 가락동식의 이중구연단사선 혹은 이중구연거치문토기, 그리고 역삼동식의 공열토기를 조기에 포함하는 견해(배진성 · 김현식 · 고민정 · 김병섭 · 정지선)로 전자는 미사리유형 조기론, 후자는 미사리 · 가락동 · 역삼동 · 흔암리유형 병존 조기론으로 구분된다(李亨源 2010).

소가 보이는 교동단계(Ⅰ)는 조기~전기전반. 이중구연이 퇴화하거나 소멸하고, 이중구연토기 요소에 공렬토기 요소가 결합되는 사천리단계(Ⅱ)는 전기전반. 장식성이 강한 이중구연+공렬토기 요소를 보이는 조양동단계(Ⅲ기)는 전기중반. 순수 공렬토기가 성행하는 방내리단계(Ⅳ)는 전기후반으로 편년하였다. 이후 2012년도 한국청동기학회 학술대회에서 수정된 편년안을 제시하였다(박영구 2012).

이와 같은 영동지역의 편년에 교동 유적은 상한은 조기까지 올라 갈 수 있다고 보는 견해(배진성 2007)와, 가락동식토기와 역삼동식 토기의 공반양상으로 파악(이형원 2007)하거나, 가락동유형으로 파악(庄田愼矢 2007)하여 전기로 편년하는 견해가 제시되었다. 또한 주거지의 변화상이 특별히 나타나지 않으므로 전기의 경우 전반은 강릉 교동, 양양 임호정리, 고성 사천리 유적이 해당되며, 후반은 속초 조양동과 강릉 방내리 A군, 대대리가 해당되는 것으로 보았다.(김권중 2010)

본고에서는 무문토기를 중심으로 편년하였고, 석기는 석촉을 대상으로 편년작업에 활용하였으며, 절대연대측정치를 보완자료로 이용하여 영동지역 조기~전기의 편년작업을 시행하였다.

Ⅱ. 무문토기문화의 전개양상

1. 유적의 입지조건 및 분포양상

영동지역에서 정식적으로 발굴 조사된 청동기시대 유적들은 대부분 해변에 인접한 湖畔이나 하천변의 해발 20~50m 미만의 저구릉상에 분포하는 양상을 보이고 있다.

본고의 편년작업 대상유적은 고성 사천천 주변의 사천리 유적, 북천 주변의 대대리 유적, 속초 청초호 주변의 조양동 유적, 양양군 남대천 주변의 포월리 유적, 양양 지경호 주변의 임호정리 유적, 강릉 연곡천 주변의 방내리 유적, 강릉 사천천 주변의 방동리 유적, 강릉 경포호 주변의 교동 유적, 강릉 남대천 주변의 입암동 · 병산동유적, 동해 전천 주변의 지흥동 · 효가동유적 등이다.

| **표 1** | 취락의 입지구분

구분 / 유적	입지			입지비고		경 관		주거지	
	호수	하천	해발	구릉성	고지성	개활지 주변의 산록이나 구릉	산지 또는 좁은 곡간평야	능선부	사면
강릉 교동	O		20-45	O		O		5	1
양양 임호정리	O		21-25	O		O		4	1
고성 사천리		O	10-25	O			O	6	5
속초 조양동	O		30	O			O	7	
강릉 방내리(강릉대)		O	35-40	O			O	9	3
방내리(강문연)		O	40-45	O			O	15	
고성 대대리		O	10-50	O		O		11	
강릉 입암동		O	50	O			O	2	
병산동		O	16~19	O		O		1	
동해 지흥동		O	49	O			O	2	
효가동		O	40~50	O			O	3	

2. 주거

영동지역 청동기시대 유적 중 검토대상 유적 11개소에서 조사된 주거지는 75기이다. 이중 면적이 확인된 48(64%)로 전체적으로 보면 약 2/3가량이 확인된 상황이다.

주거의 평면형태는 장방형과 방형이 대부분이고, 세장방형은 교동 4·6호, 방내리(강문) 7호, 지흥동 3호 등 4기에 해당한다.

주거의 면적은 소형(1~20㎡), 중형(21~40㎡), 대형(41~80㎡), 초대형(80㎡이상)으로 구분하였다.

주거지 75기(장방형 48기, 세장방형 4기, 방형 23기) 중에서 면적이 확인 된 수는 48기로, 장방형이 26기, 세장방형 2기, 방형이 20기이다. 주거지의 면적은 중형(21~40㎡)이 가장 많은 빈도수를 보인다. 장방형 주거지의 경우 중형(14), 대형(11), 초대형(1), 세장방형은 대형(2), 방형 주거지의 경우 중형(13), 소형(7)의 순으로 빈도수를 보인다.

주거지의 내부시설로는 노, 벽구, 주혈, 저장공 등이 확인된다.

노는 위석식과 무시설식(수혈식 · 평지식), 점토띠식으로 구분된다. 위석식은 교동 1호와 입암동 1·2호, 대대리 6호·8호, 방내리 7·11호, 방내리(강·문) 11·13·14호, 병산동 1호에서 헉인된다. 입압동 1호 주거지(위석식+위석식)에서는 2기가 확인되었다. 위석식의 형태는 교동 1호, 대대리 6호, 8호, 방내리(강 · 문) 11 · 13 · 14호 주거지는 할석을 이용하였고, 입암동 1, 2호와 병산동 1호는 냇돌을 이용하여 방형의 형태로 돌린 형태이고, 방내리 7 · 11호의 화덕자리는 타원형으로 냇돌을 돌린 형태이다.

교동 1호주거지를 제외한 입암동 1 · 2호, 대대리 6호 · 8호, 강릉 방내리 11호, 병산동 1호, 주거지와 방내리(강 · 문) 11 · 13 · 14호 주거지들은 순수 공열토기가 출토되고 있는 역삼동 유형의 주거지이다.

무시설식은 수혈을 판 형태인 수혈식과 아무런 시설 없이 평면상이 소토화된 형태인 평지식으로 구분하였다. 주거지별 수혈식 노는 1개(13기), 2개(1기). 3개(1기), 평지식은 1개(3기), 3개(2기)이다.

방내리 4호 주거지에서 타원형의 진흙띠를 돌린 형태가 확인되었다.

| **표 2** | 주거지 노지분류

형태 / 유적	위석식			점토띠식	무시설식					
	위석식	위석식+위석식	위석식+무시설식		수혈식			평지식		
					1개	2개	3개	1개	2개	3개
교동	1									1
임호정리								1		
사천리					4					
조양동					1		1			
방내리	1(1)			1	1					
방내리(강문)	3				5					
지흥동										1
대대리		1	1			1		2		
입암동		1	1							
병산동	1									
효가동					2	1				

벽구는 형태에 따라 5가지로 구분하였다. 벽구는 전기부터 후기 주거지에서 보이는데 대부분 외부 돌출구가 없는 형태이다. 외부돌출구는 확인된 벽구와 연결된 형태에 따라 두 가지로 구분된다. 하나는 주거 네벽에 벽구가 돌려진 상태로 연결돤 형태(사천리 7호 · 9호, 방내리(강 · 문) 1 · 15호이고, 하나는 2~3벽에 벽구가 돌려진 상태로 연결된 형태(사천리 10호)이다. 한편 벽구가 주거 밖으로 연결되는 형태인 外部突出溝는 임호정리 1호, 고

성 사천리 7 · 10호, 방내리(강 · 문) 1 · 15호, 지흥동 3호에서 확인되었다.

| 표 3 | 주거지 벽구분류

유적 \ 형태	ㅁ	ㄷ	ㄱ	ㅣ	외부돌출구
교동				1	
임호정리	1		2		1
사천리	1	1		4	2
조양동	2	1	1	1	
방내리			1	2	
방내리(강·문)	2	3	2	2	2
지흥동	1				1
대대리	4		3		
입암동				1	
병산동		1			
효가동	3				

3. 무문토기 검토

1) 무문토기 구성

영동지역 청동기시대 주거지 출토 토기는 심발형, 천발형[2], 발형, 호형토기와 적색마연토기로 구분할 수 있다.

심발형토기는 구연의 형태에 따라 이중구연과 홑구연, 문양의 유무에 따라 단사선, 거치문, 공열, 구순각목 등으로 구분된다. 모두 22점이 완형으로 출토되었다. 홑구연은 외반된 형태(교동 1호, 방내리 1호, 사천리 6호)와 직립한 형태, 무문양과 문양이 공반된 토기로 구분된다.

홑구연의 심발형토기는 외반구연 공열토기 2점(교동 1호, 방내리 1호)과 직립구연 공열토기 5점(조양동 5호, 방내리1, 5호, 포월리 4호-2점), 단사선토기[3] 1점(사천리 10호), 구순각목을 새기고 공열문 밑에 단사선을 엇바꾸어 새긴 것(방내리 1호), 무문양 심발형토기 9점

2 총 3점이 출토되었다. 방내리(강문) 8호, 입암동 1호 유물은 공열, 대대리 8호는 대칭되게 두 개의 투공이 확인된다.

3 고성 사천리 10호에서 완형으로 출토되었다. 포항 삼정1리 29호 출토 단사선문 토기보다 기형상 크며, 전체적인 기형은 이중구연단사선에서 이중구연이 생략된 형태로 여겨진다.

(교동 1 · 2호, 임호정리 3호 · 2호수혈, 사천리 5 · 6 · 7 · 10 · 11호) 등 16점이 완형으로 출토되었다.

교동 유적 출토 심발형토기는 몸통이 긴 장동형과, 몸통 최대폭이 좁은 형태(1호)도 확인된다. 기형상에서는 큰 차이는 없으나, 2점은 몸통에서부터 자연스럽게 벌어져 올라오다가 구연부와 연결되는 한편, 1점(2호)은 몸통 중앙 밑에서부터 좁혀지면서 구연부와 연결된다. 임호정리 3호 출토품은 교동 유적보다 몸통이 좁고 직선적인 형태로 구연부는 3호 출토품은 끝에서 짧게 외반, 2호 수혈 출토품은 내경한다.

사천리 유적에서 출토된 발형토기의 구연부의 형태는 직립(6 · 10호), 내경(5호), 외반(6 · 7호)하고, 조양동 5호 유물은 구연이 내경한 형태이다. 임호정리 3호와 조양동 유적 5호에서는 잔(杯) 이 각각 1점이 출토되었다.

발형토기는 교동 1호주거지에서 1점, 2호주거지에서 1점, 5호주거지 1점, 임호정리 2호 수혈에서 1점이 출토되었다. 교동 1호와 5호주거지에서 출토된 2점은 몸통에서부터 자연스럽게 바라지면서 올라가다가 구연부와 연결되며, 2호 주거지 출토품은 구연부에서 완만한 경사를 가지고 내려오다가 몸통과 바닥의 접합부에서 축약되어 바닥과 연결되며, 전체적으로는 몸통이 둥근 형태이다. 임호정리 2호 수혈 출토유물은 전체적으로 교동 5호와 같은 형태로, 기고가 약간 작은 편이다. 사천리 5호에서는 소형이 출토되었다.

이중구연토기는 순수 이중구연토기 3점(교동 3호, 사천리 10호, 임호정리 2호 수혈), 단사선이 시문된 토기 1점(교동 1호), 거치문이 시문된 토기 2점(교동 5호 · 6호), 구순각목에 거치문이 시문된 토기1점(사천리 6호), 공열문이 시문된 토기 1점(사천리 10호), 이중구연 단사선에 구순각목과 공열이 장식된 토기 1점(방내리 1호) 등 9점이 완형으로 출토되었다.

임호정리 유적은 1호 주거지와 2호 수혈에서는 이중구연, 3호에서는 이중구연단사선 등 이중구연요소만 확인되고 있다.

영동지역에서 출토되는 공열토기의 양상은 순수공열문이 93점(73%)이 압도적으로 많고, 구순각목과 결합 형태는 13점으로, 역삼동식토기가 106점(81%를) 차지하고 있어 압도적으로 많은 출토양상을 보이고 있다. 혼암리식토기로 분류되는 복합문양은 25점으로 이중구연구순각목단사선공열- 이중구연단사선공열 · 이중구연구순각목공열- 이중구연공열 · 구순각목단사선공열이 확인된다.

이중구연공열토기[4] 인 사천리 10호 출토 토기는 심발형으로 밖에서 안으로 관통한 형

---

4 연천 삼거리 9호주거지에서도 이중구연 공열토기가 출토되었는데, 전체적인 기형은 삼거리 토기는 동체부

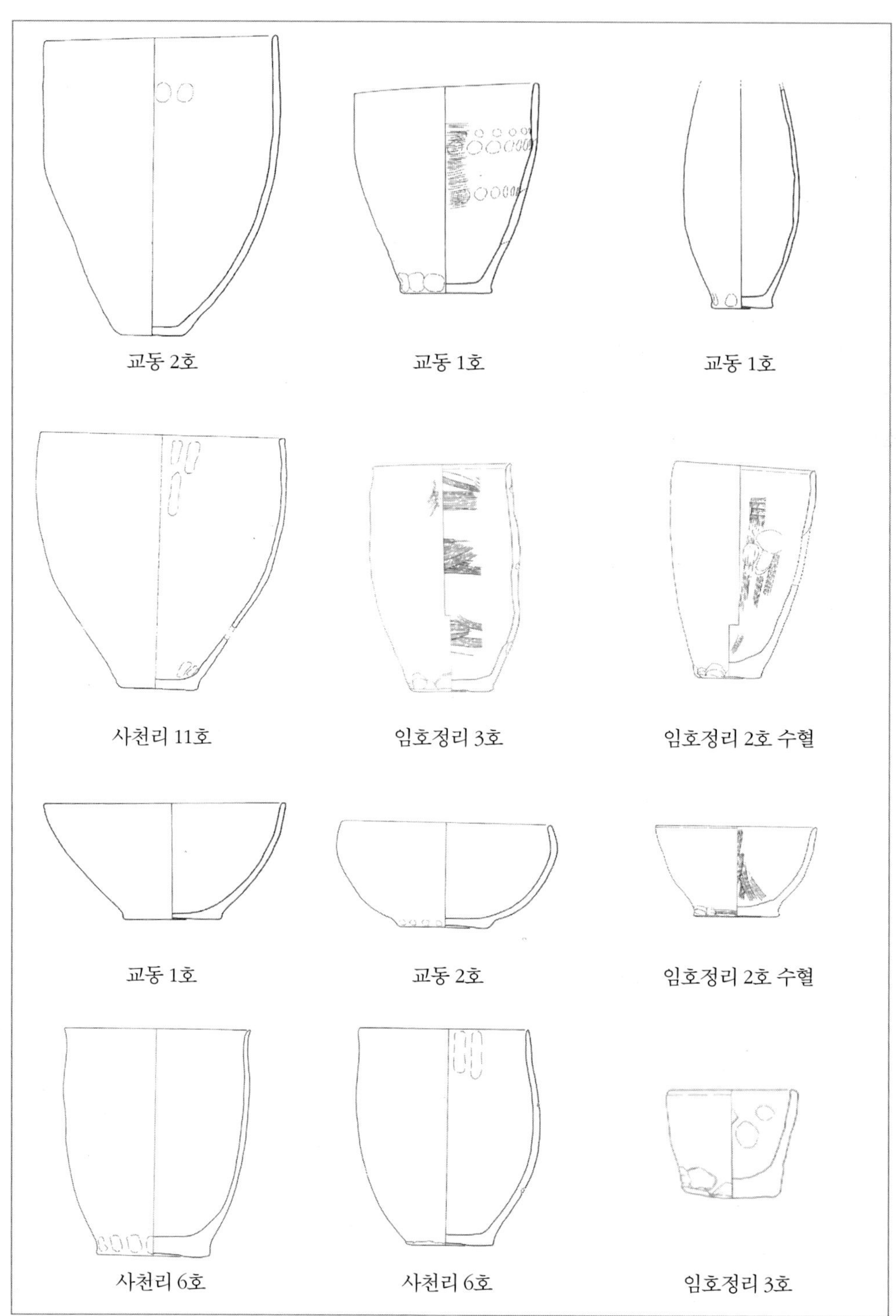
교동 2호
교동 1호
교동 1호
사천리 11호
임호정리 3호
임호정리 2호 수혈
교동 1호
교동 2호
임호정리 2호 수혈
사천리 6호
사천리 6호
임호정리 3호

| 도면 1 | 심(발)형토기

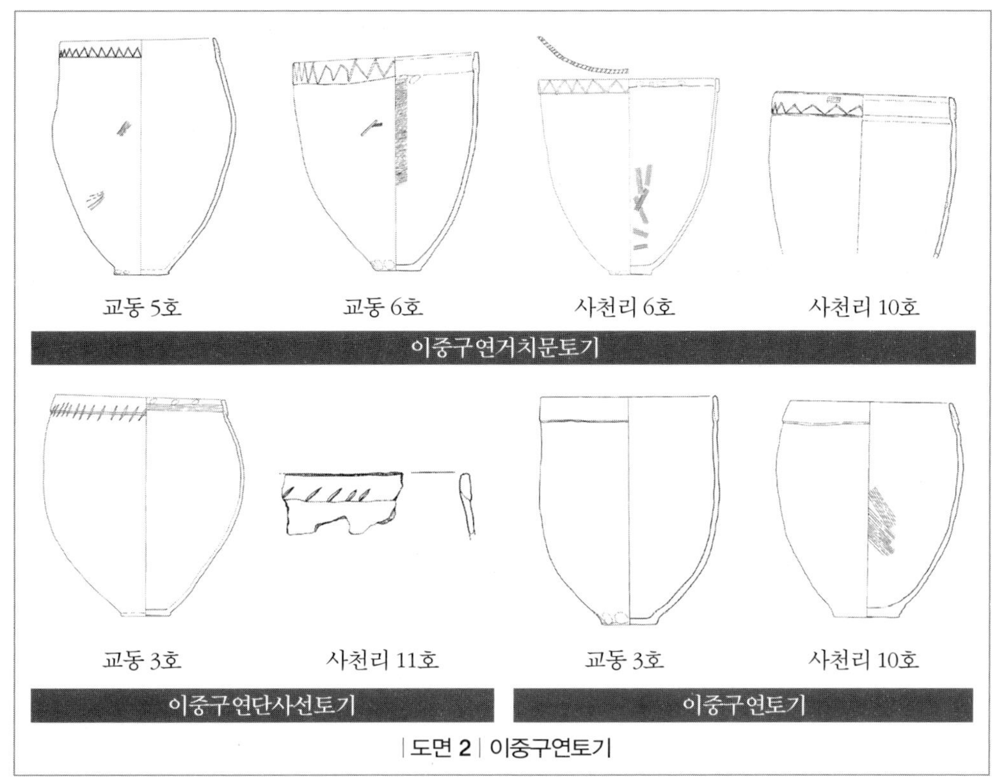

| 도면 2 | 이중구연토기

태를 보인다. 홑구연 심발형의 공열토기 중 외반구연을 가진 교동 1호주거지의 공열토기는 장동형으로 길고 구연부는 외반한 형태이며, 밖에서 안으로 반관통한 형태로 기형과 구연부의 형태 및 투공방식에서 약간의 차이를 보인다.

한편 교동 1호(2점)은 밖에서 안으로 반관통한 형태, 사천리 10호(2점)와 9호(1점)는 밖에서 안으로 관통한 형태, 5호(2점)와 11호(1점)는 안에서 밖으로 관통한 형태를 보인다.

입암동 유적에서는 1호에서 출토된 구연부를 포함한 공열토기 8점 모두 밖에서 안으로 반관통된 형태를 보이고 있다. 대부분 심발형의 공열토기인데 반하여 1점은 소형의 천발형토기이다.

호형토기는 목이 긴 형태인 유경호, 소형 호로 구분된다.

유경호는 교동 1호와 5호, 사천리 9호, 10호 2점은 도상복원 되었다. 동체는 편구형의 형태로 목이 길게 직립한 형태(교동 5호, 사천리 10호), 길게 직립외반한 형태(교동 1호, 사천리 9호)로 구분된다.

소형 호[5] 는 교동에서 1점(5호), 사천리에서 1점(11호)이 구연부가 결실된 상태로 출토되었으나. 구연부는 짧게 직립된 형태로 여겨진다.

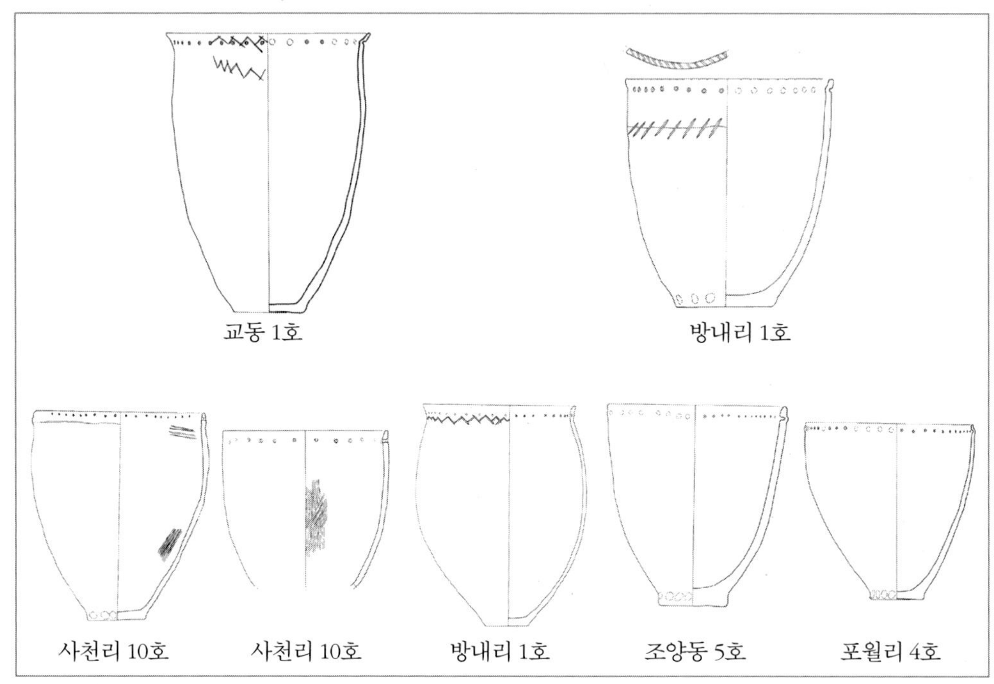

| 도면 3 | 공열토기

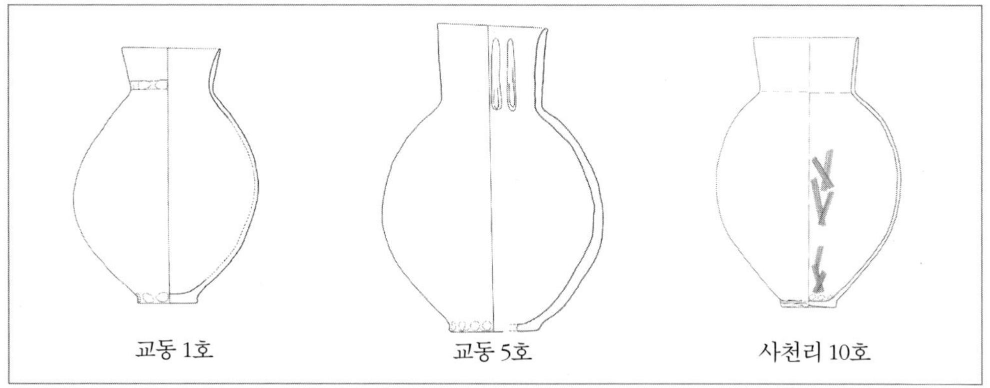

| 도면 4 | 호형토기

5 강원 영서지역에서는 공열토기가 주류를 이루는 거두리, 신매리, 달전리 유적에서 소형 호형토기가 공반 출토되고 있다.

적색마연토기는 평저장경호, 원저(말각평저)호, 대부토기가 출토된다.

임호정리 1호 평저장경호는 저부가 결실된 형태로, 동중위에서 최대경을 이룬뒤 내경하다가 경부에서 길게 직선 외경하는 올라가는 형태이다.

원저장경호[6]인 방내리(강문) 5호 유물은 구형으로, 경부에서 곧게 올라가다가 끝에 서 살짝 외반하는 형태로 경부는 비교적 긴 편이다. 동최대경은 동중위에 위치하는 형태로 저부는 결실되었으나 원저로 추정된다. 다른 한점은 말각평저로 경부에 서서히 바라지는 형태(C자형외반)로, 동최대경은 동체 하위에 위치한다.

원저단경호는 대대리 5호 출토유물은 동최대경은 중하위에 위치하며, 서서히 곡선적으로 좁아지며, 경부에서 최대로 좁아지다가, 구연부로 가면서 외반하는 형태로, 저부는 말각평저이다. 방내리(강문) 5호 출토유물 보다 경부가 짧고, 동최대경도 좁은 편이다. 방내리 8호 유물은 동최대경이 중위에 위치하며, 저부는 말각평저이다.

대부토기는 교동 1호에서 1점, 사천리 1호에서 1점, 11호 2점, 조양동 1호와 3호, 방내리 석관묘에서 에서 각각 1집이 완형으로 출토되었다.

교동 1호 출토품은 구멍이 뚫린 짧은 대각에 배가 부른 동체부, 목이 긴 경부가 형성되어 있다. 사천리 출토품은 짧은 대각에 기형이 거의 직선으로 올라가다가 구연부에서 약간 내경하는 형태(1 · 11호)와 짧게 외반하는 형태(11호)를 보인다. 방내리 석관묘 외곽 출토품은 교동 출토춤과 비교해 보면 목이 서서히 외반하고, 동체부는 배가 부르고, 대각이 길다.

조양동 출토품은 대각이 비교적 길며 동체부가 직선으로 올라가는 것(1호)과 동체부 중앙에서 최대경을 이루며 이후 내경하다가 구연부에서 짧게 외반하는 형태(3호)로 구분된다.

이 외에 교동 5 · 6호, 사천리 5호 · 11호, 조양동 4호 · 7호, 방내리(강문) 10 · 12호, 지흥동 3호에서는 대각만이 출토되었다. 이 중 방내리 10호와 12호, 지흥동 3호 출토 대각은 하단의 폭이 좁고 긴 장각의 형태를 보이고 있어, 다른 주거지에서 보이는 단각의 형태와 차이가 확인된다. 이러한 형태의 대부토기는 여주 흔암리 등 남한강유역에서 주로 확인되고 있다.

6 기고 20cm이상이며 긴 목이 달린 형태이다.

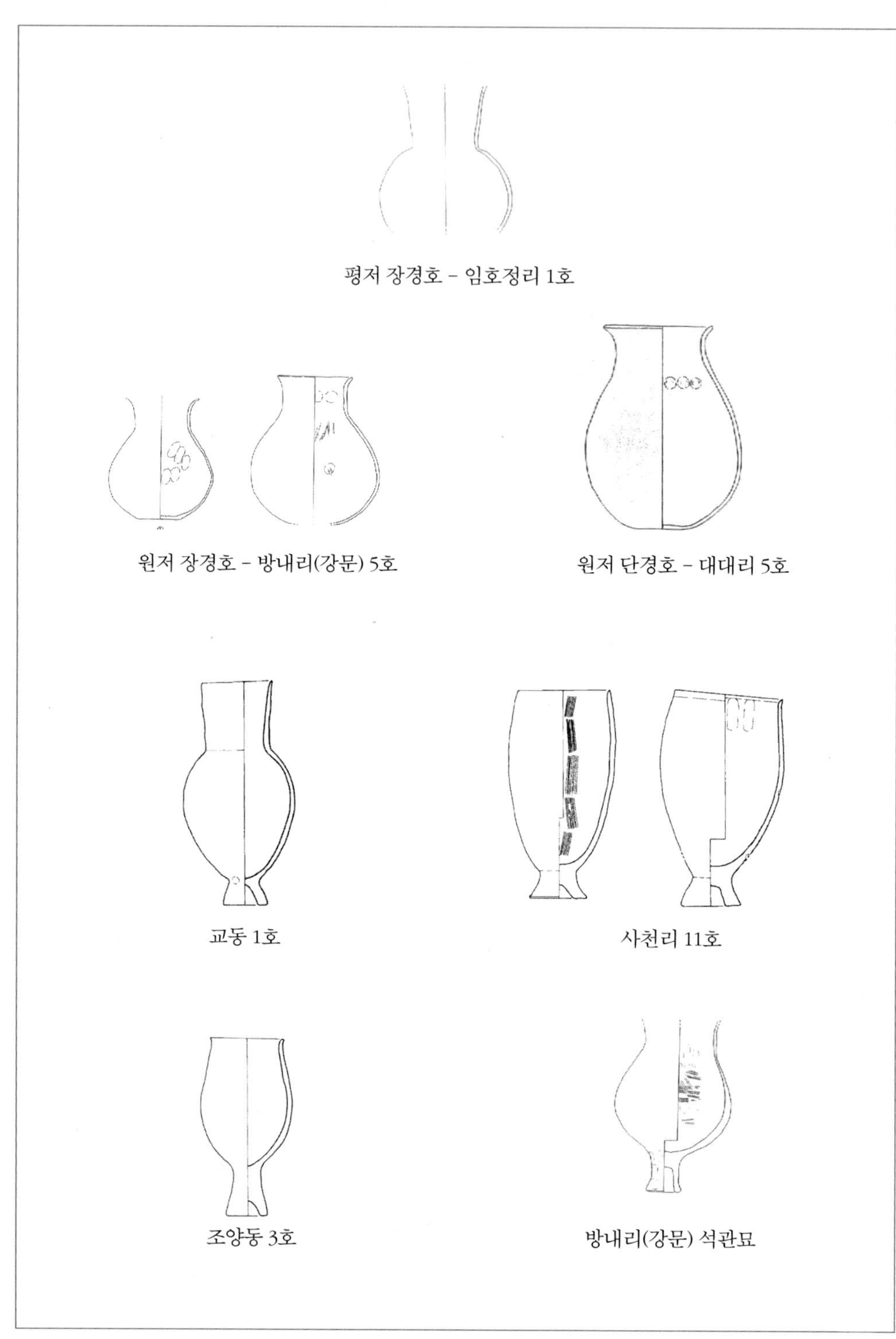
평저 장경호 - 임호정리 1호
원저 장경호 - 방내리(강문) 5호
원저 단경호 - 대대리 5호
교동 1호
사천리 11호
조양동 3호
방내리(강문) 석관묘

| 도면 5 | 적색마연토기

| 표 4 | 주거지 출토 무문토기 현황

*토기숫자는구연부를포함한개체임

유 적	무문 토기																				적색마연토기	
	A. 심발형																B. 壺形			C. 鉢形		
	I 홑구연						II 이중구연															
	구순각목공열	공열	단사선	구순각목	공열단사선	무문	무문	단사선	거치문	거치구순각목	단사구순각목공열	공열	구순각목공열	단사선구순각목	구순각목	공열단사선	直立口緣	外反口緣	小形壺		대부토기	원저호
교동 1		3						1									1			1	1	
2						1														1		
3							1															
5									1								1		1	1	1	
6									1												1	
임호정리 1							2															1
2																						
3						1		2									1					
수2						1		1												1		
사천리 1																					1	
4																						
5		2																			2	
6						2				1												
7						1																
9		1															1					
10		2					1					1					1					
11		1						1	1										1		2	
조양동 2	2	3						1			3											2
3	1			1	1						1			1							1	
4	1					1					3		1								1	
5	1										3			1	2							1
7	3	1									5		2	1							2	3
방내리 1		2	1								1											
2		4										1				1						
5		1																1				
8		1																				1
대대리 1		1		1																		
2		2																				
3	1																					
4		2																				
5		9																				2
7		2																				
8		9		1																		
11		1																			1	
방내(강문) 1	2	3																				
3		1																				
4		1																				
5	2	3															3					2
6		3																				
8		1		1																		
12	2	6																				
14		1																			1	
입암동 1		8																				
지홍동 2		1																				
3		3																			1	
효가동 3		1																				

Ⅲ. 영동지역 조기~전기 편년

영동지역에서는 돌대문토기 요소는 보이지 않고 이중구연과 이중구연 단사선·거치문, 공렬문이 공반된 양상을 보인다. 이후 구순각목문이 결합되어 이중구연과 단사선문은 점점 퇴화되어 공렬문과 구순각목문만 남게 된다. 주거지는 늦은 단계까지 구릉에 입지하는 전통을 보이며 평면형태는 방형, 장방형이 대부분인데 세장방형 주거지는 교동 4·6호, 방내리(강문) 7호, 지흥동 3호 등 4기에 해당한다. 내부시설은 위석식과 무시설식의 노, 주공, 벽구, 외부돌출구, 저장공 등이 확인된다.

각 단계별 주거와 노의 공반양상은 교동 유적에서는 장방형 주거에 위석식 노, 세장방형 주거에서는 무시설식 노, 임호정리 유적에서는 장방형 주거에 무시설식 노, 조양동 유적에서는 장방형주거에 무시설식 노가 설치된다.

역삼동식토기(공열, 적색마연토기, 대부토기)만이 출토되는 주거지에서는 가락동식 주거요소(위석식노지, 초석)인 위석식 노와 역삼동식 주거 요소(무시설식 노, 주공)인 무시설식 노지 결합된 양상을 보인다. 대대리 8호와 입암동 1호에서는 가락동식 주거 요소(위석식 노 2), 대대리 6호[7]와 입암동 2호에서는 위석식 노+무시설식 노, 대대리 5호 주거지 등의 주거지에서는 무시설식 노 1~2기가 확인되며, 초석[8]은 확인되지 않는다.

영동지역 청동기시대 무문토기문화의 전개양상은 한정적인 자료이지만 각각 유물의 조합상과 공반관계의 검토를 통해 단계[9]를 설정할 수 있다.

Ⅰ기는 서북지방의 이중구연토기요소와 두만강유역의 공열토기요소가 보여지는 교동 단계, Ⅱ기는 교동 단계 보다 이중구연토기요소가 퇴화한 양상을 보이며, 이중구연요소에 공열토기 요소가 결합하기 시작하는 사천리 단계, Ⅲ기는 복합문인 흔암리식토기가 출토되는 조양동 단계와 가락동·역삼동주거지가 결합된 양상을 보이며, 역삼동식토기가 출토되는 대대리 단계, Ⅳ기는 역삼동주거지 요소에 공열토기가 출토되는 방내리 단계로 구분하였다.

---

7 대대리 6호에서는 위석식+무시설식 노지, 후축인 7호에서는 무시설식 노지가 확인된다.

8 남한강유역에 공열토기가 출토되는 주거지는 대형 장방형으로부터 세장방형을 거쳐 방형화 되는 주거지의 평면형태 변화와 함께 노지는 대부분 위석식노지가 확인되며, 일부 주거지(주천리 7호, 와석리 1호)에서는 초석이 확인되었다

9 기존에는 교동(Ⅰ기)-사천리(Ⅱ기)-조양동(Ⅲ기)-방내리(Ⅳ기)로 구분하였다(박영구 2008)

1. I기

교동 단계로 현재는 교동 유적만 해당한다. 교동 유적의 토기는 서북지역 요소의 이중구연토기와 공열토기, 대부토기, 심발형토기 등 두만강 유역의 유물구성을 보인다.

교동 1호에서는 옹형[10]에 가까운 이중구연단사선토기, 심발형의 공열토기, 장동형의 심발형토기, 발형토기, 직립구연의 장경호, 대부장경호 등 기종이 다양하며, 5호의 경우 이중구연거치문의 심발형토기, 직립구연의 장경호, 발, 유경소호, 대부토기 대각편, 6호에서는 이중구연거치문토기, 3호에서는 이중구연토기가 출토되었다.

교동 유적은 청동기시대 조기와 전기로 보는 견해가 있다. 배진성은 교동 유적에서 보여지는 서북지역의 이중구연토기 요소와 심발형의 공열토기, 적색마연토기 등 두만강 유역의 영향을 함께 받아 형성되었으며 상한은 조기까지 올라 갈 수 있다고 보았고[11], 이형원은 이중구연단사선이나 거치문의 가락동식토기가 주류를 이루고, 돌류문의 역삼동식토기가 공반된다고 보고 전기로 구분하였고,[12] 庄田愼矢는 위석식 노지와 가락동 토기가 보이는 것을 기준으로 가락동 유형으로 구분하였다.[13]

교동 유적은 1호 주거지 유물양상으로 보아 상한은 조기까지 올라 갈 것으로 판단된다.

2. II기

사천리 단계이다. 사천리유적의 유물구성은 이중구연요소와 공열토기가 공반 출토되는 주거지와 공열토기만이 출토되는 주거지로 구분된다. 11호는 이중구연단사선, 이중구연거치문, 공열(내-외), 대부토기, 6호는 이중구연거치문구순각목, 심발형토기, 10호는 순수 이중구연, 이중구연공열, 단사선, 장경호, 공열(외-내)의 구성요소가 보여진다. 공열토

10 교동 1호주거지 출토 이중구연토기는 옹형으로 심발형의 가락동유형의 토기로 보기 보다는 청천강유역의 이중구연토기와 유사성이 보여진다(배진성 2003), 또한 동최대경이 구경보다 커서 동중위가 블록한 형태인 정선 아우라지 1호 출토 돌대문토기와도 유사성이 보여진다. 한편 아우라지 1호주거지에서는 돌대문토기와 함께 적색 마연호, 대부소호, 토제 방추차 등도 공반 출토된다.

11 배진성, 2007, 『무문토기문화의 성립과 계층사회』, 부산대학교대학원 박사학위논문.

12 이형원, 2007, 「남한지역 청동기시대 전기의 상한과 하한」, 『한국 청동기시대의 시기구분』, 한국청동기학회 제1회 학술대회 발표요지, 한국청동기학회.

13 庄田愼矢, 2007, 『남한 청동기시대의 생산활동과사회』, 충남대학교 대학원 박사학위논문.

기요소가 출토되는 주거지는 1호 - 대부토기, 5 · 8호 - 공열토기로 구분된다. 석기는 삼각만입촉, 이단경촉, 장방형석도, 공구형석기, 토제 · 석제 방추차 등이 출토되며, 두 요소가 출토되는 주거지간 시간차이는 크지 않은 것으로 판단된다.

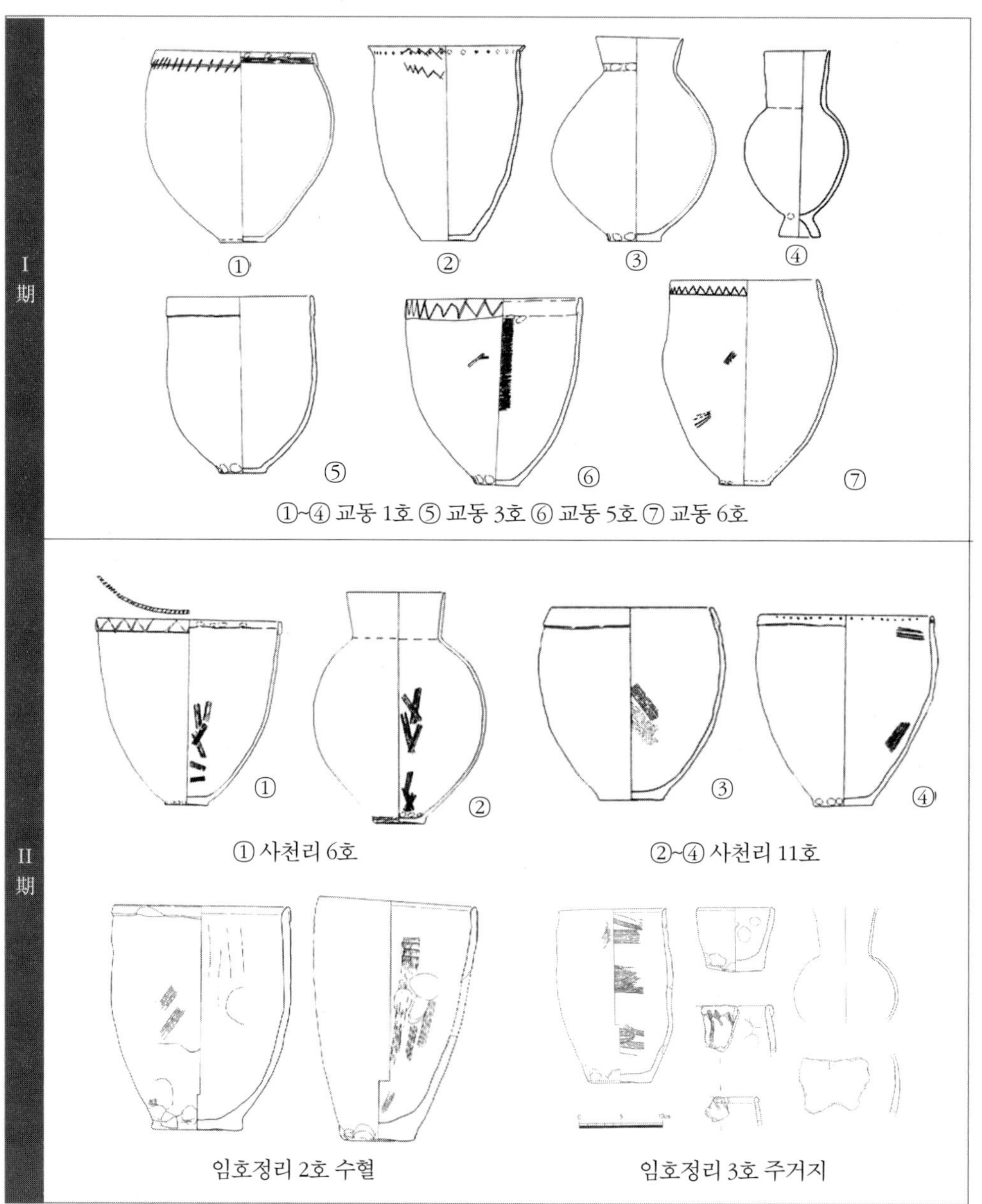

| 도면 6 | 영동지역 무문토기문화의 전개양상(Ⅰ~Ⅱ기)

한편 주거지간 중복관계에서 중복된 1호와 2호, 6호와 7호의 출토유물상 시간차이가 크지 않지만, 3호와 중복된 4호에서는 구순각목토기와 신부가 세장한 유경식석촉이 확인되어 사천리 유적에서 제일 늦은 단계의 주거지로 여겨진다.

양양 임호정리 유적 1호에서는 이중구연단사선토기와 유혈구이단병식석검, 삼각만입촉, 3호에서는 이중구연단사선, 심발형토기, 평저장경호, 2호 수혈에서는 이중구연토기와 심발형토기가 공반되어 사천리와 같은 단계로 판단된다.

사천리 단계는 전체적으로 교동 단계와 비슷한 유물구성을 보이지만, 이중구연토기 및 심발형토기의 기고가 작아지는 기형의 변화가 보이고, 이중구연이 점차적으로 퇴화하거나, 소멸되는 양상을 보인다. 또한 이중구연토기에 구순각목과 공열 등이 결합하는 복합문 구성이 나타나며, 심발형의 공열토기가 공반되고 있어, 교동 단계 보다는 약간 늦은 것으로 여겨진다.

절대연대는 이중구연토기가 출토된 임호정리 2호 수혈이 2980±50BP, 임호정리 1호는 4호 주거지를 파괴하고 축조된 주거지로 절대연대는 2호 수혈과 같은 연대인 2980±50BP가 검출되었다. 중복관계상 선축된 주거지인 4호의 2920±50BP 보다 빠른 연대측정결과가 검출되었기 때문에, 1호 노지에서 검출된 2880±60BP 연대자료가 안정적이다. 이중구연요소와 평저장경호가 출토된 3호주거지는 2700±60BP으로 검출되었다. 절대연대는 BC 1140~980년으로 편년된다.

3. Ⅲ기

Ⅲ기는 복합문의 흔암리식 토기요소를 보이는 조양동 단계와 가락동·역삼동 주거 결합양상과 역삼동식 토기요소가 보이는 대대리 단계로 수정하여 편년하였다.

조양동 단계의 토기 구성요소는 이중구연+공열 요소가 주류를 이루고, 공열토기, 적색마연토기, 대부토기 등이 출토된다. 이중구연+단사선+구순각목+공열의 복합문 토기가 다수를 차지하는 가운데, 이중구연+단사선+구순각목, 이중구연+구순각목+공열, 구순각목+공열문토기등 복합문이 주류를 이룬다. 석기는 이단병식유혈구석검, 삼이단경촉, 무경식석촉, 어형의 반월형석도가 공반된다.

방내리 1호에서는 공열, 퇴화단사선(홑구연), 이중구연+단사선+구순각목+공열토기의 복합문토기와 혼합되 양상이며, 2호도 공렬, 이중구연+단사선+공렬의 복합문이 출토된다.

조양동 단계에는 방내리 A群 주거지인 1 · 2 · 3호 주거지[14]도 포함된다. 절대연대는 방내리유적에서 중복관계상 선축 주거지인 3호 2930±50BP, 조양동 5호 2820±50BP로, 절대연대는 BC 1110~990년경으로 편년된다[15].

대대리 단계에서는 역삼동식 주거지(대대리 5호), 가락동식 주거지(대대리 8호, 입암동 1호, 방내리(강문) 13호 - 위석식 노 1~2기), 가락동식과 역삼동식 주거요소 결합(대대리 6호, 입암동 2호- 위석식+무시설식 노)등 다양하게 확인되지만, 토기는 역삼동식토기(공열, 적색마연토기, 대부토기)만 확인되는 양상을 보인다. 입암동 유적에서 출토된 공열토기편 8점과 봉평리 유적 출토 공열토기편은 밖에서 안으로 반관통된 형태를 보이고 있다. 대대리 유적에서는 6호와 7호, 9호와 10호 주거지가 중복되었는데, 절대연대상으로는 두 주거지간 시기차가 크지 않은 것으로 측정되었다

방내리(강문)유적에서는 2800±60~2920±50년으로 측정된 세장방형 주거지인 7호와 3 · 5 · 11호, 13호(Ⅰ군)는 대대리와 같은 단계로 편년되며, 분묘로는 방내리 석관묘가 포함된다.

절대연대는대대리2820±50~2940±50BP,입암동2820±~2920±50BP이며,방내리(강문)유적 2790±60~2920±50, 세 유적의 절대연대가 중복되는 중심연대는 2670±50BP~2900±50BP으로 BC 1100~850년경으로 편년된다. 상한은 대대리에서 중복관계상 선축된 주거지인 6호의 절대연대로 보아 BC 1110년으로 편년된다.

4. Ⅳ기

방내리 단계[16]는 역삼동 주거요소(지흥동 3호- 무시설식 노 2~3기)에 토기 양상은 공열토기, 구순각목공열토기, 호형토기, 적색마연토기 등이 출토되는데, 구순각목토기와 호형토기의 출토량이 증가한다. 대부분 유적에서 출토되는 공열토기의 투공은 내측에서 외측으로 반관통된 형태가 확인되며, 석기는 이단병식 석검, 이단 · 일단경촉, 무경식석

14 방내리 이중구연은 조양동 보다 퇴화된 양상을 보이고 있지만 이중구연토기 요소와 단순 공열토기 요소가 혼합하는 것으로 보아 같은 단계로 여겨진다.

15 방내리A군 1호는 2650±170BP, 2호 2710±110BP로 검출되어, 측정연대 오차범위가 ±170년, 110년으로 신뢰도에 문제가 제기될 수 있어, 편년자료에서는 제외하였다. 영동지역 탄소연대측정자료는 일본에서 측정한 연대는 ±25년, 한국에서 측정한 자료는 ±40~60년의 오차범위가 검출된다.

16 기존의 방내리 단계(B군)에 해당한다.

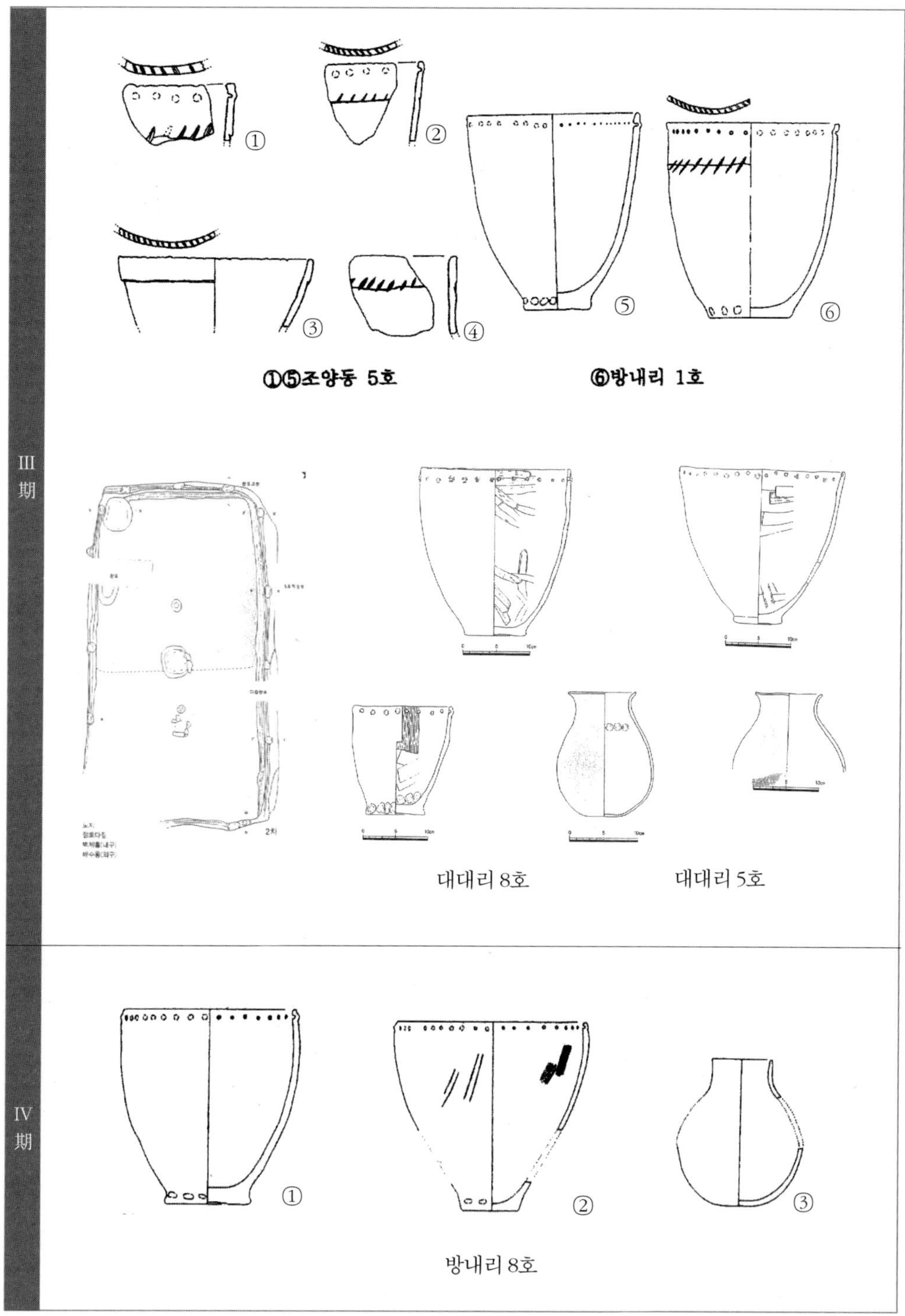

| 도면 7 | 영동지역 무문토기문화의 전개양상(Ⅲ~Ⅳ기)

축이 공반된다. 효가동 2호에서는 동북형석도, 3호에서는 공열토기, 이단경촉, 무경식석촉[17](제형 만입), 일단경촉, 병산동 1호에서는 무경식석촉(M자형 만입)과 주상편인석부[18], 지흥동유적 2호에서는 공열과 무경식석촉(만입), 무경식석촉(만입×, 기부 평탄), 3호는 세장방형 주거에 무시설식 노 3기가 설치된 주거지로, 공열토기와 대부토기, 이단경촉, 일단경촉, 무경식석촉(만입×, 기부 평탄), 편인석부, 부리형석기가 출토되었다.

| **표 5** | 영동지역 청동기시대 절대연대 자료

유적	측정값(BP)	보정연대(BC)		중심연대	측정기관
		1σ (68.2%)	2σ (95.4%)		
교동 1호	3390±60	1743~1618	1878~1521		국립문화재연구소
교동 2호	3100±50	1427~1315	1492~1219		
교동 3호	3230±50	1524~1434	1676~1408		
임호정리 1호	2980±60	1320~890	1390~1020	1210 BC	서울대학교기초과학 공동기기원
임호정 1호 노지	2810±60	1050~890	1130~820	980	
임호정리2호	2770±50	980~840	1040~810	930	
임호정리3호	2700±60	905~805	1000~780	890	
임호정리4호	2920±50	1220~1040	1300~970	1140	
임호정리5호	2880±50	1130~970	1260~920	1070	
임호정리 1호수혈	2930±50	1260~1050	1310~980	1150	
임호정리 2호수혈	2980±50	1310~1120	1390~1050	1220	
조양동 5호	2820±60	1042~901	1206~830	990	국립문화재연구소
방내리 3호	2930±50	1257~1021	1365~944	1140	
대대리 1호	2820±50	1050~900	1130~840	990	서울대학교기초과학 공동기기원
대대리 2호	2900±50	1200~1000	1260~930	1120	
대대리 3호	2840±60	1120~910	1210~840	1030	
대대리 4호	2870±50	1130~940	1220~910	1070	일본 Paleo Labo
대대리 5호	2940±60	1260~1050	1380~970	1150	
	2850±25	1049~943	1320~970		

17 무경식석촉의 형태는 기부가 반원형 – 삼각형 – M자형 · 제형의 형태로 변화가 상정된다.

18 병산동 1호의 절대연대는 2825±25BP로 전기중엽에 해당하는 연대가 측정되었지만, 남한지역에서 전기후반에 출토되는 주상편인석부의 존재로 인해 전기후반으로 편년된다.

유적	측정값(BP)	보정연대(BC)		중심연대	측정기관
		1σ (68.2%)	2σ (95.4%)		
대대리 6호	2900±60	1210~1000	1114~1098	1110	서울대학교기초과학 공동기기원
	2855±25	1054~941	1091~960		
대대리 7호	2900±60	1210~1000	1270~910	1110	
	2850±25	1051~944	1115~929		일본 Paleo Labo
대대리 8호	2680±60	895~800	980~760	830	
	2865±25	1112~981	1125~934		
방내리 1호	2650±170	973~543	1258~392		日本 名古屋大學
방내리 2호	2710±110	973~797	1187~549		
입암동 1호	2920±50	1220~1040	1300~970	1140	서울대학교기초과학 공동기기원
	2800±50	1020~860	1120~830	960	
입암동 2호	2820±50	1050~900	1130~840	990	
	2790±50	1010~850	1080~810	950	
방내리(강문) 1호	3010±50	1430~1310	1500~1210	1380	
방내리(강문) 2호	2740±50	930~820	1000~800	900	
방내리(강문) 3호	2800±60	1030~840	1120~1820	970	
방내리(강문) 4호	2890±50	1190~990	1260~920	1070	
방내리(강문) 5호	2890±60	1200~970	1270~910	1090	
방내리(강문) 6호	2960±50	1270~1080	1370~1010	1170	
방내리(강문) 7호	2910±50	1200~1010	1270~930	1120	
방내리(강문) 8호	2720±50	910~815	980~790	890	
방내리(강문) 9호	2760±50	980~830	1020~800	910	
방내리(강문) 10호	2760±60	980~830	1050~800	930	
방내리(강문) 11호	2920±50	1220~1040	1300~970	1140	
방내리(강문) 13호	2850±60	1120~920	1220~840	1060	
방내리(강문) 14호	2790±60	1010~840	1120~810	970	
방내리(강문) 15호	2780±60	1010~840	1090~800	950	
방내리(강문)방형유구	2670±50	895~795	930~770	850	
지흥동 3호	2790±40	1000~890	1040~830	970	한국지질자원연구원
효가동 1호	2725±25	896~836	913~818	890	일본 Paleo Labo
효가동 2호	2850±25	1047~948	1113~926	1080	
효가동 3호	2860±20	1056~978	1116~940	1090	
병산동 1호	2825±25	1009~961	1046~916	990	

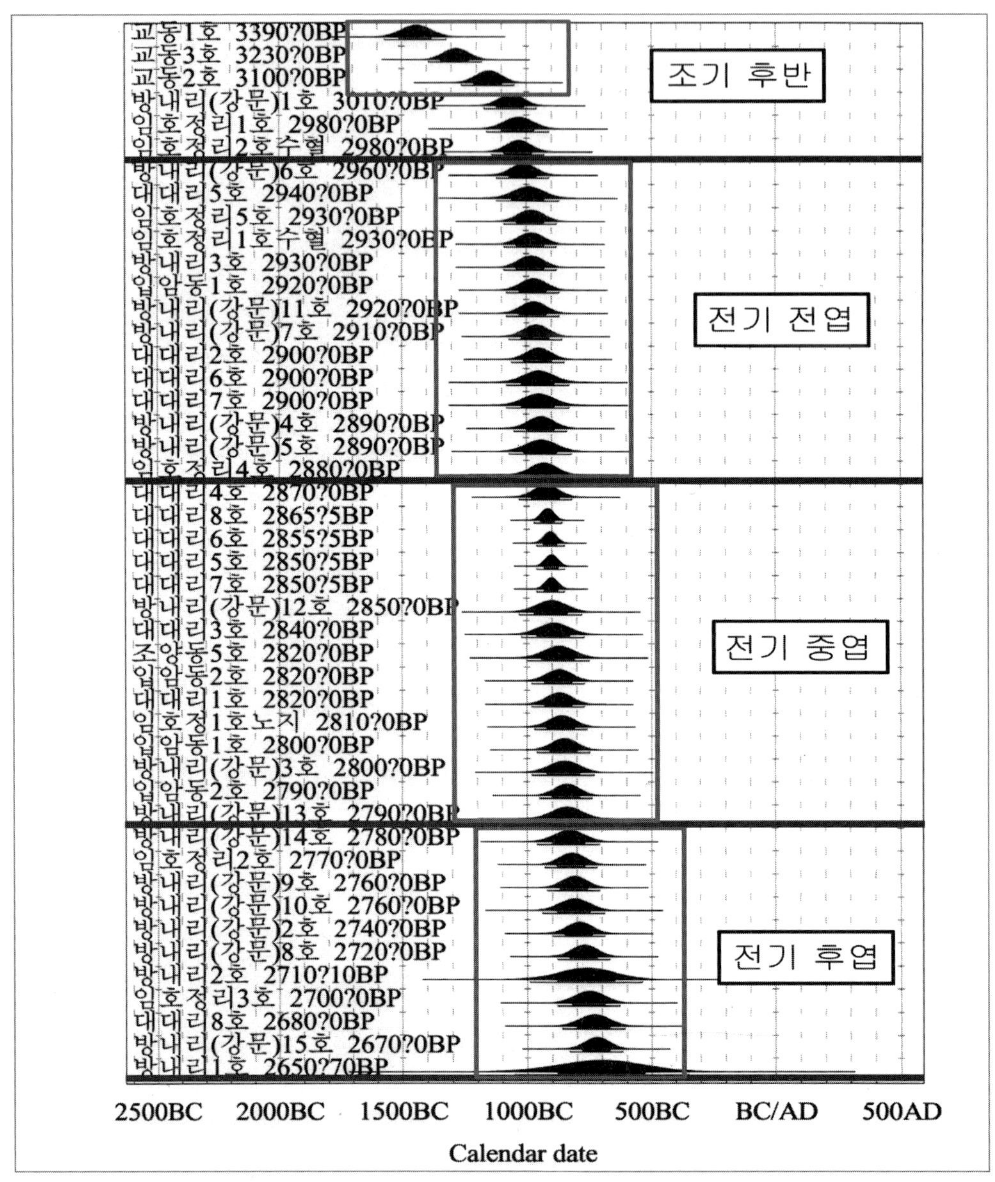

지홍동 유적[19]은 최근 보고서가 발간되어 유물(석기)을 살펴 본 결과 방내리 단계[20]에

19 2012년도 학술대회 발표 (박영구 2012) 당시 보고서가 미발간된 상태여서 정확한 유물에 대한 정보 없이, 지홍동 3호가 세장방형 형태에 노지 3기를 갖춘 이른 형태의 주거지로 판단하여, Ⅲ기인 조양동 단계로 편년하였다.

20 보고자는 조양동 단계와 방내리 B군 단계 사이로 편년하고 있다.

|표 6| 영동지역 조기~전기 편년

유적	내부시설	유물		특 징	편 년
		토기	석기		
교동	위석식노 무시설식노 저장공	이중구연단사선토기 이중구연거치문토기 이중구연토기 공열토기, 대부토기 심발형토기, 유경호	무경식석촉 장방형석도 방추차	서북지방의 이중구연토기요소, 두만강유역의공열토기 요소	조기~ 전기 전반
임호 정리	무시설식노 벽구 저장공	이중구연토기 이중구연단사선토기 심발형토기	무경식석촉 유혈구이단 병식석검	이중구연토기요소(1호, 2호수혈) 이중구연과 공열토기 요소 공반 (3호)	전기 전엽/ 전반
사천리	무시설식 노 외부돌출구 저장공	이중구연단사선토기 이중구연구순각목거 치문 이중구연공열, 공열	무경식석촉 이단경촉 장방형석도	이중구연이퇴화되거나 · 소멸 이중구연+공열토기요소 결합	전기 전엽/ 전반
조양동 방내리 (A군)	무시설식 노 저장공	이중단사선구순각목 공열 이중구연단사선 공열, 대부토기	이단경촉 일단경촉 이단병석검	이중구연토기 요소 잔존 이중구연토기+공열토기요소 (혼암리식토기 요소)	전기중엽 / 전기후반
대대리	위석식 노 벽구	공열 적색마연토기	무경식석촉 이단경촉	- 가락동식과 역삼동식 주거지 요소결합(위석식+무시설식)	
입암동	위석식 노 벽구	공열토기	무경식석촉 이단병석검	- 가락동식주거지(위석식1~2)	
방내리 (강문 I 군)	무시설식 노 외부돌출구	공열 적색마연토기	이단경촉 이단병석검	+역삼동식토기(공열, 적색마연토 기, 대부토기)	
방내리 (강문II군)	무시설식 노 외부돌출구	공열, 구순각목공열 구순각목토기. 호형토 기	무경식입촉 이단경촉		전기후엽
방내리 (B군)	무시설식 노 저장공	공열 적색마연토기	무경식입촉 일단경촉		
병산동	위석식 노 저장공	무문토기	무경식석촉 주상편인 석부	역삼동식 주거지+역삼동식토 기(공열,구순각목공열,대부토기) 구순각목토기, 호형토기	
효가동	무시설식 노 저장공	공열토기	이단경촉 무경식석촉 일단경촉		
지흥동	무시설식 노 3 외부돌출구	공열토기 대부토기	일단경촉 무경식석촉 부리형석기		

해당하는 유물이 출토되었고, 절대연대자료 또한 방내리 단계에 포함되는 연대가 검출되어, 수정편년하였다.

절대연대는 지홍동 3호가 2710~2790±40BP, 방내리(강문)2 · 8 · 9 · 10 · 13 · 14 · 15호(II군)의 절대연대는 2720±50BP~2790±50BP, 방형유구에서는2670±60BP으로 측정되어, 방내리 B군과 같은 단계로 편년된다.

방내리 단계의 절대연대는 2670±50BP ~ 2790±50BP로 BC 970~850년경으로 편년된다.

이상의 영동지역 무문토기문화의 전개양상을 각각 유물의 조합상과 공반관계의 검토를 통해 편년한 내용이 〈표 6〉이고, 중부지역 전체 병존편년안이 〈표 7〉이다.

| **표 7** | 강원지역 무문토기 편년안

<table>
<tr><th colspan="5">편 년</th><th rowspan="2">영동지역</th><th rowspan="2">북한강유역</th><th rowspan="2">남한강유역</th></tr>
<tr><th>박영구
(2008)</th><th colspan="2">박영구
(2012)</th><th>김권중
(2010)</th><th>이형원(2009)[21]</th></tr>
<tr><td rowspan="3">조기</td><td rowspan="3" colspan="2">조기</td><td rowspan="3">조기</td><td rowspan="3">미사리유형</td><td>이중구연토기
공열토기</td><td>돌대각목문토기</td><td>돌대각목문토기
이중구연토기</td></tr>
<tr><td>위석식, 무시설식</td><td>석상위석식, 위석식</td><td>석상위석식, 위석식</td></tr>
<tr><td>교동</td><td>철정리II 외삼포리</td><td>아우라지, 동화리</td></tr>
<tr><td rowspan="3">전기
전반</td><td rowspan="3" colspan="2">전기
전반</td><td rowspan="3">전기
전반</td><td rowspan="3">가락동유형 1기
역삼 · 혼암리유형
1기</td><td>이중구연토기
이중구연공열
공열토기
적색마연토기</td><td>돌대각목문토기
이중구연토기
공열토기</td><td>돌대각목문토기
이중구연단사선공열
공열토기
적색마연토기</td></tr>
<tr><td>무시설식</td><td>위석식</td><td>위석식</td></tr>
<tr><td>임호정리, 사천리</td><td>현암리 금산리
연하리 대성리</td><td>주천리 아우라지
문막리</td></tr>
<tr><td rowspan="6">전기
중반</td><td rowspan="6">전
기
중
엽</td><td rowspan="9">전
기
후
반</td><td rowspan="9">전기
후반</td><td rowspan="6">가락동유형 2기
역삼 · 혼암리유형
2기</td><td>이중구연+공열</td><td rowspan="2">공열토기
적색마연토기</td><td rowspan="2">공열토기
적색마연토기</td></tr>
<tr><td>공열</td></tr>
<tr><td>무시설식</td><td rowspan="2">무시설식</td><td rowspan="2">위석식, 무시설식</td></tr>
<tr><td>위석식+무시설</td></tr>
<tr><td>조양동</td><td rowspan="5">용암리 신매대교
천전리 철정리
거두리</td><td rowspan="5">천동리 마지리
가현동 태장동</td></tr>
<tr><td>대대리 입암동
방내리(강문 I 군)</td></tr>
<tr><td rowspan="3">전기
후반</td><td rowspan="3">전
기
후
엽</td><td rowspan="3">가락동유형 3기
역삼 · 혼암리유형
3기</td><td>공열토기
적색마연토기</td></tr>
<tr><td>무시설식</td></tr>
<tr><td>방내리(강문II군)
방내리 B군
병산동
지흥동 효가동</td></tr>
</table>

21 이형원은 남한 전역의 양상을 폭넓게 검토하기 위해 편의상 기존의 중부지역 전기전엽(가락동유형 I 기,역삼동 · 혼암리유형 I 기)과전기중엽(가락동유형II기,역삼동 · 혼암리유형II기)을전기전반으로,전기후엽(가락동유형III기,역삼동 · 혼암리유형III기)을 전기후반으로 2분하여 편년하였다.(이형원 2011)

Ⅳ. 맺음말

영동지역에서는 돌대문토기 요소는 보이지 않고 이중구연과 이중구연 단사선·거치문, 공렬문이 공반된 양상을 보인다. 이후 구순각목문이 결합되어 이중구연과 단사선문은 점점 퇴화되어 공렬문과 구순각목문만 남게 된다. 주거는 늦은 단계까지 구릉에 축조되고, 평면형태는 방형, 장방형이 대부분인데 세장방형 형태는 일부만 확인된다. 내부시설은 위석식과 무시설식 노, 주공, 벽구, 외부돌출구, 저장공 등이 확인된다.

영동지역 청동기시대 무문토기문화의 전개양상은 한정적인 자료이지만 각각 유물의 조합상과 공반관계의 검토를 통해 단계를 설정하였다.

Ⅰ기는 서북지방의 이중구연토기요소와 두만강유역의 공열토기요소가 보여지는 교동 단계, Ⅱ기는 교동 단계 보다 이중구연토기요소가 퇴화한 양상을 보이며, 이중구연요소에 공열토기 요소가 결합하기 시작하는 사천리 단계, Ⅲ기는 복합문인 흔암리식토기가 출토되는 조양동 단계와 가락동·역삼동주거지가 결합된 양상을 보이며, 역삼동식토기가 출토되는 대대리 단계, Ⅳ기는 역삼동주거지 요소에 공열토기와 구순각목토기, 호형토기가 출토되는 방내리 단계로 편년하였다.

편년상으로는 Ⅰ기는 조기~전기전엽, Ⅱ기는 전기전엽, Ⅲ기는 전기중엽, Ⅳ기는 전기후엽으로 편년된다.

:: **참고문헌**

高旻廷, 2003, 「南江流域 無文土器文化의 變遷」, 경북대학교대학원 석사학위논문.

김권중, 2010, 「청동기시대 중부지방의 시 · 공간적 정체성」, 『중부지방 고고학의 시』공간적 정체성(Ⅰ)』, 2010년 중부고고학회 정기학술대회, 중부고고학회.

金炳燮, 2009, 「남한지역 조 · 전기 무문토기 편년 및 북한지역과의 병행관계」,『韓國青銅器學報』4號, 한국청동기학회.

金壯錫, 2008, 「무문토기시대 조기설정론 재고」,『한국고고학보』69, 한국고고학회.

김한식, 2010, 「경기지역 청동기시대 전기 토기양상 검토」,『전기 무문토기의 지역양식 설정』, 한국청동기학회 토기분과 워크숍, 한국청동기학회.

나건주, 2010, 「호서지역 청동기시대 전기의 유형에 대한 검토」, 한국청동기학회 토기분과 워크숍 발표자료집, 한국청동기학회.

朴榮九, 2008, 「嶺東地域 無文土器文化의 展開樣相」, 『강원고고학보』11집, 강원고고학회.

______, 2012,「中部地域 中部地域 突帶文土器文化의 展開樣相」,『韓國上古史學報』75, 韓國上古史學會.

______, 2012,「동해안지역 공열토기문화 소고」, 『한국청동기학보』11, 한국청동기학회.

______, 2012,「강원 영동지역의 조기~전기 편년」, 『청동기시대 광역편년을 위한 조기~ 전기문화 편년』, 제6회 한국청동기학회 학술발표대회, 한국청동기학회.

裵眞晟, 2007, 「無文土器文化의 成立과 階層社會」, 釜山大學校大學院 博士學位論文.

安在晧, 2009, 「南韓 青銅器時代 研究의 成果와 課題 聚落研究」, 『동북아 청동기시대 조사연구의 성과와 과제』, 학연문화사.

李亨源, 2007,「남한지역 청동기시대 전기의 상한과 하한」,『한국청동기학보』1, 한국청동기학회.

______, 2010,「청동기시대 조기 설정과 송국리유형 형성 논쟁에 대한 비판적 검토」,『고고학 9-2』1, 중부고고학회.

정원철, 2010,「강원지역 전기무문토기의 전개양상」, 한국청동기학회 토기분과 워크숍 발표자료집, 한국청동기학회.

______, 2012,「중부지역 돌대문토기 편년」,『한국청동기학보』11, 한국청동기학회.

千羡幸, 2003,「無文土器時代 前記文化의 地域性研究-中西部地方을 中心으로-」, 釜山大學校大學院 碩士學位論文.

庄田愼矢, 2007,『남한 청동기시대의 생산활동과 사회』, 충남대학교 대학원 박사학위논문.

- 보고서 생략-

3 강원 영서지역 청동기시대 조기-전기문화의 편년

김권중(중부고고학연구소)

Ⅰ. 머리말

그간 청동기시대 연구의 주된 흐름 중 하나는 편년이었다. 편년을 통해 획기와 분기를 설정하고 그 내용을 감지하여 변화상을 파악하고자 하는 것이었다. 그 가운데에서도 정치한 편년을 위한 다양한 시도를 통하여 조기의 인식과 함께 전기와 구분하고자 하는 것이 주된 내용이었다. 많은 연구자들이 조기의 설정과 변천 양상, 지역싱, 계보 등의 실마리를 풀려는 노력이 많았고, 다양한 견해를 내놓게 되었지만 정설로 받아들여졌던 부분들이 자료가 증가함에 따라 많은 문제점을 노정하게 되어 과거의 견해를 수정하는 작업도 필요하게 되었다. 특히 강원 영서지역은 2000년대 중반 이후 남강유역과 함께 증폭된 자료를 토대로 새로운 편년틀을 구축해야 할 필요성이 대두되었다.

청동기시대 조기의 설정(안재호 2000) 이래로 이에 대한 비판적 견해(金壯錫 2008)도 있었지만 학계에서는 전반적으로 조기를 인정하고 있는 듯하다. 각 기의 분기도 중요하지만 우선 조기와 전기의 획기를 어떠한 기준으로 또는 어떻게 설정하느냐가 가장 중요한 문제이다. 그간 조기의 문제에 있어서 돌대문토기 자체의 편년도 문제였지만 흐름이 단절적이거나 돌출적인 타 문양요소의 변화 양상을 파악하기가 쉽지 않은 경향이 있었다.

전기의 문제에 있어서는 전반과 후반의 구분이 매우 모호하고 쉽사리 획기가 되지 않아 묘제와 출토유물을 통해 이를 해결하고자 하는 노력도 있었지만(배진성 2011) 여전히 어려운 문제이다.

강원 영서지역 청동기문화는 시기별·지역별로 다양성을 내포하고 있는데 각각의 유구·유물복합체의 차이가 집단의 차이를 반영한다는 점에 근거하여 주거지의 구조를 비롯하여 토기와 석기 등의 검토를 통하여 단계를 설정하고 조기와 전기의 획기는 물론 각각의 분기를 구해보고자 한다. 다만 조기와 전기가 갖는 의미의 파악 보다는 편년틀의 구축에 중점을 두고, 그 변천양상을 파악하는데 주력하고자 한다. 이를 위하여 그동안 논의된 내용을 검토하여 문제점을 지적하고 축적된 자료를 추가하여 기존의 편년관과 다른 관점에서 접근하고 재검토하고자 한다.

II. 연구사

조기와 전기에 대한 편년은 주로 조기에 집중되거나 조기와 전기 사이의 획기를 구하고자 하는 노력이었다. 조기에 대한 논의는 안재호(2000)에 의해 돌대문토기의 조기설정론이 주창되면서 김재윤(2004), 천선행(2005), 배진성(2007) 등에 의해 연구가 진행되고 심화되어 정설로 받아들여지는 분위기였으나, 이에 대한 비판적 검토를 통하여 반론이 제기(김장석 2008)되기도 하였다. 이러한 비판은 동시기 타 문화 요소가 강하게 작용하지 못한 점도 있지만 돌대문토기에 집중하여 동시기의 병행관계를 명확하게 파악하지 못하였기 때문에 반론이 제기된 것으로 판단된다. 이를 계기로 돌대문토기 단순기 내지 단독기의 양상을 부정하고 타 문화요소의 존재를 인식하고자 하는 노력이 있었는데, 돌대문토기와 공반되는 이중구연토기, 거치문토기, 공열토기에 대한 계통 및 조기설정에 대한 고민(고민정 2009; 김병섭 2009)이 그것이다.

강원 영서지역의 청동기시대, 그 가운데에서도 조기의 인식과 전기와의 구분문제에 대해 몇몇 논의가 있었다. 우선 돌대문토기의 조기의 설정에 자체에 대한 비판을 제기한 견해(박성희 2009)가 있었고, 돌대문토기의 형태나 문양의 속성 분석을 통하여 즐문토기문화의 연속선상에서 이해하려는 관점(최종모 2010)이 있었지만 재지 신석기문화와의 연결고리 부재와 토기에만 집중하여 유구와 석기에 관한 검토가 없어 납득하기 어려운 점이 많았다. 영서지역 청동기문화의 전체적인 흐름과 편년을 시도하여 조기와 전기를 구분하였지만(김권중 2012), 세밀하게 분석되지 않아 자세한 편년틀을 구축하지 못하였다. 이후 자료가 증가함에 따라 돌대문토기를 비롯하여 동일 시기의 다양한 토기 형식의 속성과 형태 변화를 분석하고 획기를 구하고자 하였으나(정원철 2012), 토기의 분석에만 치우친 결과로 인해 유구와 타 유물(석기)의 종합적 검토가 이루어지지 않아 한계가 있음을 인정하지 않을 수 없었다. 이후 돌대문토기와 관련된 유구와 유물의 종합적인 분석을 통하여 조기와 전기의 편년을 위한 노력(박영구 2012)이 있었지만 유구와 유물의 흐름이 다소 혼란스러워 역시 명쾌한 결론에 도달하지 못하였다.

결론적으로 획기의 기준이 주류를 이루었던 돌대문토기문화의 등장, 발전, 소멸 등의 변천 과정에 집중되었기 때문에 유구와 동시기의 타 문화요소, 즉 이중구연이나 공렬문, 구순각목문, 외반구연 등과 유구에 대해서는 소홀하였던 감이 많았다. 결국 주거지의 구조를 비롯하여 토기와 석기 등 좀 더 폭넓은 시각에서의 분석이 필요하다.

Ⅲ. 단계설정

1. 주거지와 유물의 검토

단계 설정의 대상 주거지는 비교적 구조와 출토유물이 명확한 100기 가량이다. 유구는 중심기둥의 배치가 불명확한 것이 많고, 유물은 일괄유물로 보고되었지만 일부는 선대의 것이 유입되거나 상부의 교란으로 후대의 것이 혼입되었다고 판단되는 것도 있어 계통이나 시기를 파악하기 어려워 혼란스러운 것이 많았다. 또한 남한강유역은 중복관계가 확인되지 않았기 때문에 시간적 서열을 검증하기가 어렵다.

형식분류와 편년의 기준은 기존 연구자와 크게 다를 바가 없지만, 토기의 형태에 대한 세세한 분류는 다루지 않았다.[1] 그 이유는 연구자의 시각에 따라 자의적의 기준과 해석에 따라 분류할 우려가 있기 때문에 편년에 그리 유효하지 않다고 판단된다.

결국 유구와 유물의 조합을 통해 계통을 구분하고 주거지의 구조-규모, 평면형태, 노,

---

1 돌대문토기의 경우 과거 다양한 속성의 분석, 즉 기형을 비롯하여 크기, 돌대의 단면형태, 각목의 방법과 형태, 돌대의 접합방법, 구연단의 형태나 돌대의 위치 등으로 가능하다고 판단하였으나 최근에는 돌대거리 정도만 유효한 속성으로 간주하고 있다.(정원철 2012)

중심기둥 등과 유물의 형식분류를 기초로 하였다. 주거지의 규모는 소형 30㎡이하, 중형 80㎡이하, 대형 80㎡를 초과한 것으로 하고, 평면형태는 장단비가 방형 1.5:1이하, 장방형 2.5:1이하, 세장방형 2.5:1을 초과한 것으로 하였다. 내부시설에서는 중심주공 배치방식(열구조)과 구조(주공식, 초석식), 노의 구조와 수, 배치방식 등을 기준으로 하였다.

출토유물에서 토기는 기종과 기형, 문양을 기준으로 하였는데 기종은 심발, 천발, 옹, 호 등으로 대분되는데 시간의 흐름에 따라 구성에 차이가 있다. 특히 대부토기는 토기의 형태나 대각의 길이와 형태에 따라 세분되고 흐름이 파악된다.(도면 1) 석기는 지역별로 큰 차이가 없지만 시간적 변화에 따른 흐름의 파악에는 유효한데, 그 가운데 석검, 석촉, 석부, 석도, 어망추, 방추차 등의 형식변화가 민간한 편이며 동북형석도, 환상석기, 부리형석기 등의 존재 여부가 유구의 단계를 설정하는데 유효한 기준이 된다. 이 가운데 석촉은 삼각만입의 무경식을 1a식과 1b식, 이단경식을 2a식(역자식)과 2b식(일반식)으로 구분하고 일단경식을 3식으로 분류하였다.(도면 2) 석부는 합인의 경우 횡단면이 두꺼운 것(厚斧)과 얇은 것이 있고, 편인은 평면이 방형인 것과 장방형 것으로 구분된다. 방추차는 석제의 경우 0.7cm를 기준으로 얇은 것(厚)과 두꺼운 것(薄), 토제는 주판알모양(1식), 단면이 반원형인 것(2a식)과 세장방형이 것(2b식)으로 구분된다.(도면 3) 어망추는 평면이 장방형인 것(1a식), 타원형인 것(1b식), 홈이 있는 것(1c식), 타원형이나 원형에 구멍이 있는 것(2a식), 여기에 홈이 함께 있는 것(2b식), 구멍이 있는 봉상(관상)인 것(3식)으로 구분된다.(도면 4)

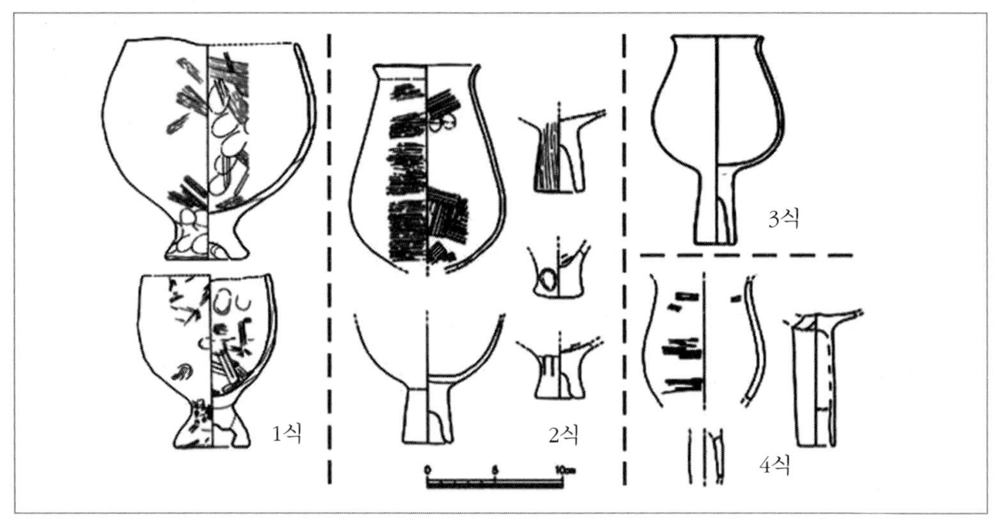

| 도면 1 | 대부토기 각종

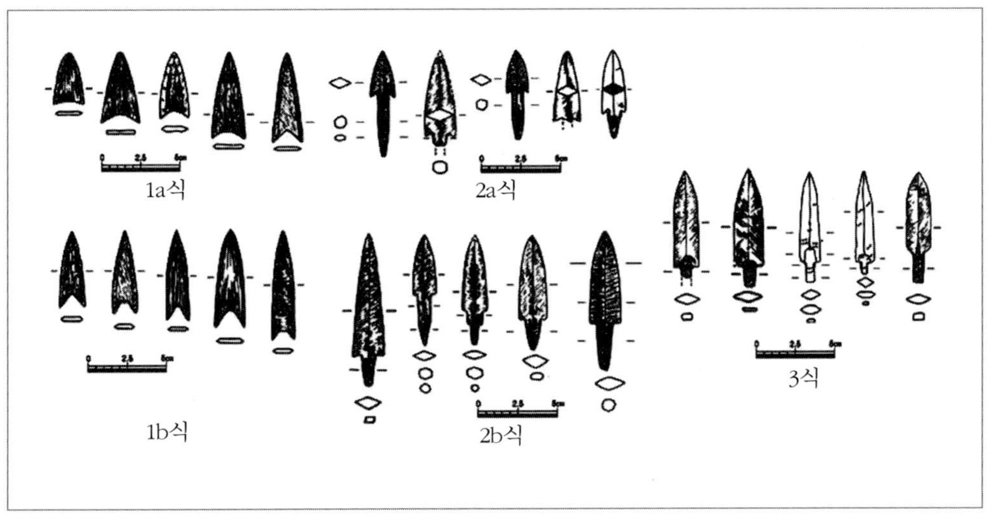

| **도면 2** | 석촉 형식분류

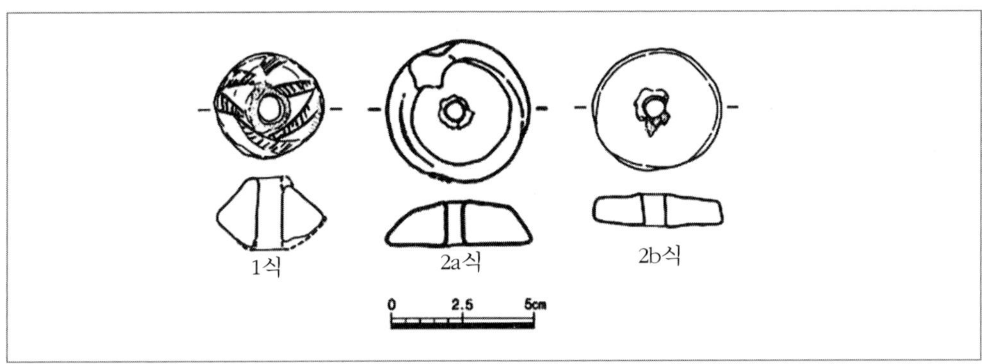

| **도면 3** | 토제방추차 형식분류

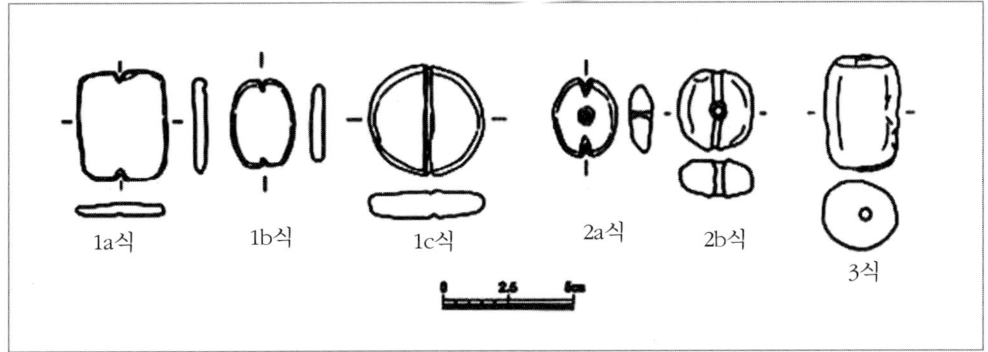

| **도면 4** | 토제어망추 형식분류

2. 단계설정

지역의 구분은 편의상 북한강유역(한탄강유역 포함)과 남한강유역으로 구분하고 물질 문화는 전체적으로 토기의 문양 속성과 주거지 구조를 기준으로 돌대문계와 이중구연계(외반구연), 공렬문계(A · B), 복합문계로 구분하여 검토하고자 한다.

1) 북한강유역

전반적으로 돌대문계 요소와 공렬문계(구순각목문) 요소가 강하지만 이중구연이나 외반구연, 복합문계의 요소도 존재하며, 모두 네 단계로 구분된다.

가. 1단계

이 단계에는 돌대문계의 요소가 중심이 된다. 외삼포리 3호와 5호, 철정리II C-1호와 C-5호가 해당되며, 철정리II A-28호와 56호도 이 단계에 속할 것으로 판단된다. 주거지의 구조는 대(중)형급의 방형이며 2열의 초석을 설치하였고, 장방형이나 타원형의 점토상이나 토상의 위석식 노 1기를 강의 반대편 단벽쪽으로 편재하여 설치하는 것이 일반적이다.

유물은 심발형의 각목돌대문토기와 절상돌대문토기가 주류를 이루며 내만구연의 옹형인 것이 다수 있다. 이외에 이중구연토기(철정리II C-1호:무문양)와 이중구연거치문토기(외삼포리 5호)가 공반되고, 호형토기(외삼포리 3호, 철정리II A-56호)와 천발(철정리II A-28 · C-5호), 외반구연토기(철정리II C-1호)도 일부 공반된다. 유상돌기가 부착된 토기(瘤附土器[2]:철정리II C-1 · 5호)와 마연토기(외삼포리 5호)도 존재한다. 석기는 양인의 장방형과 제형석도, 방형의 편인석부, 횡단면이 두꺼운 합인석부(厚斧), 삼각만입의 무경식(1a식) 석촉, 단면이 얇은(薄) 석제방추차, 공구형석기, 환상석기와 단면 반원형(2a식)과 장방형(2b식)의 토제방추차와 장방형(1a식)과 (타)원형(2b식)의 토제어망추, 단추형토제품(철정리II C-5호) 등이 특징적인 유물이다. 이 외에도 외삼포리 5호에서는 이단병식의 석검이, 외삼포리 3호에서는 옥이 출토되었고, 철정리II C-1호에서는 투박조개로 만든 패천이 출토되었다.(도면 5)

---

2 유부토기는 기존에 유상돌대문, 파수토기, 꼭지형파수토기 등의 명칭으로 사용되고 절상돌대문의 범주에 포함시키거나, 정원철(2012)의 분류에서는 돌대의 길이와 너비의 비율이 3:1이하인 것을 유상돌대라 하였지만 개인적으로 장식적 속성이 강한 돌기(瘤)의 형태를 띤 것(철정리II C-1 · 5호, 연하리 13호, 동화리 등)만 간주한다.

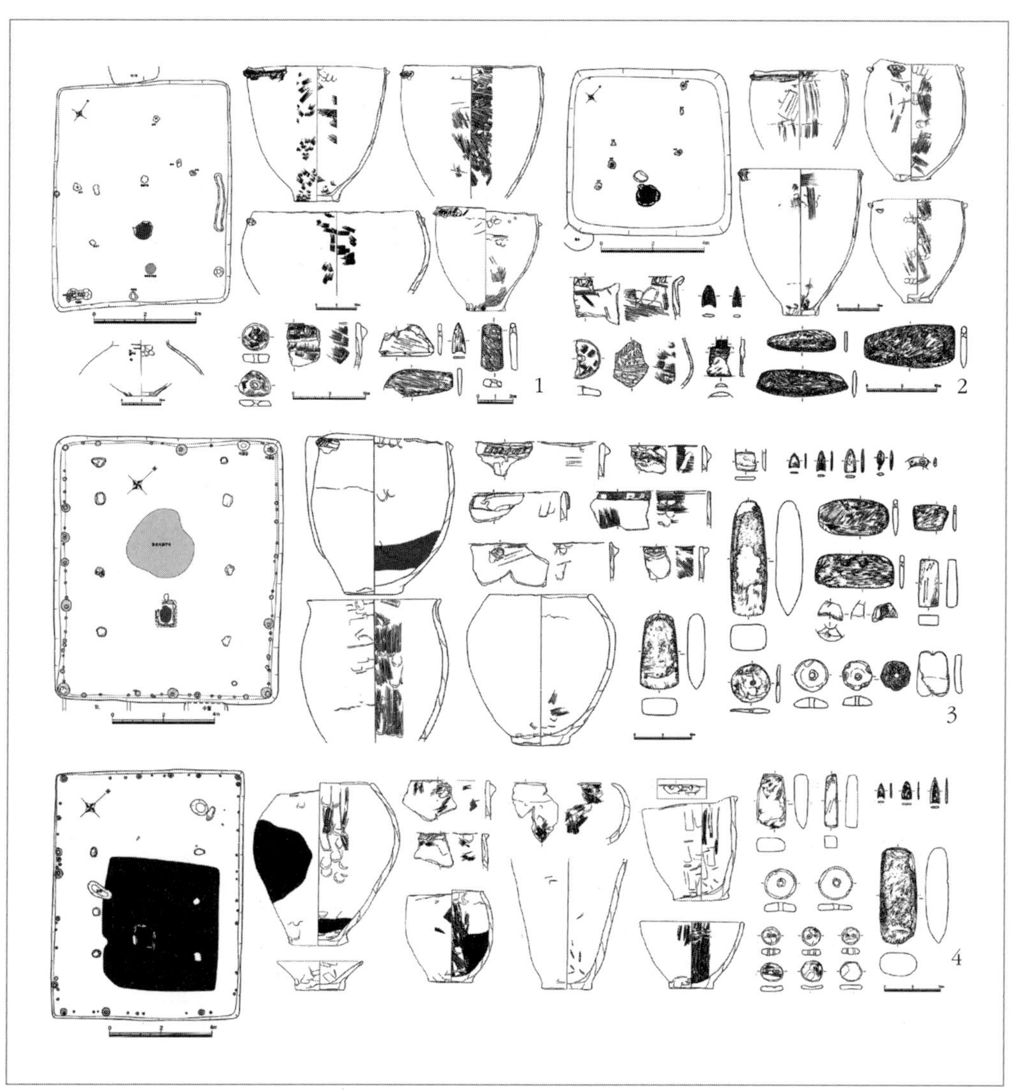

| **도면 5** | 북한강유역 1단계 돌대문계 주거지와 출토유물
(1 · 2:외삼포리 3 · 5호, 3 · 4:철정리 II C-1 · 5호)

나. 2단계

2단계는 돌대문계와 비돌대문계로 구분된다. 돌대문계는 철정리 II A-1 · 2 · 3 · 11 · 12 · 21호, 연하리 1호와 13호, 신매제방 1호, 하화계리 1호가 해당된다. 일부(철정리II A-11호) 소형급을 제외하면 중 · 대형급의 장방형이 주류인데, 2열의 주공식 중심기둥을 설치한 것이 많고, 점토상이나 토상의 위석식 노 1기를 단벽쪽으로 편재하여 설치한 것이 특징이다. 출토유물에서 토기는 전단계와 큰 차이가 없지만 변형된 것으로 판단되는 하화계리 1호 출토품을 제외하면 무문양인 내만구연의 옹류는 사라지고 장경호와 호류의 증가가 눈에 띈다. 이중구연단사선(철정리Ⅱ A-12호)이나 외반구연(하화계리 1호)의 요소도 일부 존재하고 높이가 낮으면서 저부가 넓은 대각(短廣)의 대부토기(신

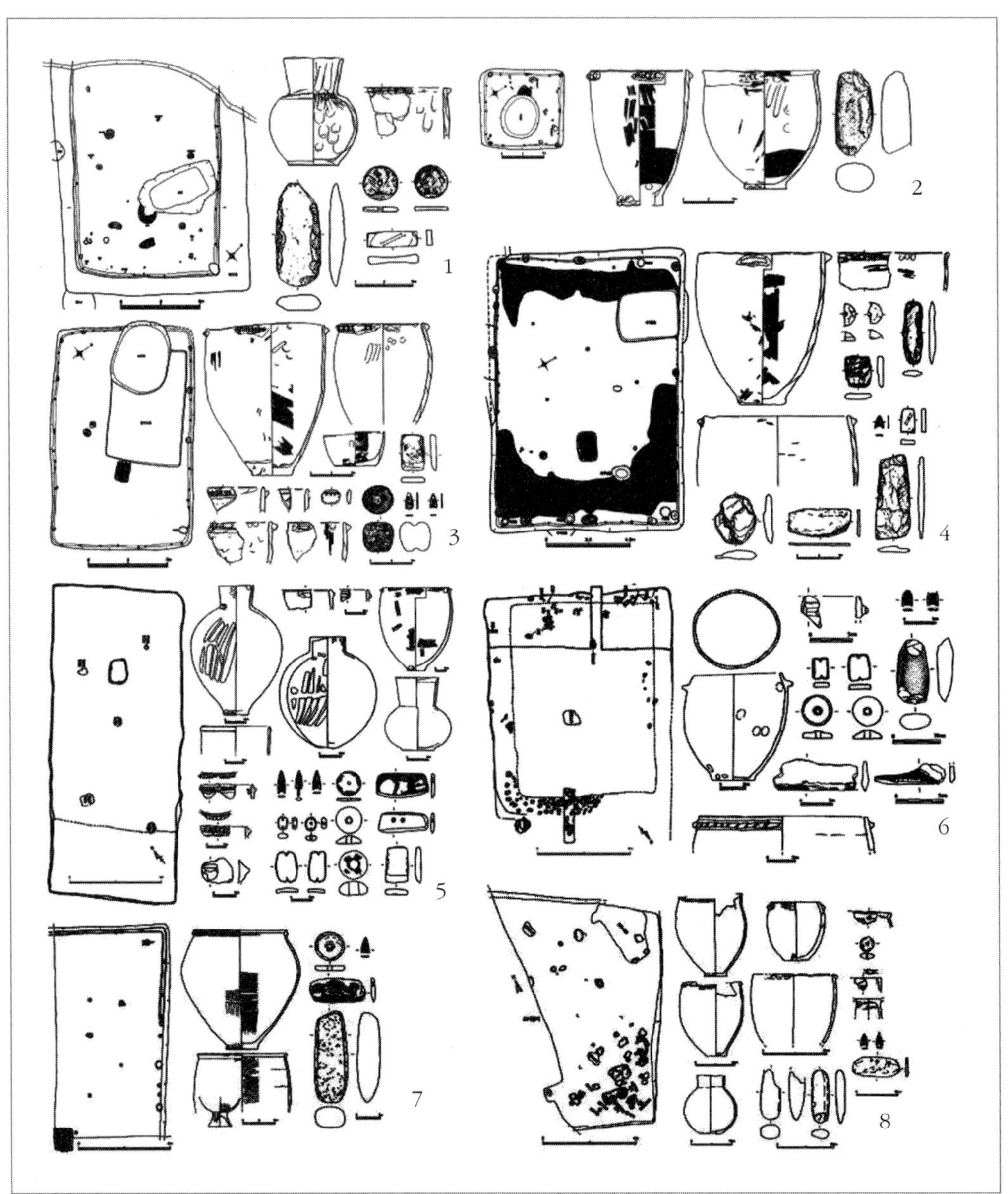

| **도면 6** | 북한강유역 2단계 돌대문계 주거지와 출토유물
(1~4:철정리Ⅱ A-1 · 11 · 12 · 21호, 5 · 6:연하리 1 · 13호, 7:하화계리 1호, 8:신매제방 1호)

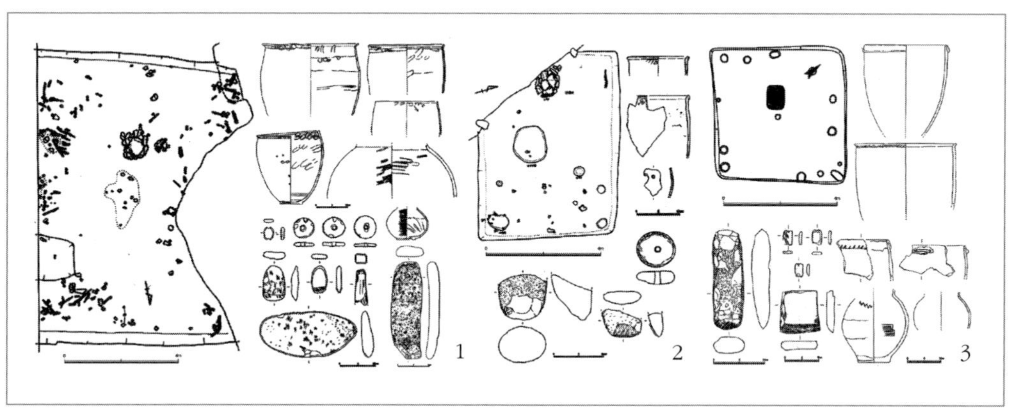

| **도면 7** | 북한강유역 2단계 비돌대문계 주거지와 출토유물
(1 · 2:대성리 25 · 26호, 3:현암리 1호)

매제방 1호, 하화계리 1호)가 등장하기 시작한다. 연하리 13호 출토품 중에서는 구순각목문이 시문된 유부토기가 특징적인데 각목의 양상으로 볼 때 가장 이른 단계의 구순각목문으로 판단된다. 석기상은 1단계와 큰 차이가 없지만 동북형석도(연하리 1호)가 등장하고 중앙이 투공(2a식)된 토제어망추(연하리 13호, 신매제방 1호)가 공반된다. 현암리 2호는 전주나 절상의 무각목이 특징적이며, 이중구연단사선문과 구순각목문이 결합된 토기도 있다.(도면 6)

비돌대문계는 외반구연의 요소를 가진 대성리 25호와 26호, 이중구연(단사선문) 요소를 가진 현암리 1 · 3호가 해당된다. 대성리 25호와 26호는 소형과 중형급의 방형계통으로 모두 석상 위석식의 노를 설치하였으며 돌대문토기는 확인되지 않았다. 외반구연의 심발과 장경호를 비롯한 호가 출토되었고 석기 조성은 돌대문계와 유사하지만 다양한 형태의 합인석부가 다수를 차지한다. 현암리 1 · 3호는 소형급의 방형이 특징이며 위석식(石床 · 粘土床) 노가 설치되어 있다. 유물은 무문양이거나 단사선이 시문된 이중구연이 주류이며 이외에 돌대문도 일부 확인되지만 외반구연이나 거치문(호)도 존재한다. 석기 조성은 소량이어서 자세하지 않지만 돌대문계와 유사하다.(도면 7)

다. 3단계

(1 · 2:용암리 93 · 115호) 이 단계는 주로 공렬문계A · B와 이중구연계, 복합문계로 구분되고 돌대문계 요소는 다른 요소와 복합되어 일부만 확인된다. 공렬문계 A와 B는 거의 유사한 계통이지만 평면형태, 노의 구조, 중심주공 배치방식, 일부 출토유물(대부토기)의

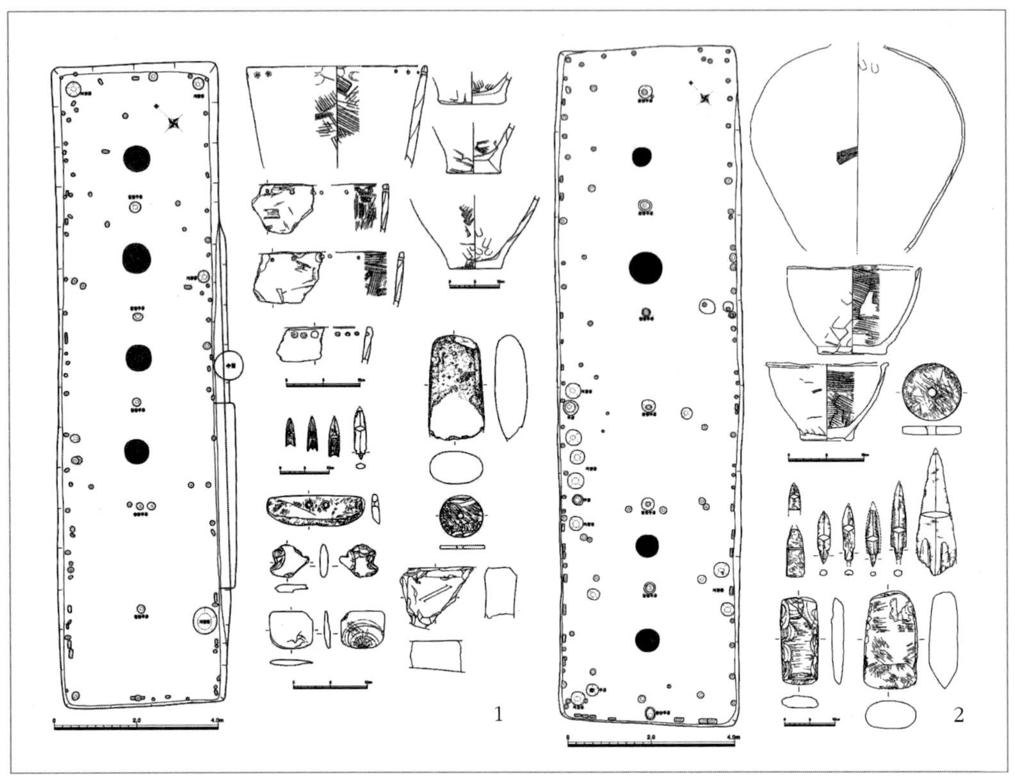

| 도면 8 | 북한강유역 3단계 공렬문계A 주거지와 출토유물

유무 등에서 다소 차이를 보인다.

공렬문계A는 용암리 93 · 115호가 대표적이며 대형급의 세장방형이 중심을 이루고 소형의 방형인 것(용암리 130호)도 있다. 중앙 1열 또는 3열의 주공식 중심기둥을 설치하며 토광식 노를 갖춘 것이 특징이다. 주로 공렬문만 시문되는 특징이 있으며 심발과 발, 대형의 호, 적색마연토기 등 기종이 비교적 단순화되고, 석기는 이단병식석검(유혈구), 합인석부, 1b식과 2b식의 석촉, 장방형계의 편인석부, 단면이 두꺼운 방추차, 부리형석기 등이 출토된다.(도면 8)

공렬문계B는 철정리II A-22 · 54호, 거두2지구 1~6호, 외삼포리 1호, 달전리 33호, 신매대교 18 · 21 · 26호 등이 대표적이고 유물상으로 볼 때 달전리 36호와 39호도 이 계통에 속할 가능성이 있다. 주거지는 중(대)형의 장방형이나 세장방형을 띠고 위석식과 토광식의 노를 갖추었으며, 중심기둥은 2열의 주공식이나 초석식(신매대교 21호)이다. 토기는 공렬문과 구순각목문이 결합된 것이 많고, 신매대교 21호에서는 단사선문이나 X자문이

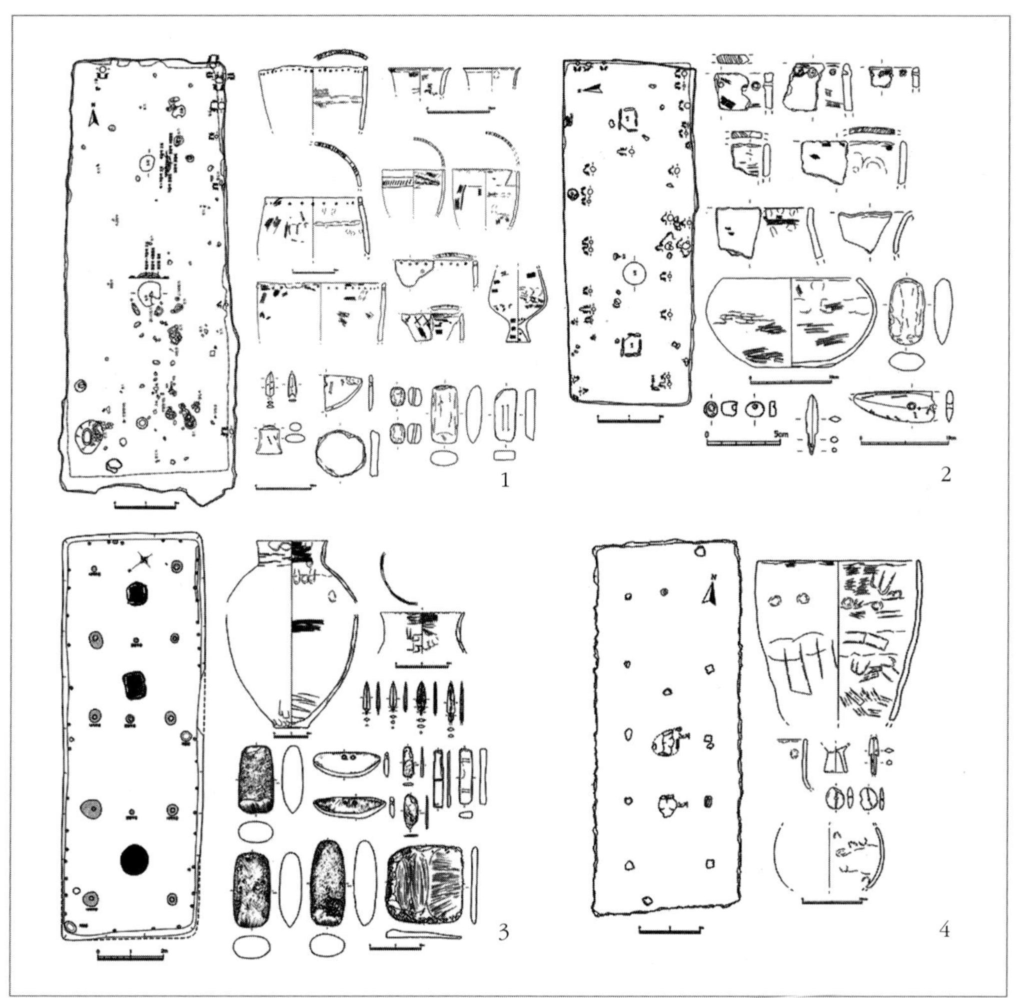

| 도면 9 | 북한강유역 3단계 공렬문계B 주거지와 출토유물
(1 · 3:신매대교 21 · 26호, 2:철정리 II A-54호, 4:달전리 33호)

시문되기도 한다. 이외의 출토유물은 공렬문계A와 대부분 유사하지만 바닥이 좁은 단각(短狹)의 대부토기, 2b식과 3식 토제어망추가 특징적이다.(도면 9)

이중구연계는 공렬문계A와 주거지 구조에서 유사하지만 출토유물에서 차이가 있다. 천전리121-16번지 10호, 와수리 4호 등이 해당되며 천전리121-16번지 10호는 구조가 명확하지 않지만 와수리 4호는 대형급의 세장방형에 위석식과 토광식의 노를 갖추었으며 중앙 1열과 내측 2열의 주공식 중심기둥을 설치한 구조이다. 유물은 이중구연의 단사선, 거치문, 사격자문 등이 중심이고 공렬문, 구순각목문, 돌대문(절상) 등이 소량 확인된다.

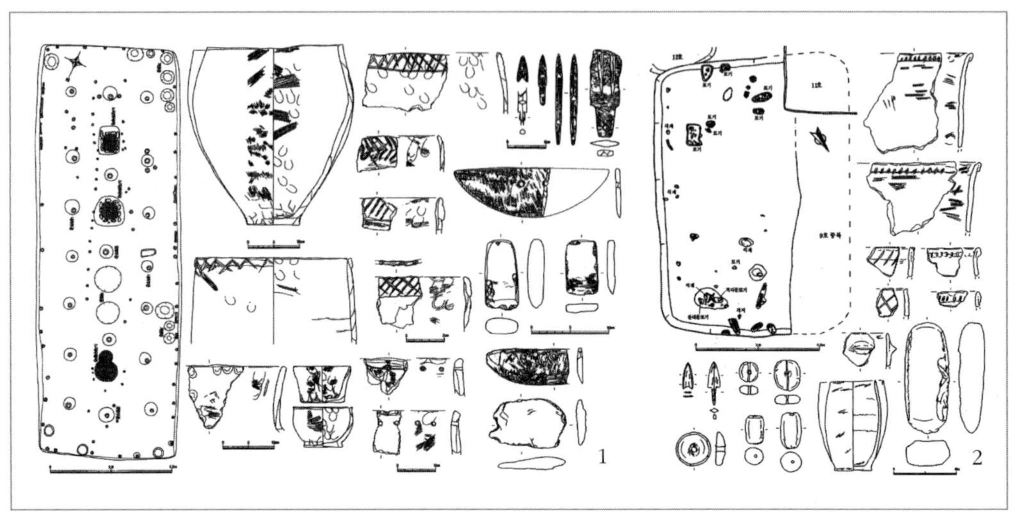

| **도면 10** | 북한강유역 3단계 이중구연계 주거지와 출토유물
(1:와수리 4호, 2:천전리 121-16번지 10호)

석기상은 공렬문계와 유사하고 토제어망추(2b식과 3식)는 공렬문계B와 동일하다.(도면 10)

복합문계는 금산리 A-1 · 2호 · B-1 · 4 · 6호, 천전리 121-16번지 2 · 7호 등이 해당된다. 주거지는 전단계의 구조를 이어가고 있는데 소형~대형 등 다양하고 방형이나 장방형을 띤다. 점토상이나 토상의 위석식 노가 주로 갖추어져 있고 일부는 토광식(금산리 B-6호)이 설치되기도 한다. 주거지의 구조는 돌대문계와 유사하지만 토기는 돌대문(각목-절상), 공렬문(구순각목문), 이중구연(거치문 · 단사선문), 외반구연 등 매우 다양한 요소가 복합되는데 중심 주체가 무엇인지 분명하지 않은 것이 특징이고, 금산리 B-4호에서는 대상파수나 봉상파수[3]와 같은 이질적인 요소가 확인되기도 한다. 석기는 무경식의 1a식 석촉, 장방형석도, 방형의 편인석부, 단면이 얇은 석제방추차 등 전단계의 요소를 그대로 이어가는 것도 있지만 새로이 2b식 석촉, 주형석도, 2b식과 3식의 토제어망추가 등장한다.(도면 11)

---

3 천전리 121-16번지 출토 대각은 통형인 대부토기의 대각과 비교해 볼 때 차이가 있어 봉상파수의 가능성이 있다.

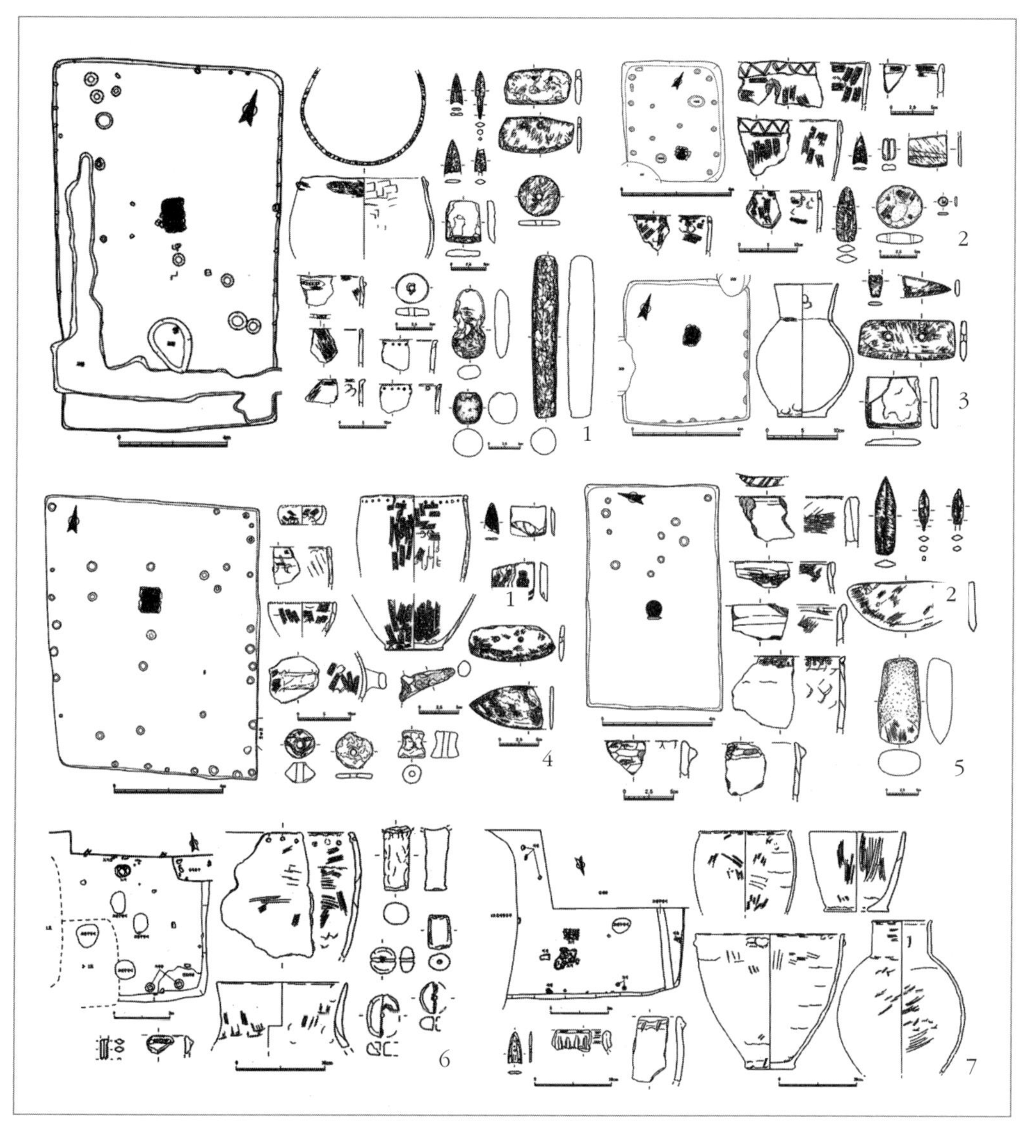

| **도면 11** | 북한강유역 3단계 복합문계 주거지와 출토유물
(1~5:금산리 A-1 · 2호 · B-1 · 4 · 6호, 6~7:천전리121-16번지 2 · 7호)

라. 4단계

다른 요소는 사라지고 공렬문계A의 요소만 확인된다. 용암리 62 · 68 · 71 · 77 · 126호, 천전리 56 · 59호 등이 대표적이며 대형급의 세장방형의 주거지가 중심을 이룬다. 내부시설은 전단계와 차이 없이 중앙 1열이나 3열의 주공식 중심기둥이 배치되고 토광식 노가 설치된다. 출토유물에서 토기는 전단계와 큰 차이 없이 심발의 공렬토기, 호, 적색

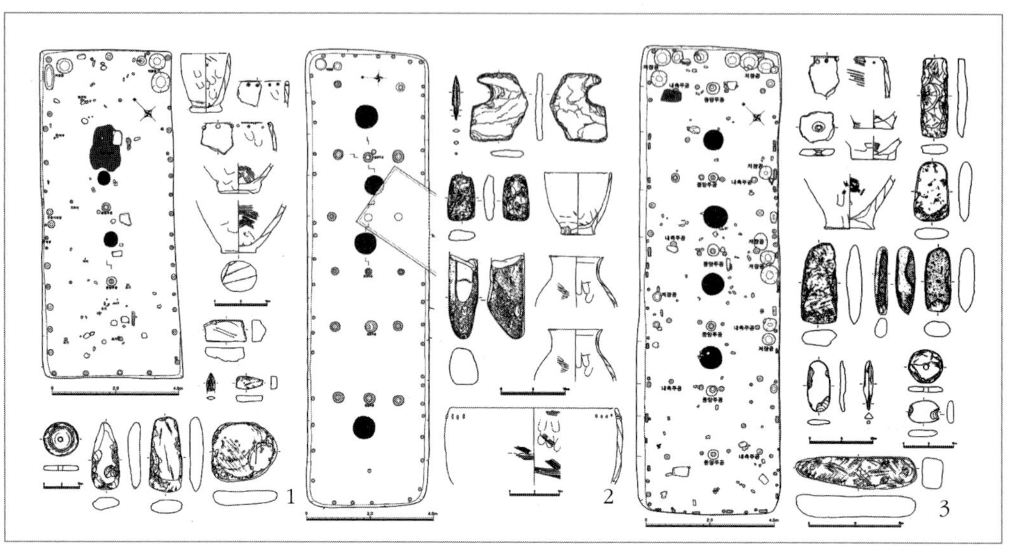

| **도면 12** | 북한강유역 4단계 공렬문계A 주거지와 출토유물
(1:용암리 62호, 2:천전리 59호, 3:용암리 77호)

마연토기가 주류를 이루고 구순각목문이 대부분 사라진다. 석기는 전단계와 큰 차이는 없지만 주상편인석부가 등장한다.(도면 12)

2) 남한강유역

이 지역의 가장 큰 특징은 중복관계가 확인되지 않는다는 것과 시간적 흐름에 따른 유구와 유물의 형식학적 변화상을 파악하기 어렵다는 것이다. 크게 돌대문계와 공렬문계로 구분되고 소수이지만 이중구연계도 존재한다.

가. 1단계

모두 세 가지 계통이 존재한다. 첫째는 돌대문계 요소를 가진 주거지로 정선 아우라지 1·6·8·9·11·12·13호, 영월 주천리 14·17호, 평창 천동리(예맥) 2호, 평창 종부리 II-2호 등이다. 주거지는 대형급의 방형과 장방형의 평면형태에 石床이나 粘土床의 위석식 노를 설치하였는데, 노는 강의 반대편 단벽에 치우쳐 1~2기를 설치하는 것이 일반적이고 격벽시설을 갖추거나 연접한 것(아우라지 1·8·11·12호)이 많은데 남한강유역의 지역적 특징이기도 하다. 중심기둥은 2열의 초석식이나 주공식이 확인된다. 종부리 II-2호는 다소 이질적인데 중형급의 방형으로 장축은 강의 흐름과 직교하지만 석상위석식 노는 장

| 표 1 | 북한강유역 1~2단계 주거지와 출토유물 속성표

주거지 (호수)	평면형태	규모	면적 (㎡)	중심기둥 설치방식	노구조 (바닥	돌대문				이중구연			외반구연	거치문	구순각목	공렬	유부	대부	토기 기타	석촉	석부	석도	방추차		어망추		석기 기타	절대연대	단계
						각목		무각목																					
						전주	절상	전주	절상	무문	단사	거치											土	石	土	石			
철정C1	방	대	92.5	초석	위(점)	?	●		●	●			●				●		내만옹	1a	합(厚) 편(方)	方	2a	薄	1a			3110±60, 3310±60	1단계
철정C5	방	대	84.3	초석	위(점)		●										●		내만옹	1a	합		2b		단추			3430±50, 3540±50	
외삼포3	방	대	82.5	초석	위(점)	●	●		●										호	1a		梯	2b				옥	3080±60	
외삼포5	방	중	48.6	초석	위(토)	●	●		●				●						마연	1a		方	2b				석검(이)	3120±80	
철정A11	방	소	14.5	-	위(점)		●			●			二重								합?							3000±50, 2920±50	2단계
철정A12	장	중	73.6	초석?	위(점)	?	●		●		어망									1a	편(長)		2a		1b		공구형	3110±50, 2860±50	
철정A21	장	대	127	주공	위(점)	?			●	●?			?						이중-돌?	1a	편	方	2a					3070±50, 2980±60	
연하1	장	대	86.8	?	위(토)	?	●	?	●	●		●					●		호(장경)	1a,2?	합,편	方,梯	2a	薄	1a 단추		환상	3030±60, 3070±50 3000±60, 3090±60	
연하13	방	대	78.4	?	?	●	●		●						유부		구순		호	1a	합?		2a,2b		1a		석검(창?)	-	
현암1·3	방	소	22.6 이하	주공?	위(석·점)				●	●	●		●	壺					호(장경)		편(方) 합(長)				1a			3020±40(1호)	
현암2·4	방	중소	32.5 이하	?	위(점·토)	?	●	●	●		口脣									1a?	합?							-	
대성25	방?	중?	-		위(석)								二重						호(장경)		합(厚)		2b		1b			2945±20	
대성26	방	소	28.1	?	위(석)								二重								●		2b				환상	-	
신매제1	?	대?	-	초석?	?	●			●						외반			●	공렬+구순+之자, 장경	1a	합(長)	方(抹)			2a			3010±50, 2940±50 2880±60	
하화계1	장?	중?	-	주공	위(점)			옹					●					●		1a	합(長)	方	토2b					2845±50, 2880±50	

| 표 2 | 북한강유역 3단계 주거지와 출토유물 속성표

주거지(호수)	평면형태	규모	면적(㎡)	중심기둥설치방식	노구조(바닥)	돌대문 각목 전주	돌대문 각목 절상	돌대문 무각목 전주	돌대문 무각목 절상	이중구연 무문	이중구연 단사	이중구연 거치	외반구연	거치문	구순각목	공렬	유부	대부	토기 기타	석촉	석부	석도	방추차 土	방추차 石	어망추 土	어망추 石	석기 기타	절대연대	단계
금산A1	장	대	122.9	주공?	위(토)		구순						●		●	●				1a,2a,2b	방편 합(봉)	方	2a	薄			구형 봉상	2810±40, 2850±40 2880±40, 2790±40	3단계
금산A2	방	소	15.5	주공	위(토)					●		●				●			이형(어망추?)	1a	합, 편(方)				1c?·2a?			2870±40, 2940±40 2840±40, 2670±40	
금산B1	방	소	25.5	주공?	위(점)														장경호		편(方)	方						2870±50, 2900±50 2760±40, 2850±50	
금산B4	방	중	78.6	주공	위(점)						●		●			●			대상·우각파수, 이형	1a	편(方)	梯?魚	1,2b					2950±40, 2880±40 3010±40, 2940±40 2900±40	
금산B6	장방	중	41.4	주공?	수(막)				●	●			공렬		●	외				2b	합	舟						–	
천전2	방?	중	–	?	위(석)		●									●		筒?	호	2		●			2b,3		곡옥	3020±80	
천전7	?	?	–	?	?				●		●		●						호	1a								2810±50, 2800±50	
천전8	방?	소	–	?	수	●				●			●?						호,마연				2a?					2800±60	
천전10	방?	중?	–	?	?				●?		●								사격자문	1a?,3	합,편	●?	2a		2b,3			2910±50, 2930±60	
와수4	세장	대	80.3	주공3	위(토)·수						●	●			이·격	구순			사격자문, 호	1b,2b	합,편(長)	舟					석검(유경)	1050±130BC(OSL)	
철정A54	세장	중	55	주공2	위(토)·수										●				호	2b,3	합	舟						2880±50, 2810±50	
철정A22	장	중	46.7	주공1	수											●			호(장경)	1b,2b,3	합		2b				원판	3000±50	
신매대17	방	소	24.1	주공?	수?										●	●				●	●							2840±50	
신매대18	장방	소	28	?	?										●	●		筒,短	호					大	2b		보습	2970±50, 2890±50	
신매대21	장방	중	77.9	주공?	수										●x,단			短	호(장경)	1b	합,편	舟			3		석검(이)	–	
신매대26	세장	중	45.6	주공2	위·수										●				호, 내만	2b	합	長舟					옥	–	
달전33	세장	중	41.3	초석2	위·수													短	호	2a			2b					–	
달전36	방	중	32.4	?	수															1b	합		厚					3110±60(퇴)	
달전39	방	중	37.4	주공2?	수													●			합							3140±60(바)	

벽쪽으로 편재하고 있기 때문에 규모와 평면형태, 구조, 노의 형태 등을 고려하면 이 단계에서도 가장 이를 가능성이 있다.[4] 주천리 14호는 소형급의 방형인데 중앙에 석상위석식의 노를 설치한 것으로 태장동 6호도 같은 단계로 판단되고, 이후 단계의 주천리 15・16호, 종부리 Ⅲ-8호로 구조적 전통이 이어진다. 주천리 17호는 노(土床)의 구조나 돌대문토기를 감안하면 이 단계에서도 가장 늦을 가능성이 높다.

유물은 주로 옹이나 심발의 돌대문토기(전주하는 각목문과 절상의 각목문과 무각목)가 출토되고 장경호(마연)와 무문이거나 단사선이 시문된 이중구연토기(아우라지 1・8호), 외반구연토기(아우라지 6・8호), 다양한 형태의 호, 대부토기(1・6호) 등이 주류인데, 대부토기는 아우라지 1호와 공렬문계인 2호는 내만구연토기(옹?)에 넓게 벌어진 낮은 대각(短廣)이 부착된 것으로 가장 이른 단계의 대부토기로 판단된다. 주천리 14호에서는 구순각목문이 시문된 토기가 공반된다.

석기는 삼각만입의 무경식석촉(1a식), 역자식의 이단경식석촉(2a식), 양인의 장방형과 제형 석도, 방형의 편인석부, 합인석부(厚斧), 환상석부, 방추차(石:薄, 土:1식, 2a・b식), 어망추(1a・b식, 단추형), 부리형석기(아우라지, 천동리), 석검(아우라지 6・8호) 등이 출토되었다. 역자식의 이단경식석촉(2a식)은 다수의 주거지(아우라지 1・6・8・12호, 천동리 2호)에서 출토되었는데 북한강유역에서는 이보다 늦은 단계에 해당하는 금산리 A-1호와 달전리 33호에서만 출토된 것이 있기 때문에 남한강유역의 지역적 특색이 강한 유물로 판단된다.(도면 13)

다른 하나는 이중구연단사선문계 요소를 가진 것으로 원주 동화리 1호만 해당된다. 소형급의 평면 방형 주거지로 粘土床의 위석식 노를 갖추었으며, 유물은 이중구연단사선문 심빌과 유상돌기가 부착된 심발(瘤附土器), 호, 2a식 토제방추차, 무경식석촉(1a식), 합인석부, 편인석부, 장방형과 주형의 석도 등이 출토되었다. 토기는 이중구연의 폭이 다소 좁은 이중구연단사선문이 주류이다. 이중구연단사선문 요소를 갖추고 있지만 충적대지에 입지하며 초석을 갖추지 않았다는 점에서 가락동유형과는 차이가 있다.(도면 14)

또 다른 하나는 이른 단계의 공렬문계 요소를 가진 것으로 아우라지 2호와 주천리 6・7호가 해당되며 주천리 1호도 유물상으로 볼 때 동일 계통의 늦은 단계 주거지 가능성

4 박영구(2002)는 출토된 돌대문이 구연단에 거의 붙은 형태인 점과 구순각목토기가 공반되었다는 이유로 전기전반인 남한강유역 3기에 해당하는 것으로 편년하였지만, 출토 당시의 사진을 보면 구연단과 다소 이격되어 있고 구순각목문은 이른 단계부터 확인되기 때문에 시기를 낮춰 볼 이유가 없다고 판단된다.

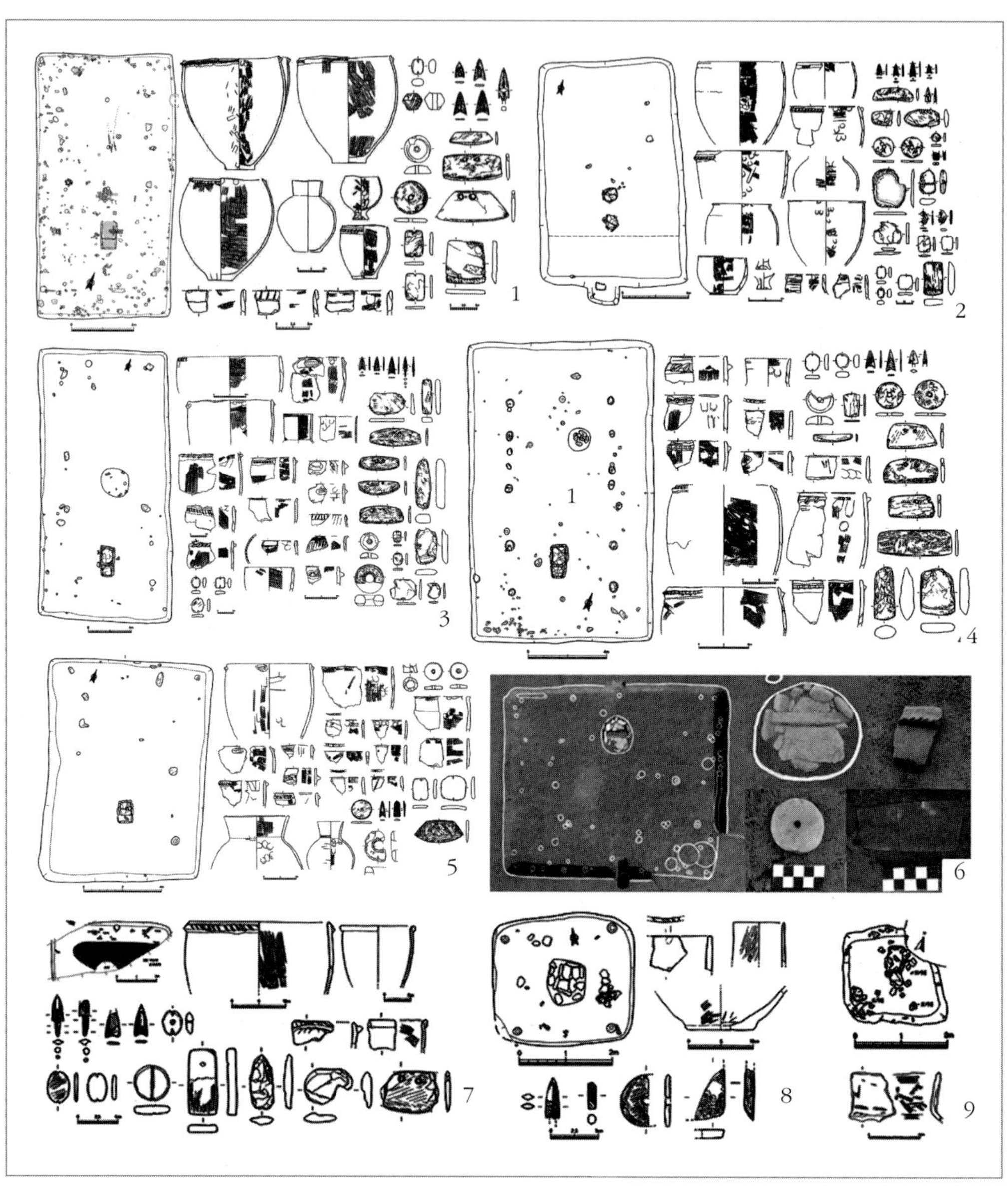

| **도면 13** | 남한강유역 1단계 돌대문계 주거지와 출토유물
(1~5:아우라지1 · 6 · 8 · 12 · 13, 6:종부리 II-2호, 7:천동리(예) 2호, 8:주천리 14호, 9:태장동 6호)

이 있다. 중형급의 방형 주거구조를 띠며 주축방향이 강의 흐름과 직교하거나(아우라지 2호) 나란한 것(주천리 6 · 7호)도 있다. 중심기둥 배치는 주천리 6호와 7호는 2열 구조를 보이는데 7호는 주공식과 초석식이 결합된 구조이며, 6호는 주공식인 것이 특징이다. 노는 1기가 설치되는데 단벽으로 편재된 토상의 위석식이다.

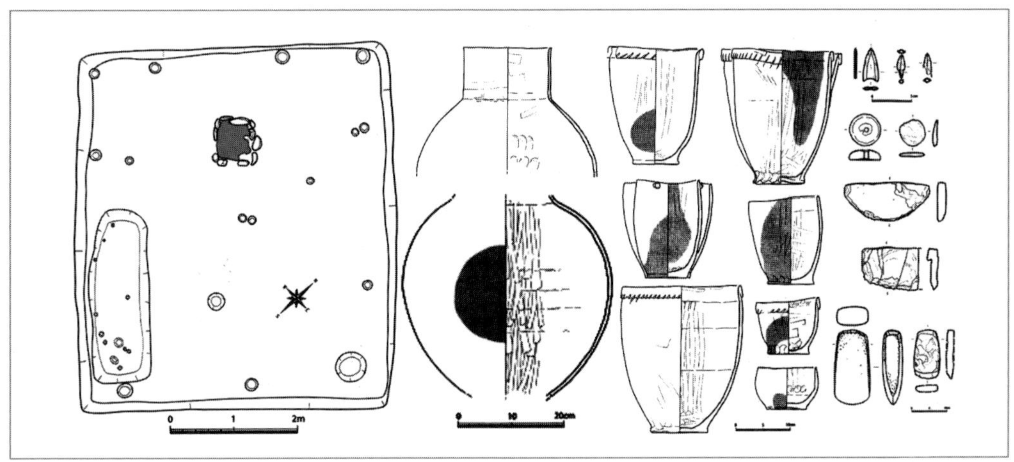

| **도면 14** | 남한강유역 1단계 이중구연계 주거지와 출토유물(동화리 1호)

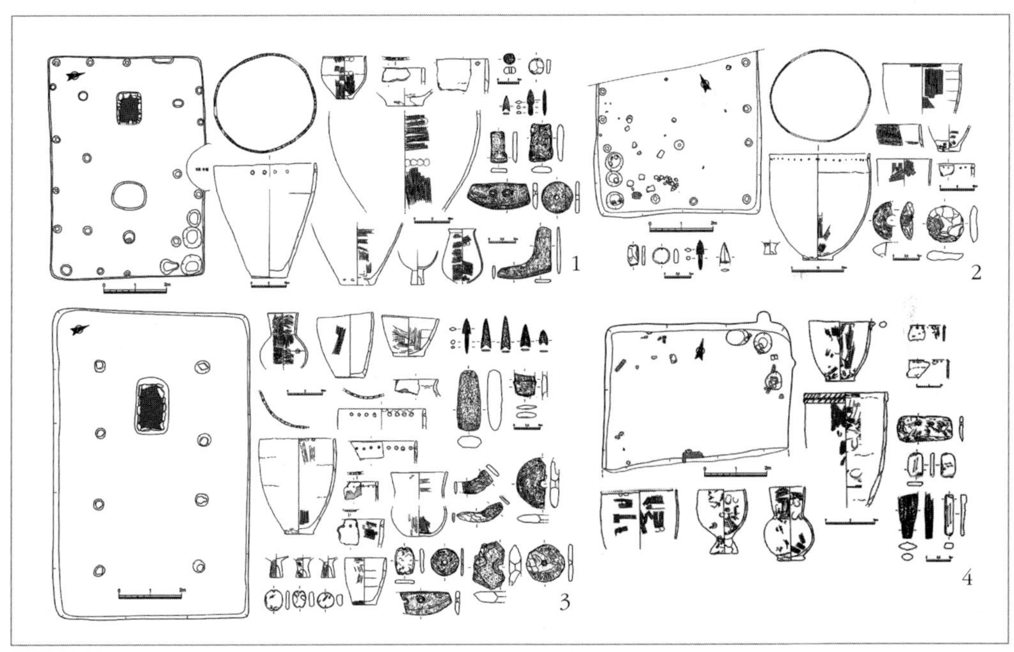

| **도면 15** | 남한강유역 1단계 공렬문계 주거지와 출토유물
(1~3:주천리6 · 1 · 7호, 4:아우라지 2호)

토기는 아우라지 2호에서 이중구연단사선문과 유부토기가 확인되기도 하지만 심발 위주의 공렬문과 구순각목문이 단독 혹은 공반되거나 결합된다. 이러한 토기 조성을 제외하면 대부토기는 아우라지 2호 출토품은 바닥이 넓고 낮은 대각(短廣)이 부착된 옹형이고, 주천리 1호와 7호 출토품은 바닥이 좁고 낮은 대각(短狹)이다. 이 외에 호와 장경호가 공반된다. 석기 조성은 돌대문계 요소와 거의 동일한데 삼각만입의 무경식석촉(1a식)과 역자식의 이단경식석촉(2a식), 과도기적 형태의 무경식석촉(주천리 7호), 환상석기, 장방형의 편인석부 등과 어망추는 1a식(주천리 7호)도 있지만 대부분 1b식이다. 이외에 이단병식과 유경식 석검(주천리 7호, 아우라지 2호), 직배호인의 제형석도, 동북형석도도 특징적이다.(도면 15)

나. 2단계

돌대문계와 이중구연계가 일부 혼재하지만 주류는 공렬문계이다. 아우라지 3~5 · 7 · 10 · 14~18호, 주천리 4 · 5 · 8 · 9 · 12호, 가현동 1~3 · 5 · 8호, 태장동1~4호, 천동리(강고) 1 · 2호, 천동리 220번지 1호 등의 주거지가 해당된다. 주거지는 소형급의 방형(가현동 8호)도 있지만 중형급의 장방형이 많다. 장축은 강의 흐름과 직교하지만 나란한 것도 다수(아우라지 4 · 5호, 주천리 8 · 11호) 있다. 노는 주로 土床의 위석식으로 1~2기가 단벽쪽으로 편재하지만 중앙 치우쳐 설치되기(아우라지 16 · 18호, 주천리 8 · 12호)도 하며, 토광식인 것(아우라지 18호, 주천리 9호)도 있다. 격벽시설이 확인되는 것은 없고 2기가 설치되는 경우 근접하지만 전단계와 달리 점차 간격이 넓어진다. 중심기둥은 확인되지 않는 경우가 많지만 주천리 8 · 9호와 같이 중앙 1열의 배치를 보이는 것이 있다.

토기는 전반적으로 공렬문계 요소가 주류를 점하는데, 대부분 심발의 공렬문과 구순각목문이 단독 혹은 공반되거나 복합시문되고, 퇴화된 이중구연에 단사선문이나 거치문, X자문 등이 시문된 것(아우라지 10호, 가현동 1 · 4 · 6 · 8호, 천동리 220번지)과 횡대구획문 같은 요소도 일부 확인되며 전형적인 적색마연의 호가 등장한다. 대부토기는 바닥이 좁고 낮은 대각(短狹)이 주류이지만 태장동에서는 통형의 대각만 확인되는 특징이 있다. 이외에 구순외연각목토기(아우라지 4호, 아우라지 11호)도 출토된다.

석기는 전단계의 석기상과 유사하지만 석촉은 무경식(1b)식과 이단경식(2b식)이 주류이고, 석제방추차는 두꺼워 진 것(아우라지 18호)도 확인되며, 주형석도(아우라지 17호, 가현동 1호), 대형방추차(아우라지 7 · 10 · 17 · 18호, 주천리 4 · 8호)가 특징적으로 출토되었다.(도면 16)

다. 3단계

2단계와 구분이 매우 어렵지만 가능성이 있는 것들로 가현동 7 · 14호, 조동리 1 · 3 · 7 · 9호, 마지리 1 · 2호 등의 주거지가 해당된다. 전단계와 거의 동일한 구조인 중

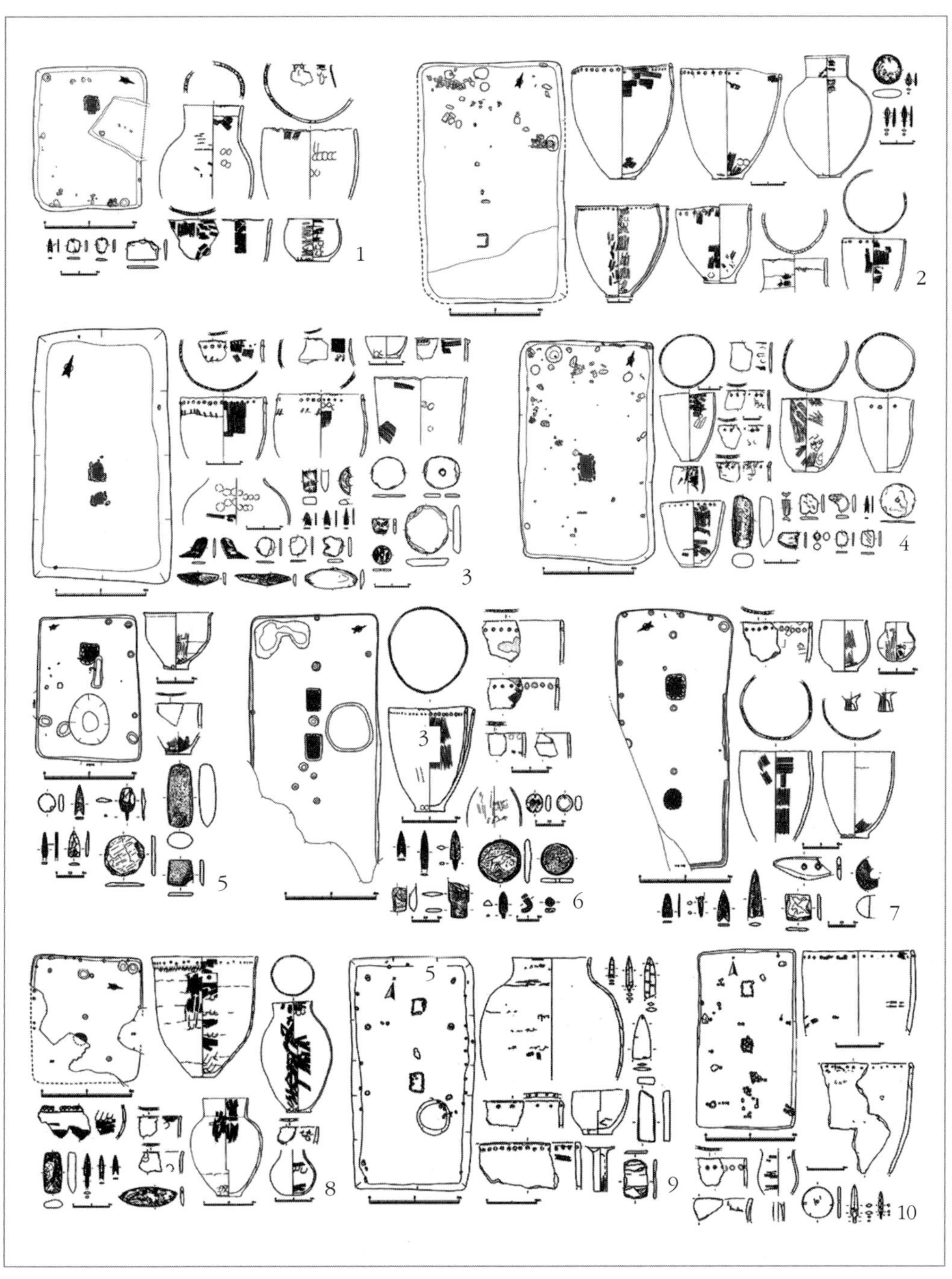

| **도면 16** | 남한강유역 2단계 공렬문계 주거지와 출토유물
(1~4:아우라지3 · 10 · 7 · 4호, 5~7:주천리4 · 8 · 9, 8:천동리220번지, 9 · 10:태장동2 · 3호)

형급의 방형인 것(조동리 6호)과 소형급의 방형(조동리 3 · 7호)도 있지만 중형급의 장단비 2:1 이상의 장방형도 있다. 노는 여전히 위석식이지만 중앙에 부근에 1기, 단벽쪽에 1기를 설치하는 경향이 있다. 유물상으로 토기는 주로 구순각목문이 거의 사라지고 공렬문만 남게 되며, 퇴화된 단사선이 시문된 토기가 일부(조동리 3호) 남아 있다. 석기는 전단계의 석기상과 큰 차이는 없지만 동북형석도(가현동 14호)가 여전히 사용되고 새로이 일단경식석촉(3식)이 증가한다. 주형석도, 유구석부의 초기형태로 보이는 주상편인석부(가현동 14호:배진성의 IIc2식), 퇴화된 이단병식(조동리 9호)과 일단병식(가현동 14호)의 석검, 긴 대각이 부착된 옹형의 대부토기(조동리 1호)가 특징적이다.(도면 17)

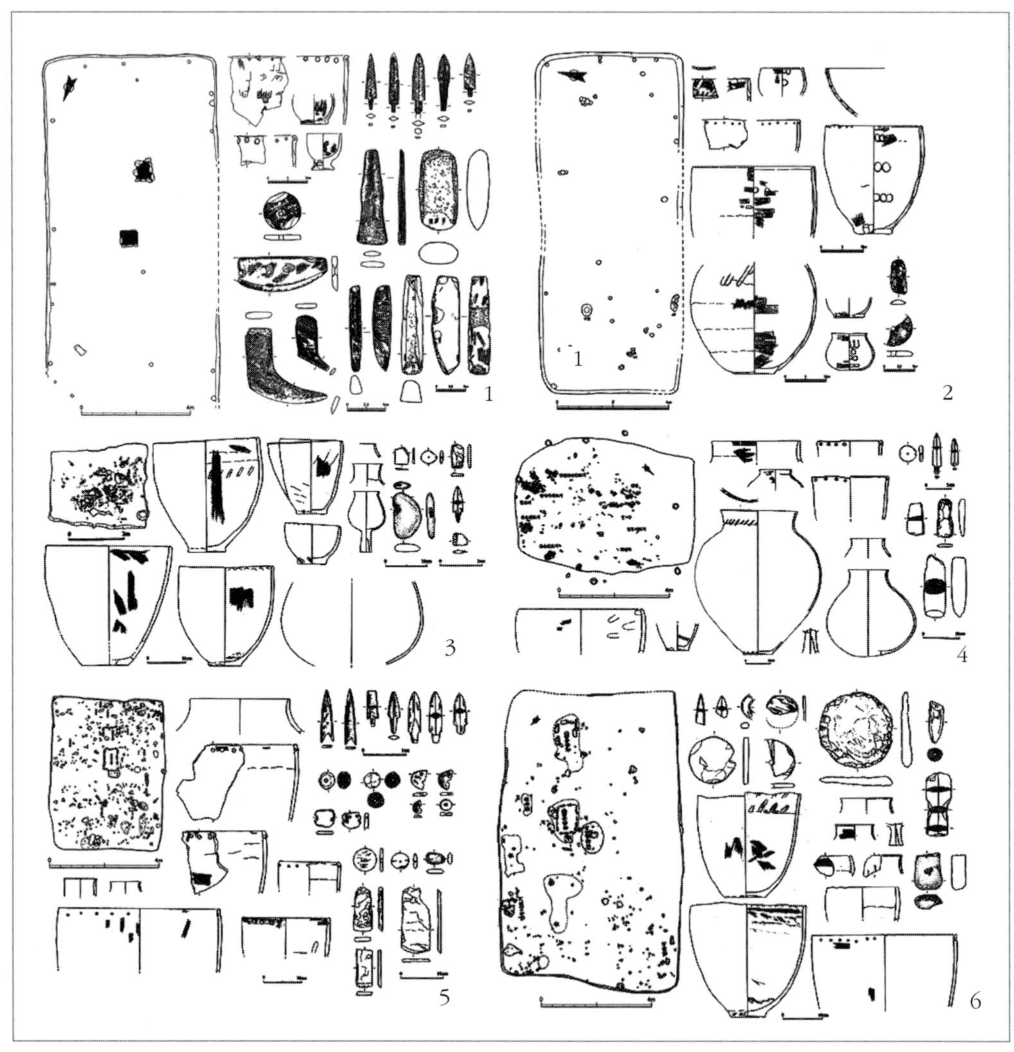

| **도면 17** | 남한강유역 3단계 공렬문계 주거지와 출토유물
(1~3:가현동 14 · 7호, 3~6:조동리 1 · 3 · 7 · 9호)

표 3 남한강유역 1단계 주거지와 출토유물 속성표

주거지 (호수)	평면형태	규모	면적 (㎡)	중심기둥 설치방식	노 구조 (바닥)	돌대문 각목 전주	돌대문 각목 절상	돌대문 무각목 전주	돌대문 무각목 절상	이중구연 무문	이중구연 단사	이중구연 거치	외반구연	거치문거	구순각목	공렬	유부	대부	토기 기타	석촉	석부	석도	방추차 土	방추차 石	어망추 土	어망추 石	석기 기타	절대연대	단계
동화1	방	소	29.2	주공?	위(점)						●						●		호	1a,2	합,편	舟,方?	2a					2980±50, 3050±50	1단계
주천17	?	–	–	주공	위(토)		●		●																		석검(有柄)	2930±40	
주천14	방	소	8.7	주공	위(석)										●				장경	2a	편(方)			薄				2980±40	
아우1	장	대	150.6	주공	위(점)	●			●	●	●					?		내만	외반구연? 장경	1a,2a		方,梯	1,2a	薄	1a · b		옥, 부리형 환상(방추차)	3010±60, 2900±50	
아우2	?	중?	–	?	위석(토)					●	●					●	●	●	장경			方					석검(有茎)	2880±50	
아우6	장	대	119.1	주공?	위(석)	●	●					돌대	●		●?			●	외반구연옹, 호	1a,2a	합	方,梯		薄	1a · b		부리형, 옥,석창?	–	
아우8	장	대	156.8	초석	위(석)	●	●		●	●	●	돌대	●			?			장경	1a, 2a?	편	方(梯)	2a		1a · b		환상,부리형	2810±50	
아우9	방	중	73.3	?	?	?	●												호			●?		薄	1b			–	
아우11	장?	중?	–	?	위(석)	?	●	?	●				●구		●외		●			1a	합,편?		2a		1a	1a	부리형	–	
아우12	장	대	141.7	초석	위(석)	●	●												호(장경)	1a 2a	합,편 (方)	方,梯	2a · b	薄	1b	1a	부리형	–	
아우13	장?	대	90.7	초석	위(석)	●	●		●						●?	●?		●	호 외반구연?	1a?		梯	2a · b	薄	1a		환상	2900±50	
천동(예)2	?	–	–	?	?	●			●	●										1a,2a	●	方?			1b · c,2a		부리형	2860±40, 2830±40 2930±40, 3120±50	
종부II2	방	중	40.0	주공	위(석)	●									●						●	方		薄?				–	
주천6	방	중	34.8	주공	위(토)								●		●			●		1a,2	편(長)	梯?		薄	ab		옥	2940±40	
주천7	방	중	62.4	초(주)	위(토)										●			●	장경	1a,2a	합	梯?		薄	1b	1a	석검(二),부리형,환상	2940±40	

Ⅳ. 편년과 절대연대

앞서 살펴보았듯이 북한강유역은 4단계, 남한강유역은 3단계로 설정되었다. 북한강 1단계가 가장 이른 단계이고 북한강 2~4단계와 남한강 1~3단계가 각각 병행한다. 그리고 북한강 1단계는 조기 전반, 북한강 2단계와 남한강 1단계는 조기 후반, 북한강 3단계와 남한강 2단계는 전기 전반, 북한강 4단계와 남한강 3단계는 전기 후반에 각각 해당된다.

먼저 북한강유역의 조기와 전기는 크게 돌대문계과 공렬문계의 차이로 구분되지만 각각의 단계에 이중구연계(외반구연)나 복합문계의 요소도 확인된다. 최근 영서지역 청동기시대 돌대문토기와 관련된 연구성과에서는 돌대문토기의 편년을 조기~전기전반으로 설정한 견해가 있었다.(정원철 2012; 박영구 2012) 전반적으로 이에 동의하지만 세부적으로는 필자와 차이가 있다. 이 가운데 정원철(2012)은 돌대문토기의 여러 속성 가운데 돌대의 위치만이 시간성을 반영한다고 보고 조기를 전반과 후반으로 구분하였으나 전반의 실체에 대해서는 존재 가능성을 두고 돌대문토기문화 전체를 후반으로 설정하였다[5].

각 단계의 절대연대는 동일 유구내에서 검출된 절대연대치도 매우 다양하고 측정기관에 따라 다르게 확인되고 있어 신뢰하기 어려운 점이 있다[6]. 북한강유역 조기 전반의 절대연대는 철정리Ⅱ유적과 외삼포리유적에서 검출된 것이 있는데, 철정리Ⅱ A-1호와 C-5호 등 다수의 시료가 매우 높게 형성되어 있어 기존의 절대연대와 비교해 볼 때 문제가 많다고 판단된다. 많은 연대는 검출되지 않았지만 3100BP 전후가 하한연대로 판단된다. 조기 후반은 다수의 유적에서 확인되듯이 다소 늦은 연대도 있지만 대략 2950BP를 전후한 시기까지 집중되므로 하한은 이 연대로 판단된다. 전기 전반은 철정리Ⅱ A-22호(3000±50BP), 용암리 104호(3010±60BP), 달전리 36호(3110±60BP:퇴적층)·39호(3140±60BP) 등도 절대연대상으로 소급될 가능성이 있지만 유물상으로는 이 단계에 해당되며, 대부분 2950BP에서 2800BP 사이에 집중된다. 전기 후반은 자료를 제시하지 않았지만 용암리, 신매대교, 거두2지구(거두리) 등의 유적에서 2800~2700BP 사이에 집중되고 있다.

남한강유역은 조기 전반으로 소급될만한 유구와 절대연대가 없으며, 조기 후반도 동화리 1호(3050±50BP)와 아우라지 1호(3010±60BP)와 같이 몇몇을 제외하면 3000BP 이상

---

5 이는 돌대문토기문화가 중국 동북지역이나 북한을 거쳐 파급된 것으로 보고 지역적 편차를 고려하거나 유문토기적 속성의 부재를 감안하였는지도 모르겠다.

6 절대연대는 기본적으로 신뢰도에 문제가 있으므로 돌출적인 것과 다수가 검출된 경우 집중되는 연대치에서 벗어난 것은 제외하였다.

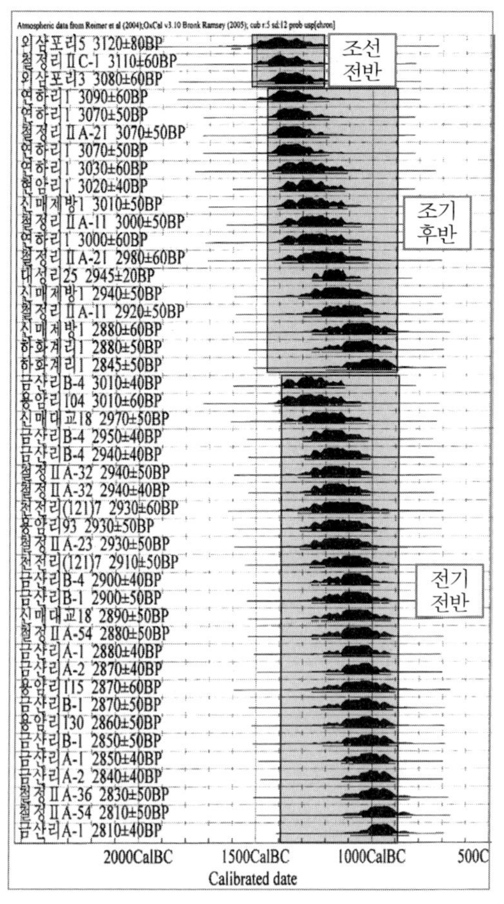

| **도면 18** | 북한강유역 조기~전기전반의 절대연대

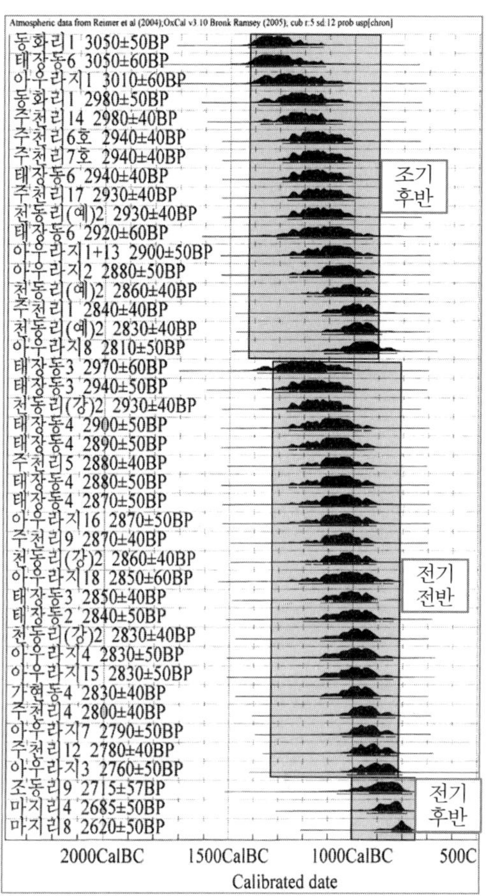

| **도면 19** | 남한강유역 조기후반~전기의 절대연대

인 것이 많지 않고 3000~2900BP에 집중되고 있다. 전기 전반은 연대폭이 다소 넓은 편인데 대략 2900~2800BP에 집중된다. 후반은 조동리 1호와 7호의 오차가 크기 때문에 채택하기 어렵고, 소수이지만 마리지 4·8호와 조동리 9호의 연대를 감안하면 2800~2650BP 정도로 판단된다.

V. 변천양상

이상과 같이 살펴본 결과 각 단계의 구분은 다소 모호하지만 조기와 전기를 구분하는 가장 큰 차이는 돌대문계와 공렬문계의 형성과 소멸에 있다. 세부 내용을 살펴보면 주거지의 구조에서 차이가 있고 토기와 석기의 구성에서도 차이를 보이고 있으며, 양 유역 사이에도 차이가 있다. 변천양상을 살펴보면 다음과 같다.

북한강유역은 돌대문계가 조기의 이른 단계부터 등장하지만 남한강유역은 조기 후반부터 등장하는데 양 유역 모두 전기 전반까지 돌대문계 요소가 남게 된다. 공렬문계는 남한강유역에서는 조기 전반의 늦은 시점부터 등장하기 시작하여 이후 지속적으로 사용된다. 주거지의 구조는 조기 전반에는 북한강유역을 중심으로 (중)대형급의 방형을 띠며 2열의 초석과 타원형의 점토상이나 토상의 위석식 노를 설치하는 것이 일반적이다. 후반에 이르러 양 유역 모두 대형의 장방형으로 정형화 경향이 있고, 전기에는 다양한 형태로 변화하다가 북한강유역은 중앙 1열이나 3열의 주공식 중심기둥과 토광식 노만을 갖춘 공렬문계A의 세장방형으로 정형화되고, 남한강유역은 중형급의 위석식 노를 갖춘 방형과 장방형으로 변모한다.

토기는 조기에는 돌대문의 요소가 강하고, 간헐적이지만 이중구연이나 구순각목문, 외반구연의 요소가 함께 확인되고 있는데 후반에는 이르면 동화리[7], 대성리, 현암리 등 양 유역 모두에서 다양한 형태의 이중구연토기가 출토되는 주거지가 확인되기도 한다. 이중구연의 요소는 계통을 명확하게 알 수 없는데 기원의 문제는 차치하고라도, 이러한 요소는 영서지역 재지문화에서는 독자적으로 확인되지 않는 요소이다. 그러므로 유입 당시에 이미 혼재되어 있던 것으로 판단된다. 돌대문토기는 후반에도 강하게 지속되고 양 유역에서 새로이 구순각목문이 확인되는데 공렬문과 함께 늦은 단계(전기)로 편년(박영구 2012)되었지만, 조기 후반으로 편년되는 연하리 13호를 비롯하여 주천리 14호, 아우라지 11호, 종부리II-2호 등과 같이 이른 단계부터 등장한다고 판단된다. 용천 신암리와 청도 오진리, 밀양 금천리, 김해 수가리 등 신석기시대 말기 토기에서부터 확인되므로 그 연원을 찾을 수 있기 때문에, 적어도 북한강유역에서 공렬문 보다는 이른 단계에 등장한다고 할 수 있다.(도면 20) 토기의 기형 변화는 조기 전반에는 심발이 주류이지만 천발도 소수 있고 내만구연의 옹[8]인 것이 다수 보이다 후반에는 점차 사라져 전기에는 거의 심발만 남게 된다. 조기 후반부터 시차를 두고 등장한 다양한 토기문화가 전기 전반을 기점으로 교

---

7 동화리의 이중구연의 요소는 가락동유형의 이중구연 요소와는 계통이 다른 요소라고 판단한 바(김권중 2010) 있다.

8 이러한 내만구연의 옹은 외삼포리유적이나 아우라지유적, 철정리II유적에서 출토된 토기의 기형 중에 동최대경이 넓은 형태를 띠는 토기들이 있는데, 돌대문이 시문되지 않은 것도 다수 있는 것이 특징이며 이들은 동체 팽만도에서 다소 차이가 있다.

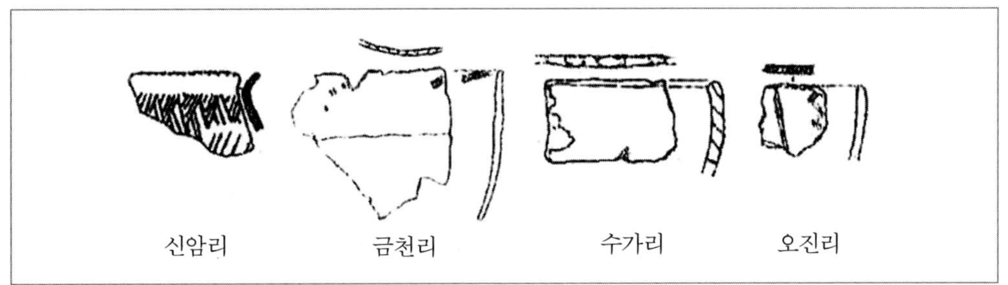

| 도면 20 | 구순각목문이 시문된 신석기시대 말기 토기

류에 의해 복합되는 양상이 관찰된다.

토기 가운데 대부토기의 변화가 두드러지는데, 조기 후반에 등장하여 주로 내만구연의 토기에 굽이 넓고 낮은 대각(1식)이 부착되다가 이후 옹의 기형에 좁고 낮은 대각(2식)이 부착된 토기가 함께 사용된다. 전기에도 2식의 대각이 사용되지만 이후 일부 유적을 중심으로 통형의 대각(4식)이 새로이 등장하기도 하며 점차 후반에는 긴 대각(3식)으로 교체된다.

석기는 비교적 변화가 뚜렷한 편인데 석검은 형태가 다양하지만 주로 이단병식으로 판단되는 것이 조기 전반부터 지속적으로 확인된다. 석촉은 1a식(무경식)이 가장 먼저 등장하고 조기 후반부터 남한강유역에서는 역자식의 2a식이 등장하여 함께 사용되며, 이후 1b식(무경식)과 2b식(이단경식)이 전기 전반부터 후반까지 지속적으로 사용되고 전기 후반부터 3식(일단경식)이 점차 증가하게 된다. 석부는 합인의 경우 일부 유물의 횡단면이 방형에 가까운 것에서 점차 얇아지는 경향이 있고, 방추차는 소기에는 단면이 얇은 것(薄)이 남한강유역에서 전기 전반까지도 지속되지만 점차 두꺼운 것(厚)으로 변화된다. 석도는 조기에는 장방형과 제형이 사용되는데, 남한강유역에서는 전기 전반까지 사용되지만 양 유역 모두 주형으로 변화된다. 어망추는 양측에 홈을 낸 장방형(1a식)이 조기 전반부터 등장하고 후반에는 (타)원형에서 중앙에 구멍을 뚫은 것(1b식)이 함께 사용되며, 중앙에 구멍이 뚫린 관상의 것(3식)이 전기 전반부터 등장한다. 이 외에도 환상석기의 경우 조기 전반부터 일부 확인되며 남한강유역을 중심으로 집중되는데 전기 후반에는 사라진다.

| 표 4 | 단계별 주거지와 유물

시기		단계	북한강유역 돌대문계	북한강유역 이중구연계(외반구연)	북한강유역 공렬문계(구순각목) A	북한강유역 공렬문계(구순각목) B	북한강유역 복합문계	남한강유역 단계	남한강유역 돌대문계	남한강유역 이중구연계	남한강유역 공렬문계(구순각목)	유구와 유물 주거지	유구와 유물 토기	유구와 유물 석기
조기	전반	1단계	외삼포3·5 철정IIC-1·5 (철정IIA-28·56)									(중)대형-방형 2열초석(주공) 위석노(점·석)	돌대문(全·節)-甕·鉢 호(小), 이중구연(小) 외반구연(小), 거치문(小) 유부, 마연(少) 어망추1a·2a, 방추차2a·b 단추형토제품, 옥, 패천	석검(이), 편인석부(方) 합인석부(厚) 석촉1a, 석도(方·梯) 방추차(薄), 환상, 공구형, 옥류(曲·直)
조기	후반	2단계	철정II A-1·2·3·11·12·21 연하1·13 신매제방1 현암2·4 하화계1(변형?)	현암1·3 (대성25·26)				1단계	종부II-2호 아우라지 1·6·8·9·11·12·13 천동(예)2 주천14 (태장6)	동화1	아우라지2 주천6·7(1)	대형-장방형 중·소형-방형 2열초석·주공 위석식노(석·점·토-격벽식)	돌대문-鉢 호(장경), 구순각목문 대부, 유부 이중구연(단사선) 외반구연 대부토기(短廣) 방추차2a·b 어망추1a·b,2a	석검(이), 합인석부(厚) 편인석부(方) 석촉1a·2a 석도(方·梯) 동북형석도 방추차(薄) 환상, 부리형
전기	전반	3단계		와수4 천전(121)10	(용암104) 용암 93·115·130	철정II A-23·54 달전33	(달전36·39) 금산A-1·2 금산 B-1·4·6 신매대교 18·21·26 천전(121)2·7	2단계			아우라지 3·4·7·10·15~18 주천 4·5·8·9·12 가현1·3~5·8 천동(강)1·2 태장1~4	중형-장방형 소형-방형 위석·수혈식노 1·3열주공 2열주공	공렬문+구순각목문 퇴화이중구연단사선문 사격자문(小) 대부(短狹,筒) 적색마연호 어망추3	석검(이), 합인석부 편인석부(長) 석도(舟),동북형석도 석촉1b,2a·b 방추차(薄,厚) 어망추1a 부리형, 환상
전기	후반	4단계			용암 62·68·77·126 천전54·59			3단계			가현7·14 마지1·2 조동1·3·7·9 (마지4·8)	대형-세장방형 중형-방형,장방형 위석식·수혈식노	공렬문, 구순각목문(小) 구순각목문(小) 대부(長) 적색마연	석검(일?) 석촉1b,2a,3 방추차(厚) 동북형석도 석도(주)주상편인

Ⅵ. 맺음말

이상의 내용을 정리하면 강원 영서지역 청동기문화는 토기문화의 계통별로 각기 다른 등장, 발전, 소멸의 과정을 거치는데 각 지역별로 어느 정도 시차를 두고 등장하였으며 복잡하게 전개되는 양상이다. 이는 등장 당시 유입된 요소의 다양한 계통차에 따라 차이를 보이는 것으로 이후 상이한 전개과정을 거치게 된다. 양 유역 모두 돌대문토기 유입 이전의 문화가 뚜렷하지 않아 재지문화와의 관계는 확인되지 않는다. 신석기시대 말기 토기와의 연결고리도 명확치 않아 신석기시대에서 청동기시대로의 전환이 급격하게 이루어졌다고 할 수 있다.

조기와 전기의 구분과 각 기의 단계 구분은 여전히 모호한 감은 떨칠 수 없다. 금번 내용도 기존의 연구 내용과 큰 틀에서 차이는 없지만 세부적인 부분에서 다소 차이가 있다. 영서지역 청동기문화는 다소 급격하게 성립된 조기로부터 점진적인 변화를 거쳐 전기가 성립되는데 조기 전반에는 돌대문계를 비롯하여 간헐적이지만 이중구연계 요소를 비롯하여 외반구연, 유상돌기기 등 다양한 요소가 혼재되어 있다. 돌대문토기에 공반된 요소는 기원지의 양상을 반영하는 것이라고 판단되는데, 특히 주거지의 구조와 토기의 기형 등으로 볼 때 압록강유역의 신암리Ⅱ기나 공귀리 · 심귀리Ⅰ기 등과 관련되거나, 요동계 이중구연단사선문토기 등의 요소도 내포되어 있다. 이후 조기 후반과 전기 전반에 걸쳐 공렬문계 요소가 양 유역에 확산되어 조기부터 이어진 다양한 요소와 접촉되지만 점차 공렬문계 요소만 남게 되며, 유역별로 상이하게 정착하여 지역에 알맞게 적응하는 전개양상을 보이는데, 세부적인 차이가 있지만 중기까지도 이어진다.

:: **참고문헌**

고민정, 2009,「남강유역 각목돌대문토기문화와 북한지역과의 병행관계-무문토기시대 조·전기를 중심으로」,『동북아 관점에서 본 북한의 청동기시대』, 제2회 청동기학회 학사분과 발표회, 한국청동기학회.

金炳燮, 2009,「남한지역 조·전기 무문토기 편년 및 북한지역과의 병행관계」,『韓國青銅器學報』4, 韓國青銅器學會.

金權中, 2010,「청동기시대 중부지방의 시·공간적 정체성」,『중부지방 고고학의 시·공간적 정체성(Ⅰ)』2010년 중부고고학회 정기학술대회, 중부고고학회.

金權中, 2012,「江原嶺西地域における青銅器時代集落の編年と變遷」,『日韓集落の研究』, 日韓集落研究會.

金壯錫, 2008,「무문토기시대 조기설정론 재고」,『한국고고학보』69, 한국고고학회.

金材胤, 2004,「韓半島 刻目突帶文土器의 編年과 系譜」,『韓國上古學報』第46號.

朴榮九, 2012,「中部地域 突帶文土器文化의 展開樣相-江原嶺西地域을 中心으로」,『韓國上古史學報』제75호.

박성희, 2009,「청동기시대 조기론(早期論)에 대한 비판적 접근-돌대문토기를 중심으로」,『江原考古學報』第12·13合號, 江原考古學會.

裵眞晟, 2007,「無文土器文化의 成立과 階層社會」, 釜山大學校大學院 博士學位論文.

裵眞晟, 2011,「墳墓 築造 社會의 開始」,『한국고고학보』80, 한국고고학회.

安在晧, 2000,「韓國農耕社會의 成立」,『韓國考古學報』43, 韓國考古學會.

鄭元喆, 2012,「中部地域 突帶文土器의 編年 研究」,『韓國青銅器學報』第11號, 韓國青銅器學會.

崔鍾模, 2010,「강원도 청동기문화의 전개에 있어서 조기문제의 제기」『고고학 제9권』제1호, 중부고고학회.

千羨幸, 2005,「한반도 돌대문토기의 형성과 전개」『韓國考古學報』第57輯, 韓國考古學會.

4 서울 · 경기지역의 조기-전기문화 편년

강병학(중부고고학연구소)

Ⅰ. 머리말

고고학에 있어 편년은 유적을 이해하는데 매우 중요하며, 고고학이라는 학문이 존재하는 한 계속해서 연구 · 추적해야할 과제이다. 아울러 계통성의 파악과 함께 역사적 고리를 꿰어 통시적인 연구를 하기 위한 필수조건임이 분명하다.

최근 청동기시대 연구의 주요 쟁점은 미사리유형의 조기설성에 대한 타당성, 역삼동유형 중 이른 단계의 양상, 송국리유형의 기원과 확산, 수석리유형의 청동기시대 포함여부 등이다. 다시 말하자면 청동기시대의 편년 및 시기설정 문제, 그리고 기원 및 확산양상과 관련된 계통성의 문제로 요약할 수 있다. 지금까지의 연구성과를 통해 볼 때 기원 및 확산양상은 활발한 논의가 진행중이며, 편년 및 시기문제는 어느 정도 큰 흐름이 파악된 듯싶다. 그러나 아직까지 지역별 차이가 존재하며, 지금은 이에 대한 연구의 집중이 필요한 시점이다.

따라서 본고는 이러한 연구경향에 부합되도록 서울 · 경기지역의 조기-전기문화에 대한 단계설정 및 절대연대자료 제시를 통한 시기설정이 이루어졌다. 즉, 지역적 세부편년을 통한 남한지역 청동기시대 광역편년 수립과 병존관계를 파악하기 위한 기초자료라고 할 수 있겠다.

본 연구의 공간적 범위는 현 행정구역상 서울과 경기지역에 한정하며, 시간적 범위는 청동기시대 조기-전기에 초점을 맞추었다. 대상자료는 주거지를 중심으로 하되 전기에 해당하는 환호와 분묘자료도 포함시켰다. 즉, 주거지의 중복관계를 포함한 개별 주거지의 형태와 규모, 내부시설의 양상을 살펴보았다. 특히 주거지 면적과 너비는 단계별로 의미 있는 속성이 관찰되었다. 출토유물 중 토기는 문양대의 구성을 중심으로, 석기는 시간적 속성을 잘 보여주는 석검, 석촉, 석도 등을 중심으로 검토하여 단계를 설정하였다. 아울러 연구자들의 혼선을 줄이기 위하여 새로운 편년안이나 시기구분을 제시하기 보다는 기존의 연구성과들을 정리하면서 새로이 발굴된 자료를 추가하도록 한다. 아울러 말미에서는 각 단계에 따른 시기구분과 ^{14}C자료를 통한 절대연대를 제시하였다.

II. 편년연구사

현재까지 청동기시대의 시기구분은 청동기시대 전시기를 대상으로 2분기설(林炳泰1969; 後藤直1973; 李白圭1974)과 3분기설(藤口健二1986; 河仁秀1989; 宋滿榮1995; 李弘鍾1996; 정한덕1999), 4분기설(安在晧2000), 그리고 신3분기설(安在晧2006)로 요약할 수 있다. 그리고 최근에는 송국리유형을 중기로, 철기를 공반하지 않는 원형점토대토기 단계를 후기로 하는 4분기설이 청동기시대 연구자들에게 폭넓게 받아들여지고 있는 분위기이다.

세부적으로는 각 시기별 편년이 활발히 이루어지고 있는데, 그 주요 내용은 조기설정과 관련된 돌대문토기단계의 연구(朴淳發2002; 千羨幸2005 · 2007; 이형원2007a; 김장석2008; 김현식2008; 金炳燮2009; 安在晧2009 · 2010; 宋滿榮2010-청동기시대 개시기와 전기 유형간의 관계 / 金材胤2003; 千羨幸2007; 김현식2008; 安在晧2009; 孔敏奎2011; 현대환2012; 朴榮九2012-돌대문토기 단계 주거지의 형태 및 토기)와 경기지역 역삼동유형의 세분(李眞旼2004; 김한식2006), 그리고 송국리유형의 기원 및 형성(安在晧1992; 宋滿榮2002; 禹姃延2002; 李弘鍾2002; 金壯錫2003; 李眞旼2004; 羅建柱2005 · 2009; 김승옥2006; 李亨源2006 · 2010)에 대한 연구이다.

한편 중부지방 청동기시대에 대한 연구는 李亨源(2009)과 宋滿榮(2010)에 의해 세부 편년뿐만 아니라 주거구조와 취락론 등 이슈가 되어왔던 과제들이 정리되었다.

Ⅲ. 단계설정

1. 단계설정 및 시기구분 기준

단계설정에 앞서 연구자들의 혼선을 피하기 위해 두 가지 측면에서 정리된 연구내용(宋滿榮2010)을 근거로 필자의 견해를 밝혀두고자 한다.

첫째, 청동기시대 조기설정을 인정하면서 범위를 어디까지 볼 것인가의 문제이다. 먼저, 각목돌대문토기 단순기가 존재하고 이것이 편년적으로 가락동유형보다 이르다고 보는 견해(안재호, 이형원, 천선행)와 미사리유형과 가락동유형 사이에 시차가 없다는 견해(송만영, 김장석, 김현식)로 구분된다. 김장석과 김현식은 서북지역에서 동시기로 보았던 이중구연단사선문토기와 각목돌대문토기가 남한지역에서 시간 차이로 해석될 수 없음을 강조하고 있다. 즉, 김장석은 각목돌대문토기와 이중구연단사선문토기, 그리고 공렬토기와의 시차를 인정하기 어렵기 때문에 각목돌대문토기 단순기인 조기를 인정하는데 유보적인 입장인 반면, 김현식은 미사리유형과 가락동유형 모두를 조기로 설정하고 흔암리유형부터를 전기로 파악한다는 차이점이 있다. 본고에서는 각목돌대문토기 단독기의 존재를 인정하고 편년적으로 가락동유형보다 각목돌대문토기가 이르다는 견해에 따르고자 한다.

둘째는 송국리유형 형성과 관련된 중기설정의 문제이다. 김한식과 이진민은 석기와 주거지 구성상의 변화를 기준으로 역삼동유형을 역삼동유형 I 기와 II기로 구분하면서 후자를 중기의 시작으로 보았다. 나건주는 반송리식주거지를 전기와 중기의 과도기단계로 파악하고 중기를 휴암리식주거지 단계와 송국리식 원형주거지 단계로 세분하였고, 이형원은 반송리식(先)과 휴암리식(後) 주거지 단계가 선후관계가 있지만 이를 묶어 중기전반, 송국리식 원형주거지 단계를 중기후반으로 세분하였다. 한편 송만영(2010)은 토기문양을 중심으로 중기전반(구순각목공렬토기단계), 중기중반(공렬토기단계), 중기후반(무문양의 심발형토기단계)으로 구분하였다. 여기서 필자는 반송리단계부터를 중기의 시작으로 보며, 석기 구성상 역삼동유형II단계를 일부 포함하여 청동기시대 전기와 중기의 기준으로 삼고자 한다.

따라서 본고는 상기의 연구성과를 기초로 하여 조기(돌대문토기 단독기, 돌대문토기 복합기) → 전기(가락동식토기, 흔암리식토기, 역삼동 I 단계) → 중기(역삼동II단계, 송국리식토기) → 후기(원형점토대토기-철기출현 이전-)의 4시기 구분에 의해 작성되었음을 밝혀둔다[1].

---

1 시기구분을 유형이 아닌 토기문양을 중심으로 한 이유는 宋滿榮(2010)의 연구방법론을 적극 수용하였기 때문

2. 단계설정

1) Ⅰ-1단계

Ⅰ단계는 하남 미사리유적을 비롯하여 가평 연하리, 인천 동양동, 화성 정문리유적을 들 수 있다. 관련 유적에서는 모두 각목돌대문토기가 출토되었다. 아울러 이들 유적은 주거지의 형태 및 구조, 그리고 출토유물을 통해 Ⅰ-1단계와 Ⅰ-2단계로의 세분이 가능하다.

우선 Ⅰ-1단계 유적은 하남 미사리유적이 유일하다. 李亨源(2009)은 미사리유형의 개념을 "주거구조는 미사리식주거지(방형 또는 장방형 평면에 板石敷圍石式爐址 설치)를 특징으로 하며, 토기는 미사리식토기(돌대각목문토기)를, 그리고 삼각만입석촉이나 반월형석도, 편평석부 등의 석기 등을 표지로 한다"라고 정의하였다. 도면에서 제시한 미사리 서울대A-1호, 고려대011·015·017·018호가 위의 미사리유형의 典型에 속한다고 할 수 있다.

이들 주거지는 충적지에 조성되었으며, 장단비가 모두 1.50:1 이하의 평면 방형이다[2]. 그러나 주거지의 규모는 소형에서부터 대형에 이르기까지 다양한데[3], 고려대017호는 노지 및 기둥시설 등의 주거지 내부시설이 확인되지 않은 점에서 주거용으로 보기는 어렵다. 따라서 상기 유구를 제외하고 보면 면적 26~70㎡ 사이에 해당하지만, 여기서 최대치인 고려대015호를 제외하면 중심은 아마도 25~40㎡ 정도의 중형이었을 것으로 판단된다. 노지는 석상위석식노지가 단독(고려대011·018), 혹은 복수(고려대015)로 설치되거나 위석식노지와 함께 설치(서울대A-1)되고 있는데, 위치는 주거지 한쪽 벽에 치우쳐 있거나 양쪽 벽에 인접하여 설치되어 있다. 기둥시설은 고려대018호에서 깊이 2㎝ 내외의 기둥받침 흔적이 관찰될 뿐 모든 주거지에서 확인되지 않아 정확한 기둥시설은 알 수 없다.

출토유물은 각목돌대문토기가 주류를 이루며, 빗살무늬토기 기형의 환저토기와 전체적인 기형을 알 수 없는 평저토기, 그리고 무문양토기가 있다. 석기의 출토량은 비교적 적은 편으로 삼각촉, 석도편 등이 있다. 미사리 출토 석촉은 모두 무경촉으로 기부가 평

이다. 아울러 현재의 연구결과로 볼 때 원형점토대토기의 유입시점, 세형동검문화의 형성시점, 철기의 출현시점이 相異(朴眞一2006·2007, 이창희2010, 이형원2010b)하기 때문에 원형점토대토기의 유입시점부터 세형동검 형성기를 거쳐 철기출현 이전시점까지를 포함하여 청동기시대 후기로 보는 4시기 구분이 타당하다고 본다.

2 주거지의 장단비와 면적 산출은 보고서 도면을 활용하여 주거지 바닥을 기준으로 새롭게 산출한 값을 사용하였으며, 파괴 주거지는 노지나 중심주혈 등 내부시설의 위치를 고려하여 추정하였다.

3 주거지의 평면형태 및 규모는 李眞旼(2004)의 분류안을 따랐다.
평면형태:방형(장단비 1.5미만), 장방형(1.5-2.7미만), 세장방형(2.7-4.5미만), 초세장방형(4.5이상)
규모:소형(24㎡미만), 중형(24-44㎡미만), 대형(44-75㎡미만), 초대형(75㎡이상)

평한 것과 약간 오목한 것 뿐이다[4]. 석도는 파손품으로 전체 형태파악은 어렵지만 양인이다. 그 외 토제어망추(서울대A-1)는 양 끝단에 'V' 자형의 홈을 낸 모양이 특징적이다[5]. 또한 서울대A-1호에서는 다소 거칠게 다듬어진 곡옥 1점이 출토되었다(도면1-17). 강원 영서지역에서도 돌대문토기 단계에서 장식구류로 볼 수 있는 옥제품[6]이 출토되고 있다.

출토유물 중 각목돌대문토기를 좀 더 자세히 살펴보면 돌대의 부착 위치가 구순부에 접해 있는 것과 이격되어 있는 것이 공반 출토된다. 현재까지의 연구성과(金材胤2003; 千羨幸2005; 고민정2009; 정원철2012) 중 중부지방에서 시간성이 인정되는 요소는 돌대부의 부착 위치를 들 수 있다. 통계적인 분석을 실시하지는 못하였지만 미사리유적 돌대문토기단계 주거지에서 출토된 유물 중 돌대의 부착위치는 구순부와 연접한 것 보다 이격되어 있는 것이 많다[7]. 또한 각목은 대부분 右上에서 左下 방향으로 돌대부에 한정하여 각목이 시문된 것이 대다수를 차지한다.

| **표 1** | Ⅰ-1단계 유구 속성표

유적/유구		입지	장축*단축(㎝)		노지	기둥시설	유물	절대연대(BP)
			평면	규모				
하남 미사리	서울대A-1	충적	650*550		위석1+석상위석1	無	각목돌대문(이격+연접), 환저토기, 삼각(만입)촉, 석도편(양인), 토제어망추·방추차, 곡옥	-
			1.18(방)	35.8(중)				
	고려대011	충적	670*600		석상위석1	無	각목돌대문(연접), 환저토기	3360±40[8]
			1.12(방)	40.2(중)				
	고려대015	충적	840*840		석상위석2	無	각목돌대문(이격), 환저·평저토기, 무문양토기	-
			1.00(방)	70.5(대)				
	고려대017	충적	310*210		無	無	각목돌대문(이격+연접)	-
			1.47(방)	6.5(소)				
	고려대018	충적	510*510		석상위석1	?	각목돌대문(이격), 환저토기	-
			1.00(방)	26.0(중)				

4 무경식석촉은 촉신의 길이와 폭의 비율이 크지 않은 것이 비교적 이른단계에 출토되고 있으며, 전기로 가면서 촉신이 세장해지고 기부가 깊어지는 경향이 있다.

5 이러한 형태의 토제어망추는 후술할 Ⅰ-2단계의 가평 연하리유적에서도 다량 출토되었다.

6 정선 아우라지 1호(평면 원형)와 홍천 외삼포리 3호(평면 장방형)에서도 형태는 다르지만 옥제품이 출토되고 있어 이른 단계부터 다양한 형태의 옥제품이 출토되고 있다.

7 서울대A-1호 주거지 출토 각목돌대문토기 구연부편 20점 중, 그 구분이 모호한 것도 있지만 1.0㎝를 기준으로 볼 때 이격된 것과 연접한 것의 비율은 대략 14:6 정도이다. 그러나 이 수치는 동일개체 여부가 파악되지 않은 상황에서의 결과이므로 절대적이라고는 볼 수 없다.

8 환저토기, 일본역사민속박물관 분석

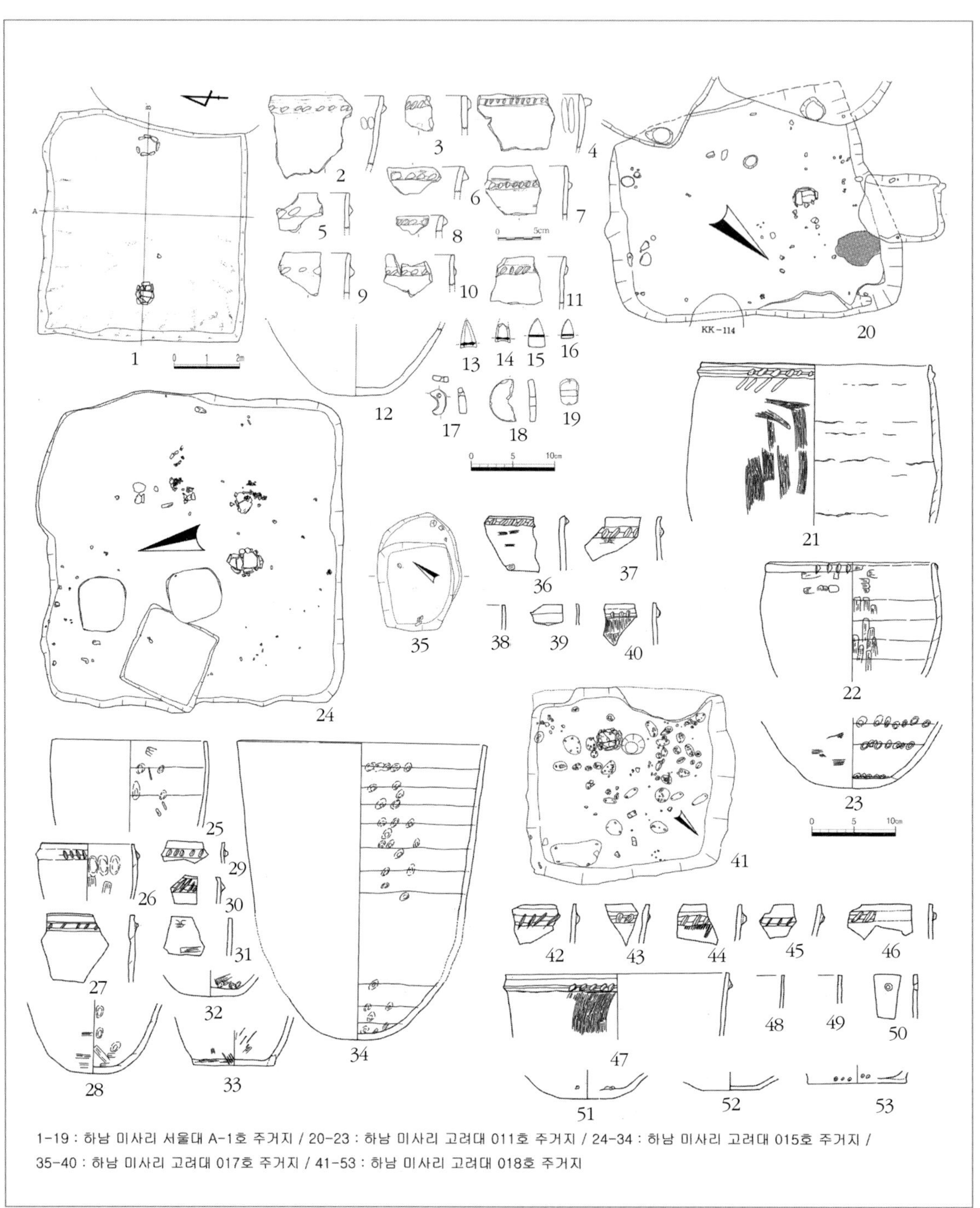

1-19 : 하남 미사리 서울대 A-1호 주거지 / 20-23 : 하남 미사리 고려대 011호 주거지 / 24-34 : 하남 미사리 고려대 015호 주거지 / 35-40 : 하남 미사리 고려대 017호 주거지 / 41-53 : 하남 미사리 고려대 018호 주거지

| **도면 1** | 서울 · 경기지역 Ⅰ-1단계(유구1/200, 유물1/8)

미사리유적의 상기 주거지들이 주변 주거지들보다 시기가 빠를 것이라는 주장의 근거는 주거지의 평면형태가 방형이며, 내부의 한쪽 단벽에 치우쳐 석상위석식의 노시설이 있고, 토기 구성상 절상돌대문이나 瘤狀토기가 확인되지 않는 점, 토기 문양에 혼합양상이 나타나지 않는 단독기라는 점, 마지막으로 신석기적 요소인 환저형태의 저부가 존재한다는 점으로 요약할 수 있다. 다만 동일한 형태 및 구조의 주거지가 존재하며, 토기 문양에 혼합양상이 관찰되지 않는 주거지는 미사리 외에도 다수 확인되고 있다는 점에서 설득력이 없다는 견해도 있다(정원철2012). 그러나 신석기적 요소를 보이는 환저토기의 출토맥락을 인정한다면 방형의 중(대)형 주거지에 석상위석식 노시설을 갖추고 각목돌대문토기만 출토된다는 점, 그리고 석기의 양상은 불분명하지만 무경삼각촉의 존재와 아울러 그간의 연구성과를 비추어 볼 때, 앞선 단계의 문화요소로 보지 않을 이유 또한 없다고 본다. 따라서 현재까지의 자료만으로 볼 때 Ⅰ-1단계 유적보다 시기적으로 앞선 단계에 위치지울 만한 유적은 없다고 본다.

2) Ⅰ-2단계

Ⅰ-2단계 유적은 북한강유역의 가평 연하리유적과 중부서해안지역의 화성 정문리유적, 그리고 인천 동양동유적이 있다. 朴淳發(2002)과 安在晧(2009)는 돌대문토기의 형식학적 이해관계를 토대로 돌대문토기의 출현순서를 상정한 바 있다. 이후 朴淳發(2003)은 각목돌대문토기 단순기→각목돌대문+절상돌대(A군)→절상돌대(B군)→절상돌대+공렬토기(C군) 순으로의 시간적 선후관계를 설정하고 가락동유형을 B군과 병행하는 것으로 보았

표 2 Ⅰ-2단계 유구 속성표

유적/유구		입지	장축*단축(㎝)		노지	기둥시설	유물	절대연대(BP)
			평면	규모				
가평 연하리	1	충적	1,400*580		위석1	無	각목돌대, 절상각목돌대, 이중구연+단사선, 이중구연, 유경호, 장경호, 장방형·즐형석도, 삼각만입촉, 일단경촉, 석제방추차, 토제어망추	3030±60 3070±50 3000±60 2810±60 3090±60
			2.41(장)	81.2(초)				
	13	충적	960*790		무시설1?	無	구순각목+류상파수부토기, 각목돌대문, 삼각만입촉, 토제방추차	-
			1.22(방)	75.8(초)				
화성 정문리	1	구릉	670*550		무시설1	벽주(?)	각목돌대문, 계관형파수부(절상무각목), 토제방추차	2970±50
			1.22(방)	36.9(중)				
인천 동양동	1지구1	구릉	1,170*630		無	벽주(?)	이중구연+단사선, 이중구연, 삼각만입촉, 유혈구석검, 어형석도, 동북형석도(주걱칼)	3050±70
			1.86(장)	73.7(대)				
	1지구2	구릉	380*310		無	無	무각목돌대문, 이중구연+단사선, 삼각만입촉, 주형석도	2900±80
			1.23(방)	11.8(소)				

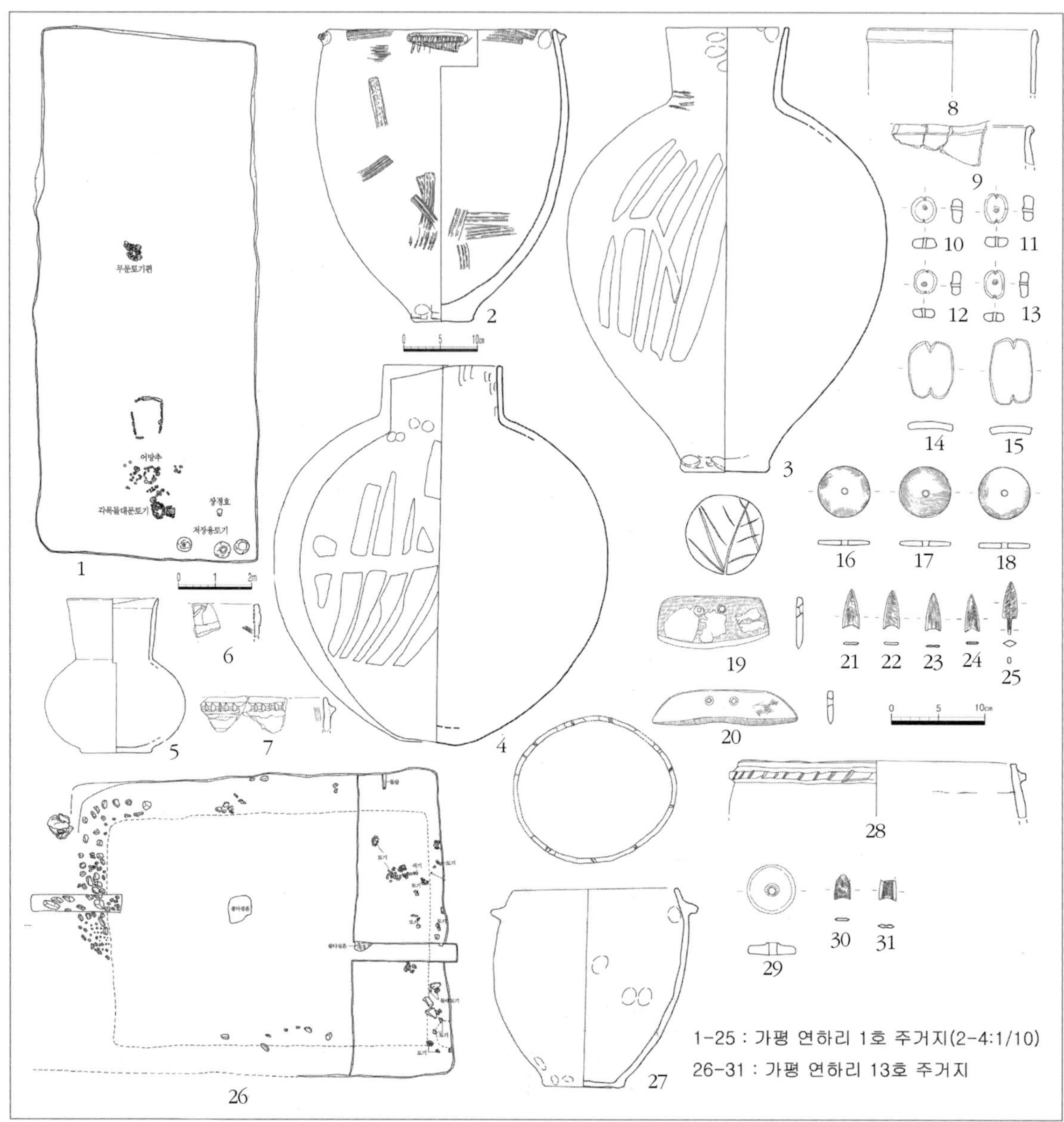

| **도면 2** | 서울 · 경기지역 Ⅰ-2단계①(유구1/200, 유물1/8)-축척부동(별도표시)

다. 이에 따르면 필자의 Ⅰ-1단계는 박순발의 각목돌대문토기 단순기에 해당하며, Ⅰ-2단계는 A군과 B군에 해당한다.

이 단계의 주거지는 Ⅰ-1단계의 주거지가 충적지에만 입지[9]하고 있는 반면 충적지

---

9 전술한 Ⅰ-1단계 유적이 충적지에서만 확인되었으나 유적이 미사리유적 뿐이라는 점에서 반드시 그렇다

뿐 만 아니라 구릉에서도 확인되고 있다. 또한 주거지의 평면형태는 장단비가 2.41:1과 1.86:1의 연하리1호와 동양동1호가 장방형의 형태를 보이지만 장단비가 크지 않은 방형에 가깝다고 볼 수 있다. 또한 Ⅰ-1·2단계의 주거지 폭은 동양동 1지구 2호를 제외하고 모두 550~800㎝ 사이에 해당한다. 규모는 연하리1·13호와 동양동1호는 70㎡가 넘는 (초)대형인데 반해 동양동2호는 정방형에 가까운 평면형태에 면적 또한 15㎡에 불과하지만[10], 중심은 (초)대형이었을 것으로 생각된다. 노지의 경우 연하리1호는 위석식, 정문리는 무시설식의 노 1기가 한쪽 단벽에 치우쳐 시설되어 있으며, 기둥시설은 없거나 불규칙한 벽주가 확인되고 있다.

출토유물 중 각목돌대문토기의 돌대는 모두 구순부에 연접하고 있어 Ⅰ-1단계의 돌대위치와 차이를 보인다. 아울러 앞 단계에서는 보이지 않던 무각목돌대문, 절상(무)각목돌대문, 이중구연+단사선문, 이중구연문토기가 새롭게 나타난다. 이들 이중구연토기는 이중구연의 폭이 매우 짧고 도톰하다는 특징을 보이지만 연하리1호에서는 폭 넓은 이중구연에 거치문(도면2-6)으로 추정되는 문양요소도 관찰된다. 아직 공렬토기는 보이지 않는다[11]. 그 외 호형토기는 동최대경이 동상위에 있고 경부가 외경하는 기형(도면2-3)과 구형의 동체에 경부는 직립하고 저부는 축약이 생략된 형태(도면2-4), 그리고 동체가 낮고 풍만하며, 경부가 외경하는 형태의 장경호(도면2-5)가 출토된다. 이러한 유물은 비교적 이른 단계의 유적에서 출토되는 특징과 부합하지만 경부의 형태만으로 조·전기 내의 세분은 어렵다[12].

석기는 석검, 석도, 석촉의 비교적 단순한 유물구성을 보인다. 석검은 동양동1호에서 동북형석도와 함께 출토되었는데 유혈구식이며, 병부와 신부의 두께가 두툼하고 마연이 거친 시원적인 형태의 석검으로 판단된다. 석도는 장방형석도가 주를 이루며, 대부분 양인이다. 석촉은 연하리1호의 일단경촉 1점을 제외하고는 모두 삼각만입촉으로 구성되어

고는 할 수 없다.

10 이 주거지는 爐 등의 주거 내부시설이 확인되지 않는 점과 작업공으로 추정되는 얕은 수혈이 확인되는 점에서 일반적인 가옥이 아닐 가능성이 높다.

11 하남 미사리유적 고려대018호에서 공렬토기 구연부편 1점이 출토되었으나 보고자는 후대에 유입된 유물로 판단하고 있다.

12 호형토기의 경부는 직립→외경의 순서를 거쳐 송국리식 외반구연토기로의 변화를 상정하기도 하는데, 김한식(2010)은 경기지역에서 확인되는 직립과 외경은 전기전반~전기후반에 걸쳐 병존하는 것으로 보았다. 다만, 전기전반에는 직립, 후반에는 외경의 비율이 좀 더 높은 양상이 간취된다고 하였다. 그러나 徐吉德(2010)이 지적하였듯이 호형토기 동체부 형태의 등장순서는 구형→역삼각형→난형·타원형→타원형 순서로의 변화가 인정된다. 아울러 마연장경호의 경부는 전기에는 외경과 직립이 모두 확인되며, 중기로 가면서 내경하는 경향이 강한 것으로 보여진다.

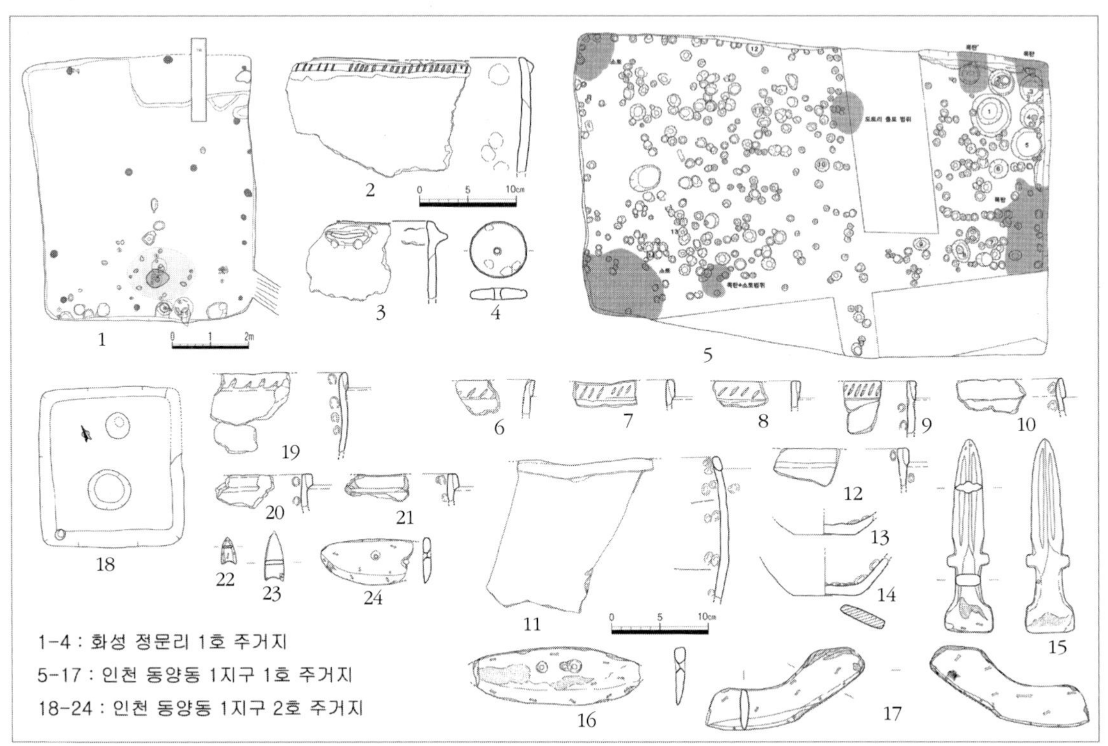

| **도면 3** | 서울 · 경기지역 Ⅰ-2단계②(유구1/200, 유물1/8)

있다. 이 외에 방추차와 어망추가 특징적이다. 연하리1호에서는 Ⅰ-1단계에 해당하는 미사리 서울대A-1호에서 출토예가 있는 양끝단에 'V'자형 홈을 낸 토제어망추가 다량으로 출토되었으며, 석제방추차는 두께가 0.5㎝ 이내로 매우 얇은 특징이 있다.

3) Ⅱ단계

Ⅱ단계는 지역별로 양상이 조금씩 상이하게 나타나지만 이중구연계토기가 중심을 이루는 단계이다. 임진강유역의 연천 강내리 · 삼거리, 그리고 강화 삼거리까지 한 지역권(이하 경기북부)으로의 포함이 가능하며, 두 번째는 가평 대성리유적을 포함한 북한강과 한강본류권(이하 경기중 · 동부)이다. 이에 해당하는 유적으로는 광주 장지동, 서울 가락동, 하남 미사리가 있다. 세 번째는 경기서해안지역을 포함한 남부지역(이하 경기서 · 남부)으로 인천 검단2지구 · 운서동 · 장금도패총, 김포 학운리 · 양곡1지구 · 운양동, 군포 부곡동, 평택 소사동이 해당한다.

Ⅱ단계 주거지의 입지는 경기북부 및 중 · 동부에서는 구릉 및 충적지에서 유적이 확인되지만 (강)삼거리와 가락동유적을 제외하면 모두 충적지에 입지한다. 반면 경기 서 ·

남부에서 확인된 유적은 모두 구릉상에 입지한다[13]. 주거지의 평면형태는 방형계와 장방형계가 중심을 이루지만 장방형계의 비율이 다소 높으며[14], 새로이 세장방형계도 출현한다. 규모는 대형과 중형, 그리고 소형이 모두 확인되지만 지역별로 다소 상이하다. 즉, 경기북부와 중·동부에서는 60㎡ 이상의 대형과 30㎡ 전후의 중형, 그리고 10㎡ 이하의 소형이 모두 확인되지만 대형과 소형에 집중되며, 경기 서·남부는 부곡동II지구1호와 소사동 라13호를 제외하고는 모두 25㎡ 이하의 소형이다. 규모면에서 이렇게 지역적인 차이를 보이는 반면 공통적인 특징도 있다. 즉, 면적 15㎡ 이하를 제외하고는 대부분의 주거지 폭이 400~600㎝ 사이에 집중한다는 점이다. 노지는 확인 가능한 것만으로 볼 때 석상위석식인 대성리25·26호를 제외하고는 모두 무시설식[15]과 없거나 미확인된 것들이다. 기둥시설은 Ⅰ-2단계와 마찬가지로 무주혈식과 벽주가 중심을 이루지만 내측주혈(강내리6호)과 중심주혈(양곡2호)도 보인다.

| 표 3 | II단계 유구 속성표

유적/유구		입지	장축*단축(㎝)	평면	규모	노지	기둥시설	유물	절대연대(BP)
연천 강내리	6	단구	1,350*460	2.93(세)	62.1(대)	무시설 4	내측주	이중구연+단사선문, 공렬, 삼각만입촉, 이단경촉, 일단경촉, 장주형석도, 즐형석도, 석제방추차	2840±40
연천 삼거리	9	단구	(1,270*560)	2.28(장)	71.1(대)	무시설 3	無	이중구연+단사선, 이중구연+단사선+공렬, 호형토기, 반환형파수부토기, 갈색마연장경호, 삼각만입촉, 주형석도, 석제방추차	2930±50
강화 삼거리	1	구릉	370*172	2.15(장)	6.4(소)	?	벽주?	이중구연+단사선, 팽이형토기 저부, 유구경식마제석검, 편인석부, 환상석부, 일단경촉, 석제방추차	-
가평 대성리	25	충적	940*(735)800추정	1.18(방)	75.2(초)	석상위석1	無	이중구연외반, 마연장경호, 합인석부, 토제어망추, 토제방추차	2945±20
	26	충적	630*440	1.43(방)	27.7(중)	석상위석1+ 무시설1?	無	이중구연외반, 석제추	-

13 서북한 지역 팽이형토기 주거유적은 하안과 인접한 분지나 충적대지에 위치하고 있으며, 주거지들이 집단취락의 형태로 조성되어 있는 반면 남한에서는 1동씩 분포하고 있다. 그러나 대부분 소규모의 수습발굴이었으며, 장지동의 경우도 도로구간 일부만 조사되었기 때문에 향후의 발굴결과에 따라 취락의 형태는 충분히 바뀔 여지가 있다.

14 평면형태를 알 수 있는 II단계의 17기 주거지 중 1기(강내리6호)를 제외하고는 모두 (장)방형계로 방형 6기, 장방형 10기로 구성되어 있다. 이 중 13기가 장단비 2.0 이하이다.

15 무시설식노지 4기가 확인된 강내리6호를 제외하고는 주거지 한쪽 단벽에 치우쳐 모두 1~2기에 한정되어 시설되었다. 다만 소사동 라-13호는 한쪽 장벽에 편재하여 2기가 확인되었다.

유적/유구		입지	장축*단축(㎝)			노지	기둥시설	유물	절대연대(BP)
				평면	규모				
광주 장지동	2	충적		?	?	?	?	이중구연(팽이형토기), 이중구연+단사선	–
서울 가락동	1	구릉	1,000*700	1.43(방)	70.0(대)	?	?	이중구연+단사선, 호형토기, 삼각만입촉, 석제방추차	–
하남 미사리	숭실대 A2	충적	650*340	1.91(장)	22.1(소)	무시설 1	無	각목돌대문, 이중구연+단종선, 이중구연+단사선, 구순각목+공렬, 구순각목, 공렬, 일단경촉, 석착, 석거, 토(석)제어망추	–
	숭실대 A8	충적	460*250	1.84(장)	11.5(소)	無	無	이중구연+단사선, 구순각목+공렬, 공렬, 이단경촉	–
인천 검단	2지구1	구릉	600*240추정	2.50(장)	14.4(소)	?	벽주?	이중구연, 이단경촉, 무경촉	2900±60
인천 운서동	Ⅲ유적5	구릉	630*370	1.70(장)	23.3(소)	무시설 1	無	이중구연+단종선, 반월형석도	3370±50
김포 학운리	3-1지점 1	구릉	400*392	1.02(방)	15.7(소)	無	無	이중구연토기, 합인석부, 방추차	–
김포 양곡	1지구2	구릉	400*260	1.54(장)	10.4(소)	無	중심1	이중구연+구순각목, 삼각만입촉, 이단경촉, 편인석부	–
	1지구5	구릉	585*(205)380추정	1.54(장)	22.2(소)	무시설 1?	벽주?	이중구연+단사선, 이중구연+거치문, 공렬, 합인석부	–
김포 운양동	2-10지점 2	구릉	334*225	1.48(방)	7.5(소)	무시설 1	無	이중구연+단사선문	2915±25
	2-10지점 3	구릉		?	?	?	無	이중구연+단사선문	–
	2-10지점 4	구릉		?	?	?	無	이중구연+단사선문, 합인석부	2905±25
	2-10지점 5	구릉		?	?	?	無	이중구연+단사선문	–
	2-10지점 6	구릉	484*(370) 400추정	1.21(방)	19.4(소)	무시설 1	無	이중구연+단사선문	–
군포 부곡동	II지구1	구릉	970*560	1.73(장)	54.3(대)	무시설 3	벽주?	이중구연+단사선, 토제방추차	–
평택 소사동	가2	구릉		?	?	?	?	이중구연	2850±60
	다3	구릉		?	?	무시설 2	無	이중구연+단사선	–
	다7	구릉		?	?	무시설 1	?	이중구연+단사선, 무문양심발	2930±50
	라13	구릉	788*426	1.85(장)	33.6(중)	무시설 2	無	이중구연(폭 넓음)+단사선, 공렬	–

출토유물은 이중구연계토기가 중심을 이루며, 그 외 돌대문토기, 혼암리식토기, 구순각목+공렬토기 등이 소수 출토된다. 즉, Ⅰ단계에서는 확인되지 않았던 구순각목이나 공렬계의 토기가 등장하기 시작하며, 일부 유적에서는 돌대문토기가 잔존한다[16]. 좀 더 세부적으로 살펴보면 팽이형토기와 가락동식토기의 요소가 같이 보이는데, 팽이형토기[17]는 (연)삼거리9호, (강)삼거리, 장지동2호에서 출토되었다. 이 중 (연)삼거리9호에서는 혼암리식토기가 출토[18]되어 이 단계부터 혼암리식토기가 출현하는 것으로 보인다. 그 외는 지역적인 차이 없이 가락동식토기의 요소인 이중구연토기가 주류를 이루는데, 이중구연의 폭이 비교적 좁고, 두께가 두툼한 것이 특징이다. 그리고 단순 이중구연보다는 이중구연부에 단사선문이 시문된 비율이 월등히 많다. 한편 대성리에서는 정도의 차이는 있지만 구연부가 외반하는 이중구연토기가 출토되어 보통 내만하거나 직립하는 이중구연토기의 기형과는 차이를 보인다. 호형토기는 동체부가 구형이며, 경부가 직립하는 비교적 이른단계에 유행하는 기형이 대부분을 차지한다.

석기는 유구경식석검과 삼각만입 · 이단경 · 일단경촉, 역사다리형 · 어형 · 장주형석도가 출토된다. 석촉의 형태는 다양화되지만 여전히 삼각만입촉이 주류를 이룬다. 석도는 Ⅰ단계의 장방형석도 양쪽을 사선으로 절단한 모양의 평면 역사다리 모양의 석도(양인, 단인)와 양인의 어형과 장주형석도가 출토된다. (강)삼거리 출토 마제석검은 유구경식석검이다[19]. 이 외에 석제방추차는 두께가 0.5㎝ 내외로 Ⅰ-2단계보다 다소 두꺼워지는

16 미사리유적 숭실대A2호에서 각목돌대문토기 구연부편 3점이 출토되었다.

17 전형적인 팽이형토기는 팽이처럼 부푼 동체와 좁은 저부를 가지고 있으며, 이중구연과 이중구연에 사선문이 시문된 특징이 있다. 기형은 옹과 호가 있으며, 청천강 이남의 평안남도와 황해도지방이 주된 분포권이다. 최종모 · 김권중 · 홍주희(2006)는 각형토기문화유형을 주거지의 형태 및 구조, 공반유물의 형식변화와 절대연대자료를 바탕으로 기원전 13세기를 상한으로 하고 하한은 기원전 6세기로 하여 5단계로 구분하였다. 이 중 연천 삼거리와 강화 삼거리 출토품은 각형토기 문화가 주변지역과의 교류 내지는 접촉하기 시작하는 단계로 마산리 출토품의 이중구연부 시문방식과의 유사성을 들어 2단계에 해당하는 기원전 12~10세로 설정한바 있다.

18 혼암리식의 9호주거지(문양구성상으로는 이중구연+단사선+공렬요소가 혼합된 혼암리식토기에 해당하지만, 전체적인 기형이나 이중구연부의 형태 등은 팽이형토기에 가까움)와 역삼동식의 8호 주거지가 중복되어 있는데 9호가 선행한다. 따라서 중복관계상 혼암리식이 역삼동식에 선행한다.

19 (강)삼거리에서는 유구경식석검과 함께 환상석부, 주상편인석부, 석제방추차가 공반한다. 팽이형토기 문화권에서는 이른 단계부터 유경식석검이 출토되는데, 경부에 홈이 있는 점과 기부와 경부가 직각을 이루는 형태는 고연리와 남양리 등 주로 서북한지역 팽이형토기문화권에서 늦은 단계에 출현한다. 또한 청동기시대 전기 후반(필자의 Ⅳ단계)부터 나오는 것으로 판단되는 주상편인석부가 보이는 점, 역시 후반 이후의 유적에서 자주 보이는 환상석부의 존재와 석제방추차의 두께가 Ⅰ · Ⅱ단계 출토 방추차보다 현저히 두껍다는 점은 청동기시대 전기의 늦은 단계일 가능성이 있다.

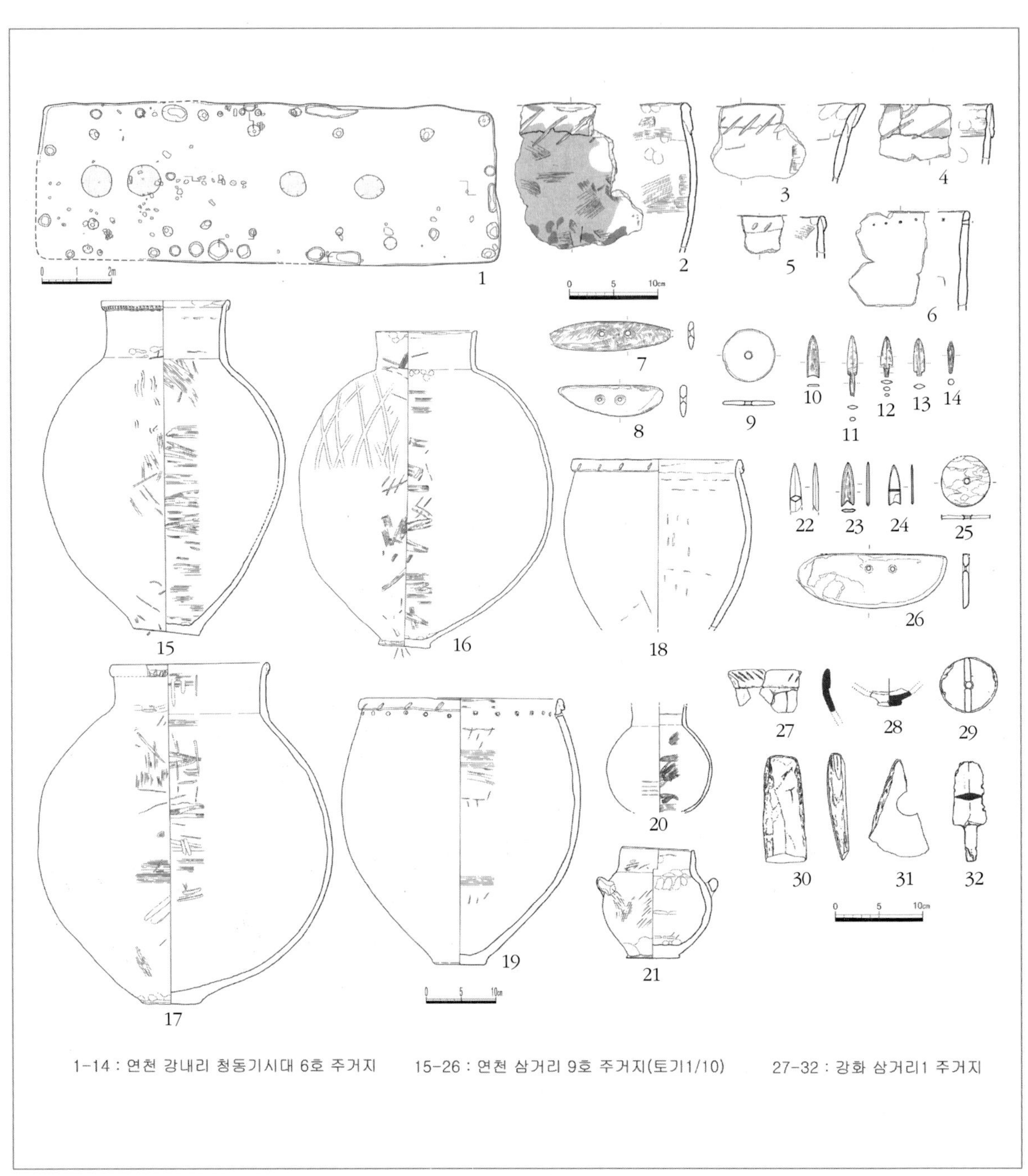

| 도면 4 | 서울 · 경기지역 II단계①(유구1/200, 유물1/8)—축척부동(별도표시)

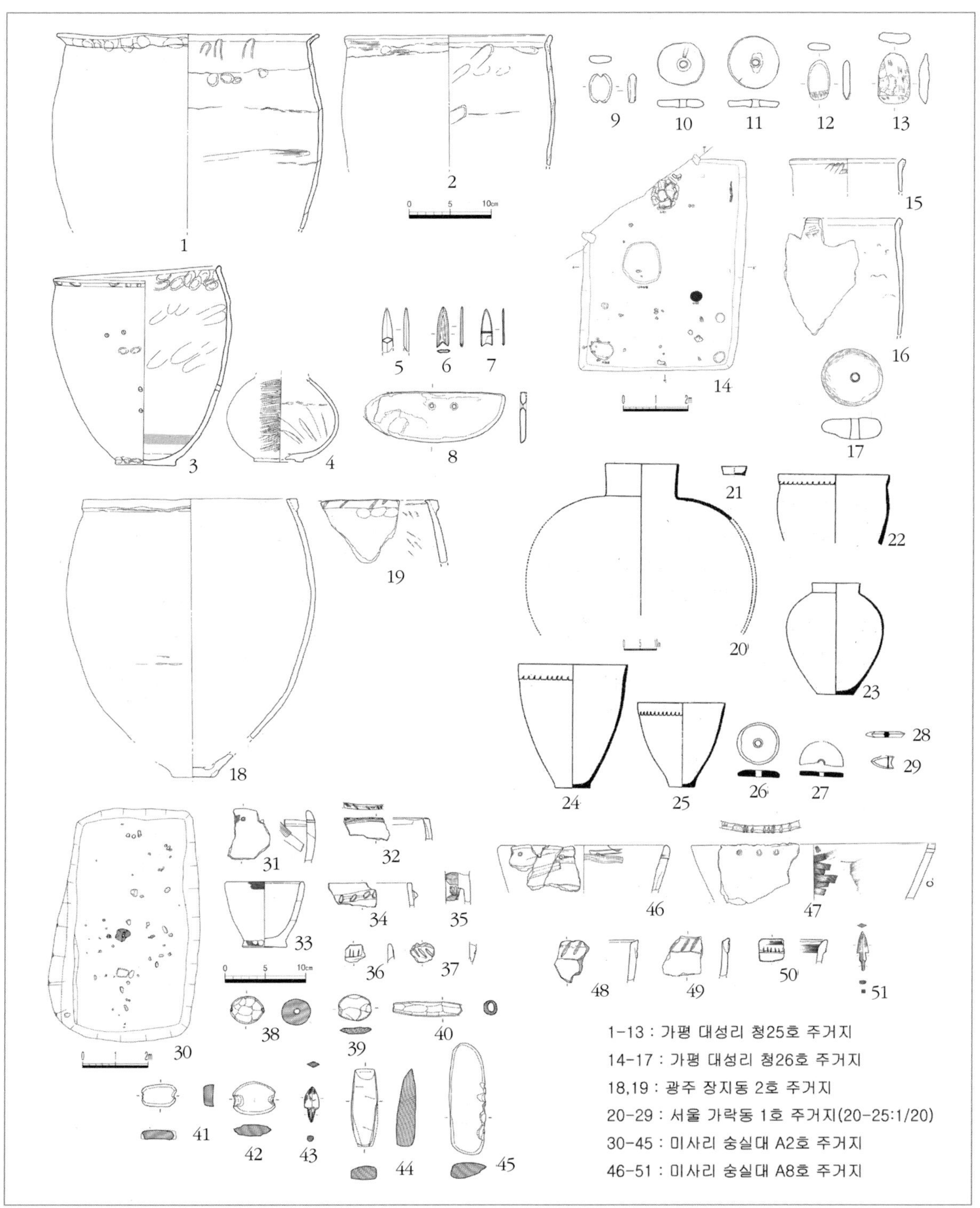

도면 5 | 서울 · 경기지역 II단계②(유구1/200, 유물1/8)–축척부동(별도표시)

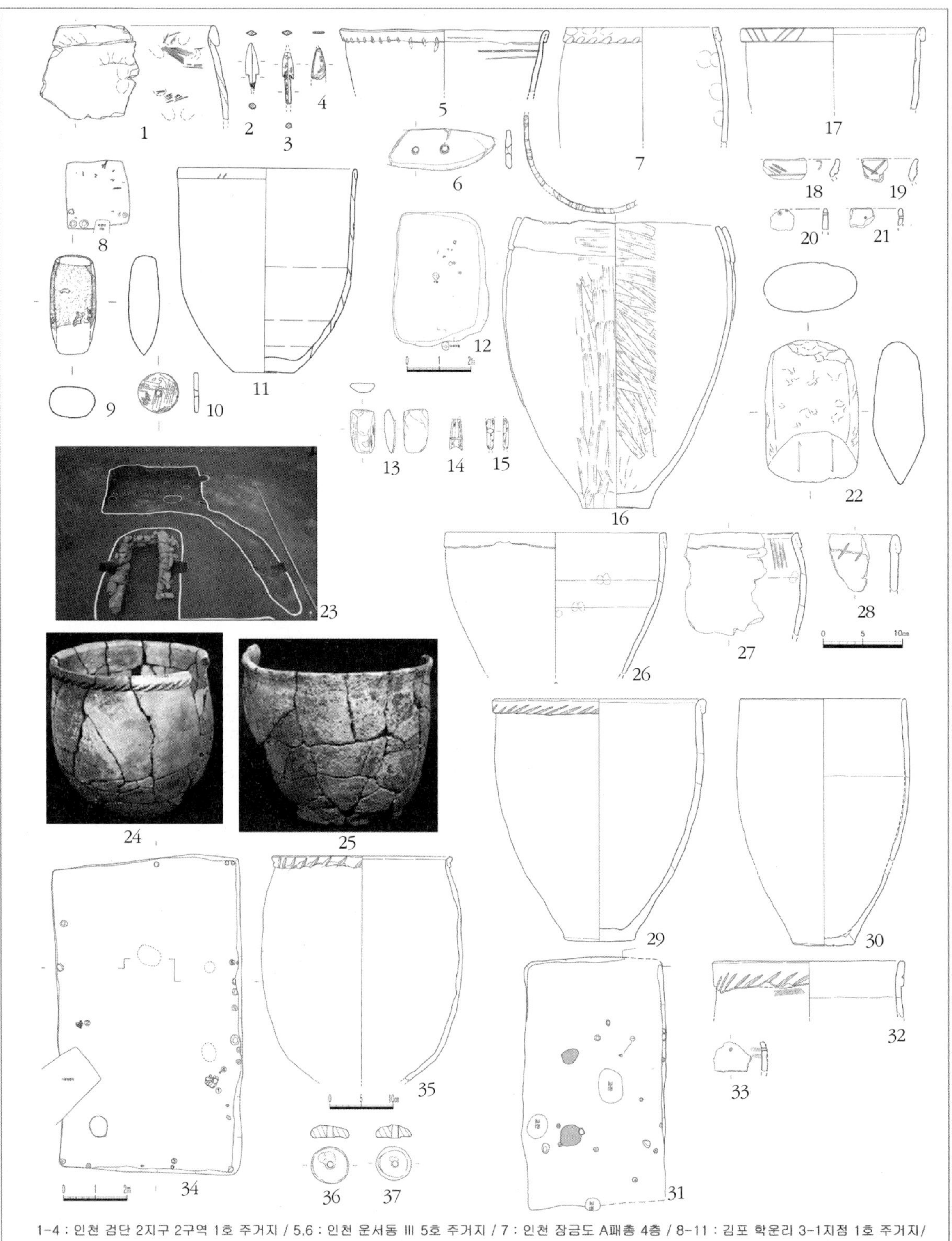

1-4 : 인천 검단 2지구 2구역 1호 주거지 / 5,6 : 인천 운서동 Ⅲ 5호 주거지 / 7 : 인천 장금도 A패총 4층 / 8-11 : 김포 학운리 3-1지점 1호 주거지/ 12-16 : 김포 양곡 1지구 청동기 2호 주거지 / 17-22 : 김포 양곡 1지구 청동기 5호 주거지 / 23-25 : 김포 운양동 2-10지점 2호 주거지(축척부동)/ 26,27 : 평택 소사 가-2호 주거지 / 28 : 평택 소사 다-3호 주거지 / 29,30 : 평택 소사 다-7호 주거지 / 31-33 : 평택 소사 라-13호 주거지 / 34-37 : 군포 부곡동 Ⅱ지구 1호 주거지(35:1/10)

| **도면 6** | 서울 · 경기지역 Ⅱ단계③(유구1/200, 유물1/8)–축척부동(별도표시)

경향이 있다. 어망추는 미사리 숭실대A2호에서 타원형의 자갈돌 양 끝을 타격한 형태와 동일형태의 토제어망추가 있으며, 球形과 管形도 함께 보인다.

4) Ⅲ단계

Ⅲ단계는 흔암리식토기를 표지로 하는 단계로, Ⅱ단계에서 유행하던 가락동식토기의 퇴화이중구연화가 진행된다. 즉, 흔암리식토기와 함께 구순각목과 공렬의 문양요소가 혼합된 토기가 중심을 이룬다.

주거지의 입지는 미사리유적을 제외하고는 모두 구릉에 입지한다. 주거지의 평면형태는 방형부터 초세장방형까지 모두 확인되지만 장단비 2.0~4.0 사이의 장방형과 세장방형이 주류를 이룬다[20]. 그 외 방형은 안성 반제리에서, 초세장방형은 오산 내삼미동과 평택 소사동에서 나타나지만 소수에 불과하며, 주거지의 폭은 분석 가능한 25기의 주거지 중 3기[21]를 제외한 모든 주거지가 300~500㎝ 사이에 집중한다. 규모 역시 소형부터 초대형까지 모두 확인되지만 중형과 대형에 집중되어 있다[22]. 내부시설 중 爐는 흔암리와 덕풍골[23]을 제외한 모든 주거지에서 무시설식만 확인되는데 2~3기가 중심이고, 많게는 6기까지 확인된다[24]. 기둥시설은 대부분 무주혈이거나 불규칙한 소공들이 배치되어 있는 경우가 대다수를 차지하며, 벽주혈로 추정되는 것들도 상당수가 정연성이 없다. 다만, 흔암리7호, 이목동1호, 만정리 신기2지점 가-2호에서 비교적 정연한 중심주혈이 확인된다. 한편 반제리9호는 청동기시대의 7·8호와 초기철기시대 42호가 중복관계를 보이고 있으나 7호는 42호와 중복관계를 보일뿐 8·9호와의 선후관계 파악이 불가능하다. 先築된 9호에서는 이중구연단사선문토기와 흔암리식토기가 출토되며, 後築된 8호에서는 퇴화된 이중구연단사선문토기로 추정되는 소편이 출토되었다. 따라서 중복관계와 출토유물의 양상이 부합한다.

---

20 25기의 주거지 중 방형 3기, 장방형 9기, 세장방형 9기, 초세장방형 4기가 있지만, 장단비 5.0 이상의 초세장방형은 2기에 불과하다.

21 덕풍골Ⅱ-1호와 반제리1호의 주거지 폭이 220㎝이며, 이목동1호는 660㎝이다.

22 주거지 25기 중 소형 5기, 중형 8기, 대형 9기, 초대형 3기로 중형과 대형에 속하는 것이 약 70%(17기)를 차지한다. 다만, 파괴된 주거지는 내부시설을 통해 복원한 추정치이다. 또한 중형에 속하는 주거지는 면적이 30㎡ 내외, 대형은 50㎡ 내외에 집중되는 경향이 있다.

23 흔암리유적은 무시설식노가 설치되어 있을 것으로 추정되지만 파괴된 주거지 때문에 확인되지 않은 것이 많다. 덕풍골Ⅱ-1호의 위석식노는 주거지 규모에 비해 노지의 규모(130×60㎝)가 크고, 벽주혈에 인접하여 있으며, 노지의 내부가 아니라 주변에 불탄흔적이 남아있었다는 점에서 확인절차가 필요하다.

24 내삼미동 2지점 30호와 소사동 라-4호는 양단벽에 치우쳐 3기씩 총 6기가 확인되었다.

| 표 4 | Ⅲ단계 유구 속성표

유적/유구		입지	장축*단축(㎝)	평면	규모	노지	기둥시설	유물	절대연대(BP)
여주 흔암리	1	구릉	800*400	2.00(장)	32.0(중)	無	無	이중구연+거치문, ×자문, 홍도, 대부토기, 삼각만입촉, 유혈구석검편?, 합인석부	-
	2	구릉	690*(320)	(장)?	(중)?	無	無	이중구연+단사선+공렬, 구순각목+공렬, 대부토기, 일단경촉, 석제방추차	-
	5	구릉	(470)*390	(장)?	(중)?	무시설 2	벽주	이중구연+단사선+공렬, 단사선+공렬, 구순각목, 대부토기, 삼각만입촉, 이단경촉	-
	7	구릉	950*(280)350추정	2.71(세)	33.3(중)	無	중심주	이중구연+단종선+구순각목, 구순각목+공렬, 구순각목, 공렬	1810±90
	9	구릉	690*330	2.09(장)	22.8(중)	?	?	이중구연+단사선, 단사선, 공렬, 삼각만입촉, 이단경촉, 편인석부, 토제어망추	-
	11	구릉	(498*245)	(장)?	(중)?	無	無	이중구연+단사선+공렬, 이중구연+단사선, 구순각목, 공렬, 삼각만입촉, 이단경촉, 토제어망추	-
하남 미사리	숭실대 A1	충적지	1,220*340	3.59(세)	41.5(중)	무시설 2	無	이중구연+단사선+공렬, 구순각목+공렬, 구순각목, 공렬, 외반구연공렬, 소형발, 마연토기, 삼각만입촉, 이단경촉, 합인석부, 석(토)제어망추	-
	숭실대 A4	충적지	1,340*360	3.72(세)	48.2(대)	무시설 3	無	이중구연+단사선, 구순각목+공렬, 구순각목, 공렬, 소형발, 이단병식석검편, 삼각만입촉, 합인석부, 석제어망추	-
	숭실대 A9	충적지	1,130*330	3.42(세)	37.3(중)	무시설 1	無	이중구연+단사선+구순각목+공렬, 이중구연+단사선+공렬, 구순각목+공렬, 구순각목, 공렬, 소형발, 마연토기(평저), 삼각만입촉	-
	고려대 034	충적지	1,760*430	4.09(세)	75.7(초)	무시설 3	無	이중구연+단사선+구순각목+공렬, 구순각목+공렬, 구순각목, 공렬, 마연토기	-
하남 덕풍골 II	1	구릉	585*220	2.66(장)	12.9(소)	위석 1?	벽주	이중구연+단사선+구순각목+공렬, 구순각목+공렬, 구순각목, 공렬, 일단경촉	노지 2880±60 2750±60 2760±60 / 주거지 2750±60 2800±60 2760±60
수원 이목동	1	구릉	1,480*660	2.24(장)	97.7(초)	무시설 2	중심주 내측주	단사선+구순각목+공렬, ×자문+구순각목+공렬, 단사선+구순각목, 단종선, 구순각목, 토(석)방추차, 이단경촉, 어형석도, 부리형석기	2890±90 3160±80 2960±60 2760±50
수원 율전동	3	구릉	600*(170)300추정	2.00(장)	18.0(소)	무시설 1	無	구순각목+공렬+×자문, 구순각목+공렬	3160±60 2990±40
용인 봉명리	1	구릉	(1,456)1,600추정*395	4.05(세)	63.2(대)	무시설 2	無	이중구연+단사선, 구순각목+공렬, 구순각목, 공렬, 대부토기, 석제방추차, 반월형석도	-

유적/유구		입지	장축*단축(㎝)		노지	기둥 시설	유물	절대연대 (BP)
			평면	규모				
오산 내삼미동	2지점 24	구릉	1,460*320		무시설 4	無	이중구연+공렬+×자문, 구순각목+공렬, 공렬, 적색마연토기, 합인석부, 편인석부, 장주형·어형석도	-
			4.56(초)	46.7(대)				
	2지점 28	구릉	1,260*300		무시설 2	無	이중구연+공렬, 공렬+장사선, 공렬, 합인석부, 이단경촉	-
			4.20(세)	37.8(중)				
	2지점 30	구릉	2,230*320		무시설 6	無	이중구연+(장)단사선+공렬, 이중구연+장사선, 구순각목+공렬, 구순각목, 공렬, 대부토기, 호형토기, 이단경촉?, 편인석부, 합인석부, 반월형석도	-
			6.97(초)	71.4(대)				
안성 반제리	1	구릉	310*(110)220추정		무시설 1	無	이중구연+단사선	-
			1.41(방)	6.8(소)				
	5	구릉	1,020*(382)500추정		무시설 2	벽주?	이중구연, 이중구연+단사선, 이중구연+단사선+구순각목	3020±80
			2.04(장)	51.0(대)				
	9	구릉	444*380		무시설 1	無	이중구연+단사선, 이중구연+단사선+공렬, 구순각목	-
			1.17(방)	16.9(소)				
안성 만정리 신기	2지점 가-2	구릉	425*300		무시설 2	벽주 중심주	이중구연+단사선+공렬, 이중구연+거치문	-
			1.42(방)	12.8(소)				
	4지점 2	구릉	880*360		무시설 2	?	이중구연+단사선+공렬, 이중구연+단사선, 거치문, 구순각목+공렬, 대부토기, 이단경촉	-
			2.44(장)	31.7(중)				
평택 현화리	2	구릉	1,130*490		무시설 2	無	거치문+구순각목, 구순각목+공렬, 대부토기	3110±140
			2.31(장)	55.4(대)				
	4	구릉	1,010*500		무시설 1?	無	이중구연+단사선, 구순각목+공렬, 공렬, 합인석부	2910±130
			2.02(장)	50.5(대)				
평택 소사동	가7	구릉	1,249*346		무시설 4	無	퇴화이중구연+단사선+구순각목+공렬	2930±60
			3.61(세)	43.2(중)				
	가10	구릉	1,442*374		무시설 3	無	×자문+구순각목+공렬, 구순각목+공렬, 공렬, 소형발, 삼각만입촉, 이단경촉, 합인석부, 편인석부	2840±50
			3.86(세)	53.9(대)				
	가18	구릉	1,557*314		무시설 3	?	이중구연+장사선, 구순각목+공렬, 대부토기, 단주형·즐형석도, 석제방추차	2840±50
			4.99(초)	48.9(대)				
	가22	구릉	?	?	무시설 1	?	이중구연+×자문+구순각목+공렬	-
	라4	구릉	2,167*400		무시설 6	벽주	장종선+구순각목+공렬, 단사선+공렬, 구순각목+공렬, 구순각목, 공렬, 단사선(호형), 성형석부, 이단병식석검, 장주형·즐형석도	2740±50
			5.42(초)	86.7(초)				

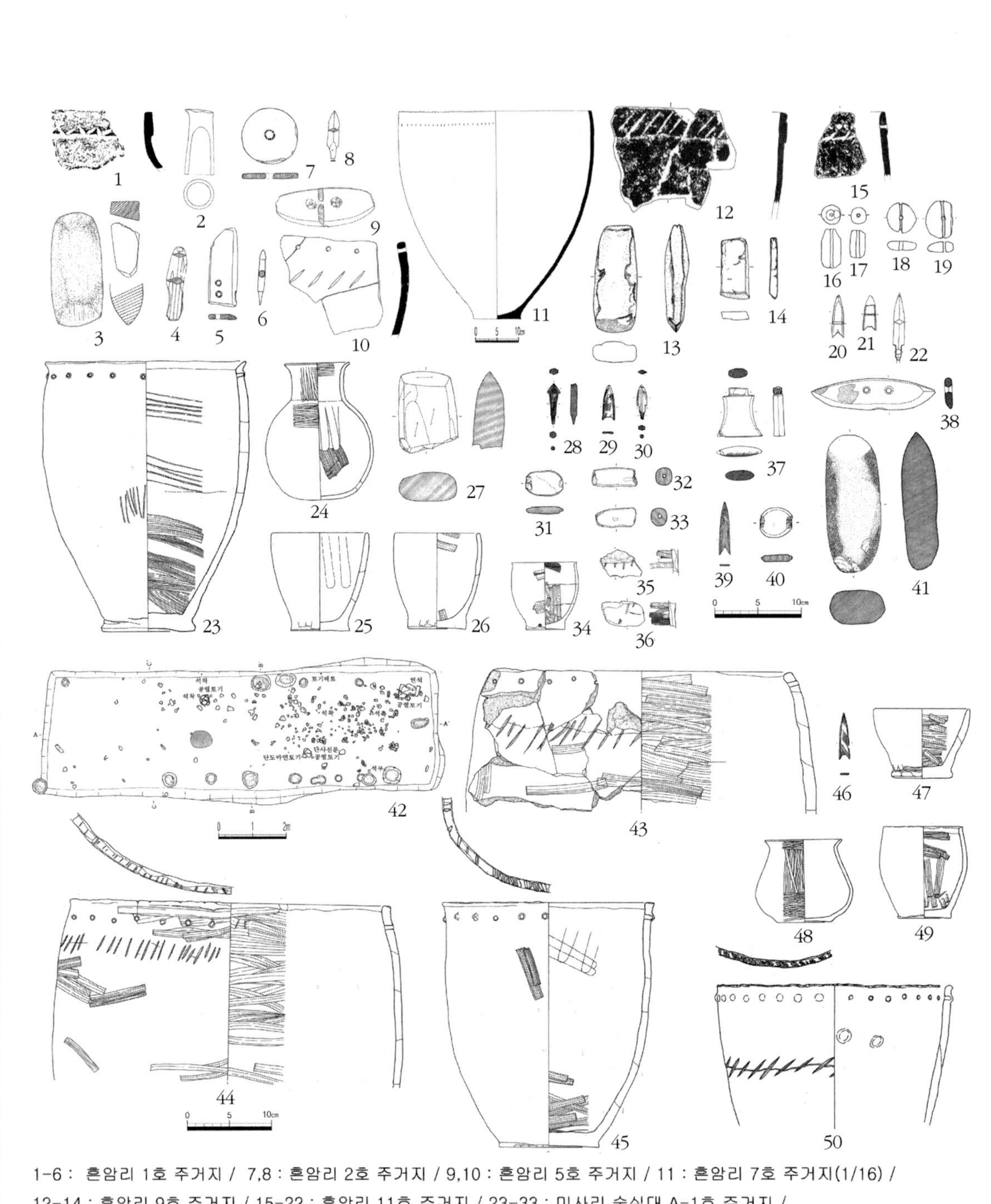
1-6 : 흔암리 1호 주거지 / 7,8 : 흔암리 2호 주거지 / 9,10 : 흔암리 5호 주거지 / 11 : 흔암리 7호 주거지(1/16) / 12-14 : 흔암리 9호 주거지 / 15-22 : 흔암리 11호 주거지 / 23-33 : 미사리 숭실대 A-1호 주거지 / 34-41 : 미사리 숭실대 A-4호 주거지 / 42-49 : 미사리 숭실대 A-9호 주거지 / 50 : 미사리 고려대 034 주거지

도면 7 | 서울 · 경기지역 Ⅲ단계①(유구1/200, 유물1/8)-축척부동(별도표시)

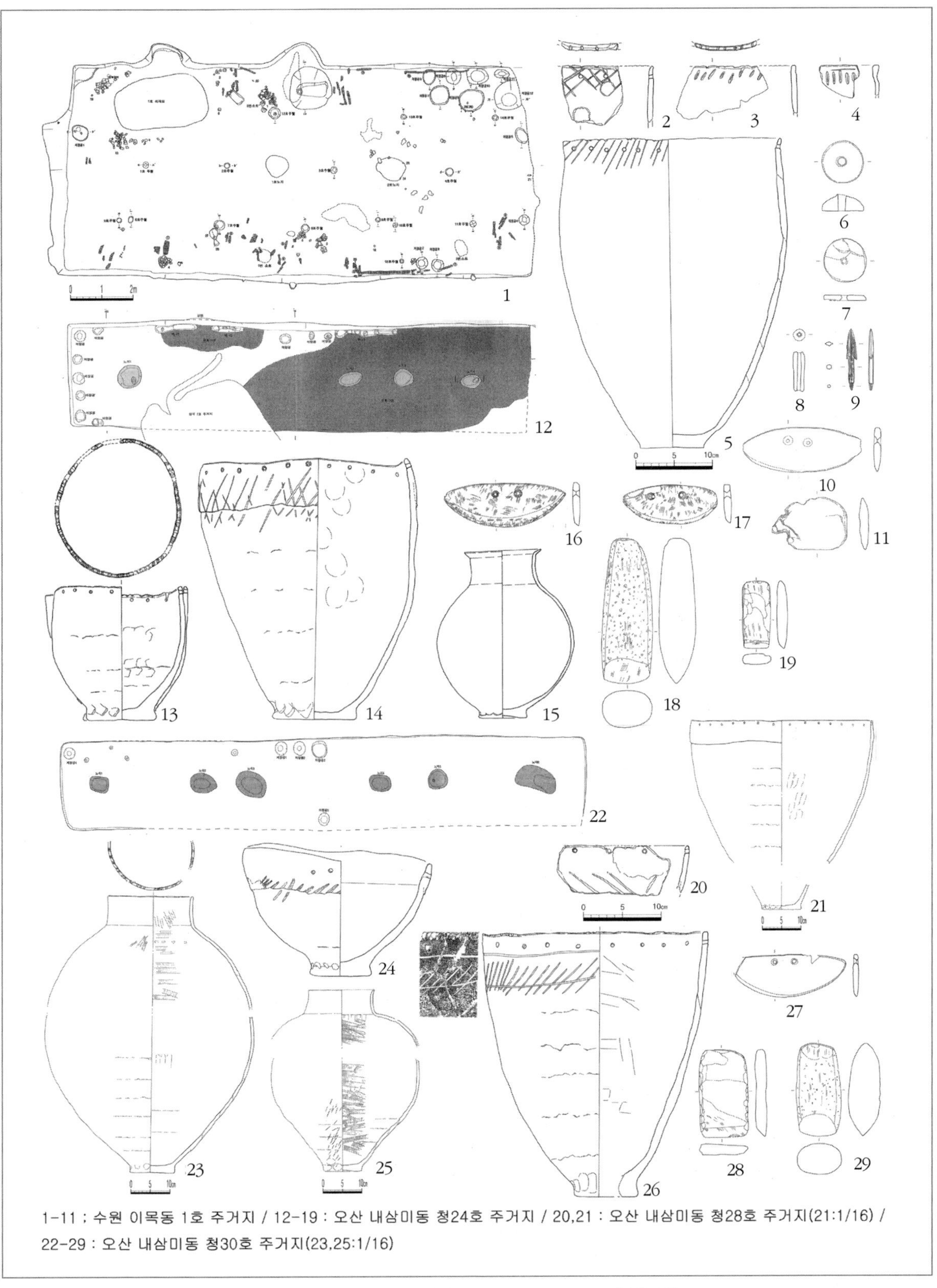

1-11 : 수원 이목동 1호 주거지 / 12-19 : 오산 내삼미동 청24호 주거지 / 20,21 : 오산 내삼미동 청28호 주거지(21:1/16) / 22-29 : 오산 내삼미동 청30호 주거지(23,25:1/16)

| **도면 8** | 서울 · 경기지역 Ⅲ단계②(유구1/200, 유물1/8)–축척부동(별도표시)

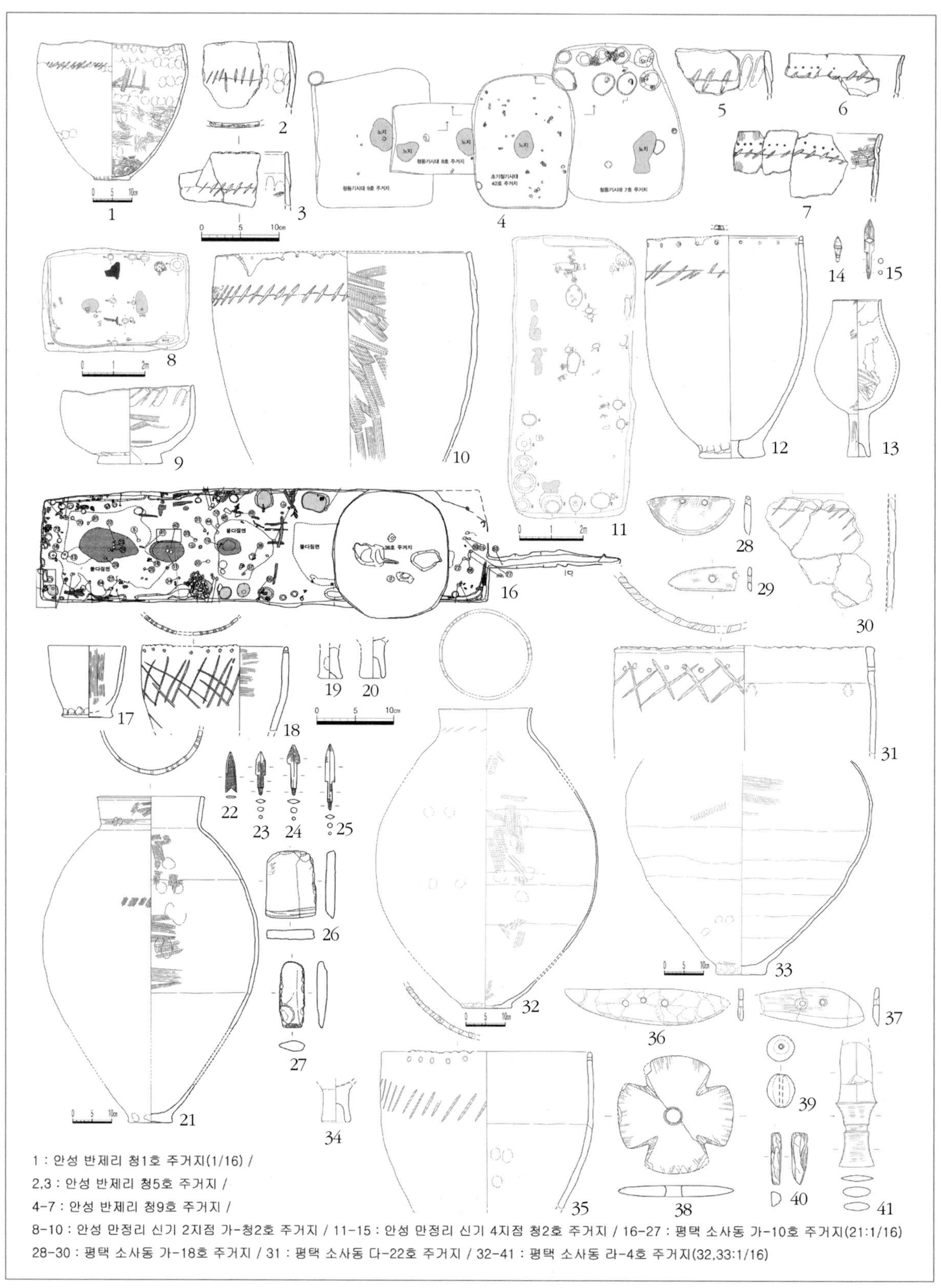

| 도면 9 | 서울 · 경기지역 Ⅲ단계③(유구1/200, 유물1/8)–축척부동(별도표시)

출토유물은 혼암리식토기가 중심을 이루지만 이중구연의 퇴화현상이 관찰되며, II단계에서는 소수에 불과했던 구순각목+공렬토기와 구순각목토기, 공렬토기의 공반예가 증가한다. 전 단계의 이중구연(단사선문)토기가 폭이 좁고 두께가 두꺼운 반면, III단계의 이중구연은 폭이 넓고 두께가 얇은 것이 특징이며, 여기에 공렬요소가 혼합된 흔암리식토기가 주체를 이룬다. 단사선계 문양의 구성도 이중구연부부터 동체부까지 시문된 단사선과 장사선이 함께 보이며, 그 외에 거치문, 단종선, 장종선, ×자문 등 문양이 다양화된다. 호형토기의 기형은 직립 혹은 외경하는 경부에 동체부는 어깨가 넓은 역삼각형과 난형 내지 타원형이 함께 출토하지만 난형의 비율이 다소 높다. 그리고 I·II단계에서는 잘 보이지 않던 대부토기(단각, 장각)와 기고 10㎝ 내외의 소형 발형토기(무문양)가 출토된다.

석기는 석검, 석부, 석촉, 석도 등이 있다. 석검은 이단병식마제석검이 출토되며, 석부는 합인과 편인이 모두 보이는데 합인석부의 횡단면은 대부분 두툼한 타원형이며, 편인은 평면 장단비가 1:1과 2:1의 방형, 장방형의 형태가 함께 보인다[25]. 석촉은 II단계와 마찬가지로 삼각만입·이단경·일단경촉이 공반 출토한다. 다만 삼각만입촉의 경우 전 단계에 비해 만입 정도가 깊어지며 새로이 만입부 중앙에 돌기부가 형성되는 특징이 있다. 이단경촉은 단의 경계가 확실하며 익부와 경부가 직각인 것이 대부분이지만 예각인 것도 다수 존재한다. 석도는 모두 단인의 즐형·어형·주형석도가 있는데 그 중 단인의 어형과 주형석도가 주류를 이룬다. 그 외 석제방추차는 두께가 1.0㎝ 내외에 집중하며, 단면 半球狀의 토제방추차도 출토한다. 토제어망추는 II단계와 동일하게 球形과 管形이 출토되지만 새로이 단추형이 추가된다.

5) IV단계

IV단계에는 주거지뿐 만 아니라 전 단계에서 확인되지 않던 환호[26]와 분묘[27]가 나타나

---

25 홍주희(2012)는 돌대문토대 단계의 석기를 분석하면서 석부와 석착의 경우 평면 (장)방형, 단면 말각장방형 중심에서 전기 중엽 이후에 평면 제형과 타원형 등 형태와 크기에서 다변화 양상이 관찰된다고 하였다. 필자는 본 고를 작성하면서 합인석부의 대략적인 경향만 파악할 수 있었는데, I단계는 불분명하며, II단계는 평면 말각장방형이 우세하고, III단계가 되면 평면 (장)타원원형이나 제형이 출현하며, 단면이 II단계보다 두꺼운 것이 추가된다. IV단계는 III단계와 동일한 양상이지만 새롭게 주상편인석부가 출현한다.

26 주로 취락유적에서 방어용 물길이나 배수시설로 사용되었을 때는 '環濠', 공간구획이나 경계시설 등의 역할을 한 마른 도랑형태는 '環壕'라 표기한다. 이 단계에 나타나는 환호의 성격은 후자의 경우이다.

27 경기지역 청동기시대 묘제는 고인돌과 석관묘, 옹관묘가 있는데, 입지나 규모면에서 고인돌의 피장자가 상대적으로 위계가 높다는 점과 발굴된 유구 수에 비해 화장의 빈도가 높게 나타나는 특징이 있다. 또한

기 시작한다. 토기는 구순각목공렬토기와 구순각목토기, 공렬토기의 역삼동식토기가 주류를 이루는 단계로, 퇴화이중구연화[28]가 일부 지속된다.

주거지의 입지는 주로 하천에 인접한 충적지와 단구, 그리고 구릉에서 모두 확인된다. 단구 및 충적지에 입지한 유적은 임진강변의 강내리와 (연)삼거리, 그리고 한강변의 미사리유적뿐이다. 평면형태는 Ⅲ단계에서 보이던 방형이 사라지며, 장방형부터 초세장방형까지 확인되는데 장단비 2.0~3.5 사이의 장방형과 세장방형이 중심을 이룬다[29]. 주거지의 폭은 단구나 충적지에 입지한 경기북부의 제유적과 중부의 미사리유적은 350~450㎝ 사이에 해당하는 반면, 구릉에 입지한 주거지 폭은 Ⅲ단계보다 현저히 좁아진 250~350㎝ 사이에 집중한다. 규모는 소형부터 초대형까지 모두 확인되지만 중소형이 전체의 75% 이상을 차지[30]하여 전체적으로 Ⅲ단계보다 소형화되는 경향이 강하다. 즉, 구릉에 입지한 경기 중서부지역과 남부지역의 주거지 폭이 현저히 좁아지면서 동시에 길이도 일부 줄어드는 경향이 있어 전체적으로 규모가 작아진 장방형과 세장방형의 형태를 띤다[31]. 노는 파괴되어 확인할 수 없는 것과 일부 주거지를 제외하고는 모두 무시설식인데, 배치양상은 Ⅲ단계와 동일하지만 노지의 수가 최대 11기(천천리7호)까지 증가한다. 중심은 2~5기이다. 아울러 Ⅳ단계 주거지 구조의 특징으로는 노지쪽이나 노지 반대편에 작업공(도면13-5・8・14, 도면14-3・12)으로 판단되는 깊이 10㎝ 내외의 얕은 수혈이 새롭게 등장한다는 점이다[32]. 기둥시설은 무주혈, 벽주혈, 중심주혈, 벽주혈+중심주혈로 다양하지만 벽주혈과 중심주혈의 배치양상이 정연해지며, 중심주혈이 증가하는 경향을 보인다.

경기지역 청동기시대 분묘는 출토유물로 볼 때 송국리유형 단계와 병행하는 후기로 편년되는 것이 많다는 점과 남한강유역의 제천 능강리나 황석리에서 전기로 소급되는 고인돌이 존재하는 점을 들어 경기지역에서도 전기 분묘가 존재할 가능성을 제시하였다(이형원2007b).

28 주로 장사선문과 '×'자문이 동체 중단까지 간격이 넓게 시문되며, 이중구연의 형태는 거의 소멸된다.

29 분석 주거지 61기 중 방형은 없으며, 장방형 28기, 세장방형 24기, 초세장방형 9기이다.

30 61기 중 소형 17기, 중형 29기, 대형 11기, 초대형 4기로 나타났는데, 이 중 중소형이 46기이다.

31 전기후반의 취락은 대부분 대형취락이 많은데, 주거지의 구성은 중소형의 세장방형과 장방형의 주거지가 군을 이루며, 일정한 공지를 공유하면서 대형의 초세장방형 주거지 1~2기가 주거군 내에 위치하는 경향이 강하다. 즉, 정확하게 대응되지는 않지만 주거지 61기 중 평면형태상 (세)장방형은 52기, 초세장방형은 9기이며, 규모면에서 중소형은 46기, (초)대형은 15기로 평면형태와 규모가 비율상 어느 정도 일치하는 수치를 보이고 있다.

32 남양동1호, 쌍송리8・21호, 내삼미동13호, 당현리2호 등에서 확인된다. 작업공으로 추정되는 이러한 수혈은 최근에 조사된 화성 율암유적 4・9・13호 주거지에서도 명확히 관찰되며, 배수로로 추정되는 벽구가 수혈쪽 단벽모서리로 돌출되어 있다.
한울문화재연구원, 2012, 「화성 율암 산46-58번지 공장설립부지 문화재 발굴조사 회의자료」.

| 표 5 | Ⅳ단계 유구 속성표

유적/유구		입지	장축*단축(㎝)	평면	규모	노지	기둥시설	유물	절대연대(BP)
연천 강내리	1	단구	1,980*400	4.95(초)	79.2(초)	무시설 5	중심주 벽주	유구경식석검, 석창, 일단경촉, 주상편인석부	-
	4	단구	1,150*420	2.74(세)	48.3(대)	무시설 4	중심주 벽주	일단경촉, 주상편인석부(소형)	2530±40 2710±40
	5	단구	920*380	2.42(장)	34.9(중)	무시설 2	중심주 벽주	삼각만입촉, 유구경식석검, 합인석부	2670±40
연천 삼거리	8	단구	1,020*310	3.29(세)	31.6(중)	무시설 2	無	구순각목토기, 공렬토기, 유혈구유구병식석검, 장주형석도, 합인석부, 삼각만입촉, 이단경촉	-
파주 당하리	1(漢)	구릉	1,160*370	3.14(세)	42.9(중)	무시설 3	벽주	외반구연호, 구순각목, 공렬, 무문양, 환상석부, 삼각만입촉, 이단경촉, 일단경촉	-
파주 당하리	1	구릉	850*(360)	2.36(장)	30.6(중)	무시설 1?	벽주?	공렬, 무문양, 외반구연, 삼각만입촉, 이단경촉	-
	3	구릉	850*(261)340추정	2.50(장)	28.9(중)	무시설 2	벽주?	공렬, 무문양, 삼각만입촉, 이단경촉, 일단경촉	-
파주 교하리	1	구릉	960*320	3.00(세)	30.7(중)	무시설 2	중심주 벽주	공렬, 무문양, 반월형석도, 편인석부, 삼각만입촉, 이단경촉, 일단경촉	-
	2	구릉	?	?		?	중심주 벽주		-
인천 원당동	Ⅳ-가 10	구릉	550*300	1.83(장)	16.5(소)	無	중심주 벽주	구순각목+공렬, 일단경촉, 장주형석도	-
김포 양곡	11	구릉	470*(244)300추정	1.57(장)	14.1(소)	무시설 1	중심주	관옥	-
	13	구릉	1,080*400추정	2.70(세)	43.2(중)	무시설 3	중심주	구순각목+공렬, 구순각목, 공렬	-
부천 고강동	13	구릉	1,820*400	4.55(초)	72.8(대)	무시설 ?	중심주 벽주	구순각목+공렬, 구순각목, 공렬, 이단병식석검, 편인석부, 삼각만입촉, 일단경촉, 반월형석도, 합인석부, 주상편인석부, 관옥, 곡옥	2830±60 2680±80 2860±40
가평 대성리	11	충적	730*340	2.15(장)	24.8(중)	무시설 2	無	공렬토기, 호형토기, 이단경촉, 즐형석도, 유경식석검	-
	13	충적	980*360	2.72(장)	35.3(중)	무시설 3	無	공렬토기, 호형토기, 편인석부, 단주형·어형석도, 석제방추차	-
	16	충적	530*285	1.86(장)	15.1(소)	무시설 3	無	無	-
	17	충적	620*300	2.06(장)	18.6(소)	무시설 2	無	공렬토기, 호형토기, 이단경촉	2805±20

유적/유구		입지	장축*단축(㎝)		노지	기둥 시설	유물	절대연대 (BP)
			평면	규모				
양평 양수리	1	충적	?	?	무시설 ?	?	공렬, 석창, 삼각만입, 일단경촉, 반월형석도	–
하남 망월동	1	구릉	800*280 2.86(세)	22.4(소)	무시설 1	중심주 벽주	구순각목+공렬, 공렬, 외반구연토기, 이단경촉, 일단경촉, 석제어망추(양끝타격), 관옥	2720±30 820±50 2960±70
	2	구릉	950*(230)300추정 3.16(세)	28.5(중)	무시설 1	無	구순각목+공렬, 공렬, 석(토)제어망추(양끝타격, 관형, 단추형)	2770±40
	3	구릉	?	?	無	無	공렬, 토제어망추(관형, 단추형)	2860±40
	4	구릉	360*180 2.00(장)	6.5(소)	無	無	공렬, 이단경촉, 반월형석도, 석창, 토제어망추(관형)	2870±40
하남 덕풍골	1	구릉	?	?	?	벽주	구순각목+공렬	2680±50, 2800±50 2550±50
	2	구릉	1,000*240 4.17(세)	24.0(중)	무시설 2?	벽주	구순각목+공렬, 구순각목, 공렬, 일단경촉, 석검편	2840±50, 2790±50 2870±50, 2800±60 2780±60, 2670±60
하남 망월동	구산2	구릉	?	?	무시설 2	벽주	공렬, 무문양, 반월형석도	2760±60
	구산6	구릉	?	?	?	벽주	이단경촉, 일단경촉	2680±60
하남 미사리	한양대 5	충적	1,800*480 3.75(세)	86.4(초)	?	無	구순각목, 공렬	–
	숭실대 A5	충적	635*350 1.81(장)	22.2(중)	無	無	구순각목+공렬, 구순각목, 공렬, 이단경촉, 일단경촉	–
	숭실대 A10	충적	710*340 2.09(장)	24.1(중)	무시설 1	無	공렬, 대부토기	–
	서울대 5	충적	800*355 2.25(장)	28.4(중)	무시설 2	無	구순각목+공렬, 공렬, 무문	–
	서울대 6	충적	1,010*380 2.66(장)	38.4(대)	무시설 2	無	구순각목+공렬, 구순각목, 공렬, 홍도, 일단경촉, 무경촉	–
	서울대 7	충적	1,300*435 2.99(세)	56.6(대)	無	無	구순각목+공렬, 공렬	–
	서울대 9	충적	610*350 1.74(장)	21.4(소)	무시설 1	無	호형토기, 구순각목+공렬, 구순각목, 공렬, 무문, 대부토기	–
성남 동판교	21-3 지점1	구릉	970*410 2.37(장)	39.8(중)	무시설 2	중심주 벽주	일단경촉, 방추차	–
안양 관양동	3	구릉	830*270 3.07(세)	22.4(소)	무시설 2	중심주	구순각목+공렬, 공렬	2680±60
	5	구릉	(1,075)1,200*320 3.75(세)	38.4(대)	무시설 3	중심주	구순각목+공렬, 공렬, 소형발형토기, 이단경촉	2870±50

유적/유구		입지	장축*단축(㎝)		노지	기둥시설	유물	절대연대(BP)
			평면	규모				
시흥 목감동	1	구릉	1,440*325		무시설 ?	중심주? 벽주	구순각목+공렬, 공렬, 외반구연, 일단경촉	2930±80, 3020±50 3060±80
			4.43(세)	46.8(대)				
수원 금곡동	1-3	구릉	960*360		무시설 3	중심주 벽주	구순각목+공렬, 구순각목, 이단경촉, 합인석부, 주상편인석부, 반월형석도, 방추차, 관옥	2730±60
			2.67(장)	34.6(중)				
	1-5	구릉	1,090*335		무시설 3	벽주	구순각목+공렬, 일단병식석검, 삼각만입촉?	2850±60
			3.25(세)	36.5(중)				
	1-12	구릉	670*270		무시설 2	중심주? 벽주?	구순각목+공렬, 구순각목, 공렬, 유구병식석검, 삼각만입촉	2890±60
			2.48(장)	18.1(소)				
	1-18	구릉	1,270*380		무시설 3	중심주 벽주	구순각목+공렬, 구순각목, 공렬, 이단병식유혈구석검, 합인석부, 주상편인석부, 방추차, 관옥	2790±60
			3.34(세)	48.3(대)				
의왕 이동	1	구릉	720*340		무시설 1	벽주	구순각목+공렬	2820±50, 2690±50 2820±50
			2.12(장)	24.5(중)				
	4	구릉	1,750*320		무시설 4	벽주	유구병식석검	-
			5.47(초)	56.0(대)				
	5	구릉	760*260		無	벽주?	구순각목+공렬, 구순각목, 공렬, 주상편인석부	-
			2.92(세)	19.8(소)				
	9	구릉	640*340		무시설 1	벽주	구순각목+공렬	-
			1.88(장)	21.8(소)				
	10	구릉	660*280		무시설 1	벽주	구순각목+공렬, 공렬	2750±50 2710±50
			2.36(장)	18.5(소)				
	11	구릉	720*340		무시설 1	벽주	구순각목+공렬	2690±50 2740±50
			2.12(장)	24.5(중)				
용인 대덕골	4	구릉	1,730*350		무시설 3	벽주?	구순각목+공렬	2920±80
			4.94(초)	60.5(대)				
화성 천천리	1	구릉	?	?	무시설 5	벽주?	구순각목+공렬, 구순각목, 공렬, 삼각만입촉, 이단경촉, 합인석부	-
	6	구릉	?	?	무시설 4	벽주	구순각목+공렬, 구순각목, 공렬, 무문양	2800±40, 2890±40 2900±40, 2980±60
	7	구릉	2,830*360		무시설 11	벽주	구순각목+공렬, 구순각목, 공렬, 유공저부토기, 삼각만입촉, 이단경촉, 일단경촉, 반월형석도, 주상편인석부, 합인석부, 편인석부, 성형석부	2900±60 2770±40 2850±60 2800±60
			7.86(초)	101.8 (초)				
	11	구릉	480*230		무시설 1	無	구순각목+공렬, 구순각목, 공렬, 무문양, 유공저부토기	3140±80
			2.09(장)	11.0(소)				
화성 고금산	1	구릉	960*(280)380추정		무시설 3	無	구순각목+공렬, 공렬, 적색마연호, 반월형석도, 방추차	2880±60 2940±60
			2.52(장)	36.5(중)				

유적/유구		입지	장축*단축(㎝)		노지	기둥 시설	유물	절대연대 (BP)
			평면	규모				
화성 쌍송리	7	구릉	440*250		무시설 1	?	구순각목+공렬, 무문양	340±40
			1.76(장)	11.0(소)				
	8	구릉	370*260		무시설 1	중심주	구순각목+공렬, 구순각목, 공렬, 무문양	-
			1.42(장)	9.6(소)				
	21	구릉	745*305		무시설 2	無	구순각목+공렬, 공렬	2850±50
			2.44(장)	22.7(소)				
	26	구릉	2,620*420		무시설 5	벽주	구순각목+공렬+단사선, 구순각목+공렬, 구순각목, 공렬, 대부토기, 삼각만입촉, 이단경촉, 일단경촉, 반월형석도, 합인석부	2750±50 2710±50 2740±50
			6.24(초)	110.0 (초)				
화성 남양동	5지점 1	구릉	(850)1,100*320		무시설 3	無	구순각목+공렬, ×자문+공렬, 구순각목, 공렬	2830±50, 2770±50 2800±50
			3.44(세)	35.2(중)				
	6지점 1	구릉	1,100*275		무시설 3	중심주 벽주	구순각목+공렬, 공렬, 삼각만입촉, 이단경촉	-
			4.00(세)	30.3(중)				
오산 내삼미동	2지점 6	구릉	1,265*260		무시설 4	無	유구병식석검, 합인석부, 반월형석도	-
			4.87(초)	32.9(중)				
	2지점 13	구릉	950*255		무시설 2	無	장사선+공렬+구순각목, 구순각목+공렬, 이단경촉	-
			3.73(세)	24.2(중)				
	2지점 14	구릉	1,020*285		무시설 3	벽주?	퇴화이중구연+구순각목+공렬+×자문, 구순각목+공렬, 구순각목, 공렬, 곡옥	2765±20
			3.58(세)	29.1(중)				
평택 당현리 II	1	구릉	2,120*280		무시설 6	無	이단경촉	2720±20(종자) 2825±20(목재)
			7.57(초)	59.4(대)				
	2	구릉	900*270		무시설 1	無	구순각목, 일단경촉	2730±20(종자) 2710±20(목재)
			3.33(세)	24.3(중)				
	3	구릉	960*280		무시설 3	無	구순각목	2690±20
			3.42(세)	26.9(중)				
평택 소사동	가14	구릉	1,022*345		무시설 3	無	구순각목+공렬, 공렬, 이단경촉	2850±50
			2.96(세)	35.3(중)				
	라2	구릉	755*280		무시설 1	無	구순각목, 공렬	-
			2.69(장)	21.1(소)				
	라5	구릉	1,880*310		무시설 8	?	구순각목+공렬, 구순각목, 공렬, 유공저부토기, 삼각만입촉, 이단경촉, 일단경촉	-
			6.06(초)	58.3(대)				
	라28	구릉	1,035*320		무시설 4	無	구순각목+공렬, 공렬, 유공저부토기	-
			3.23(세)	33.1(중)				
평택 지제동	1	구릉	?	?	무시설 ?	?	구순각목+공렬, 공렬, 이단경촉, 일단경촉, 환상석부	2700±180

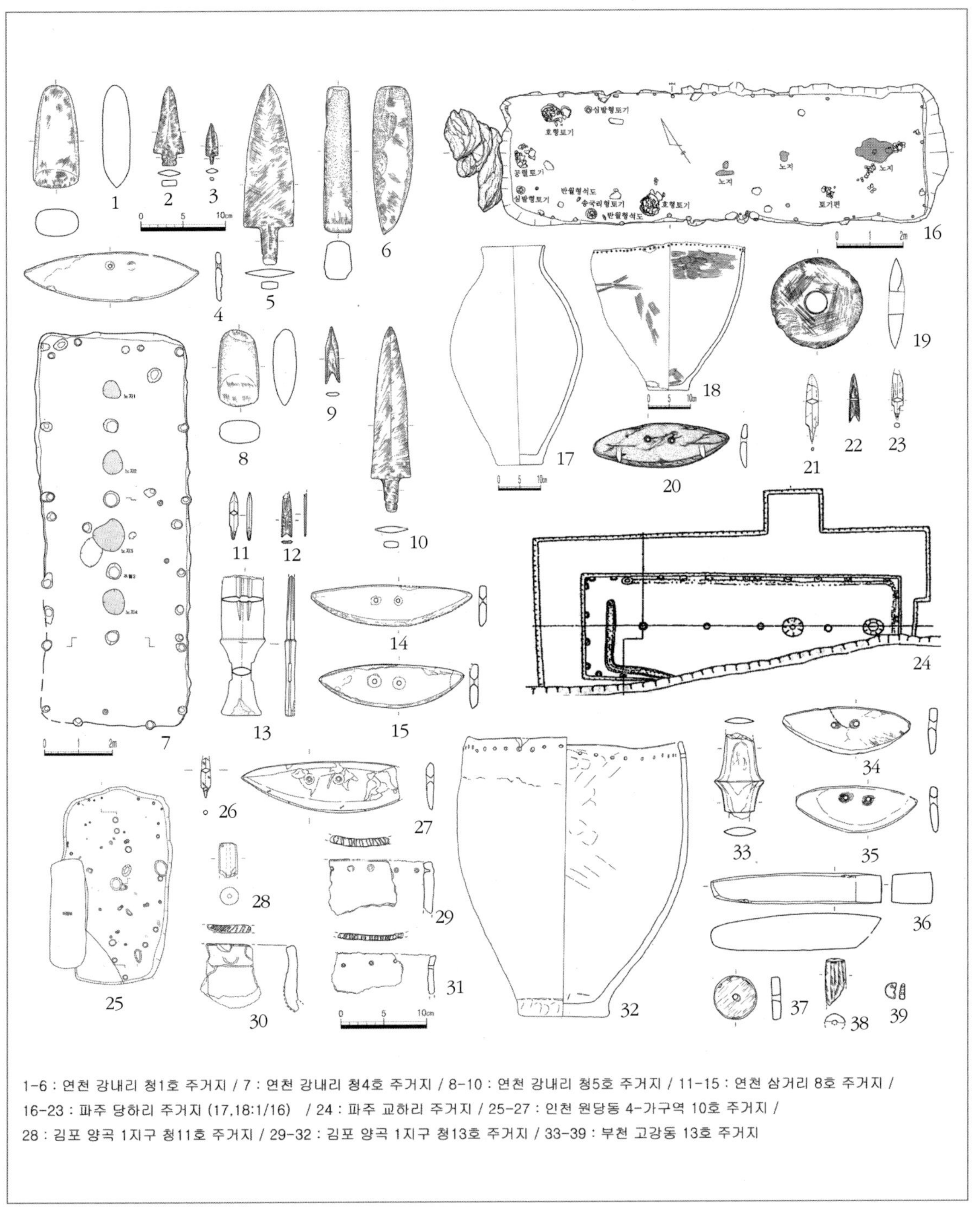

1-6 : 연천 강내리 청1호 주거지 / 7 : 연천 강내리 청4호 주거지 / 8-10 : 연천 강내리 청5호 주거지 / 11-15 : 연천 삼거리 8호 주거지 / 16-23 : 파주 당하리 주거지 (17,18:1/16) / 24 : 파주 교하리 주거지 / 25-27 : 인천 원당동 4-가구역 10호 주거지 / 28 : 김포 양곡 1지구 청11호 주거지 / 29-32 : 김포 양곡 1지구 청13호 주거지 / 33-39 : 부천 고강동 13호 주거지

| **도면 10** | 서울 · 경기지역 Ⅳ단계①(유구1/200, 유물1/8)—축척부동(별도표시)

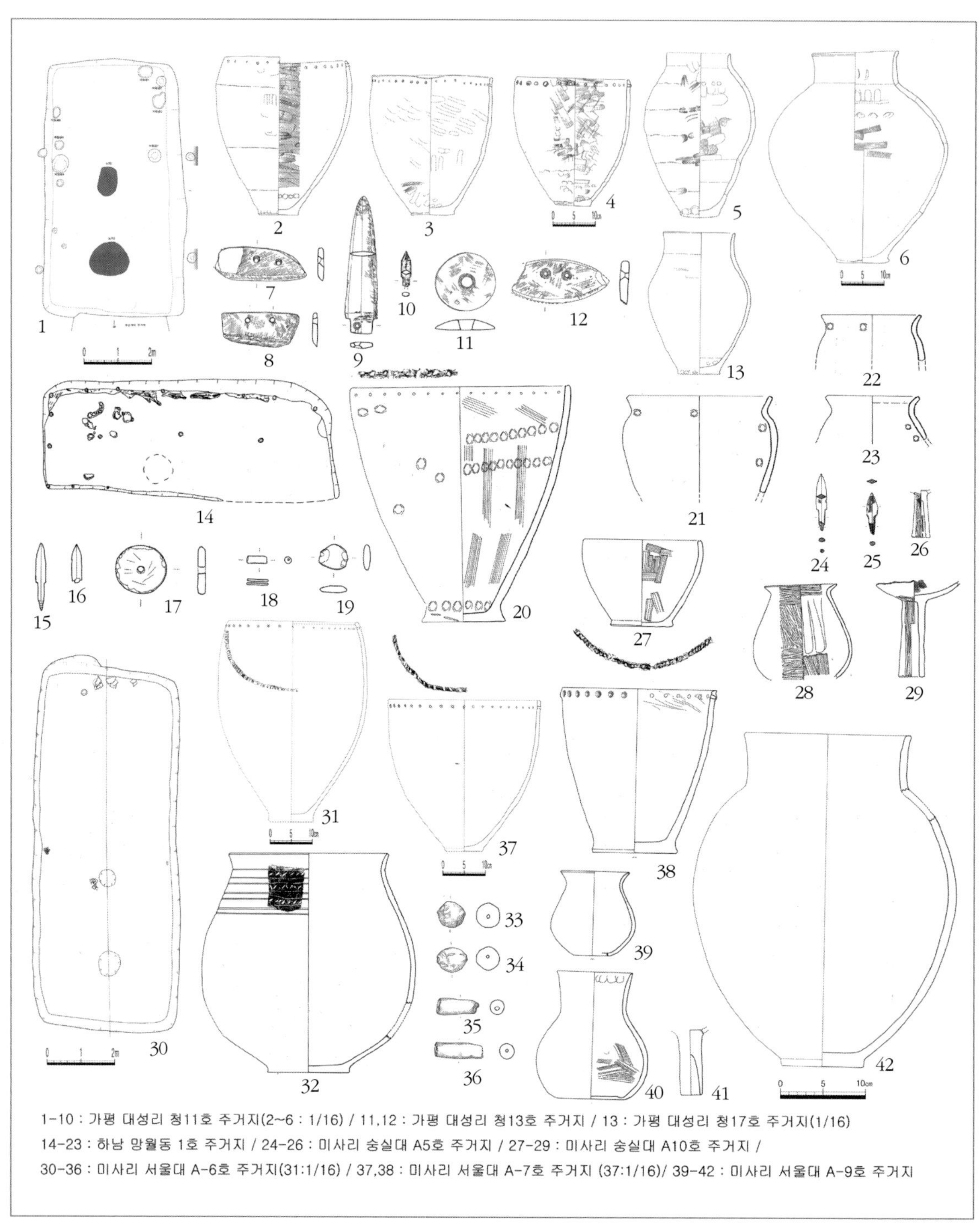

1-10 : 가평 대성리 청11호 주거지(2~6 : 1/16) / 11,12 : 가평 대성리 청13호 주거지 / 13 : 가평 대성리 청17호 주거지(1/16)
14-23 : 하남 망월동 1호 주거지 / 24-26 : 미사리 숭실대 A5호 주거지 / 27-29 : 미사리 숭실대 A10호 주거지 /
30-36 : 미사리 서울대 A-6호 주거지(31:1/16) / 37,38 : 미사리 서울대 A-7호 주거지 (37:1/16)/ 39-42 : 미사리 서울대 A-9호 주거지

| **도면 11** | 서울 · 경기지역 Ⅳ단계②(유구1/200, 유물1/8)-축척부동(별도표시)

유물 중 토기의 문양대 구성은 구순각목+공렬문, 구순각목문, 공렬문이 주류를 이루지만 단독문인 구순각목문과 공렬문, 그리고 무문양토기의 양이 전단계보다 증가하며, 일부 동체 중상부에 간격이 넓은 장사선 시문토기가 지속된다. 호형토기의 기형은 일부 구형과 역삼각형도 존재하지만 동체부가 타원형인 외반구연호의 출토량이 많다. 여기에 유공저부토기의 출토량이 증가하는 경향이 있다.

석기상에 있어서 중요한 특징 중의 하나는 III단계까지 보이지 않던 주상편인석부[33]와 환상석부[34]의 출현이라고 할 수 있다. 앞으로 신자료가 추가되면 다소 시기가 앞당겨질 수도 있겠으나 현재까지의 자료상으로는 IV단계부터 보이기 시작한다. 석검은 유(무)혈구유구병식과 일단병식, 유경식 중심으로 석검의 형태가 변화하지만 이단병식석검도 일부 지속된다. 석촉은 III단계와 마찬가지로 삼각만입 · 이단경 · 일단경촉이 모두 보이지만 이단경촉의 단 경계가 불명확해지는 특징이 있으며, 일단경촉의 출토율이 높아진다. 석도 역시 전 단계처럼 어형과 주형이 중심이지만 고강동13호 출토품(도면10-34 · 35)처럼 인부 중앙에서 양쪽으로 직선화되는 단주형이 관찰된다[35]. 방추차와 어망추는 III단계의 형태가 지속되며, 새롭게 단면 반구상의 석제방추차(도면11-11)가 추가된다. 또한 IV단계에 들어서 길이가 7㎝ 이상인 비교적 대형의 관옥(도면12-18 · 28) 출토량이 늘어나는 것으로 보인다.

이 외에 4단계가 되면 환호시설과 분묘가 새롭게 추가된다. 환호는 쌍송리유적 환호가 유일한데 지금까지의 연구결과에 따르면 환호는 청동기시대 중기 이후에 본격적으로 조성되며, 방어용 외에도 의례와 관련된 시설로 인식되고 있다. 쌍송리 환호[36]는 주변에 배치된 주지간의 중복관계가 확인되지 않으며, 환호 내부에서 구순각목공렬토기편, 삼각

---

33 배진성(2012)은 주상편인석부의 출현 시점을 전기의 이른 시기였던 역삼동단계부터로 보아 왔지만 역삼동유형이 더 이상 전기 전반에 한정되지 않으며, 지역에 따라서는 후기에도 지속된다는 점, 그리고 자료가 늘어나면서 전기에서도 주로 후반으로 편년되는 유구에서 출토된다는 입장이다. 이러한 입장은 포항지역(朴榮九 2009)의 주상편인석부 소속시기와도 일치한다.

34 崔承希(2004)는 남한지역에서의 환상석부 출현 시점을 무문토기시대 전기의 늦은 시기로 상정하였는데, 압록한 중하류와 요동반도에서는 신석기시대부터 유행하며, 팽이형토기문화권에서는 팽이형토기 I 기부터 지속적으로 출토된다고 보았다.

35 예외적으로 대성리11호에서는 단인의 즐형과 장방형석도가 출토되기도 한다.

36 구릉 정상부를 環形으로 둘러싸고 있으며, 지경 33m, 총 연장길이 100m, 최대너비 4m의 규모로 고지성 유형의 단독환호이다. 이러한 형태의 환호는 중부지방에서 반제리처럼 점토대토기 단계에 주로 확인된다. 쌍송리 환호는 보고자에 따르면 어로활동과 관련된 것으로 보고 있다. 한편 고강동유적의 적석환구는 점토대토기 단계가 중심이지만 초축은 공렬 및 구순각목토기 단계로 전기후반 내지 중기 전반일 가능성이 있다.

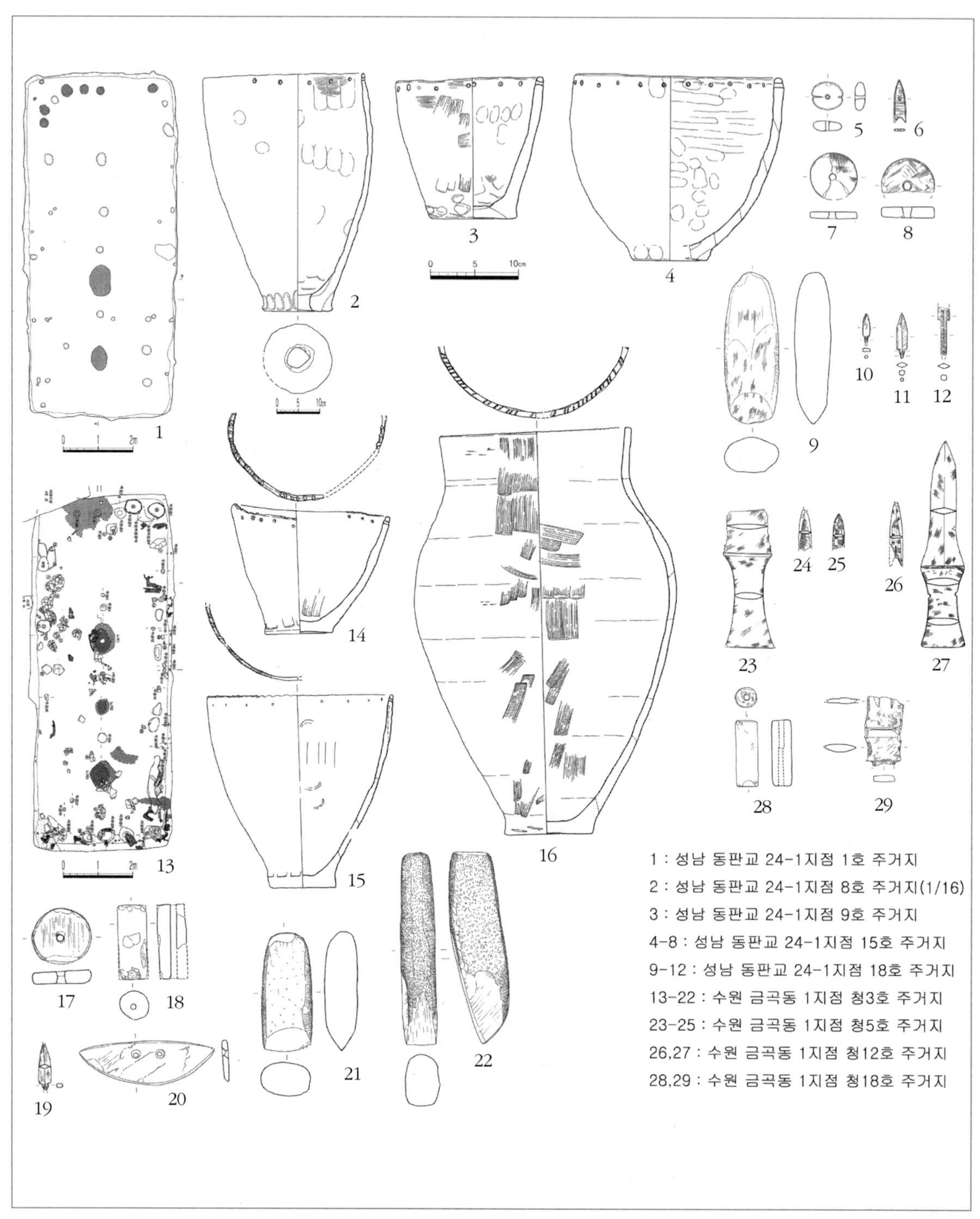

| 도면 12 | 서울 · 경기지역 Ⅳ단계③(유구1/200, 유물1/8)–축척부동(별도표시)

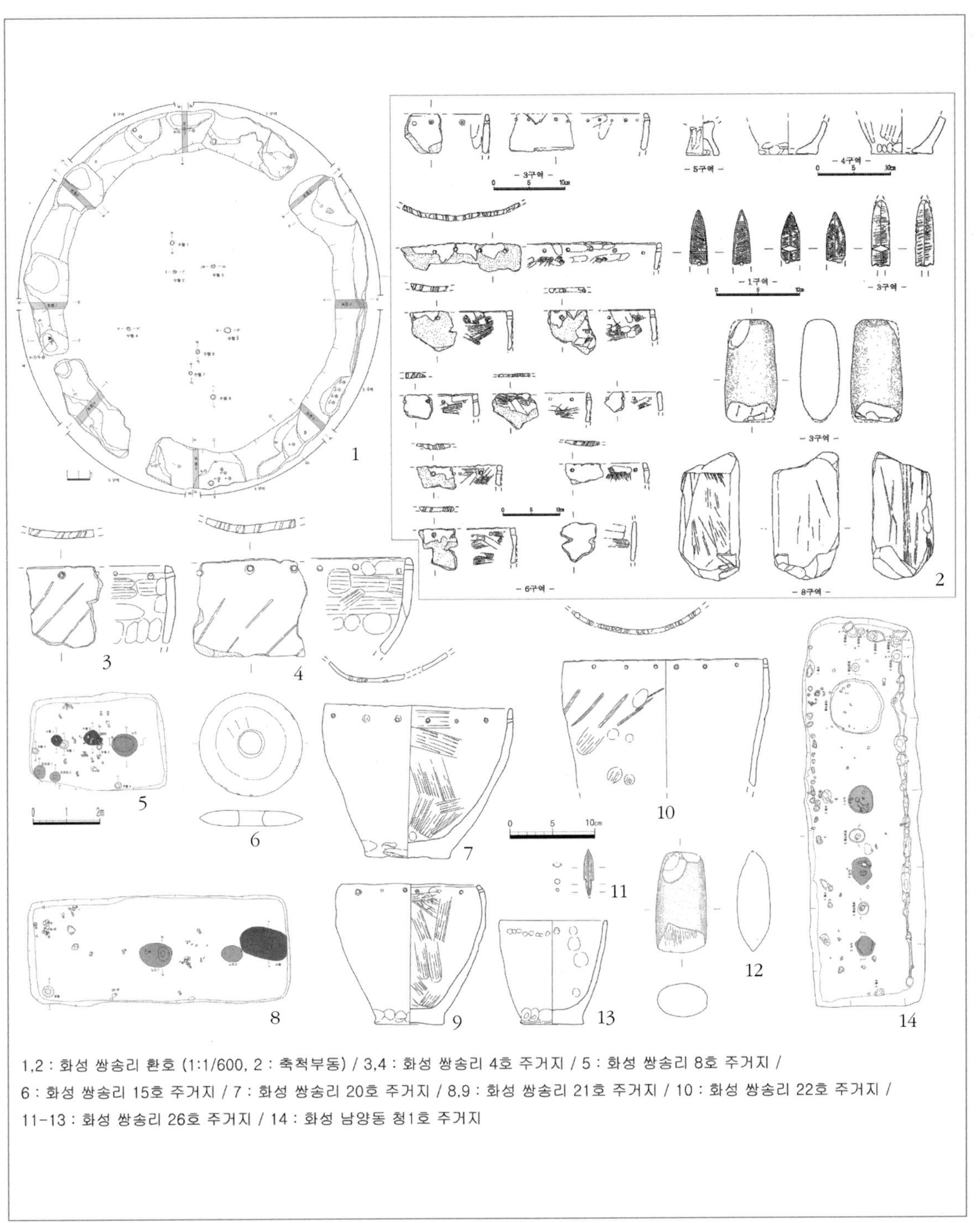

1,2 : 화성 쌍송리 환호 (1:1/600, 2 : 축척부동) / 3,4 : 화성 쌍송리 4호 주거지 / 5 : 화성 쌍송리 8호 주거지 / 6 : 화성 쌍송리 15호 주거지 / 7 : 화성 쌍송리 20호 주거지 / 8,9 : 화성 쌍송리 21호 주거지 / 10 : 화성 쌍송리 22호 주거지 / 11-13 : 화성 쌍송리 26호 주거지 / 14 : 화성 남양동 청1호 주거지

도면 13 | 서울 · 경기지역 Ⅳ단계④(유구1/200, 유물1/8)–축척부동(별도표시)

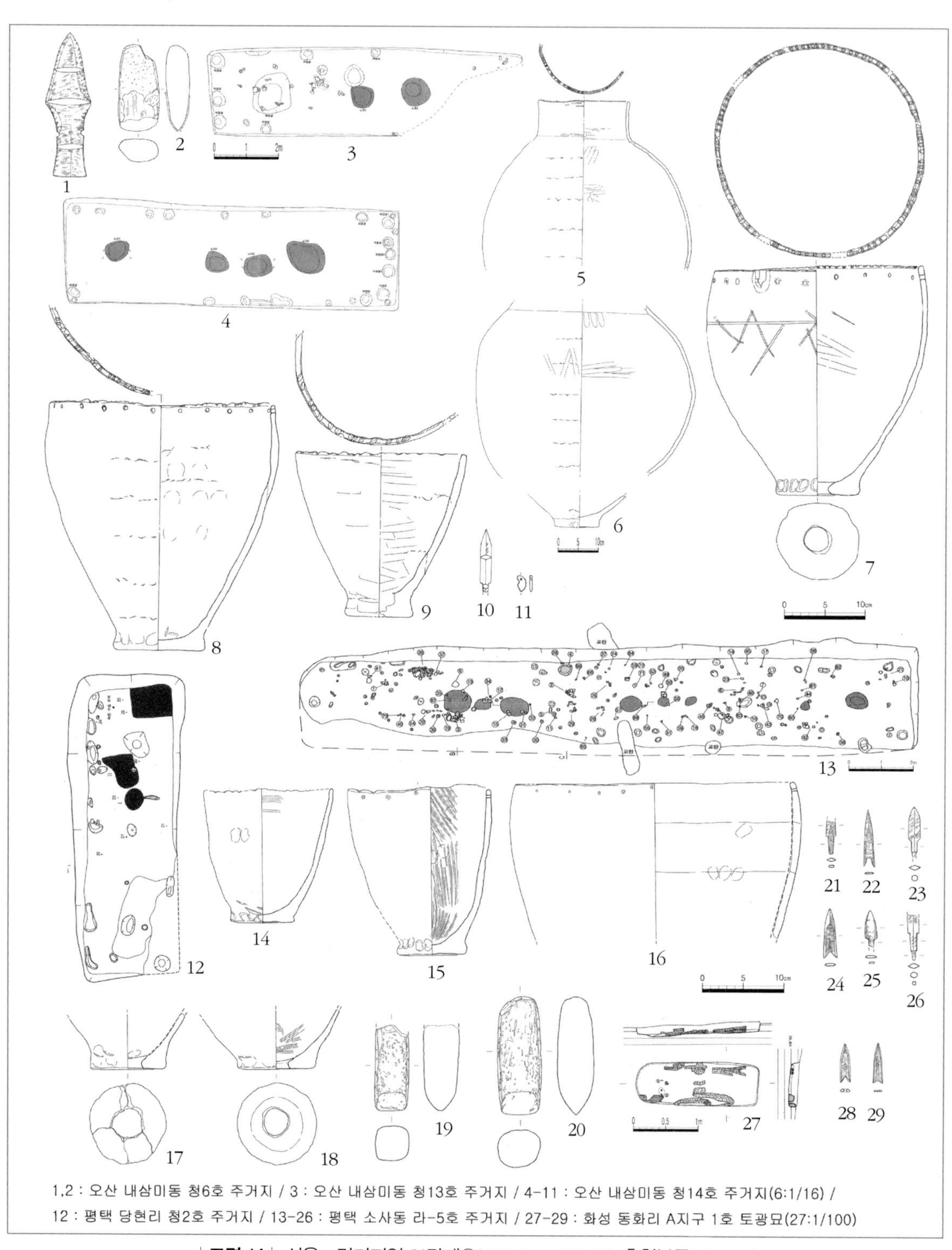

1,2 : 오산 내삼미동 청6호 주거지 / 3 : 오산 내삼미동 청13호 주거지 / 4-11 : 오산 내삼미동 청14호 주거지(6:1/16) /
12 : 평택 당현리 청2호 주거지 / 13-26 : 평택 소사동 라-5호 주거지 / 27-29 : 화성 동화리 A지구 1호 토광묘(27:1/100)

| 도면 14 | 서울 · 경기지역 Ⅳ단계⑤(유구1/200, 유물1/8)-축척부동(별도표시)

만입촉, 일(?)단경촉, 합인석부, 대부토기 등 주거지 출토 유물조합상과 차별성이 발견되지 않는다. 또한 출입구로 판단되는 단절부분의 방향이 주거지가 조성된 곳을 향하고 있다는 점에서 주거지와 동시기로 판단하는 것이 타당할 것이다[37]. 분묘는 화성 동화리유적의 토광묘[38]가 있다. 유물은 삼각만입유공석촉 2점이 출토되었는데, 이러한 형식의 석촉은 대전 둔산을 제외하면 대부분 흔암리나 역삼동유형의 유적에서 출토된다[39]. AMS분석결과 2730±50, 2800±60, 2860±50의 결과가 도출되어 충분히 전기로 소급할 수 있는 자료라고 판단된다. 아울러 金賢(2005)은 영남지역 청동기시대 전·중기의 묘제를 다루면서 청동기시대 전기에도 토광묘가 사용되고 있으며, 중기 후반에 수가 늘어남을 언급하였다.

Ⅳ. 시기구분과 절대연대

1. 시기구분

앞서 언급하였듯이 조기를 인정하는 입장에서 그 범위를 놓고 볼 때 돌대문토기 단독기만을 인정하느냐, 아니면 신석기적 요소인 이중구연토기까지를 포함하여 조기로 볼 것이냐 하는 문제에 봉착하게 된다. 이는 두 토기요소의 병행관계를 인정할 것이냐 아니면 단계편년에 근거하여 볼 것이냐 라는 편년의 근본적인 문제이기도 하다. 필자는 새롭게 출현하는 물질문화 요소를 획기로 삼아 시기설정을 하고자 하며, 아울러 절대연대측정치를 제시하여 다음과 같이 5시기(조기 전반·후반 / 전기 전반·중반·후반)로 설정한다.

먼저, 조기전반은 필자의 Ⅰ-1단계에 해당한다. 그 주요 내용으로는 중(대)형(바닥너비 500~800㎝) 중심의 방형계 주거지에 석상위석식의 노시설을 갖추고 있고, 토기는 돌대부가 이격된 돌대문토기 단독기에 해당한다. 석기는 삼각(만입)촉이 출토하며, 여기에 신석

---

37 AMS절대연대측정값은 BP2650±50으로 주거지 측정 연대의 중심값보다 다소 늦게 나왔다.

38 해발 약 34m의 구릉 정상부에 단독으로 조성되었다. 규모는 187×66×13㎝로 장축방향은 등고선과 직교한다. 내부에 소결된 흔적과 목탄 및 인골이 남아 있어 토광 내부에서 화장한 것으로 보고되었다.

39 서울·경기지역에서 삼각만입유공석촉이 출토된 유적으로는 파주 당하리1호, 여주 흔암리2·9·12호, 부천 고강동7호, 평택 토진리1호 등이 있다. 이들 유적은 흔암리를 제외하고는 모두 전기후반에 속하는 유적들이다.

기적 요소인 환저토기가 존재하는 단계이다.

조기후반은 I-2단계에 해당한다. (초)대형(바닥너비 550~800㎝) 중심의 방형계 주거지에 위석식과, 무시설식노를 갖추고 있고, 토기는 돌대부가 연접한 돌대문토기와 절상돌대문·류상파수형·이중구연토기가 함께 출토한다. 석기는 삼각만입촉과 양인의 장방형석도, 그리고 마제석검[40]이 출토하는 단계이다. 즉, 주거지는 I-1단계보다 길이가 길어지면서 규모가 확대되고 있다. 또한 석상위석식노가 중심을 이루다가 위석식, 무시설식으로 노의 형태가 변화된다. 공렬토기는 아직까지 확인되지 않는다. 그 외 두께가 0.5㎝ 미만인 석제방추차, 양 끝단에 'V'자형 홈이 있는 토제어망추 등은 I단계에서 공통적으로 보이는 특징이며, 시원적인 형태의 혈구가 있는 마제석검이 등장한다. 아울러 연하리유적이 돌대문토기의 색채가 강한 반면 동양동유적은 이중구연의 요소가 강한 특징이 있다.

전기전반은 II단계에 해당한다. 규모는 다양하지만 바닥너비 400~600㎝ 중심의 (장)방형계 주거지에 1~2기의 무시설식노를 갖춘 것이 중심이다. 토기는 이중구연 및 이중구연단사선계의 가락동식토기 성행기이며, 흔암리식토기가 출현한다. 석촉은 여전히 삼각만입촉이 주류이며, 양인의 주형과 어형석도가 중심을 이루는 단계이다. 즉, 주거지의 평면형태는 I단계가 방형 중심이었다면 II단계에 들어서면서 장방형이 중심을 이루며, 세장방형도 추가된다. 규모는 I단계가 중(대)형급이 중심이었다면 여기에 소형이 추가되며, 지역별로 차이점이 관찰된다. 그러나 지역과 상관없이 공통적인 특징은 주거지 폭이 I-1·2단계가 500㎝ 이상에 집중되었다면, II단계는 400~600㎝ 중심으로 폭이 줄어든다는 점이다. 노시설은 무시설식이 중심이지만 대성리의 석상위석식도 있다. 토기는 단독 이중구연토기보다 이중구연에 단사선문이 시문된 토기가 우세하며 팽이형토기가 함께 나타난다. 그리고 전 단계에서는 확인되지 않았던 흔암리식토기와 공렬문 및 구순각목문이 새롭게 출현하는 단계로 요약될 수 있다. 그 외 석제방추차는 I단계보다 다소 두꺼워지며(단면 두께 0.5㎝내외), 어망추는 양 끝단을 타격한 형태가 I단계에서 주류를 이루었

40 이형원(2010b)은 시기설정에 있어 조기와 전기를 구분하는 기준 중 하나의 지표를 마제석검의 출현으로 보고 있다. 그 근거는 마제석검의 출현이 사회·경제적 측면으로 볼 때 획기를 그을만한 충분한 이유가 되기 때문일 것이다. 그러나 마제석검의 조형을 요령지역 비파형동검이나 植刃式骨劍에서 찾는 한 기원전 800년 혹은 길게 보아야 1000년을 상회할 수는 없다. 이러한 연구경향 속에서 중요한 것은 마제석검의 기원이나 조형문제에 대해서 좀 더 다각적인 시각으로 접근해야할 필요성이 요구된다는 점이다. 인천 동양동 I 지구1호, 영월 주천리17호, 홍천 외삼포리5호, 경주 금장리8호 등에서 조잡하고 시원적인 형태의 석검이 출토되기 때문이다.

다면 여기에 球形과 管形이 추가된다.

전기중반은 Ⅲ단계에 해당한다. 규모나 평면형태는 다양하게 확인되지만 바닥너비 300~ 500㎝ 사이의 (세)장방형계 주거지에 중・대형이 중심으로 2~3기의 무시설식노를 갖추고 기둥시설은 무주혈과 벽주혈이 중심이지만 중심주혈이 나타난다. 토기는 이중구연단사선계에 공렬문이 혼합된 흔암리식토기 성행기이다. 석기는 이단경식석촉과 이단병식석검, 그리고 단인의 장주형과 어형석도가 중심을 이루는 단계이다. 즉, Ⅲ단계의 주거지는 Ⅱ단계가 (장)방형 중심이었다면 장단비 2.0~4.0 사이의 (세)장방형으로 길이가 길어지는 반면, 폭은 좁아진다. 토기는 이중구연단사선문토기에서 흔암리식토기 중심으로 바뀌며, 여기에 구순각목공렬토기와 구순각목 및 공렬토기의 출토율이 증가한다. 동시에 이중구연부의 문양형태가 단사선을 비롯하여 장사선, 단종선, 장종선, 거치문, ×자문으로 매우 다양해진다. 호형토기 역시 직립구연에 구형 중심의 동체부 조합에서 직립 및 외경구연에 역삼각형과 난형의 동체부 조합으로 변화한다. 석촉은 이단경촉이 중심이지만 삼각만입촉의 경우는 기부가 깊어진다. 그 외 석제방추차의 두께는 1.0㎝ 내외로 두꺼워지며, 토제어망추는 Ⅱ단계와 마찬가지로 球形과 管形 중심에서 단추형이 추가된다.

전기후반은 Ⅳ단계에 해당한다[41]. 주거지의 평면형태는 장방형과 세장방형이 중심이며, 폭은 250~350㎝중심(구릉입지)과 350~450㎝중심(단구・충적입지)으로 양분된다. 규모는 소형과 중형 중심이며, 2~5기의 무시설식노를 갖추고 있다. 노의 반대편 단벽에는 작업공으로 추정되는 수혈이 새롭게 등장하며, 벽주와 중심주혈이 주체를 이룬다. 토기는 구순각목문과 공렬문 중심의 역삼동식토기 성행기이다. 석기는 유구병식과 일단병식석검, 이단경식과 일단경식석촉이 중심을 이룬다. 그리고 전 단계에서는 보이지 않던 환상석부와 주상편인석부가 출현하며, 쌍송리 환호와 동화리 토광묘처럼 제의 내지 경계의 기능이 강한 환호와 매장유구가 출현하는 단계이다. 즉, 계속해서 보여왔던 방형 주거지를 찾아볼 수 없으며, 장단비는 2.0~3.5 사이가 중심을 이룬다. 아울러 입지에 따른 주거지 바닥 폭이 차이를 보이면서 규모는 전체적으로 Ⅲ단계보다 소형화된다. 유물은 동체부가 타원형에 가까운 외반구연호가 증가하고 석촉은 이단경촉의 단 경계가 불명확해지며, 일단경촉의 출토율이 높아진다. 석도는 Ⅲ단계와 동일하지만 단주형의 경우 인부의 직선화가 관찰된다. 그리고 새롭게 단면 반구상의 석제방추차가 추가되며, 비교적 대형

---

41 Ⅳ단계의 전기후반 주거지는 주거지의 구조, 특히 주거지 바닥너비와 중심주혈의 정연성, 작업공으로 추정되는 수혈, 그리고 화재주거지를 중심으로 한 출토유물의 분석을 통하여 세분이 가능할 것으로 예견된다.

의 관옥이 출토된다.

이상 경기지역의 청동기시대 조기-전기문화를 총 5단계로 구분하였으며, 각 단계는 조기전반(Ⅰ-1단계)·후반(Ⅰ-2단계), 전기전반(Ⅱ단계)·중반(Ⅲ단계)·후반(Ⅳ단계)으로 설정하였다. 각 시기에 해당하는 물질문화의 변화상을 요약하면 다음과 같다.

주거지의 평면형태는 방형→장방형→세장방형으로의 변화가 관찰되지만 전기중반을 기준으로 세장방형보다 장방형의 비율이 높아진다. 규모는 (중)대형→(초)대형→(중)대형→(중)소형으로 규모가 대형화되다가 전기전반에 지역적으로 규모의 차별화를 거친 후, 다시 소형화 되면서 규격화되는 경향이 강하다. 주거지 바닥 너비는 약 500~800㎝로 넓은 것이 유행하다가 점점 좁아져서 전기후반의 구릉에 입지한 주거지는 250~350㎝까지 줄어든다. 노지는 조기의 경우 석상위석식과 위석식에서 전기로 이행하면서 무시설식으로 변하는데 후반으로 갈수록 노지의 수가 늘어난다. 기둥시설은 명확하지 않으나 벽주혈에서 중심주혈로의 변화가 관찰된다. 토기는 조기의 경우 미사리식의 돌대문토기가 표지유물이며, 전기는 가락동식토기 성행기→흔암리식토기 성행기→역삼동식토기 성행기로 정리할 수 있다. 석검은 조기후반에 시원적인 형태의 마제석검이 출현하고 전기 전·중·후반에는 이단병식→유구병식→일단병식→유경식석검 순으로 출토율이 증가한다. 석촉은 전기전반까지 삼각(만입)촉이 유행하다가 중반에 이단경촉, 후반에 이단경과 일단경촉이 중심을 이루며, 삼각만입촉은 후반으로 가면서 기부가 깊어지는 경향이 강하다. 석도는 조기에는 양인의 장방형이, 전기에는 주형과 어형이 중심이지만 전반에는 양인이, 중반 이후에는 단인이 중심을 이룬다. 그 외 전기후반에 환상석부와 주상편인석부가 새롭게 출현하며, 석제방추차는 단면 두께가 얇다가 점점 두꺼워지는 경향이 강하다. 그리고 환호와 분묘도 전기후반에 등장한다.

2. 절대연대

조기전반(Ⅰ-1단계)의 절대연대는 미사리 고려대011호가 유일한데, 일본역사민속박물관의 분석 결과 3360±40BP 값이 나왔다. 그러나 Ⅱ단계의 연대값을 고려하고 향후의 자료축적을 기대하면서 잠정 3100BP 이전으로 위치시키고자 한다.

조기후반(Ⅰ-2단계)은 연하리1호(3090±60BP, 3070±50BP, 3030±60BP, 3000±60BP, 2810±60BP), 정문리(2970±50BP), 동양동 1지구1호(3050±70BP)와 2호(2900±80BP)에서 절대연대측정이 이루어졌다. 이 중 동양동1지구 2호는 그 규모나 내부시설이 명확하지 않아

| **표 6** | 서울 · 경기지역 청동기시대 조기-전기문화 절대연대 측정자료(보정곡선 Intcal04 Version)

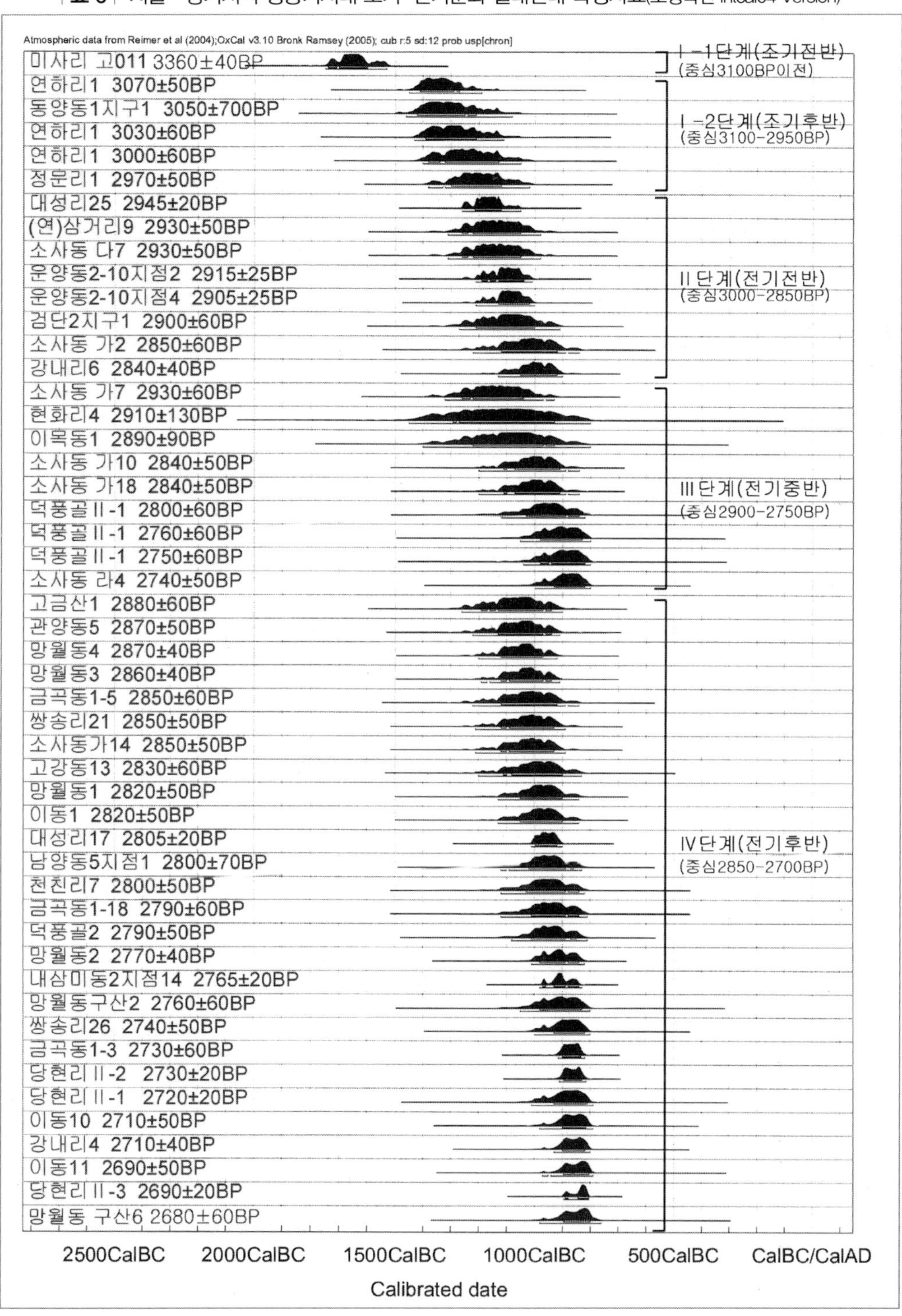

분석에서 제외하였으며, 연하리1호도 5개의 측정값 중 동떨어진 연대값인 2810±60을 제외하였다. 그 결과 대부분 3100~2950BP에 집중하고 있다.

전기전반(II단계)은 총 9개 유구에서 측정이 이루어졌다. 이 중 인천 운서동III유적5호 연대값을 제외하고는 2950~2850BP에 해당하며, 대부분 2950~2900BP에 집중되어 있다. 그러나 운서동III유적5호는 3370±50BP의 연대값이 도출되었으며, 인천 장금도 패총에서도 이중구연단사선문토기가 출토된 층의 바로 윗층에서 측정된 연대가 3250±60BP 값이 나왔다[42]. 이 결과를 절대적으로 신뢰할 수는 없지만 이중구연단사선토기가 비교적 이른 시기에 위치될 수 있음을 간접적으로 나타내주는 자료라고 판단된다. 따라서 향후의 자료 축적에 따라 연대가 더 올라갈 가능성을 염두해 두면서 3000~2850BP 사이에 놓고자 한다.

전기중반(III단계)은 분석대상 중 11기의 유구에서 측정이 이루어졌다. 이 중 이목동1호와 율전동3호는 각각 4개와 2개의 연대값이 나왔으나 연대값 간의 차가 400년과 170년으로 매우 크다. 흔암리7호는 기원후의 연대값이 제시되어 상기의 자료는 분석에서 제외하였다. 분석결과 반제리5호(3020±80BP)와 현화리2호(3110±140BP)를 제외[43]하면 절대연대는 대부분 2900~2750BP정도에 집중한다[44]. 그러나 이목동1호과 율전동3호의 연대치를 고려한다면 III단계의 연대가 어느 정도 상향될 가능성이 있다. 다만, 양유적의 절대연대값의 오차범위가 크다는 점과 II단계에는 돌대문토기와 이중구연요소의 토기가 공반출토되며, 공렬계토기가 소수라는 점, 그리고 그간의 연구결과를 고려하여 II단계보다는 늦은 단계로 설정하고자 한다.

전기후반(IV단계)은 분석대상 유구 중 36기에서 총 68개의 절대연대값을 얻었다. 그러나 오차 범위를 줄이기 위해서 한 유구에서 3개 이상의 값을 얻은 경우에는 최대값과 최소값을 제외한 중간값을 선정하였으며, 2개의 결과값을 얻은 경우에는 고목효과[45]를

---

42 물론, 이 절대연대값은 유적이 바다와 인접한 지역으로 해양 리저버 효과일 가능성과 패총이라는 유구의 특성을 고려하지 않을 수 없다.

43 양 유적 모두 공렬문이 제외된 이중구연+단사선과 이중구연+구순각목문토기가 출토되어 흔암리식토기로 단정하기 어려우며, 비록 구연부 폭이 넓기는 하지만 II단계의 이중구연계요소로 볼 여지가 있다. 따라서 전기전반으로의 소급이 가능한 자료이다.

44 흔암리유적의 경우 7호(1810±90), 8호(2696±160, 2666±160, 2541±150), 12호(2920±70, 2980±70), 13호(2290±60, 2110±60), 14호(2145±60, 2089±60)의 절대연대값이 나왔는데, 동떨어진 연대값을 제외하면 대략 그 중심은 2950~2700BP로 판단된다.

45 분석자료 중 당현리II-1호와 2호에서 다년생인 탄화목재와 일년생인 탄화종자에 대한 절대연대측정이 이루어졌다. 1호는 2825±20BP(목재), 2720±20BP(종자)값이, 2호는 2710±20BP(목재), 2730±20BP(종자) 값이 측정되었다. 따라서 다년생의 목재와 일년생의 종자간에는 비슷하거나 1호의 경우 약 100년 정도의

표 7 서울 · 경기지역 청동기시대 조기-전기문화 단계설정에 따른 시기설정 및 편년안

구분	단계	조기전반	조기후반	전기전반	전기중반	전기후반
		I -1단계	I -2단계	II단계	III단계	IV단계
주거지	평면형태	방형	방형, 장방형	방형, 장방형, 세장방형	방형, 장방형, 세장방형, 초세장방형	장방형, 세장방형, 초세장방형
	바닥폭(㎝)	500~800	550~800	400~600	300~500	250~350(구릉)/350~450(단구,충적)
	규모	소형, 중형, 대형	소형, 중형, 대형, 초대형	소형,중형,대형(북 · 중 · 동부)/소형(서 · 남부)	소형, 중형, 대형, 초대형	소형, 중형, 대형, 초대형
	입지	충적지	충적지, 구릉	충적지(북 · 중 · 동부), 구릉(서 · 남부)	충적지, 구릉	충적지, 구릉
	노지	석상위석식, 위석식	위석식, 무시설식	석상위석식, 무시설식(1~2), 無	무시설식(2~3), 無	무시설식(2~5), 無
	기둥시설	(?)	無, 벽주	無, 벽주, 중심주, 내측주	無, 벽주, 중심주, 내측주	無, 벽주, 중심주
토기		즐문토기적 요소 잔재 (환저/태토) 돌대문토기 단독기 (돌대이격, 돌대연접)	돌대문토기(돌대연접) 절상돌대문토기 류상파수형토기 이중구연토기 출현	팽이형토기 가락동식토기 성행기 흔암리식토기 출현 공렬, 구순각목문 출현	가락동식토기 쇠퇴기 흔암리식토기 성행기 구순각목+공렬토기 다수 퇴화 이중구연화 진행	역삼동식토기 성행기 구순각목+공렬,구순각목,공렬 중심 퇴화이중구연화 일부 지속
석기	석검	無(?)	유병식(시원적)	유구경식(팽이형토기문화권)	이단병식	이단병식,유구병식,일단병식,유경식
	석촉	삼각(만입)	삼각만입	삼각만입, 이단경, 일단경	삼각만입, 이단경, 일단경	삼각만입, 이단경, 일단경
	석도	?	장방형(양인), 동북형	역사다리형(양인 · 단인) · 주형 · 어형(양인)	장주형 · 어형(단인)	장(단)주형 · 어형
	기타석부	?	?	?	성형석부 출현?	성형, 환상, 주상편인
	석제방추차	?	단면두께 0.5㎝이내	단면두께 0.5㎝내외	단면두께 1.0㎝내외	단면두께 1.0㎝내외
기타	환호	無	無	無?	無?	환호(쌍송리)
	분묘	無	無	無?	無?	토광묘(동화리)
유형		미사리유형	미사리유형 가락동유형	가락동유형 팽이형토기문화	흔암리유형	역삼동유형 I
절대연대		3100BP이전	3100~2950BP	3000~2850BP	2900~2750BP	2850~2700BP
대표유적		하남미사리서A1 · 고011 · 015 · 017 · 018	연하리1 · 13, 정문리1, 동양동1 · 2(?)	강내리6, 삼거리(연천)9, 삼거리(강화)1(?), 대성리25 · 26, 장지동2, 가락동1, 미사리숭A2 · 8, 검단2지구2구역1, 운서동III유적5, 장금도A패총IV문화층, 학운리3-1지점1, 양곡1지구2 · 5, 운양동2-10지점2~6, 부곡동II지구1, 소사동 가2 · 다3 · 7 · 라13	흔암리1 · 2 · 5 · 7 · 9 · 11, 미사리숭A1 · 4 · 9 · 고034, 덕풍골II-1, 이목동1, 율전동3, 봉명리1, 내삼미동24 · 28 · 30, 반제리1 · 5(?) · 9, 만정리2지점가-2 · 4지점2, 현화리2(?) · 4, 소사동가7 · 10 · 18 · 22 · 라4	강내리1 · 4 · 5, 삼거리(연)8, 당하리1(한), 당하리1 · 3(경기), 교하리1 · 2, 원당동IV-가10, 양곡11 · 13, 고강동13, 대성리11 · 13 · 16 · 17, 양수리1, 망월동1~4, 덕풍골1 · 2, 망월동(구산)1 · 2, 미사리 한5, 숭A5 · 10, 서5 · 6 · 7 · 9, 동판교, 관양동3 · 5, 목감동1, 금곡동3 · 5 · 12 · 18, 이동1 · 4 · 5 · 9 · 10 · 11, 대덕골4, 천천리1 · 6 · 7 · 11, 동학산, 고금산1, 쌍송리 환호 · 주거지, 남양동5지점1 · 6, 내삼미동6 · 13 · 14, 당현리II1~3, 소사동가14 · 라2 · 5 · 28, 지제동1

줄이는 차원에서 낮은 연대값을 채택하였다. 그 결과 34개의 유효한 값을 얻었는데 모두 3140~2670BP 범위에 해당한다. 그러나 목감동1호(3020±50BP)와 천천리11호(3140±80BP)를 제외하면 대부분 2900BP 이하이고, 2600년대의 BP값도 6점이 측정[46]되었으나 모두 2670BP 이상의 값이 나왔다. 따라서 대부분이 2900~2650BP 사이에 해당한다고 볼 수 있는데 그 중심은 2850~2700BP로 위치시킬 수 있다.

이를 정리하면 조기전반(3100BP 이전)·후반(3100~2950BP), 전기전반(3000~2850BP)·중반(2900~2750BP)·후반(2850~2700BP)으로 비정할 수 있다.

V. 맺음말

지금까지 서울을 포함한 경기지역에 한하여 청동기시대 조기-전기문화의 편년수립을 시도해 보았다. 주 검토대상은 주거지의 규모와 구조, 그리고 비교적 선후관계가 명확한 출토유물의 분석이 이루어졌으며, 그 결과를 바탕으로 단계를 설정한 후 시기설정의 타당성을 검토하였다.

이를 정리하면 서울·경기지역의 청동기시대 조기-전기문화는 총 5단계로 구분되어지며, 각 단계는 조기전반(Ⅰ-1단계;3100BP 이전)·후반(Ⅰ-2단계;3100~2950BP), 전기전반(Ⅱ단계;3000~2850BP)·중반(Ⅲ단계;2900~2750BP)·후반(Ⅳ단계;2850~2700BP)으로의 편년설정이 가능하였다. 그러나 관련 근거가 미약하며, 논리적으로도 비약된 부분이 없지 않다. 특히 물질문화의 변화상과 절대연대측정 값을 비교하면서 많은 혼란이 있었으며, 그로 인해 몇몇 자료들에 대해서는 명쾌한 해답을 얻지 못하였다.

冒頭에서 언급하였듯이 편년은 고고학이라는 학문이 존재하는 한 계속해서 연구되어야 할 중요한 과제임이 분명하며, 매우 고단하고 어려운 작업임을 이번 기회를 통하여 다시 한 번 느낄 수 있었다. 본인의 능력부족으로 명쾌한 편년수립에 도달하지 못하였으며, 이로 인해 연구자들에게 혼선을 가중시키는 것이 아닌가하는 걱정이 앞선다. 연구자들의 진심어린 조언과 냉철한 비판을 기다린다.

46 이에 해당하는 유적으로는 강내리5호(2670±40BP), 덕풍골1호(2680±50BP), 망월동 구산6호(2680±60BP), 관양동3호(2680±60BP), 이동11호(2690±50BP), 당현리3호(2690±19BP)가 있다.

:: 참고문헌

고민정, 2009, 「남강유역과 북한 청동기시대의 비교」『동북아시아적 관점에서 본 북한의 청동기시대』제2회 한국청동기학회 학사분과 발표회, 韓國青銅器學會.

孔敏奎, 2011, 「금강 중류역 청동기시대 전기 취락의 검토」『韓國青銅器學報』第八號, 韓國青銅器學會.

金炳燮, 2009, 「남한지역 조 · 전기 무문토기 편년 및 북한 지역과의 병행관계」『韓國青銅器學報』第四號, 韓國青銅器學會.

김승옥, 2006, 「송국리문화의 지역권 설정과 확산과정」『湖南考古學報』24.

金壯錫, 2003, 「충청지역 송국리유형 형성과정」『韓國考古學報』51.

김장석, 2008, 「무문토기시대 조기설정론 재고」『한국고고학보』69.

金材胤, 2003, 『韓半島 刻目突帶文土器의 編年과 系譜』, 釜山大學校大學院 碩士學位論文.

김한식, 2006, 「경기지역 역삼동유형의 정립과정」『고고학』5-1, 서울경기고고학회.

김한식, 2010, 「경기지역 청동기시대 前期 토기양상 검토」『전기 무문토기의 지역양식 설정』, 2010년 한국청동기학회 토기분과 워크숍, 한국청동기학회.

金　賢, 2005, 『慶南地域 無文土器時代 무덤에 대한 研究』, 釜山大學校大學院 碩士學位論文.

김현식, 2008, 「호서지방 전기 무문토기 문양의 변천과정 연구」『嶺南考古學』44.

羅建柱, 2005, 「中西部地方 松菊里類型 形成過程에 대한 檢討」『錦江考古』2.

나건주, 2009, 「송국리유형 형성과정에 대한 검토:경기 · 충청지역 자료를 중심으로」『고고학』8-1.

朴淳發, 2002, 「錦山 水塘里 青銅器時代 聚落의 時間的 位置」『錦山 水塘里遺蹟』, 忠南大學校 百濟研究所.

朴淳發, 2003, 「渼沙里類型 形成考」『湖西考古學』第9輯, 湖西考古學會.

朴榮九, 2009, 「南部東海岸地域 無文土器文化 展開樣相-浦項地域을 中心으로-」『嶺南考古學』51, 嶺南考古學會.

朴榮九, 2012, 「中部地域 突帶文土器文化의 展開樣相-江原嶺西地域을 中心으로-」『韓國上古史學報』第75號, 韓國上古史學會.

박진일, 2006, 「서울 · 경기지방 점토대토기문화 試論」『고고학』5-1.

朴辰一, 2007, 「粘土帶土器, 그리고 青銅器時代와 初期鐵器時代」『韓國青銅器學報』創刊號, 韓國青銅器學會.

배진성, 2012, 「柱狀片刃石斧와 有溝石斧의 再檢討」, 『청동기시대 석기의 편년』한국청동기학회 제2회 석기분과 워크숍, 한국청동기학회.

徐吉德, 2006, 『원형점토띠토기의 변천과정 연구-서울 · 경기지역을 중심으로』, 세종대학교대학원 역사학과 碩士學位論文.

徐吉德, 2010, 「경기지역 청동기시대 前期 토기양상 검토에 대하여-토론문-」『전기 무문토기의 지역양식 설정』, 2010년 한국청동기학회 토기분과 워크숍, 한국청동기학회.

宋滿榮, 1995, 『中期 無文土器時代 文化의 編年과 性格』, 崇實大學校 碩士學位論文.

宋滿榮, 2002, 「南韓地方 農耕文化形成期 聚落의 構造와 變化」『韓國 農耕文化의 形成』, 韓國考古學會.

宋滿榮, 2010, 『韓半島 中部地域 聚落의 發展과 政治體의 成長-青銅器時代~漢城百濟期를 中心으로-』, 崇實大學校 大學院 史學科 博士學位 論文.

安在晧, 1992, 「松菊里類型의 檢討」『嶺南考古學』11.

安在晧, 2000, 「韓國 農耕社會의 成立」『韓國考古學報』43.

安在晧, 2006, 『青銅器時代 聚落研究』, 부산대학교 대학원 고고학과 박사학위논문.

安在晧, 2009, 「南韓 青銅器時代 研究의 成果와 課題」『동북아 청동기문화 조사연구의 성과와 과제』, 학연문화사.

安在晧, 2010, 「韓半島 青銅器時代의 時期區分」『한반도 청동기시대의 쟁점』, 청동기시대 마을풍경 특별전 학술심포지엄, 국립중앙박물관.

禹姃延, 2002, 「중서부지역 송국리복합체 연구-주거지를 중심으로-」『韓國考古學報』47.

李白圭, 1974, 「京畿道 出土 無文土器 磨製石器-土器編年을 中心으로-」『考古學』第三輯, 韓國考古學會.

李眞旼, 2004, 「중부지역 역삼동유형과 송국리유형의 관계에 대한 일고찰」『韓國考古學報』54.

이창희, 2010, 「점토대토기의 실연대-세형동검문화의 성립과 철기의 출현연대-」『文化財』43, 국립문화재연구소.

李亨源, 2002, 『한국 청동기시대 전기 중부지역 무문토기 편년연구』, 충남대학교 대학원 고고학과 석사학위논문.

李亨源, 2006, 「천천리 취락의 편년적 위치 및 변천-송국리유형의 형성과 관련하여-」『華城 泉川里 青銅器時代 聚落』, 한신대학교박물관.

이형원, 2007a, 「남한지역 청동기시대 전기의 상한과 하한」『한국 청동기시대의 시기구분』, 제1회 한국청동기학회 학술대회, 한국청동기학회.

李亨源, 2007b, 「京畿地域 青銅器時代 墓制 試論」『고고학』제6권 제2호, 서울경기고고학회.

李亨源, 2009, 『韓國 青銅器時代의 聚落構造와 社會組織』, 忠南大學校 大學院 考古學科 博士學位論文.

李亨源, 2010a, 「中部地域 粘土帶土器文化의 時・空間的 正體性」『중부지방 고고학의 시・공간적 정체성(Ⅰ)』, 중부고고학회.

이형원, 2010b, 「청동기시대 조기 설정과 송국리유형 형성 논쟁에 대한 비판적 검토-2000년대 이후 경기지역 발굴성과를 중심으로」『고고학』9-2, 중부고고학회.

李弘鍾, 1996, 『청동기사회의 토기와 주거』, 서경문화사.

李弘鍾, 2002, 「松菊里文化의 時空的 展開」『湖西考古學』6・7合輯.

林炳泰, 1969, 「漢江流域 無文土器의 年代」『李弘稙博士 回甲記念 韓國史學論叢』.

정원철, 2012, 「중부지역 돌대문토기의 지역양상」『남한지역 초기 무문토기의 지역양상』, 한국청동기학회 2012년 토기분과 워크샵, 한국청동기학회.

정한덕, 1999, 「欣岩里類型 形成過程 再檢討에 대한 토론」『湖西考古學』創刊號.

千羨幸, 2005, 「한반도 돌대문토기의 형성과 전개」『韓國考古學報』57.

천선행, 2007, 「조기 설정과 시간적 범위」『한국 청동기시대의 시기구분』, 제1회 한국청동기학회 학술대회, 한국청동기학회.

崔承希, 2004, 『韓半島 出土 環狀・多頭石斧 硏究』, 釜山大學校大學院 考古學科 文學碩士學位論文.

최종모・김권중・홍주희, 2006, 「각형토기문화유형의 연구」『야외고고학』창간호, 한국문화재조사연구기관협회.

河仁秀, 1989, 『嶺南地方 丹塗磨研土器에 대한 新考察』, 부산대학교대학원 석사학위논문.

현대환, 2012, 「금강 중류역 돌대문토기의 양상」『남한지역 초기 무문토기의 지역양상』, 한국청동기학회 2012년 토기분과 워크샵, 한국청동기학회.

홍주희, 2012, 「청동기시대 조기의 석기편년」, 『청동기시대 석기의 편년』, 한국청동기학회 제2회 석기분과 워크숍, 한국청동기학회.

藤口健二, 1986, 「朝鮮無文土器と弥生土器」『弥生文化の研究3』弥生土器Ⅰ, 雄山閣.

後藤直, 1973, 「南朝鮮の無文土器-その變遷のついて-」『考古學研究』75.

발굴조사보고서 생략.

5 충청 북서지역의 청동기시대 전기 편년

나건주((재)금강문화유산연구원)

Ⅰ. 머리말

1990년대 이후 각종 개발사업에 따른 구제발굴조사가 전국적으로 급증하였고, 청동기시대의 유적도 전국 각지에서 많은 수가 조사되었다. 이 이전까지 청동기시대의 연구는 한반도 청동기문화의 기원과 계보에 대한 추적이 주가 되었고, 연구의 출발점이자 뼈대가 되는 편년에 대한 연구는 지지부진한 상황이었다. 2000년대에는 급증한 발굴조사 자료들을 토대로 지역별 편년연구가 활발하게 진행되었다(박영구 2000, 이형원 2002, 고민정 2003, 김병섭 2003, 庄田愼矢 2004, 김권중 2005, 나건주 2006, 허의행 2007). 지역별 편년에 대한 연구가 활성화되면서 기존의 연구성과에 대한 문제제기 및 재검토도 진행되었는데, 조기의 개념 및 설정에 대한 반론(김장석 2008)과 유형의 개념에 대한 문제제기(이성주 2006)가 대표적이다.

먼저 조기설정에 대한 문제제기는 조기가 하나의 획기로 구분될만큼 자료적 축적이 부족하다는 점과 시기적으로 전기의 가락동 및 역삼동 유형에 시기적으로 이르다는 것이 분명하지 않다는 것이다(김장석 2008). 미사리유적과 남강유역의 조사성과를 토대로 설정된 조기의 미사리유형을 빗살무늬토기문화와 융합된 것으로 설명하였지만(안재호 2000,

박순발 2003), 다른 지역에서는 이에 대한 구체적인 검토와 학술적 검증은 이루어지지 않은 상태이다. 조기설정의 문제는 한반도 농경문화의 확산뿐만 아니라 청동기시대의 개시와 기원에 대한 해답을 얻기 위해 지속적으로 연구해나가야 하는 중요한 고고학적 과제이다.

미사리유형의 표지적 유물인 각목돌대문토기의 분포는 대체로 남강유역과 북한강유역에 집중되고 있지만, 최근에는 전국 각지에서 출토례가 증가하는 추세이다. 이 외에도 청동기시대의 자료들은 전국적으로 해마다 꾸준히 축적되고 있다. 이렇듯 양적으로 축적된 자료들을 토대로 각 지역별로 상세한 편년안이 도출되고 상호검토가 이루어진다면 한반도 청동기문화의 기원에 대해 진일보한 접근을 할 수 있는 토대가 제공될 것이다.

청동기시대의 유형에 대해서는 구체적인 실체가 있는 집단을 염두에 둔 개념으로 사용되기 보다는 단순한 고고학적 형태단위로 파악되어야 한다는 비판이 제기된 바 있다(이성주 2006, 안재호 2006). 또한 김장석(2008)은 각목돌대문토기와 가락동식 토기의 시간적 선후관계, 역삼동식 토기와 토광식 또는 무시설식노지의 형성과정에 대한 여러 문제점을 지적하며 기존의 획일적 유형설정에 대해 문제를 제기하기도 하였다. 결과적으로 청동기시대의 유형에 대해서는 특정한 시간과 공간범위에 존재했던 집단을 지칭하는 개념으로 인지하거나, 시간에 따른 양식적 변천으로 이해하는 것과 같이 연구자들 사이에서도 그 개념이 다르게 사용되고 있다. 호서지역의 경우 전기의 가락동유형과 역삼동·흔암리유형의 공간적 분포가 명확하게 구분되고 있어, 유형을 암묵적으로 인간집단과 동일시하는 경향이 강하다. 하지만 다른 지역의 경우는 호서지역과 같이 양 유형의 분포가 명확하게 구분되지는 않는다. 따라서 유형의 문제도 1차적으로 지역별 편년안이 정치하게 도출되었을 때에 해결의 실마리를 찾을 수 있을 것이다.

전국적으로 조사된 청동기시대의 유적들은 보편적인 그 바탕에는 공통성을 보이나 세부적으로는 지역적 특징에 따른 차이점도 확인되고 있다. 지역을 구분하고 각각의 문화권역을 설정하고 상호비교를 위해서는 지역별로 정치한 편년안이 선행되어야할 것이다. 본고의 목적도 이러한 취지하에 충청북서지역의 전기유적에 대한 편년안을 구축하는 데에 있다.

II. 선행연구 검토 및 연구목적

필자는 전고(나건주 2010)를 통해 경기남부와 충청 북서지역일대에 해당하는 아산만권역의 전기 취락에 대해 편년을 시도하고 시기별 물질문화의 특징과 변화상을 검토한 바 있다. 이 지역의 전기 유적에 대해서는 필자 외에도 다수의 연구자들에 의해서 각각의 편년안이 제시된 바 있다.

쇼다신야(2007)는 전기의 유형을 고고학적 분석 단위로 해석하며 가락동식, 흔암리식, 역삼동식 순으로 시간적인 변화를 상정하였다. 역삼동식 토기로만 구성된 유적의 경우 3기로 편년 가능하지만, 충청 북부지역에서 1기와 2기를 구분하는 것은 매우 모호하다. 또한 존속기간이 긴 취락의 경우 주거지 별로 분기가 달라질 것이기 때문에 3기에 해당하는 유적 외에는 시간적 위치를 확정하기가 어려워지며, 직관에 따른 편년이 이루어지고 있다.

허의행(2007)은 시간의 흐름에 따라 취락의 규모가 확대된다는 변화과정을 미리 상정하고, 개별 유적을 그에 맞추어 나열하였다. 이후 방사성탄소연대로 검증하였다고 하지만, 각각의 유적에 대한 분기의 설정은 직관적으로 이루어지고 있다.

김현경(2012)의 경우 청동기시대 전기로 편년되는 호서지역의 취락유적에서 출토된 무문토기의 문양을 토대로 편년작업을 시도하였다. 문양의 차이를 편년의 주된 근거로 삼고, 취락의 세밀한 편년안을 제시하고자 하였으나, 동일 주거지에서 여러 문양이 공반되는 경우가 대부분이며, 이를 취락 전체로 확대하여 제시한 편년의 실효성에 많은 의문이 든다. 또한 속성배열에 대한 검증을 방사성탄소연대와 주거지 속성 등을 통해 검증하고자 하였다. 주거지 속성 내지 구조는 호서지역에서는 차령산맥 남과 북에 각각 편중되어 분포하고 있어, 검증대상으로는 적합하지 않다. 오히려 주거지 출토유물을 토대로 주거지에 대한 편년이 선행되어야 할 것이다. 방사성탄소연대에 대한 검증작업은 매우 소략한데, 탄소연대는 연구자의 해석과 자료 선택에 의해 상이하게 사용되기 때문에 검증의 보조자료에 불과하다. 편년 검증에 가장 중요한 대상은 문양과 결합되는 토기 기형의 변화 등 공반된 토기 자료들과 석기들일 것이다.

앞의 연구자들의 편년은 변화의 방향성 등에서는 합치되는 점도 있지만 개별 유적의 분기설정에 있어서는 차이를 보이는 경우도 많다. 시간적 변화에 대한 흐름에 대해서는 일부 공감을 하지만 실질적으로 개별 유적에 대한 분기설정에서 차이를 보인다. 이것은 발굴자료가 가지는 한계에 기인하는 점이 크다. 청동기시대는 무덤과 같이 일괄유물 및 폐기동시성이 담보되는 자료가 매우 희박한데, 전기는 그 정도가 더하다. 생활유적의 주거지가 발굴자료의 절대다수를 차지하는데 공반유물의 내용이 빈약하여 일괄유물의 비교를 통한 상대편년에 어려움이 있다. 개별유물의 형식변화에 대한 검토를 하고자 해도 토기의 경우 완형이 거의 없고 석기는 소수의 유구에 한정되어서 출토되는 경우가 많아 편년연구에 장애가 되고 있다.

필자(나건주 2006)의 경우도 토기의 형식변화와 석기와 같은 공반유물의 양상을 토대로 편년을 시도한 바 있다. 하지만 당시 발간된 발굴유적에서 출토된 토기들의 경우 대부분 파편상태로 보고되어 양호한 자료가 제한적이었고, 석기의 공반도 특정유구에 한정되어 편년에 대한 제대로된 검증이 이루어지지 못하였다. 이후 발굴자료가 증가하여 편년에 유용한 자료가 상대적으로 증가한 2010년에 다시 편년을 시도하였다(나건주 2010). 하지만 이 때에도 토기의 형식변화를 검증해줄 중복주거지의 부재, 석기출토 주거지의 편중, 완형으로 복원된 토기자료가 매우 희박하여 이전과 상황이 크게 달라지지 않았다. 특히 충청 북서지역의 경우, 단일 취락을 구성하는 다수의 주거지 중에서 편년가능한 출토유물이 확보된 주거지 비율이 매우 적은 편이다. 그리고 편년 가능한 자료라 하더라도 한 곳에 집중되지 않고 여러 유구에 산발적으로 확인되어, 편년의 객관성보다는 직관적인 편년결과를 야기하는 상황이다. 따라서 필자는 최대한 객과화된 편년안을 끌어내기 위해서 출토빈도가 가장 높은 발형토기의 구연부 형태변화와 문양의 빈도 변천을 중요한 기준으로 삼아 편년을 시도하였다. 당시의 목적은 아산만지역에 분포하는 전기 취락의 시간적 위치확인과 시간에 따른 변화상을 추적하는 것이었다. 따라서 개별 취락 내지는 하나의 단일 지점을 편년의 단위로 설정한 바 있다. 하지만 본고는 각 지역별로 최대한 세분화된 편년안을 도출하는 것이 목적이다. 따라서 필자는 편년의 단위를 보다 작게하여 개별 주거지를 편년단위로 상정하여 새로이 편년안을 수립하고자 한다. 주지하듯이 고고자료에 대한 편년 배열의 계기적인 타당성을 확보하기 위해서는 층서적 선후관계를 통한 검증이 요구된다. 해마다 구제조사의 증가로 인해 발굴자료의 양적 증가는 지속적으로 증가하고 있다. 그에 따른 층서관계 파악에 유용한 자료들도 증가하고 있는 추세이다. 다음은 지금까지 확인된 자료들의 층서적 선후관계를 토대로 기존 편년을 검토 및 보완하고자 한다. 아울러 유용한 자료가 많지 않을 경우 방사성탄소연대 측정치를 검토하여 상대편년의 보조적인 수단으로 활용하고자 한다.

III. 연구대상 지역과 자료현황

충청지역은 차령산맥이 가장 큰 지형적 바탕을 이룬다. 차령산맥은 남서방향으로 뻗어내려, 충청지역을 북서지역과 남동지역으로 크게 양분하고 있다. 이북의 북서부지역은 태안반도와 천수만 일대의 서해안지역과 아산만으로 유입되는 삽교천 수계 안의 지역으로 구성되며, 이남의 동남부지역은 금강수계에 해당한다. 주지하듯이 차령 이북의 충청 북서지역에는 역삼동·흔암리유형의 취락유적이 밀집되어 분포하며, 이남의 금강수계의 동남지역에는 가락동유형의 유적이 집중분포한다. 청동기시대 당시에도 지형적 장애에 의해 양쪽 지역에 각각의 문화권이 형성되었던 것으로 추정된다. 본고의 목적은 충청 북서지역에 분포하는 전기 유적에 대한 세부적인 편년안을 수립하는 것이다.

차령산맥 이북의 충청 북서지역은 아산만으로 유입되는 삽교천수계와 서해로 직접 유입되는 작은 수계로 이루어진 서해안일대로 구분할 수 있다. 청동기시대의 유적은 서산시 서쪽의 서해안 일대에는 거의 분포하지 않고, 삽교천의 지류인 곡교천유역의 천안·아산지역에 가장 높은 밀도로 분포한다. 곡교천 일대의 천안-아산지역은 차령산맥의 주봉인 성거산·광덕산과 같은 산지가 동쪽과 남쪽을 둘러싸고 있고, 북쪽으로는 안성천 수계의 경기도 남부지역과 접하고 있다. 곡교천 북서쪽에 형성된 잔구성 산지에서는 영인산(364m)이 가장 높은 지형을 형성하고 있고, 그 이북은 안성천 수계에 해당한다. 곡교천은 차령산맥과 영인산 일대의 산지 사이를 지나 서쪽의 삽교천에 유입되는 하천으로, 남·북 양쪽으로 해발 100m 미만의 낮은 구릉지대가 범람원 연변에 넓게 분포한다. 이러한 구릉지대에는 다수의 청동기시대 유적들이 확인되고 있다.

곡교천의 지류인 온양천, 매곡천과 천안천변의 낮은 구릉지대에는 천안 백석동유적·불당동유적, 아산 명암리유적, 용화동 가재골 유적 등과 같은 대규모 유적들이 밀집되어 있다. 매곡천 동쪽 일대에는 대규모 유적인 백석동유적 주변으로 백석동 새가라골유적, 두정동유적, 업성동유적과 같은 소규모 유적이 분포하고 있다. 천안천 북쪽의 불당동유적 주변으로는 용곡동유적, 쌍용동유적, 봉룡동유적이 분포하며, 천안천 남쪽의 천안 신방동유적 주변에는 남관리, 두남리, 청당동 등의 유적이 분포하고 있다. 매곡천과 용두천 사이의 탕정면 일대에는 명암리유적 중 규모가 큰 9·11·12지점이 북쪽 일대에 분포하며, 남쪽 일대에는 3지점·5지점·6지점과 명암리 밖지므레유적, 용두리 진터유적, 갈산리유적이 위치하고 있다. 온양천변의 용화동 가재골유적 주변으로는 풍기동유적, 풍기동

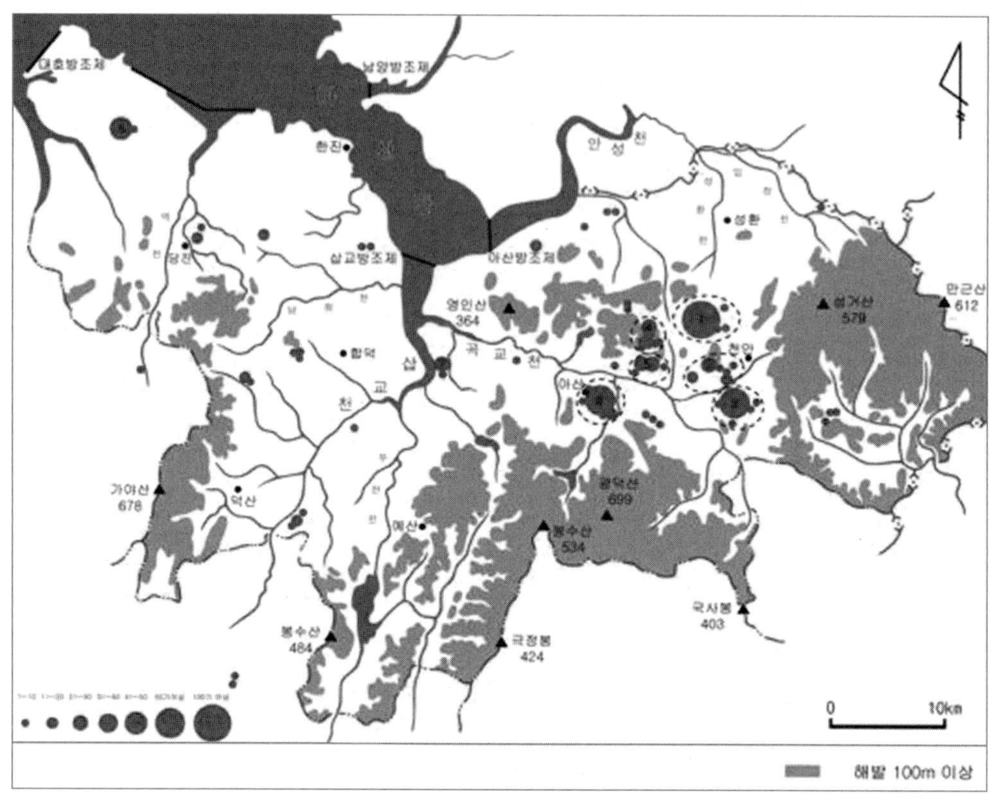

| **도면 1** | 충청 북서지역의 청동기시대 전기 유적 분포

1 : 천안 백석동 유적 및 두정동 유적, 업성동 유적, 2 : 천안 불당동 유적 및 천안 쌍용동 유적, 봉룡동 유적, 용곡동 눈돌 · 두터골 유적, 아산 장재리 유적, 3 : 천안 신방동 유적 및 청당동 유적, 두남리 유적, 4 : 아산 명암리 유적(3 · 5 · 6 · 9 · 11 · 12 지점) 및 유적, 용두리 산골 유적, 5 : 아산 용두리 진터 유적 및 명암리 밖지므레 유적, 용머리 유적, 갈산리 유적, 6 : 아산 용화동 가재골 유적, 풍기동, 풍기동 앞골 유적 및 풍기동 밤줄길 유적 1, 풍기동 밤줄길 유적 2, 7 : 아산 대흥리 큰선장 유적, 8 : 당진 성산리 유적

밤줄길유적, 풍기동 밤줄길 유적 II 등이 위치하고 있다.

삽교천 하류에는 아산 대흥리유적이 최근 조사되었는데 장방형 주거지 23기를 비롯하여 모두 57기의 유구가 조사되었다. 조사된 범위가 전체 구릉의 일부이기 때문에 실제 유적의 규모는 보다 확대 되었을 것으로 판단된다. 이 일대에는 군덕리유적이 위치하고 있다. 삽교천의 지류인 남산천변에는 자개리유적 I 과 자개리유적II가 위치한다. 아산만지역 동남쪽 끝단으로는 금강의 지류인 병천 수계 지역에 운전리유적과 용원리유적이 위치하고 있다. 아산만지역 북쪽의 아산만연안에는 와우리유적과 신법리유적이 위치한다.

이와 같은 양상으로 보아 곡교천수계 일대에는 천안의 백석동, 명암리, 불당동, 신방동, 아산 용화동 · 풍기동 유적과 같은 대규모 유적을 비롯하여 중소규모의 유적이 밀집

| 표 1 | 충청 북서지역 청동기시대 전기의 중복유구 현황

유적	선축							후축						
	유구	발	호	대각	석도	석검	방추차	유구	발	호	대각	석도	석검	방추차
서산 부장리 II지역	주3	Bii1 Civ1 Dii1 Div1	B				B	주4		C				C
당진 우두리 유적(II) I구역	주41	Biv1 Dii1 Dv1						주40	Biii2 Diii3 Dii1 Div2					
〃	주42							주41	〃					
천안 백석동 고재미골 3지역	주5	Div 2						수1						
당진 기지시리	주5							주4	Div1 Dv3					
〃	주14	Dv1	B				B	주15	Dv1	C				
당진 성산리	주3	Dv1					C	주4	Dii1 Dv2	C		A B		
〃	주9	저부			A			주10	석기	B				
〃	주35	Diii1 Div2 Dv2						수18						
〃	주39	Div2			A	A B		수20						
〃	주40	Dv거 Div1						수21	Diii1 Div3					
〃	주45	Diii1 Div28 Dv7			A	A	C	수25						
천안 백석동 III	주5						C	미상유구						
서산 기지리	주2							주1	Bi1 Div2 Dv1					
〃	수1							주3	Dii2					
〃	수6					A		주13	Dv1					
〃	주23							주21						
〃	수16							수17						
천안 백석동 II	주4				A		C	수4						

유적	선축							후축						
	유구	발	호	대각	석도	석검	방추차	유구	발	호	대각	석도	석검	방추차
〃	주7	Div 1 Dv 4	A	A			B	미상유구						
천안 백석동 번영로	주1	Dvi2						수7	Di 1 Div 8 Dv 16					
예산 신가리 2지점	주1							주2						
〃	주6							수1	Div3					
천안 백석동 고재미골 4지역	주1		B					수9						
〃	주5	Dv3					C	주21						
〃	주7	Dv2		A				주6						
〃	주6							수2						
〃	주24							주23	Dv2					
〃	주25							주24						
〃	〃							수4						
아산 풍기동 앞 골유적	주10							주11	Dv5 Dvi6	A B C				C
아산 명암리 밖지므레유적 2-1지점	주1	Dv1 Dvi1	B					주2 수1						
〃	주5							주6						
〃	수12							주17	Dvi1	C				
〃	수13							수14						
천안 백석동 고재미골 2지역	주4호	Bi1 Dv1 Dvi1						주6	Dv1			A		C
〃	〃							주14						
〃	주14							주6				A		C
〃	주9							수16						
〃	주34	Bi1						주35	Dv2	C				C
〃	수18							수12						
천안 신방동 2지구	주17	무	B					주2	Di1 Dv1					
〃	주15						C	주22						

유적	선축							후축						
	유구	발	호	대각	석도	석검	방추차	유구	발	호	대각	석도	석검	방추차
〃	주28	Di1 Dv2 Dvi1						주27						
천안 백석동 A	주2	Dv1 Dvi1						주A3	Dv1		C			
〃	주7						C	추정 요지	Bi1 Di1 Dv4 Dvi2	B	A B C			
〃	주9	Bi1 Dvi1						주10						
천안 백석동 I	주13①	Dv2					C	주13						
〃	주16①					A		주16②		B				
해미 기지리 유적 III지구	주3	Dv5						수 11 · 12	Dv2 Dv2 Dvi1					
천안 용정리 I-1지구	수2							주1	Dvi1					
〃 I-2지구	주1							주2	Bi1 Dv2					
천안 백석동 B	주8							주4		B				
〃	주5①							주5②						C
〃	주8							주7						C
아산 용화동 가재골	주16	Dv2 Dvi5						수7						
〃	주19	Dvi1	B					수17	Dvi1					
〃	수9							수10		B				
아산 대흥리 큰선장	구2							주1	Dv2 Dvi3	B	C			B C
〃	구1							주2						
〃	수4							주3		C	C			C
〃	주4				A	A		주5	Bi1 Dv6 Dvi2					
〃	주5	Bi1 Dv5 Dvi3	B					주6						

유적	선축							후축						
	유구	발	호	대각	석도	석검	방추차	유구	발	호	대각	석도	석검	방추차
〃	주9							주10 구7						
〃	구3							주11	D i 1 D v 2 Dvi1	B	B			
〃	주11	D i 1 D v 2 Dvi1	B	B				수12						
〃	수10		C					주12	C i 1					
〃	주12	C i 1						수11						C
〃	주22							주14	D v 1 Dvi1	B	A	A		
〃	수17							수16						
〃	수17 수16							주14						
〃	주14							수15	Dvi1	B	B			
〃	구5							주15 주16	무 D v 1	C				
〃	주16							구6						
〃	구8							주17 주18						
〃	주19							주18 수25	Dvi1					
〃	주19							수24	저부					
아산 남성리 2지점	주6							주7	저부	C				
〃	수3							주6						
〃	주10	D v 2	A		B			수7	저부	B				
〃	주13							주12	D v 3					
〃	주15	Dvi1						수17						
〃	주20	Biv1 Dvi1						주19 주21	저부 Dvi2			B		C
〃	주21	Dvi2			B		C	수13						
〃	주25							수14						
〃	수9	D v 1						수10						
아산 와우리	주7			A				주6	D v 2					

유적	선축							후축						
	유구	발	호	대각	석도	석검	방추차	유구	발	호	대각	석도	석검	방추차
〃	주9							주10						
천안 용곡동 두터골	주3	Div2 Dv3 Dvi12	A B	A B			A	주4	Dvi1					
아산 명암리 밖지므레 2-2지점	주1	Dvi1						수1						
〃	주3	Dvi3	B					수4	Dv1 Dvi1					
〃	주5	Dv3 Dvi3						주4	Dv3 Dvi3		C			
〃	주9	저부	C	C				수5	Dv2 Dvi7	B				
〃	수7	Dvi5						주13	Dv5 Dvi2					
아산 풍기동 밤줄길II	주4							주5						
〃	주9	Dvi2						주13						
천안 용곡동 눈돌	주1			C				주2	Dvi2					
아산 백암리 새 논들유적	주2							수2						
〃	주10							주11	Dv1					
〃	주14							주13	Dv1 Dvi1					
천안 쌍용동 3지구	주2							주3			C			
천안 신방동 I 지구	수12							주13			C			
천안백석동 IV	주3	Dv2		A				미상 유구						
〃	주4	Dvi1		C	A			미상 유구						
천안불당동III	주5	Dvi1						수4						
〃	주11	Dv1		B				주15						
아산 신달리 유적	주2			B				주1						B

유적	선축							후축						
	유구	발	호	대각	석도	석검	방추차	유구	발	호	대각	석도	석검	방추차
아산 명암리 12지점	주3	Dv4 Dvi1				A	C	수17						
〃	주8	Dv1 Dvi1	C				C	수13						
〃	주9	Dv1 Dvi1	A B			A		수12						
〃	주15	저부	B					주16	Dvi2					C
〃	주17	Dvi5					C	주18	Dvi1					
〃	수8							수7	저부	C	C			
아산 명암리(11)	주2	Dv2					C	구8						
〃	주8							수26						

되어 있음을 알 수 있다. 삽교천 수계의 경우에도 최근 자개리유적을 비롯하여 대흥리유적 등 구제조사가 증가함에 따라 유적 수가 증가하는 추세이다. 이러한 분포 양상은 당시의 취락 입지가 잔구성산지 말단에 발달한 저구릉지(해발 30~100m)를 선호했기 때문으로 생각된다. 곡교천 연안에는, 북서쪽의 영인산과 남동쪽의 차령산맥 사이에, 위와 같은 저구릉지대가 잘 발달되어 있기 때문에 많은 수의 유적이 밀집되어 분포하는 것으로 생각된다.

이 지역에서 현재까지 확인된 청동기시대 전기 유구 간의 중복관계는 모두 115건이 확인되었다(표 1). 115건 중에서 선 · 후축 유구 모두에서 편년가능한 유물이 출토된 경우는 16건에 불과하며, 한쪽 유구에서만 유물이 출토되는 경우이거나 대부분은 출토유물이 없거나 있어도 소수의 저부편, 석기 등이 출토되는 경우에 해당하였다.

Ⅳ. 발형토기 편년

발형토기는 청동기시대 전기 유적에서 가장 높은 빈도로 출토되는 토기이며, 가락동식, 흔암리식, 역삼동식 등 유형 설정에 중요한 기준이 되는 유물이다. 발형토기의 여러 요소들 중에서도 구연부 제작방법과 시문문양은 시간적 흐름에 민감하게 변화하는 것으로 파악되고 있다. 따라서 본고에서는 발형토기의 구연부형태의 변화를 통해 대략적인 시간적인 순서를 정하고 공반유물 및 방사성탄소연대의 검토를 통해 이를 검증하고 분기를 설정하고자 한다.

구연부의 형태는 이중구연과 단순구연으로 크게 분류할 수 있는데, 이중구연의 후행하는 형태로 퇴화이중구연이 일반적으로 논의 되고 있으므로, 이중구연처리된 것 중에서도 폭이 넓은 것을 후행하는 형태로 볼 수 있을 것이다. 따라서 구연부 처리방식은 폭이 좁은 이중구연(A), 폭이 넓은 이중구연(B), 퇴화이중구연(C), 단순구연(D)으로 구분하였다[1]. 이 시기에 시문구를 이용한 문양은 단사선문이 가장 대표적이며, 이 외에도 거치문, X자문, 격자문 등이 알려져 있는데 충청 북서지역에서는 거치문이 시문되는 경우가 극히 희박하다. 시문문양은 단사선문(ⅰ), X자문(ⅱ), 격자문(ⅲ), 단순공렬문(ⅳ), 무문양(ⅴ), 거치문(ⅵ)으로 구분하고자 한다.

〈표 2〉는 선·후축 유구 모두에서 시간적 위치를 알 수 있는 최소한의 유물이 출토된 16건의 중복관계를 따로 정리한 것이다. 먼저 구연부의 형태부터 검토해보면, 이중구연의 경우 6개 유구에서 출토되었는데, 이중구연 간에 중복관계를 보인 당진 우두리(II) I구역의 41·40(후)호 주거지를 제외하고, 모두 단순구연이 출토된 유구 보다 선축된 유구에서 출토되었다. 퇴화이중구연의 경우 서산 부장리 II지역 3호 주거지에서 1점만 출토되었는데 이중구연과 공반되었다. 층서적으로 선후관계가 확인된 것은 아니지만 이중구연의 퇴화형이라는 개념으로 접근하면 시간적으로 후행하는 것으로 볼 수 있다. 방사성탄소연대 측정치를 통해 다시 살펴보면, 아산 용두리 산골(II-1) 유적의 4호와 천안 백석동(95-II)유적 2호 주거지에서 폭이 넓은 이중구연이 출토되었고, 퇴화이중구연은 용두리 산골(II-1) 5호 주거지에서 출토되었다. 〈표 3〉에서 확인되듯이 전자의 측정연대가 대체로 이른 연대에 해당한다. 보정연대(2σ)의 중복구간을 구체적으로 살펴보면 산골 4호가 1210~910B.C., 백석동 2호는 1210~840B.C.이며, 이에 비해 산골 5호는 1120~890B.C.으로 이중구연이 출토된 주거지시료의 보정연대가 보다 이른 연대구간을 가지는 것

1 폭이 좁은 이중구연은 대체로 폭이 3㎝ 미만이며, 폭이 넓은 이중구연은 5㎝ 내외에 해당한다. 폭이 넓은 이중구연의 경우, 표면 박락으로 등으로 인해 단이 지는 부위가 밋밋해져, 퇴화이중구연과 정확하게 구분하기 어려운 것들이 존재한다. 그렇지만 퇴화이중구연의 경우 실제 이중구연을 만들기 위해 조정된 것이 아니고 테쌓기 후에 정면을 마무리하지 않고 이중구연 효과를 연출한 것이다. 따라서 단이 형성되지 않고 시문부위도 테쌓기 라인을 따라 이루어지기 때문에 평행하지 않고 폭도 일정하지 않게 된다. 따라서 넓은 이중구연은 미약하더라도 단이 형성되어 있고 시문대가 일정하고 평행을 이루는 것들에 해당한다.

| 표 2 | 편년 가능한 유물이 출토된 중복 유구 현황

유적명	선축							후축						
	유구	심발	호	대각	석도	석검	방추차	유구	심발	호	대각	석도	석검	방추차
서산 부장리 II지역	주3	Bii1 Ci1 Dii1 Div1	B	·	·	·	B	주4	·	C	·	·	·	C
당진 우두리유적(II) I구역	주41	Bi1 Diii1 Di1	·	·	·	·	·	주40	Biii2 Diii3 Dii1 Div2	·	·	·	·	·
당진 기지시리	주14	Dv1	B	·	·	·	B	주15	Dv1	C	·	·	·	·
당진 성산리	주3	Div1	·	·	·	·	C	주4	Dii1 Div2	C		A B	·	·
〃	주40	Dvi1 Div1	·	·	·	·	·	수21	Diii1 Div3	·	·	·	·	·
천안 백석동 번영로	주1	Dv2	·	·	·	·	·	수7	Di1 Div8 Dv16	·	·	·	·	·
천안 백석동고재미골 2지역	주4	Bi1 Div1 Dv1	·	·	·	·	·	주6	Div1	·	·	A	·	C
〃	주34	Bi1	·	·	·	·	·	주35	Div2	C	·	·	·	C
해미 기지리 III지구	주3	Div5	·	·	·	·	·	수 11 · 12	Div2 Div2 Dv1	·	·	·	·	·
아산 용두리 진터	주10	Div2	A		B			수7	저부	B	·	·	·	
〃	주20	Bi1 Dv1	·	·	·	·	·	주19 주21	저부 Dv2	·	·	B		C
아산 남성리 2지점	주10	Div2	A		B			수7	저부	B				
천안 용곡동 두터골	주3	Di2 Div3 Dv12	A B	A B	·	·	A	주4	Dv1	·	·	·	·	·
아산 명암리 밖지므레 2-2지점	주3	Dv3	B	·	·	·	·	수4	Div1 Di1	·	·	·	·	·
〃	주5	Div3 Dv3	·	·	·	·	·	주4	Div3 Dv3	·	C	·	·	·
〃	주9	저부	C	C		·	·	수5	Div2 Dv7	B	·	·	·	·
〃	수7	Dv5	·	·	·	·	·	주13	Div5 Dv2	·	·	·	·	·

유적명	측정유구	측정연대 (B.P.)	보정연대(B.C.) (2δ, 95.4%)	보정연대(B.C.) (1δ, 68.2%)	중복연대
아산 용화동 가재골	II지점 3호 주거지	2920±60	1310~930 (95.4)	1220~1020 (68.2)	1130~930
아산 용화동 가재골	II지점 3호 주거지	2870±50	1220~910 (95.4)	1130~970 (66.7) 960~940 (1.5)	
아산 용화동 가재골	II지점 3호 주거지	2840±60	1210~840 (95.4)	1120~1100 (3.2) 1090~910 (65)	
아산 용화동 가재골	II지점 3호 주거지	2830±50	1130~840 (95.4)	1050~910 (68.2)	
예산 신가리	II지점 3호 주거지	2950±50	1370~1350 (1.4) 1320~1000 (94)	1270~1080 (66.6) 1070~1050 (1.6)	1090~1000
예산 신가리	II지점 3호 주거지	2780±60	1090~800 (95.4)	1010~890 (53.9) 880~840 (14.3)	
아산 대흥리 큰선장	14호 주거지	2890±50	1260~1230 (3.2) 1220~920 (92.2)	1190~1170 (3.9) 1160~990 (64.3)	1130~920
v	14호 주거지(탄화미)	2830±50	1130~840 (95.4)	1050~910 (68.2)	
당진 우두리	1호 주거지 (1번주혈)	2900±40	1260~1230 (2.7) 1220~970 (92.7)	1190~1180 (2.7) 1160~1140 (3.6) 1130~1010 (61.9)	1010~970
당진 우두리	1호 주거지 (2번주혈)	2900±50	1260~970 (92.2) 960~930 (3.2)	1200~1000 (68.2)	
당진 우두리	1호 주거지	2760±40	1010~820 (95.4)	970~960 (4.9) 940~840 (63.3)	
백석동	95-II-2호 주거지	2860±80	1270~830	1190~1180(1.6) 1160~1140(2.1) 1130~910(64.5)	1210~840
〃	95-II-2호 주거지	2840±60	1210~840	1120~1100(3.2) 1090~910(65)	
천안 백석동 새가라골	1호 주거지	2880±50	1260~1230 (1.4) 1220~920 (94)	1130~970 (68.2)	1120~920
천안 백석동 새가라골	1호 주거지	2810±50	1120~830 (95.4)	1040~900 (68.2)	
서산 일람리	1호 주거지	2860±60	1260~1230(2.6) 1220~890(93.4)	1160~930	1130~890
〃	〃	2840±50	1200~890(93.4) 880~840(2.0)	1060~910	
〃	〃	2830±50	1130~840	1060~910	

유적명	측정유구	측정연대 (B.P.)	보정연대(B.C.) (2δ, 95.4%)	보정연대(B.C.) (1δ, 68.2%)	중복연대
아산 용두리 산골	II-1-2호 주거지	2880±50	1260~1230 1220~920	1130~970	1120~1100 1090~890 870~850
아산 용두리 산골	II-1-2호 주거지	2820±40	1120~890 870~850	1020~910	
아산 용두리 산골	II-1-2호 주거지	2800±50	1120~1100 1090~830	1020~890(67.0) 870~860(1.2)	
아산 용두리 산골	II-1-5호 주거지	2850±50	1210~890	1120~1100(3.2) 1090~930(65.0)	1120~890
아산 용두리 산골	II-1-5호 주거지	2810±50	1120~830	1040~900	
아산 용두리 산골	II-1-1호 주거지	2870±50	1220~910	1130~970(66.7) 960~940(1.5)	1030~910
아산 용두리 산골	II-1-1호 주거지	2830±50	1030~840	1050~910	
아산 용두리 산골	II-1-1호 주거지	2770±50	1040~810	980~840	
백석동	95-II-7호 주거지	2820±60	1130~820	1060~890	1120~820
백석동	95-II-7호 주거지	2800±60	1120~820	1030~890(59.6) 880~840(8.6)	
아산 대흥리 큰선장	소성유구	2820±60	1130~820 (95.4)	1060~890 (68.2)	1120~820
아산 대흥리 큰선장	소성유구	2790±60	1120~810 (95.4)	1010~890 (57) 880~840 (11.2)	
아산 용두리 산골	II-1-9호 주거지	2890±50	1260~1230 1220~920	1190~1170(3.9) 1160~990(64.3)	930~920
아산 용두리 산골	II-1-9호 주거지	2830±40	1130~890	1040~920	
아산 용두리 산골	II-1-9호 주거지	2710±40	930~800	900~820	
아산 용두리 산골	II-1-9호 주거지	2780±40	1020~820	1000~890(64.6) 870~850(3.6)	
아산 명암리 (11지점)	청동기시대 전기 14호 주거지	2900±60	1270~910	1210~1000	980~910
아산 명암리 (11지점)	청동기시대 전기 14호 주거지	2690±60	980~770	895~805	
아산 장재리 안강골 유적	1호 주거지	2850±50	1210~890 (95.4)	1120~1100 (3.2) 1090~930 (6.5)	1000~890
아산 장재리 안강골 유적	1호 주거지	2740±50	1000~800 (95.4)	930~820 (68.2)	

유적명	측정유구	측정연대 (B.P.)	보정연대(B.C.) (2σ, 95.4%)	보정연대(B.C.) (1σ, 68.2%)	중복연대
천안 용곡동	2호 주거지	2840±50	1200~890(93.4) 880~840(2.0)	1110~1100(1.2) 1070~910(67.0)	930~890 880~840
천안 용곡동	2호 주거지	2840±50	1200~890(93.4) 880~840(2.0)	1110~1100(1.2) 1070~910(67.0)	
천안 용곡동	2호 주거지	2670±50	930~770	895~865(16.4) 850~795(51.8)	
백석동	95-III-5	2770±70	1120~800	1000~830	1040~830
백석동	95-III-5호 주거지	2790±40	1040~830	1000~890	
천안 용곡동	1호 주거지	2800±50	1120~1100(1.1) 1090~830(94.3)	1020~890(67.0) 870~860(1.2)	1020~830
천안 용곡동	1호 주거지	2760±50	1020~800	980~950(7.3) 940~830(60.9)	
아산 대흥리 큰선장	1호 주거지	2830±70	1210~820 (95.4)	1120~1100 (3) 1090~900 (65.2)	980~820
아산 대흥리 큰선장	1호 주거지	2820±60	1130~820 (95.4)	1060~890 (68.2)	
아산 대흥리 큰선장	1호 주거지	2690±60	980~770 (95.4)	895~805 (68.2)	
아산 남성리 1지점	12호 주거지	2880±50	1260~1230 1220~920	1130~970	
아산 남성리 1지점	12호 주거지	2630±50	910~740 590~660 640~590	840~765	
자개리 II	19호 주거지	2780±40	1020~820	1000~890(64.6) 870~850(3.6)	1000~820
자개리 II	19호 주거지	2710±60	1000~790	905~805	
천안 쌍용동	1호 주거지	2760±60	1050~800	980~ 830	920~800
천안 쌍용동	1호 주거지	2730±60	1010~790	930~ 810	
천안 쌍용동	1호 주거지	2620±60	920~730(75) 700~660(6.5) 690~540(13.9)	900~870(5.0) 850~750(58.9) 690~660(4.4)	
백석동	94-B-19	2640±60	930~740(86) 690~660(3.4) 650~550(6.0)	900~860(10.9) 850~770(57.3)	820~740
백석동	94-B-19	2550±60	820~480(92.7) 470~410(2.7)	800~740(24.9) 690~660(10.3) 650~550(33.0)	

유적명	측정유구	측정연대 (B.P.)	보정연대(B.C.) (2δ, 95.4%)	보정연대(B.C.) (1δ, 68.2%)	중복연대
아산 명암리 (11지점)	청동기시대 전기 7호 주거지	2650±40	900~780	840~790	800~780
아산 명암리 (11지점)	청동기시대 전기 7호 주거지	2530±40	800~520	790~740(21.9) 690~660(12.3) 650~550(34)	
아산 남성리 1지점	14호 주거지	2580±50	840~530	820~750 690~660 640~590	820~530
아산 남성리 1지점	14호 주거지	2560±50	820~520	810~740 690~660 650~590 580~560	
예산 삽교 두리	5호 주거지(바닥)	2590±50	850~720 (60.5) 700~530 (34.9)	820~750 (52.7) 690~660 (8.8) 640~590 (6.6)	810~720
예산 삽교 두리	5호 주거지 (타원형 구덩이 내)	2540±60	810~480 (92) 470~410 (3.4)	800~740 (22.7) 690~660 (10.6) 650~540 (34.9)	
아산 풍기동 밤줄길 유적II	15호 주거지(1)	2570±50	830~530 (95.4)	810~740 (39.8) 690~660 (10.9) 650~590 (17.5)	800~530
아산 풍기동 밤줄길 유적II	15호 주거지(2)	2500±60	800~480(87.3) 470~410 (8.1)	780~530 (68.2)	

〈표 6〉은 표 5의 유구 중에서 편년가능한 유물이 출토된 유구의 2σ 의 중복연대범위를 나타낸 것이다. 배열순서는 위부터 오래된 연대범위를 보이는 것에서 젊은 순으로 나열하였다. 가장 오래된 연대범위는 예산 신가리 1지점 2호 주거지(1260BC)이며, 가장 젊은 연대범위는 아산 남성리 1-1지점 14호 주거지(820~530BC)와 아산 명암리 11지점 7호 주거지(800~780BC)이다. 가장 오래된 연대를 보이는 신가리 2호 주거지에서 용두리 산골 II-1 9호 주거지까지 배열된 유적들 중에서 천안 운전리 A지구[4]와 대흥리 큰선장 유적을 제외하고 필자의 기존 편년안에서 전기 중엽에 해당표 하는 유적들이다. 그 아래의 명암리

4 운전리 A지구의 경우 4기의 주거지에서 출토된 단순공열문과 무문양으로 구성된 7점의 발형토기를 토대로 전기 후엽으로 배열되었다. 하지만 전체적으로 출토유물이 빈약하여 7점의 발형토기가 4기 주거지의 시간적위치를 전적으로 대표하기에는 수적으로 부족한 점이 있고, 단사선문이 시문된 A형 호, 방추차의 형태 그리고 소수의 주거지가 구릉의 능선상에 선상배치를 이루는 점 등으로 보아 다른 B · C지구와 동일하게 전기 중엽에 해당하는 것으로 판단된다.

| 표 7 | 방사성탄소 중복연대 유구의 유물 출토 현황

유적	유구	발															호	대각	석도	석검	방추차
		B					C					D									
		i	ii	iii	iv	v	i	ii	iii	iv	v	i	ii	iii	iv	v					
예산 신가리 1지점	주2																				
천안 운전리 A지구	주2														1	4	A				B
예산 신가리 1지점	주1															1					
서산 일람리	주2							1													
예산 신가리 2지점	주5											1			2						
아산 용두리 산골 II-1	주4	1										2			3	3					A, B
아산 용화동 가재골 2지점	주3																				
예산 신가리 2지점	주3																				
아산 대흥리 큰선장	주14														1	1	A	A	A		
당진 우두리	주1														1	1					
천안 백석동 95-II	주2		2												1	1		A, C			
천안 백석동 새가라골	주1														2				B		
서산 일람리	주1	·																			
아산 용두리 산골 II-1	주2																				
아산 용두리 산골 II-1	주5							5				2			3		A	A			B
아산 용두리 산골 II-1	주1																B	A			
천안 백석동 95-II	주7														1	4	A	A			B
아산 대흥리 큰선장	소성														1	2					
아산 용두리 산골 II-1	주9																				
아산 명암리 11지점	주14														2	1			A, B		
천안 용곡동	주2														4	5		C	B		C
천안 백석동 95-III	주5																				
천안 용곡동	주1														1	1					
아산 대흥리 큰선장	주1														3	3		A			B, C
아산 남성리 1지점	주12														2						
당진 자개리II	주19														5	1					
천안 쌍용동	주1																B, C		B		C
천안 백석동 94-B	주19																B		B		
아산 명암리 11지점	주7														7	17	C				C
아산 남성리 I-1지점	주14																				C

| 표 8 | 구연부형태와 문양간 결합비율

구연형태 / 문양	이중구연 A	이중구연 B	퇴화이중구연	단순구연	합계
단사선문	5(2.6%)	81(42.6%)	44(23.1%)	60(31.5%)	190
X자문	2(3.2%)	5(7.9%)	37(58.7%)	19(30.2%)	63
격자문	1(2.1%)	9(19.1%)	13(27.7%)	24(51.1%)	47
거치문			1(50%)	1(50%)	2
총계	8	95	95	104	302

(31.5%)과 결합되었다. 이중구연과의 결합빈도가 가장 높은 결합도를 보였다. X자문의 경우 전체 63점 중, 이중구연 7점(11.1%), 퇴화이중구연 37점(58.7%), 단순구연 19점(30.2%)과 결합되었다. 퇴화이중구연과의 결합도가 가장 높은 것으로 확인되었다. 격자문의 경우 전체 47점 중 이중구연 10점(21.3(%), 퇴화이중구연 13점(27.2%), 단순구연 24점(51.1%)과 결합되었다. 단순구연과의 결합도가 가장 높은 것으로 확인되었다.

정리하면, 단사선문은 가장 선행하는 구연부형태인 이중구연과의 결합도가 가장 높다. 이후 퇴화이중구연을 거쳐 단순구연이 제작되던 시기에도 꾸준히 시문되었던 것으로 확인된다. X자문은 퇴화이중구연 단계에 시문비율이 급격히 증가하다 단순구연 단계에 다시 감소하는 것으로 확인된다. 격자문은 이중구연과 퇴화이중구연 단계에 양적으로는 적지만 일정비율의 결합률을 보이며 유지되다가 단순구연 단계에 시문비율이 급격하게 증가하게 되며, 양적으로도 X자문보다 높은 수치를 보인다. 이러한 결과를 토대로 구연부 시문문양을 순서배열하면 〈표 9〉와 같다.

단사선문의 경우 충청 북서지역의 중심 문양으로 이중구연 단계에서부터 구연부문양이 소멸되기 전까지 주된 문양으로 시문되었던 것으로 판단된다. 이에 반해서 X자문과 격자문은 마이너적인 성격의 문양에 해당하며 X자문은 퇴화이중구연 단계에 격자문은 단순구연 단계에 상대적으로 높은 점유률을 보였던 것으로 생각된다.

Ⅴ. 공반유물 검토 및 종합편년

지금까지 중복유구의 선후관계, 방사성탄소연대와 발형토기의 구연부 형태변화 및 시문문양의 빈도변천 양상에 대해 살펴보았다. 다음은 공반유물 중 시간 흐름에 따른 형태

| 표 9 | 충청 북서지역 발형토기 구연부 형태 및 시문문양의 순서배열(■ 10%)

구연부 \ 문양	단사선	X자문	격자문	거치문	합계
이중구연	86(83.5%)	7(6.8%)	10(9.7%)		103
퇴화이중구연	44(46.3%)	37(38.9%)	13(13.7%)	1(1.1%)	95
단순구연	60(57.7%)	19(18.3)%	24(23.1)	1(0.9%)	104

구연부 \ 문양	단사선	X자문	격자문
이중구연			
퇴화이중구연			
단순구연			

변화가 비교적 뚜렷한 유물을 선정하고 발형토기와의 공반양상을 토대로 종합편년안을 구축하고자 한다.

필자는 전고(나건주 2011)를 통해 무문토기호, 대부호, 석도, 석검, 방추차 등의 유물이 시간에 따른 형태변화가 비교적 뚜렷한 것으로 선정하고 분석을 시도한 바 있다. 여기에서는 일부 내용을 보완하고 앞서 분석한 내용들과 상호 검증한 후 종합 편년안을 제시하고자 한다.

먼저 무문토기 호는 A홍, B형, C형의 3가지 형태로 구분하였다. 호A는 경부가 길고 뚜렷하며 단사선 또는 X자문 등의 문양이 시문되는 것이 특징적이다. 동체의 형태는 최대경이 중상위에 형성되어 동체의 상반부가 구형으로 잘 발달된 모습이다. B형은 경부의 길이가 A형에 비해 짧아지는 경향을 보이기 시작한다. 동부의 경우도 동최대경의 위치가 동체 상위에서 중위로 내려오며 장동한 형태이다. C형은 경부가 급격히 짧아지고 일부는 외반구연화되어가는 경향을 보이는 것이다.

대부호는 신부가 남아있는 것이 거의 없고 대부분 각부만 잔존된 것들이다. 이러한 이유로 형식분류도 대각의 형태만 고려하여 분류하였다. 세 가지 형태로 분류하였는데 A형은 대각의 각부의 형태가 八자 모양으로 뚜렷하고 높은 것에 해당한다. B형은 A형에 비해 각부의 폭이 좁고 낮은 것으로 신부내저의 두께가 두꺼운 것들이 많다. C형은 대각의 폭이 넓어지고 높이도 짧아져 전체적으로 안정된 형태를 보이는 것이다.

석도는 두 가지 형태로 분류하였는데, A형은 배부와 인부가 완만한 곡선을 그리는 것으로 사용흔은 인부의 중앙에 집중되는 형태이다. B형은 주형석도의 틀은 유지하고 있으

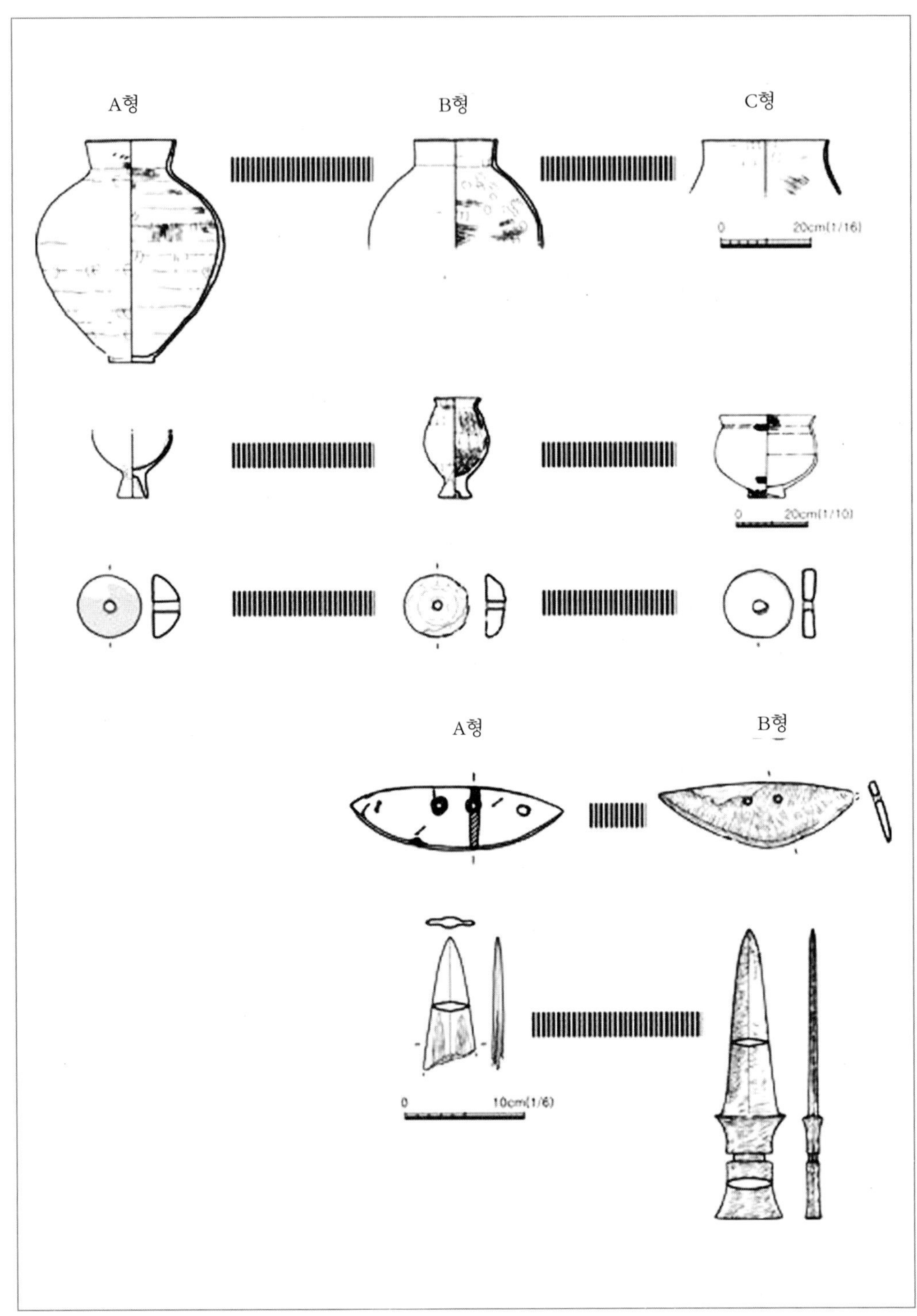

| **도면 2** | 충청 북서지역 청동기시대 전기 유물의 형식분류

나 인부와 등부위가 각이 지는 경향을 보인다. 특히 인부는 삼각형에 가깝게 조정되었는데, A형이 인부의 중앙부를 주로 사용한 반면, B형은 인부 중앙에서 좌우 양쪽으로 치우친 쪽의 인부를 사용하였을 것으로 추정된다.

석검은 두 가지 형태로 병부는 모두 이단병식이나 A형은 유혈식, B형은 무혈구식에 해당한다.

방추차는 3가지 형태로 구분하였다. A형은 단면이 반원형에 가까운 형태의 것이다. B형은 A형의 형태에서 두께가 얇아진 형태에 해당한다. C형은 두께가 일정하고 상하 좌우가 대칭인 형태이다.

〈표 10〉은 유구간 중복을 통해 유물의 형식별 선후관계가 확인된 것들을 정리한 것이다. 먼저 호의 경우를 살펴보면 호 A는 호 B와 두 건의 중복관계가 확인되었고 모두 선축유구에서 출토되었다. 호 B의 경우는 호 C와 세 건의 중복관계가 확인되었 다. 2건은 선축유구에서 출토되었고 나머지 한 건에서는 후축유구에서 출토되었다. 명암리 밖지므레를 제외한 나머지 4건의 중복관계를 살펴보면 호의 형식변화의 방향성은 대체로 타당한 것으로 볼 수 있을 것이다. 방사성탄소 중복연대를 시간별로 나열한 〈표 11〉을 보면 호 A는 모두 상단에 배열된 연대가 오래된 유구에서 공반되었고, 호 C는 반대로 하단의 젊은 연대의 유구에서 공반되고 있다. 따라서 호는 경부가 점차 짧아지고 외반구연화되며 동체는 구형에서 장동해지는 형태로 변화되는 방향성은 대체로 타당한 것으로 판단된다. 그 중간형태에 해당하는 호 B의 경우는 호 A · C와 공반되고 있는데 이는 호 B가 A에서 C로 변해가는 과정의 점이적인 형태라는 점을 시사하는 것으로 보여진다.

| **표 10** | 중복유구에서 확인된 유물의 형식별 선후관계

유적	선축		후축	
아산 남성리 2지점	호 A(주10)		호 B(7)	
아산 용두리 진터	호 A(주10)		호 B(수7)	
당진 기지시리	호 B(주14)		호 C(주15)	
서산 부장리 II	호 B(주3)	방추차 B(주3)	호 C(주4)	방추차 C(주4)
아산 명암리 밖지므레 2-2지점	호 C(주9)		호 B(수5)	

115건의 중복관계 중에서 호 이외에 선후관계가 확인된 것은 방추차가 유일하다. 서산 부장리 II지역 선축유구인 3호 주거지에서 B형 방추차가 출토되었고 후축된 4호에서는 C형이 공반되었다. 유일한 중복관계이지만 〈표 7〉에서 방추차 공반양상을 보면 B형

은 오래된 연대를 보이는 유구에서 출토되고 있고 C형은 하단의 젊은 연대쪽에 밀집되어 있어 B형을 앞선 형태로 보아도 타당할 것이다. A형은 아산 용두리 산골 II-1지점 4호 주거지 출토례가 유일한데 대체로 오래된 연대범위에 해당한다. A형과 B형은 형태적으로 매우 유사한데 후자가 전자에 비해 두께가 얇아진 형상이기 때문에 시간적으로도 가까울 것으로 판단된다. 각 형식간 공반양상을 확인하면, 아산 장재리 안강골 I 4호 주거지, 아산 용두리 산골 II-1의 7호, 백석동 고재미골 IV지역 17호 주거지에서 A형과 B형이, 백석동 고재미골 II지역 2호 주거지에서 A와 C형이 공반되었고, 백석동 A지역 5호, 천안 신방동 II지역 1호, 아산 대홍리 큰선장 1호 , 서산 기지리 유적 16호 주거지 등에서 B형과 C

| **표 11** | 방사성탄소 중복연대와 유물 형식간 공반 양상(▮=1점)

유구명	Bi	Bii	Cii	Di	Div	Dv	호			대각			석도		석검		방추차			방사성탄소연대2σ 최다 중복범위
							A	B	C	A	B	C	A	B	A	B	A	B	C	
천안 운전리 A지구 주2					▮	■	●	●										●		1200 ~ 1080
예산 신가리 1지점 주1						▮		●												1270 ~ 930
서산 일람리 주2			▮																	1160 ~ 1050
예산 신가리 2지점 주5				▮	■															1020
아산 용두리 산골 II-1 주4	▮			■	■	■	●										●	●		1210 ~ 910
아산 대홍리 큰선장 주14					▮	▮		●		●			●							1130 ~ 920
당진 우두리(I) 주1					▮	▮														1010 ~ 970
천안 백석동 95-II 주2		■			▮	▮		●		●		●								1210 ~ 840
천안 백석동 새가라골 주1					■															1120 ~ 920
아산 용두리 산골 II-1 주5			▬	■	■		●			●								●		1120 ~ 890
아산 용두리 산골 II-1 주1								●		●										1030 ~ 910
천안 백석동 95-II 주7					▮	▬	●			●								●		1120 ~ 820
아산 대홍리 큰선장 소성유구					▮	■														1120 ~ 820
아산 명암리 11지점 주14					■	▮		●	●				●	●		●				980 ~ 910
천안 용곡동 주2					▬	▬						●	●			●			●	930 ~ 890, 880 ~ 840
천안 용곡동 주1					▮	▮														1020 ~ 830
아산 대홍리 큰선장 주1					■	■		●				●						●	●	980 ~ 820
아산 남성리 1지점 주12					■															중복범위 없음
당진 자개리II 주19					▬			●	●											1000 ~ 820
천안 쌍용동 주1								●	●					●					●	920 ~ 800
천안 백석동 94-B 주19								●					●	●						820 ~ 740
아산 명암리 11지점 주7					▬	▬▬		●	●										●	800 ~ 780
아산 남성리 I-1지점 주14																			●	820 ~ 530

형이 공반되었다. A형은 B형과 3차례, C형 1차례 공반되었다. B형은 A형 외에 C형과 4차례 공반되었다. 공반양상을 보면 A형은 B형과 C형은 B형과 대체로 공반되었다. 앞서 살펴본 중복유구의 선후관계, 방사성탄소연대를 통한 검토와 형식간 공반관계를 종합하면 방추차의 형식변화는 A형에서 B형을 거쳐 C형으로 변화되는 것으로 판단된다.

대부호는 중복관계를 통한 직접적인 선후관계는 확인되지 않았다. 방사성탄소연대가 확보된 유구간 공반양상을 살펴보면 B형은 확인되지 않았고, A형과 C형만 공반되었다. 확인된 예에 한해서 A형은 대체로 상단, C형은 하단에 분포하고 있어 전기 말로 가면서 높고 뚜렷한 각부를 지닌 굽다리형태는 사라지고 넓고 안정적인 낮은 굽의 형태로 변화되는 것으로 판단된다. 충청 북서지역 전체의 공반양상은 대부분 A형과 B형에 해당한다.

석도와 석검은 모두 A형과 B형 두 가지 형태로 분류하였다. 석도의 경우 A형은 인부의 중앙부를 B형은 좌우 양쪽의 인부를 주사용면으로 이용하는 형태로 변화되는 것으로 판단하였다. 복수의 방사성탄소연대 측정유구에서의 공반양상을 보면 A형과 전반적으로 중첩되었다. 아산 대흥리 큰선장 14호 주거지가 비교적 오래된 연대구간에 위치하고 있는데, 이를 적극적으로 수용한다면 A형이 앞선 형태로 볼 수 있을 것이다. 이후 송국리단계의 삼각형석도로의 변화를 고려하여 B형이 A형에 비해 후행하는 형태로 판단된다.

석검의 경우 직접적인 중복관계는 확인되지 않았고, 방사성탄소연대 측정 유구에서도 단 2기에서만 공반이 확인되었다. 모두 B형인 무혈구식이다. 연대구간은 대체로 중하단부에 위치하고 있다. 충청 북서지역의 전기 유구에서 완형으로 출토된 석검의 거의 대부분은 무혈구식(B형)에 해당하며, A형인 유혈구식은 파손된 상태로 출토되고 있어 온전한 형태의 것들은 확인되지 않고 있다.

VI. 분기 설정

지금까지 중복유구의 선후관계, 방사성탄소연대와 발형토기의 구연부 형태 및 시문문양의 빈도변천 양상과 공반유물의 검토를 통해 시간 흐름에 따른 개별 유물의 형태변화의 방향성에 대해 검증하였다. 다음은 이를 토대로 충청 북서지역의 청동기시대 전기 유적의 고고학적 분기 설정을 시도하고자한다.

앞서 지적한 바와 같이 충청 북서지역의 전기유적에서는 발형토기를 제외한 유물의 출토빈도가 현저하게 낮다. 또한 개별 유물의 형태변화 또한 시기별로 형식이 변화하는 것이 아니고 빈도변천한다는 것은 설명이 필요없는 주지의 사실이다. 분기 설정을 위한 기준은 가장 높은 출토빈도를 보이며 시간에 따른 형태변화 파악이 비교적 명확확한 발형토기의 구연부형태 변화로 삼고자 한다[5].

〈표 9〉를 보면 문양이 시문된 이중구연의 수는 103개이고, 퇴화이중구연 95개, 단순구연은 104개이다. 대체로 100개 내외로 큰 차이를 보이지 않는다. 구연부형태는 이중구연부터 시간순서대로 성행기를 달리한다는 것은 앞서 확인되었기 때문에 이것을 획기로 하여 분기를 구분하고자 한다. 따라서 이중구연이 성행하는 단계를 1기, 퇴화이중구연 성행기를 2기, 단순구연에 문양이 시문되는 3기, 마지막으로 문양이 시문되지 않는 시기를 4기로 구분하고자 한다.

1기는 필자의 기존 편년의 전엽에 해당하는데, 천안 두정동, 서산 갈산리 무리치, 아산 장재리 안강골이 대표적인 유적에 해당한다. 이 유적들의 특징은 주거지가 개별 분산되어 일직선으로 배치된 양상을 보인다는 것이다. 전체적인 주거지 입지양상은 사면보다는 능선을 선호한 것으로 볼 수 있을 것이다. 한편, 능선을 선호하면서도 구릉의 봉우리 일대는 피하여 구릉 선단부의 능선을 선호하였음을 알 수 있다. 수혈은 아산만지역 청동기시대 취락의 구성요소 중 하나인데, 갈산리 무리치유적에서 1기가 확인되었다. 많은 수가 확인되지는 않았지만 1기 수혈이 조성되었음을 알 수 있다. 정리하면, 전기 전엽 주거지의 입지는 구릉의 능선정상부를 선호하였고, 인구증가에 따른 신축 주거지의 조성은 능선을 따라 線狀으로 순차적으로 조성하였다. 각각의 주거지는 독립적이며 취락내 주거지간의 관계는 병렬적이었던 것으로 판단된다.

공반유물의 특징은 이중구연의 형태적 특징도 뚜렷하고 출토빈도가 높다. 호와 대각은 A형과 B형이 출토된다. 방추차의 경우 A형과 B형 출토빈도가 높고 일부 C형도 공반된다. 석도는 A형 석도가 출토된다.

2기는 아산 풍기동 앞골, 서산 부장리 등의 유적이 대표적이다. 취락내 주거지의 배치는 1기와 동일하게 능선상에 선상배치되는 한편, 구릉의 사면에 본격적인 축조가 시작된

---

5 발형토기 전체를 대상으로 편년의 근거를 설정하는 것이 가장 타당할 것이다. 하지만 그럴 경우 완형개체의 수가 현저히 적어 편년대상 자료의 절대적인 수가 적어지게 된다. 또한 토기의 외형적인 형태는 기능과 관련된 것으로 시간이 흘러도 기능은 유지되기 때문에 변화가 적을 것이다. 이에 반해 구연부의 형태나 문양은 표면장식이기 때문에 외형적 형태보다 빠르게 변화될 것이며, 형식학적 변천 순서를 정하는 데 가장 민감한 속성에 해당할 것이다.

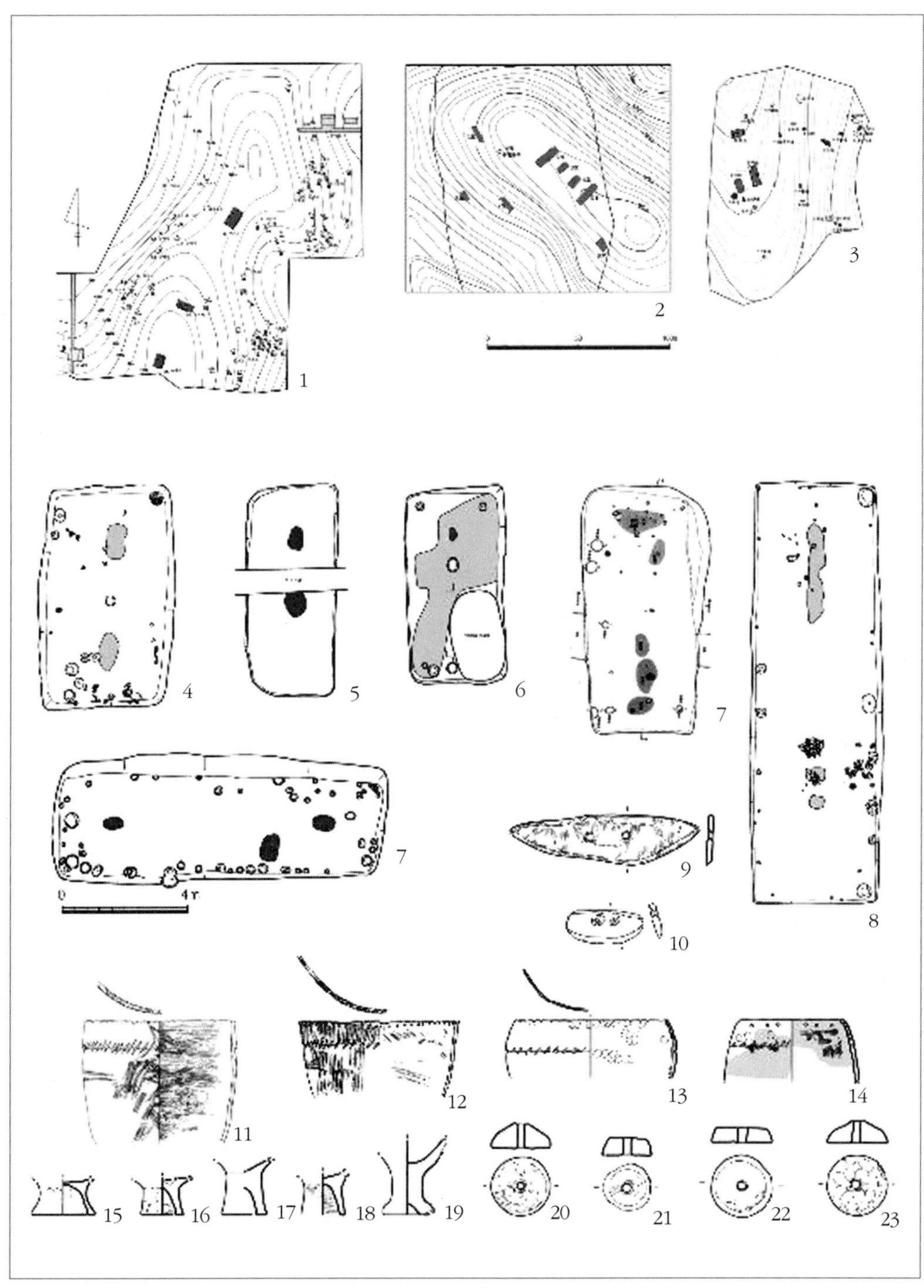

| 도면 3 | 1기 유적 및 유구와 공반유물

1. 천안 두정동, 2. 서산 갈산리 무리치(4 · 8 · 10 · 11 · 12) 3. 아산 용두리 산골 I (7), 아산 장재리 안강골(5 · 6 · 9 · 13~23)

다. 수혈의 축조도 증가하는데 군집되지 않고 주거지 주변에 산발적으로 분포한다. 이중구연과 함께 퇴화이중구연의 출토빈도가 높게 나타난다. 호는 A · B형과 함께 C형도 공반되나 B형의 빈도가 가장 높다. 대각 또한 A형과 함께 B형의 공반이 확인되나 주로 A형의 빈도가 높다. A형석도와 석검이 공반되며, 방추차는 B형과 C형이 주로 출토된다.

3기는 서산 기지리와 천안 신방동 II지역이 대표적인 유적에 해당한다. 이전까지 산발적으로 분산배치된 주거지들이 구릉 정상과 사면부에 군집을 이루어 축조된다. 취락의 규모가 확대되면서 주거군이 형성되기 시작한다. 수혈의 축조도 지속적으로 증가하지만 군을 이루지 않고 분산배치된 모양이다. 유물상은 2기와 유사하나 A형의 호의 빈도가 낮아진다.

4기는 아산 명암리 11지점과 아산 용화동 가재골 유적이 대표적인 유적에 해당한다. 유물상은 이중구연 및 퇴화이중구연은 소멸되고 문양의 시문행위도 극소수를 제외하고 사라진다. 호의 경우 B형과 C형이 공반되며 C형의 외반구연화 및 장동화된 동체형태가 뚜렷해진다. 대각의 형태도 C형의 빈도가 높아진다. 명암리 11지점의 경우 C형 대각만 출토되었다. 방추차의 형태도 C형이 대부분이다. 석도는 A형과 함께 B형이 공반되는데 형태적으로 삼각형석도에 접근한다. 석검은 무혈구식이 공반된다.

이 시기 취락의 특징은 정형화된 주거군이 성립인데, 구릉 정상부 평탄면의 공지를 둘러싸고 복수의 주거군이 통합된 형태가 특징적이다. 수혈의 경우도 전 단계까지 취락 전체에 분산되어 있었지만 4기에는 일정지역에 군집되는 양상을 보인다. 4기 취락의 가장 큰 특징은 집단내 부분적 단위와 요소로써 주거군과 수혈군이 형성되며 서로 관련되어 통일된 취락을 구성한다는 것이다.

1기의 상한은 방사성탄소연대를 토대로 기원전 1300년, 4기의 하한은 기원전 800년 전후로 보고자 한다. 4기 이후 충청 북서지역의 전기 유적은 점진적인 과도기를 거치면서 송국리단계로 전환이 이루어진다. 그 과도기적인 단계에 해당하는 유적으로는 당진 자개리유적(I), 서산 신송리유적 등이 있다. 전환기적인 시기에 해당되어 따로 5기로 설정하지 않았지만, 이 시기가 전기의 말기에 해당한다.

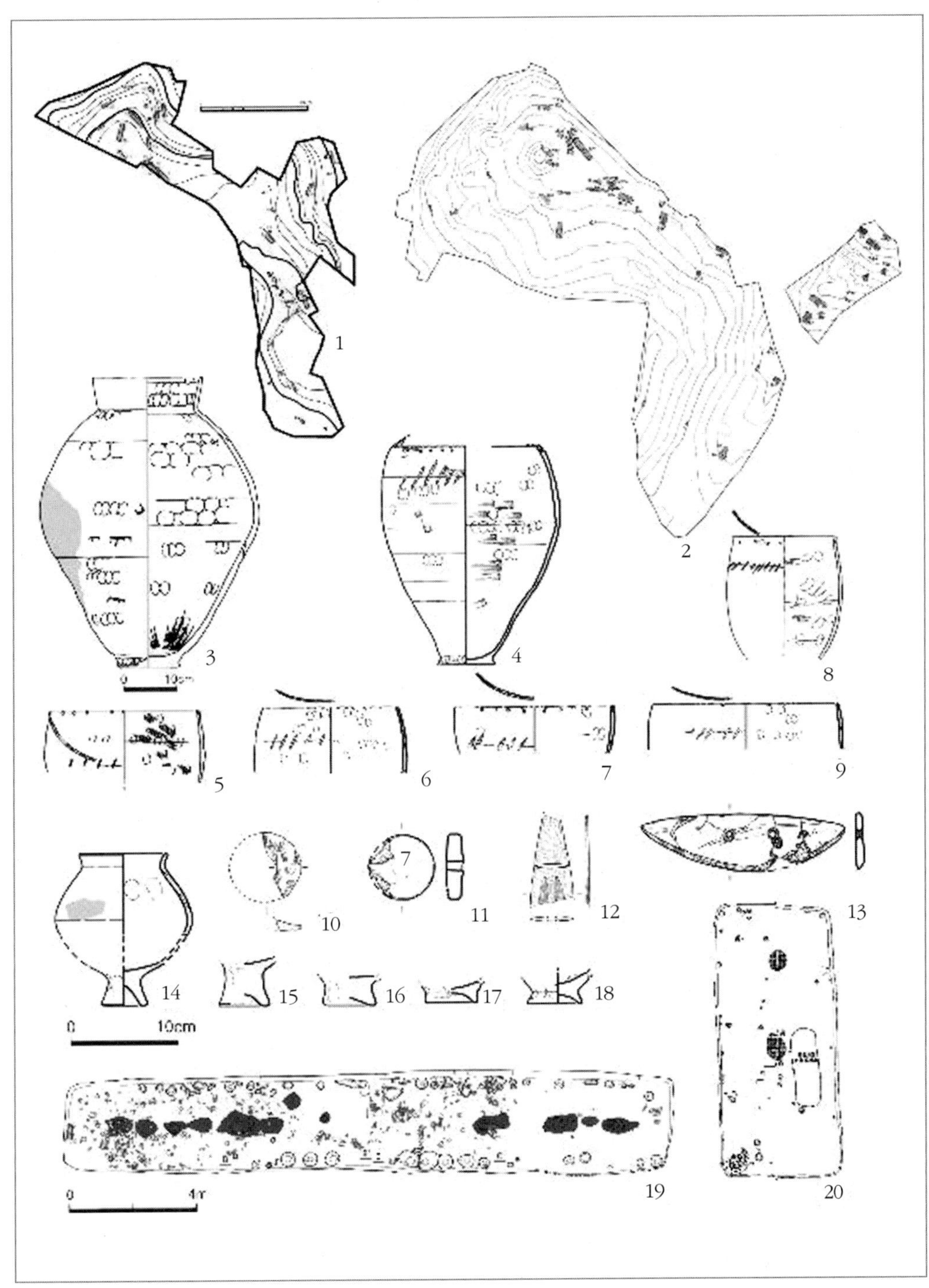

| **도면 4** | 2기 유적 및 유구와 공반유물
1. 아산 풍기동 앞골(3 · 4 · 6~9 · 11~19)) 2. 서산 부장리(5 · 8 · 10 · 20)

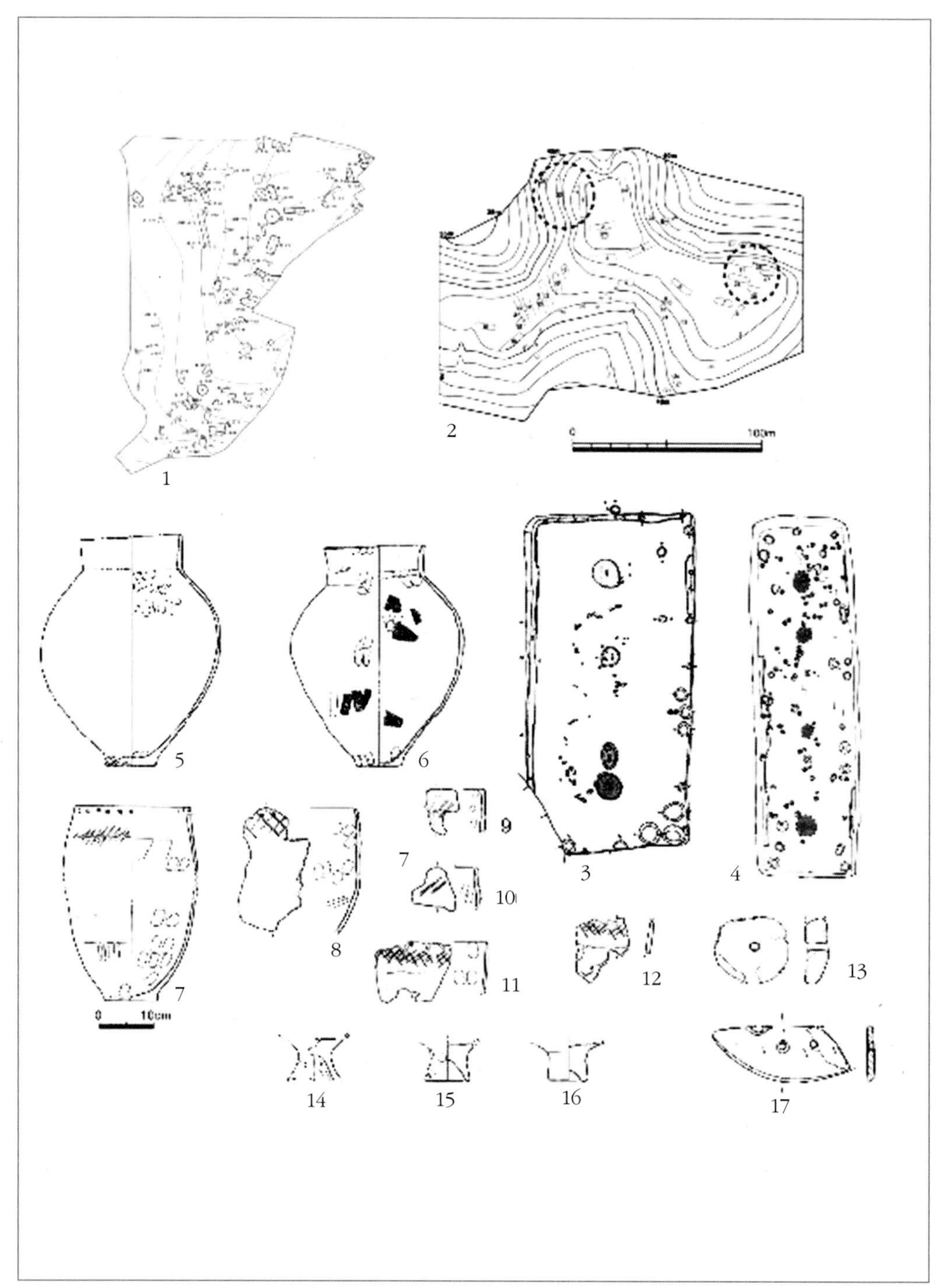

| **도면 5** | 3기 유적 및 유구와 공반유물

1. 서산 기지리(3 · 7~12) 2. 천안 신방동 II지역(4 · 5 · 6 · 13~17)

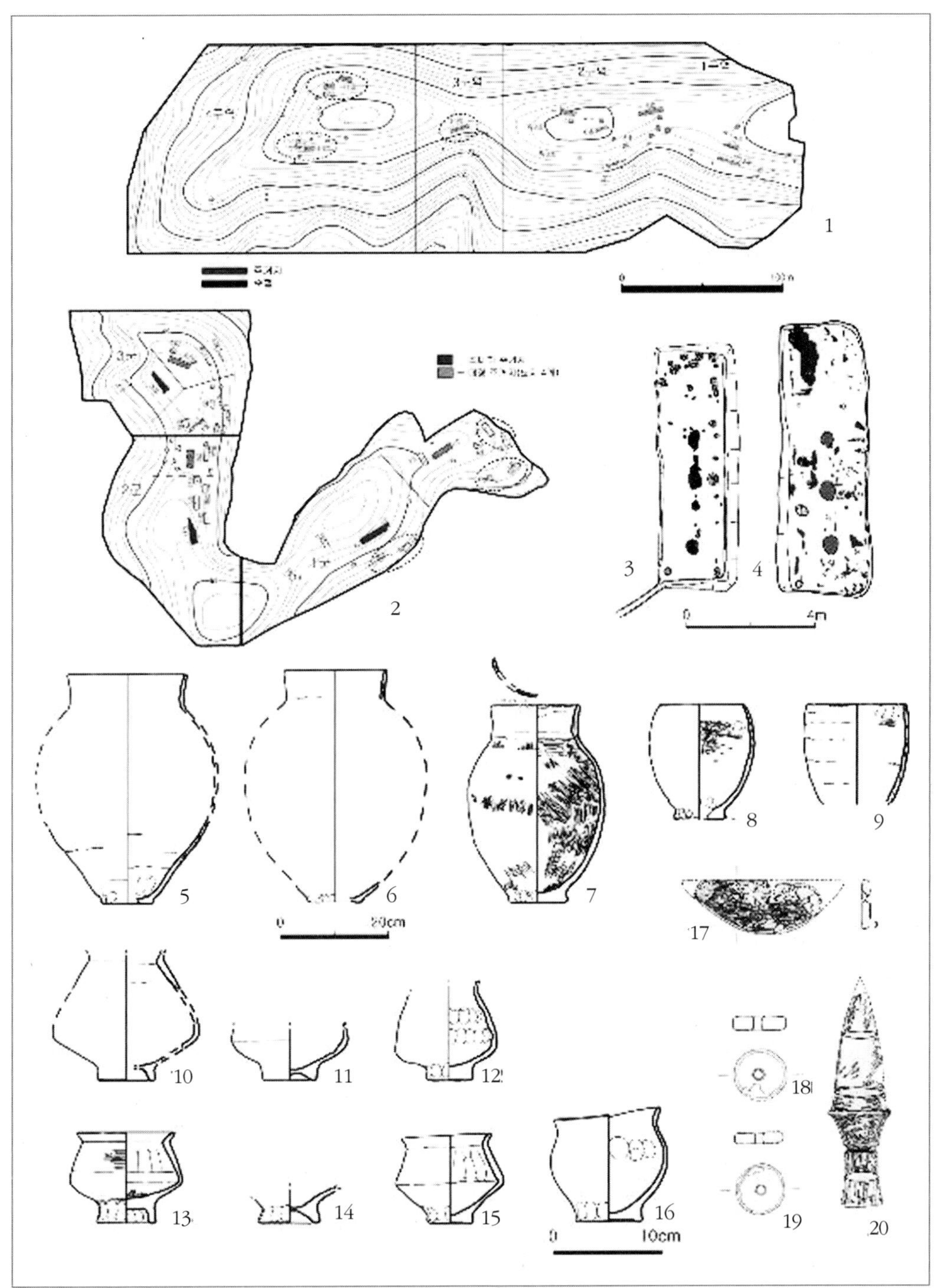

| **도면 5** | 4기 유적 및 유구와 공반유물

1. 아산 용화동 가재골(4~16) 2. 아산 명암리 11지점(3 · 17~20)

Ⅶ. 맺음말

충청북서지역의 청동기시대 전기유적에 대한 편년과 분기설정을 시도하였다. 이 지역에서는 각목돌대문 등 조기와 관련된 고고자료는 지금까지 확인되지 않고 있다. 아울러 전환기적 성격을 보이는 자료들도 확인되지 않았다. 재지의 신석기문화와는 근간을 이루는 고고학적 바탕이 현저하게 다르며, 측정된 방사성탄소연대를 비교할 때도 그 시간적 거리가 멀다. 이 지역의 청동기문화의 개시는 북에서 이주해온 주민집단의 정착에 따른 것으로 판단되며, 그 계보는 역삼동·흔암리유형에 해당한다.

방사성탄소연대를 토대로 한 상한연대는 기원전 1300년이고, 하한은 800년을 전후로 판단된다. 분기는 발형토기의 구연부형태별 빈도변천을 토대로 4시기로 구분할 수 있었다. 1기에는 독립된 생활단위인 개별 주거지가 구릉의 능선을 따라 병렬 배치되는 양상을 보이다가 2기에서 3기에는 점차 인구증가에 따라 주거지가 군집되며 구릉의 사면부에 주거지 축조가 증가한다. 4기에는 구릉 정상부 평탄면의 공지를 둘러싸고 복수의 주거군이 통합된 형태의 취락이 등장한다. 4기 취락의 가장 큰 특징은 집단내 부분적 단위와 요소로써 주거군과 수혈군이 형성되며, 복수의 주거군이 서로관련되어 통일된 취락을 구성한다는 것이다. 4기 이후에는 점진적인 과도기를 거치면서 송국리단계로의 전환이 이루어진다.

:: 참고문헌

● 논문

고민정, 2003, 『남강유역 무문토기문화의 변천』, 경북대학교대학원 석사학위논문.

김권중, 2005,「북한강유역 청동기시대 주거지 연구」, 단국대학교대학원 석사학위논문.

김병섭, 2003,「한반도 중남부지역 전기 무문토기에 대한 일고찰」, 경상대학교대학원 석사학위논문.

김장석, 2008,「무문토기시대 조기설정론 재고」,『한국고고학보』69, 한국고고학회.

김현경, 2012,「호서지역 전기 무문토기 문양의 편년」,『한국청동기학보』제10호, 한국청동기학회.

나건주, 2006,『전 · 중기 무문토기 문화의 변천과정에 대한 고찰』, 충남대학교 대학원 석사학위논 문.

나건주, 2010,「아산만지역 청동기시대 취락의 구조와 변천」,『청동기학보』제7호, 한국청동기학회.

나건주 외, 2011,「천안 백석동 청동기시대 취락의 편년과 구조」,『야외고고학』제10호, (사)한국문화재조사연구기관협회.

박영구, 2000,「영동지역 청동기시대 주거지 연구」, 단국대학교대학원 석사학위논문.

박순발, 2003,「미사리유형 형성고」,『호서고고학』9.

안재호, 2000,「한국 농경사회의 성립」,『한국고고학보』제43집.

이성주 2006,「한국청동기시대 '사회' 고고학의 문제」, 『고문화』68.

이창희, 2011,「방사성탄소연대측정법의 원리와 활용(II)-고고학적 활용사례」,『한국고고학보』제81집, 한국고고학회.

이형원, 2002,「한국 청동기시대 전기 중부지역 무문토기 편년 연구」, 충남대학교 석사학위논문.

庄田愼矢, 2004, 「韓国嶺南地方南西部の無文土器時代編年」, 『古文化談叢』 50下, 九州古文化研究会.

庄田愼矢, 2007, 『남한 청동기시대의 생산활동과 사회』, 충남대학교 대학원 박사학위논문.

허의행, 2007,「호서지역 역삼동 · 흔암리유형 취락의 변천」,『호서고고학』17, 호서고고학회.

● 보고서

구기종, 2009a,『아산 갈매리 앞댕뱅이들 및 백암리 새논들 · 번개들 유적』, (재)충청문화재연구원.

구기종, 2009b,『아산 아산 풍기동 밤줄길 유적 II』, (재)충청문화재연구원.

국립중앙박물관, 1995,『청당동II, 아산 신달리 선사유적지 조사보고』.

김미선 · 윤지희 · 임종태, 『천안 두남리』, 백제문화재연구원.

김백범, 2008,『아산 대흥리 큰선장 유적』, (재)충청문화재연구원.

김원룡, 1966,「천안 봉룡동출토 무문토기유적」,『진단학보』29 · 30집.

나건주 · 강병권, 2003,『아산 명암리 유적』, (재)충청문화재연구원.

나건주, 2006b,『당진 자개리 유적(Ⅰ)』, (재)충청문화재연구원.

나건주 · 최하영, 2008,『천안 용곡동 두터골 유적』, (재)충청문화재연구원.

나건주 · 박현경, 2009,『아산 용화동 가재골 유적』, (재)충청문화재연구원.

나건주 · 최하영, 2009,『아산 풍기동 앞골 유적』, (재)충청문화재연구원.

나건주 외, 2011,『아산 명암리 유적(12지점)』, (재)충청문화재연구원.

나건주 외, 2012,『당진 성산리 · 통정리 · 삼화리 유적』제1권, (재)충청문화재연구원.

박유정, 2010,『홍성 남장리 유적』, (재)충청문화재연구원.

박순발 외, 2004,『아산 테크노컴플렉스 지방산업단지내 문화유적 발굴조사』, 충남대학교백제연구소.

박형순 · 한창균, 2008,『예산 신가리 유적』, (재)충청문화재연구원.

배상훈, 2008,『아산 장재리 아골 유적』, (재)충청문화재연구원.

배상훈 · 안성태, 2011,『아산 용두리 진터 유적(Ⅰ)』2부 청동기시대, (재)충청문화재연구원.

류기정 · 양미옥, 2001,『천안 두정동유적(C · D지구』, (재)충청매장문화재연구원.

류기정 외, 2012,『아산 송촌리 유적 · 소동리 가마터』, (재)금강문화유산연구원.

서대원 · 최욱, 2011,『서산 일람리 유적』, (재)금강문화유산연구원.

서오선 · 권오영, 1990,「천안 청당동유적 발굴조사보고」, 『휴암리』, 국립중앙박물관.

성정용 · 이형원 · 이길성, 2002,『천안 쌍용동유적』, 충남대학교박물관.

손준호, 2002,「牙山 갈산리유적 발굴조사 개보」,『호서지역의 토광묘 문화』, 제6회 호서고고학회 학술대회 발표집.

안성태, 2007,『아산 풍기동 밤줄길 유적』, 충청문화재연구원 문화유적 조사보고 제65집.

안성태, 2008,『아산 장재리 안강골 유적 Ⅰ』, (재)충청문화재연구원.

오규진 · 이강열 · 이혜경, 1999,『천안 용원리유적』, (재)충청매장문화재연구원.

오규진, 2005,『서산 갈산리 무리치 유적』, 충청매장문화재연구원.

오규진 외, 2009,『천안 백석동 고재미골유적』, 충청문화재연구원.
윤정현 외, 2012,『당진 기지시리 유적』, (재)충청문화재연구원.
이남석, 1995,『남관리유적』, 공주대학교박물관.
이남석, 1996, 『군덕리 주거유적』, 공주대학교 박물관.
이남석 · 이훈 · 이현숙, 1998,『백석동유적』, 공주대학교박물관.
이남석 · 이현숙, 2000,『백석 · 업성동유적』, 공주대학교박물관.
이남석 · 이현숙, 2009『해미 기지리 유적』, 공주대학교박물관.
정해준 · 김미선 · 윤지희, 2009,『당진 원당리』, 백제문화재연구원.
중앙문화재연구원, 2008a,『아산 석곡리유적』.
중앙문화재연구원, 2008b,『천안 신방동유적』.
중원문화재연구원, 2009c,『천안 신방동유적』.
중원문화재연구원, 2011,『아산 둔포리유적』.
장영미, 2008,『천안 용정리 유적』, (재)충청문화재연구원.
지민주 · 최지연, 2009,『충남각지 시(발)굴조사 보고서-당진 금천리 서죽골 유적』, (재)충청문화재연구원.
지민주, 2009a,『충남각지 시(발)굴조사 보고서-홍성 교항리 탁골 유적』, (재)충청문화재연구원.
지민주, 2009b,『충남각지 시(발)굴조사 보고서-아산 용두리 용머리 유적』, (재)충청문화재연구원.
최경숙, 2008,『아산 장재리 안강골 유적 II』, (재)충청문화재연구원.
최하영 · 김백범, 2011,『천안 청당동 진골 유적』, (재)충청문화재연구원.
충남대학교박물관, 2001,「아산 테크노컴플렉스 지방산업단지 조성부지내 아산 명암리 유적」, 현장설명회자료.
충청남도역사문화원, 2004a,『천안 불당동 유적』.
충청남도역사문화원, 2005a,『아산 풍기동 유적』.
충청남도역사문화원, 2006,『아산 덕지리 유적』.
충청남도역사문화연구원, 2007a,『예산 삽교 두리유적』.
충청남도역사문화연구원, 2007b,『서산 기지리유적』.
충청남도역사문화연구원, 2008a,『서산 부장리유적』.
충청남도역사문화연구원, 2008a,『홍성 남장리유적』.
충청남도역사문화연구원, 2008b,『천안 백석동 새가라골유적』.
충청남도역사문화연구원, 2009a,『아산 용두리 산골 유적』.
충청남도역사문화연구원, 2009b,『당진 우두리유적(I)』.

충청남도역사문화연구원, 2010a,『당진 우두리유적(II)』.

충청남도역사문화연구원, 2010b,『아산 운용리유적』.

충청남도역사문화연구원, 2011a,『아산 남성리유적 · 읍내리유적1 · 2』.

충청남도역사문화연구원, 2011b,『당진 석우리 · 소소리유적』.

충청남도역사문화연구원, 2011c,『아산 명암리 밖지므레유적 2-1지점』.

충청남도역사문화연구원, 2011d,『아산 명암리 밖지므레유적 2-2지점』.

충청남도역사문화연구원, 2011e,『당진 도성리유적』.

충청매장문화재연구원, 2001,『아산 와우리 · 신법리 유적』.

충청문화재연구원, 2007,「아산 대추리 유적」현장설명회자료집.

충청문화재연구원, 2009,「천안 생활체육공원 조성사업부지 내 문화유적 발굴조사」, 현장설명회 자료.

한영희 · 함순섭, 1993,『천안 청당동 제4차 발굴조사보고』, 국립중앙박물관.

한영희 · 김재홍, 1995,『청당동 II』, 국립중앙박물관.

허의행 · 강병권, 2004,『천안 운전리유적』, (재)충청문화재연구원.

허의행, 2006,『당진 자개리 유적II』, (재)충청문화재연구원.

6 충청 남동지역의 청동기시대 조기~전기 편년

공민규(한국고고환경연구소)

Ⅰ. 머리말

금강유역의 청동기시대 전기문화는 제일성을 띠는 가락동유형을 중심으로 일부 주변 문화의 요소가 가미되는 양상으로 이해되어왔다. 그 중 미사리유형의 요소로 인식되는 절상돌대문은 간헐적으로 가락동유형에서 확인되었는데, 이러한 점은 금강유역내에서의 전개과정보다는 외래적 요소의 파급이 주된 요인으로 설정되었다. 가락동유형은 최근 많은 자료가 추가되어 재고의 여지가 많은 것도 사실이나 유형의 근간을 이루었던 이해의 틀은 아직도 유효하다고 볼 수 있다. 그런데 금강유역의 충적지에 대한 조사를 통해, 이 지역에서 거의 전무했던 미사리유형의 관련자료들이 그 윤곽을 드러내기 시작했다. 대평리유적을 중심으로 하여 증평 송산리유적과 대전 원신흥동유적(동서도로사업구간)에서 보고된 자료는 이제 이 지역에서도 동유형에 대한 연구의 단초를 제공했다고 볼 수 있다. 특히 대평리유적의 세지점에서 확인된 자료는 미사리유형에 대한 취락 단위의 연구를 포함하여 여타의 한반도 중부 이남지역 자료와 충분히 비교가능할 것으로 생각된다. 그러나 현재까지 지역단위에서의 접근이 구릉에 위치한 가락동유형 중심임을 감안한다면 금강유역내에서의 청동기시대 조기에 대한 접근에 신중할 필요가 있다. 여기에서는 기존에

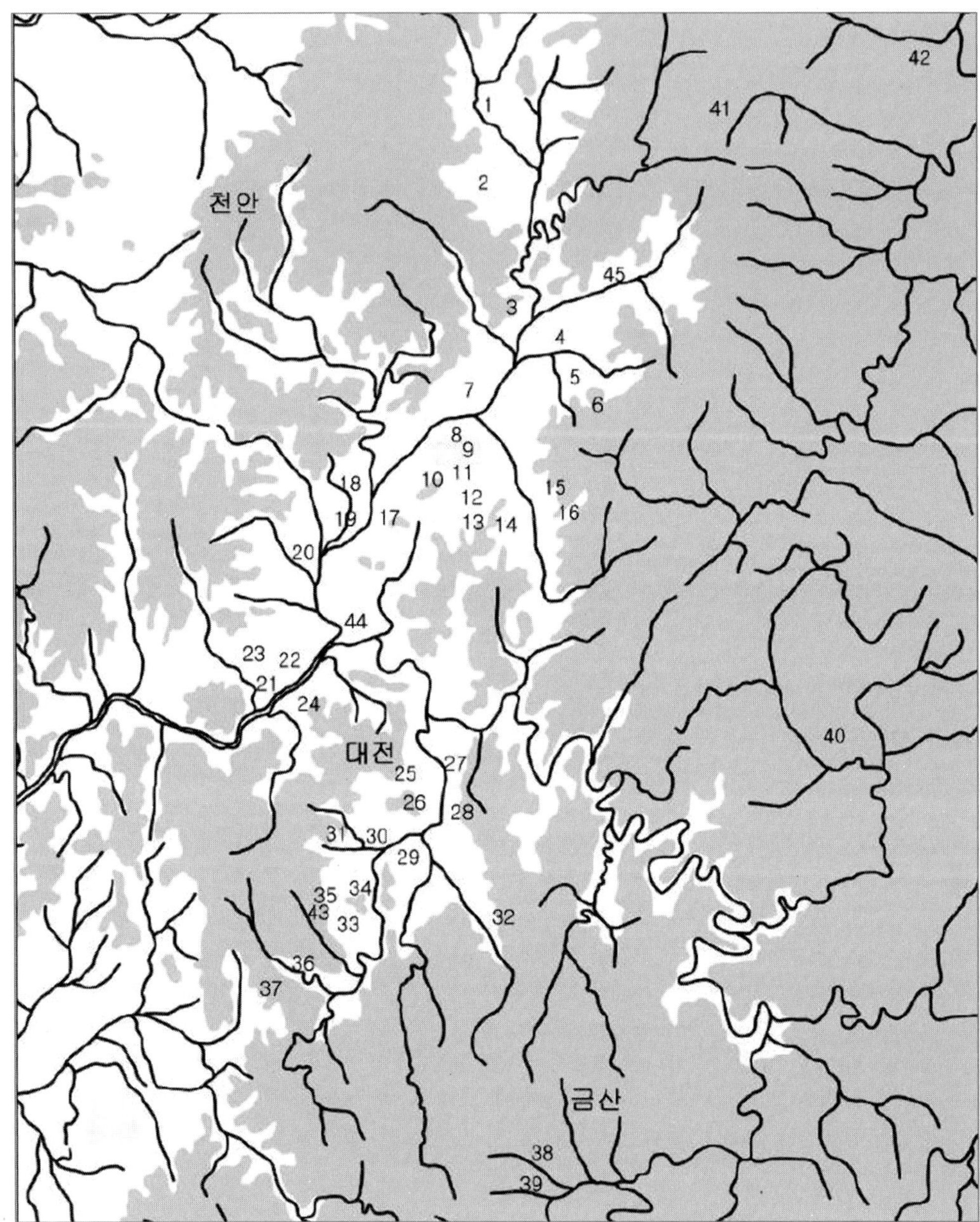

| **도면 1** | 금강유역(충청 남동지역) 청동기시대 조~전기 유적의 분포

1.신월리 2.사양리 3.학소리 4.대율리 5.마산리 6.풍정리 7.송대리 8.내곡동 9.향정 · 외북동 10.비하동 I 11.비하동 II 12.강서동 13.산남동 14.분평동 15.용암동 16.운동동 17.황탄리 18.쌍청리 19.궁평리 20.신흥동 21.송원리 22.송담리 23.제천리 · 당암리 24.대평리 25.관평동 26.용산동 27.상서동 28.신대동 29.둔산동 30.궁동 31.노은동 32.가오동 33.관저동 34.원신흥동 35.상대동 36.방동 37.두계리 38.수당리(역) 39.수당리 40.상장리 41.하당리 42.장성리 43.용계동 44.용호리 45.송산리

제시되었던 편년을 토대로 금강유역 특히 금강 중류역의 충청 남동지역에서 제시된 일단의 청동기시대 조기~전기자료를 수합하여 조금 더 다듬은 편년안을 제시하고자 한다. 그러나 이 지역에서의 조기는 이제 시작단계이므로 조기 또는 전기의 틀보다는 금강유역 청동기시대의 빠른 단계로서 1~4단계 또는 1~6단계로의 구분을 통해 이 지역 청동기시대 초현기의 토기상에 대해 검토하고자 한다.

II. 가락동유형 토기자료의 편년

1. 연구의 배경

금강유역 청동기시대문화의 개시기에 해당되는 가락동유형에서 확인되는 토기문화의 특징은 과거 '가락동식토기'로 지칭되던 일군의 이중구연단사선문계토기이다. 이것은 1960년대의 경기도 광주군 가락리유적(현 서울시 송파구 가락동)의 발굴조사에서 출토된 토기를 일컫는 협의의 개념(가락식토기)에서 출발한다. 그리고 1970~1980년대에는 서북한 지역의 팽이형토기문화가 남하하여 한강유역화된 것으로 보는 견해(이백규1974, 이청규 1988)가 일반적으로 받아들여졌었으나 1990년대 이후 신출 자료의 증가와 서북한지역의 유적에 대한 재검토가 병행되어 새로운 이해의 틀이 마련되었다.(이형원 2001, 공민규 2003) 이후 가락동유형의 이중구연단사선문토기는 한반도 중부 이남지역의 청동기시대 전기문화의 핵심적인 요소로서 최근까지 다양한 접근이 이루어지고 있다.(이형원 2009, 김현식 2008, 공민규 2011 · 2012) 그렇다면 가락동식토기와 이중구연단사선문토기는 동일한 개념인 것인가? 이형원(2009)에 의해 종합된 견해를 수용한다면 가락동식토기〉이중구연단사선문토기일 것이다. 즉 동 토기 이외에 여러 문양요소를 채용한 토기가 지적되고 있으며 종합적으로는 가락동유형의 범주에서 확인할 수 있는 대부분의 문양요소가 반영된 토기로 확대되는데 필자 역시 이와 유사한 견해로 정리한 바 있다.(공민규 2011) 최근에는 이중구연의 형태에 주목하여 기존의 가락동계 이중구연토기에 비해 짧고 뚜렷한 이중구연부를 갖춘 자료에 대해 '용산동식'(김병섭 2003), '상마석계'(안재호 2009), '요동계'(배진성 2012) '미사리계(공민규 2012)' 이중구연토기로 구분하는 경향이 나타나고 있다. 그런데 상마석계 또는 요동계로 대표되는 연구의 핵심은 외래기원으로서 이중구연의 형태에 주목하는 것이다. 물론 가락동유형에서 확인되는 토기를 비롯한 중부 이남지역의 이중구연단사선문토기는 그 출현과 계보를 구함에 있어 한반도에서 중국동북지역에 이르기까지 범위를 넓힐 필요가 있다.(공민규 2003, 배진성 2012)

이글에서는 금강유역의 가락동유형 관련 주거지에서 출토되는 이중구연단사선문계 토기를 비롯한 다양한 토기자료들에 대한 검토를 실시하여 편년문제에 접근하고자 한다. 토기에 대한 분석 또는 검토에 있어서 일차적으로 기종에 따른 기형변화라든지 단위주거지내의 기종구성 등을 통해 접근하는 방법이 있다. 그러나 주거지라는 생활사적 성격이 강한 유구의 특성상 파손품이나 소편으로의 출토예가 대부분이어서 기종이나 기형의 복원이 어려운 경우가 대부분이다. 그런데 청동기시대의 이른 단계에 제작 · 사용된 토기에는 장식속성으로서 문양이 구연 외부에 시문된 예가 빈번하게 확인됨으로서 문양을 이용한 편년이 다수 행해져왔다. 이 특정의 문양은 고유의 문화를 대표하는 것으로까지 이해되기도 하며 현재까지 청동기시대 전기 편년의 핵심을 이루고 있다.(이형원 2002, 김현식 2008, 김병섭 2009, 이홍종 · 허의행 2012, 김현경 2012) 그러므로 현재까지 청동기시대 전기의 편년를 실시함에 있어 토기의 구연 문양이 가장 적합한 것으로 판단되며, 이를 토대로 편년에 대한 검토를 실시하고자 한다.

2. 토기 문양의 분류

가락동식토기의 구연부 처리기법으로는 이중구연과 단일구연으로 구분할 수 있으나 단일구연은 별도의 형식을 부여할 의미가 없다고 판단된다. 이 이중구연의 분류에 대한 다양한 견해가 제기되어왔는데 이중구연부의 폭이 좁은 것에서 넓은 것, 이중구연이 두껍거나 뚜렷한 것에서 얇거나 또는 희미하게 퇴화된 것으로 변화해 나가는 것에 대해서는 대체로 이견이 없을 것이며,(이형원 2002, 공민규 2003, 김현식 2008, 이홍종 · 허의행 2012, 김현경 2012) 필자도 일정부분 동의하고 있다. 그러나 한편으로는 이중구연의 폭과 관련된 부분은 단순한 수치의 비교가 아닌 토기의 가형과 기고 등 전체적인 틀에서 접근해야 할 부분이라고 판단된다.

구연부를 장식하는 속성으로서 문양은 단사선문, 거치문, 사격자문, 점열문, 공렬문, 절상돌대문, 유상돌대문, 구순각목문 등으로 분류할 수 있으며 각 세부 속성의 내용은 다음과 같다.

이중구연1은 이중구연부가 뚜렷하게 형성된 것으로서 그 폭은 대부분 5㎝ 이내이며 3㎝를 전후한 값에 집중되는 경향이 있다.

이중구연2는 이중구연 하단과 동체부의 연결부위가 거의 차이 없이 연결되는 형식이다. 이외에도 완전히 퇴화되어 그 흔적만 남거나 횡선을 통해 이중구연의 효과를 노리는 형식이 호서 서부지역을 중심으로 다수 출토되고 있으나 가락동유형과 직접적인 연결은 어려울 것으로 판단된다.

다음으로 구연단과 외면을 장식하는 속성을 살펴보면 대표적인 단사선문과 구순각목문을 비롯하여 거치문, 점열문, 사격자문, 횡침선문, 절상돌대문, 유상돌대문, 공렬문 등이 있다.

단사선문은 이중구연과 복합되어 시문되는 것이 일반적이나 단독문으로 시문되는 토기도 일부 확인된다. 복합문으로서 단사선문은 a・b의 2개로 구분된다.

단사선문a는 주로 이중구연부에 鋸齒狀으로 시문되며 시문기법은 압인과 음각이 확인되는데 압인계 문양이 중심이다.

단사선문b는 이중구연부와 동체상부를 가로질러 시문되며, 시문기법은 음각으로 새긴 선문계 문양이 중심이다. 따라서 a에 비해 문양길이가 길고 일정하지 않은 편이다.

그런데 최근 가락동식토기 또는 이중구연단사선문토기의 일부(상기의 단사선문a)에 대하여 각목돌대문의 각목과 같이 압날에 의한 시문이 대부분이므로 이중구연각목문으로 명명하고 있다.(배진성 2012) 물론 가락동식토기의 일부에서 압날 등의 시문기법에 의한 거치상의 문양이 이중구연부 하단을 장식하는 자료가 일부 있는 것도 사실이다. 그러나 금강유역에서 확인되는 이중구연단사선문토기의 시문에는 압날뿐만아니라 음각에 의한 선문계의 문양도 다수 확인되고 있다.

다음으로 복합문에서 단사선문a와 거의 같은 위치에 시문되는 거치문, 점열문, 사격자문이 있다.

거치문(c)은 단사선문과 함께 청동기시대 이른 단계에 가장 많이 출현하는 문양이다. 소위 '삼각거치문'으로서 '∧'형태의 문양이 이중구연부에 연속적으로 시문되는 것인데 한편으로는 단독문으로서 구연 상부에 시문되며 횡대구획문의 주제문으로 나타나기도 한다.

점열문(d) 역시 복합문으로 이중구연부에 시문되는데 금강유역에서는 청원 대율리유적 2호주거지 출토품이 유일하다. 중부 이남지역에서는 철원 와수리유적이나 사천 본촌리유적 등에서 유사한 형식의 토기자료가 보고되었다. 단독문으로의 출토는 연기 송담리유적 29-1지점 2호주거지의 예가 알려져 있으며 횡대구획문의 주제문으로도 일부 확인된다.

사격자문(e)은 그물문으로 볼 수도 있으며, 복합문으로서 청원 대율리유적 7호주거지와 연기 보통리유적 4호주거지에서 각각 1예가 확인되었다. 거치문 · 점열문과 같이 횡대구획문의 주제문으로도 채택되고 있다.

돌대문계토기는 일반적으로 미사리유형의 중심요소로 인식되는 경향이 강하며(천선행 2005, 안재호 2006, 이형원 2007) 실제 조사 결과 역시 이를 반영한다. 미사리유형에서 확인되는 돌대문토기는 전주하는 각목돌대문토기와 절상돌대문토기, 유상돌대문토기로 구분되는데 전주각목돌대문-절상돌대문-유상돌대문으로의 시간적흐름이 상정되고 있다.(천선행 2005, 안재호 2006) 현재까지 금강유역의 가락동유형에서 전주하는 각목돌대문토기의 출토예는 확인되지 않는다.

절상돌대문(f)은 단독문으로의 출토예가 3곳에서 확인되며, 이중구연단사선문과의 복합문 역시 3곳의 주거지에서 출토되고 있다. 금산 수당리유적 6호주거지 출토품을 제외하면 대부분 길이가 짧은 특징을 갖고 있다.

유상돌대문(g)은 기존에 유돌형파수 또는 유상파수, 꼭지형파수 등으로 지칭되던 것으로서 미사리유형의 한 요소로 인식되었으나(천선행 2005) 최근의 연구(안재호2010, 정원철 2012)를 수용하여 유상돌대문으로 분류하였다.

공렬문(h)은 역삼동유형의 표지적 문양으로 가락동유형에서는 제한적으로 확인된다. 현재까지 확인된 예로는 연기 송원리유적 32호주거지에서 구순각목문과 복합되어 출토되었으며, 대전 노은동유적과 신대동유적에서 단독문의 출토예가 알려져 있다.(이형원 2002)

끝으로 구순부에 시문되는 각목문은 2개 형식으로 구분된다.

각목ㄱ문은 구연단의 첨단에 시문되는 것으로서 전 · 후기를 막론하고 청동기시대에 가장 일반적으로 확인되는 형식이다. 청동기시대 전기의 이른 단계에는 주로 복합문으로서 이중구연단사선문계토기나 공렬문토기, 흔암리계이중구연토기 등에 시문되며, 늦은 단계에는 전반적으로 확산된다.

각목ㄴ문은 각목돌대문의 퇴화형식으로 지적되며(안재호 2009) 역시 복합문과 단독문으로 각각 채택된다.

이상과 같이 분류된 문양을 복합문과 단독문으로 구분하여 정리할 수 있으며, 최근 청동기시대 토기에 대한 편년의 한 방법으로 제시되고 있는 속성배열법(안재호 2007 · 2011, 김현경 2012, 유선영 2012)과 기왕의 편년안(이형원 2002 · 2009, 공민규 2003, 김현식 2008) 등을 참고하여 필자 나름의 금강유역 청동기시대 이른 단계의 토기에 대한 편년틀을 수립하고자 한다.

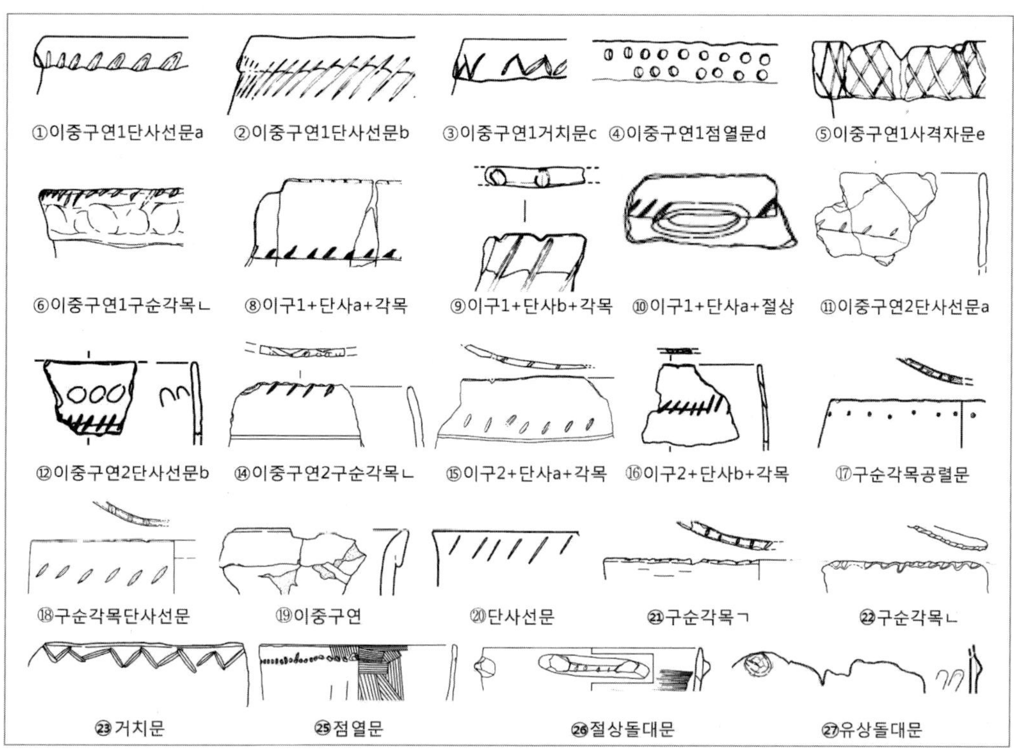

| **도면 2** | 가락동유형 토기 구연형식과 문양의 조합

3. 문양을 통한 토기의 편년

금강유역에서 가락동유형을 포함한 구릉지에 입지한 청동기시대 이른 시기의 주거지에서 출토된 토기의 구연 형태와 시문되는 문양속성을 조합하면 복합문 18개, 단독문 9개가 확인되는데 이 중 복합문의 ⑦이중구연1절상돌대문f는 확인되지 않으며 단독문의 사격자문 역시 확인되지 않는다.

| **표 1** | 복합문과 단독문의 주거지 출토빈도

속성	이구1a	이구1b	이구1거	이구1사	이구1점	이구1ㄱ	이구1aㄱ	이구1bㄱ	이구1a절	이구2a	이구2b	이구2ㄱ	이구2ㄴ	이구2aㄱ	이구2bㄱ	각목공렬	각목단사	이중구연	단사선문	구순각목a	구순각목b	거치문	점열	절상돌대	유상돌대	횡대구획
No.	1	2	3	4	5	6	8	9	10	11	12	13	14	15	16	17	18	19	20	21	22	23	25	26	27	
빈도	41	16	5	2	1	1	5	7	3	3	3	2	6	1	2	1	3	6	8	25	1	3	1	3	6	13

〈표 1〉은 금강유역의 가락동유형 관계 주거지에서 각 문양속성의 출토빈도를 나타낸 것이다. 가장 많은 출토 빈도를 나타내는 것은 전통적인 가락동식토기로 볼 수 있는 복합문의 문양 1 · 2(이중구연1단사선문a, 이중구연1단사선문b)는 각각 41 · 16기의 주거지에서 확인되며, 전기 후엽의 중심문이라 할 수 있는 단독문의 문양 21(구순각목ㄱ)은 25기의 주거지에서 확인된다. 각각 다른 취락의 여러 주거지에서 특정 문양의 출토빈도가 다수인 것은 해당 문양의 사용 또는 존속기간이 길었던 점을 반증하는 것이라고 판단되며, 이러한 점에서 가락동유형의 주류토기는 역시 이중구연단사선문토기로 판단할 수 있고 구체적으로는 이중구연1단사선문a · b의 속성이 조합된 것이다.

다음은 개별 주거지당 속성조합의 분포를 살핀 것이다. 〈표 2〉에서 볼 때 1기의 주거지에서 1개의 문양속성이 확인되는 경우가 65기(약 63.5%)이며, 2개의 문양속성은 25기의 주거지, 3개는 8기이며 최대는 6개의 문양이 확인되는 연기 송원리유적 32호주거지의 1예가 있다. 그런데 단위주거지에서 이와 같이 여러 문양속성이 복합되어 출토되는 배경은 무엇일까? 토기의 문양은 한 집단 또는 유형(문화)의 표상으로 이해되어 특정 유형과 문양은 동일한 범주의 계통으로 다루어진다.(김현식 2008) 역삼동유형-공렬문, 가락동유형-이중구연단사선문이 대표적이다. 그리고 문양은 기능 보다는 장식을 위한 성격이 강하다. 장식은 외적인 표현으로서 그것을 통해 위와 같은 일정한 의미를 구축할 수 있다. 또한 토기에 장식된 공통의 기호나 도상은 그 사회내에서 상징적 언어로서 받아들여질

| **표 2** | 속성의 개수별 주거지 출토빈도

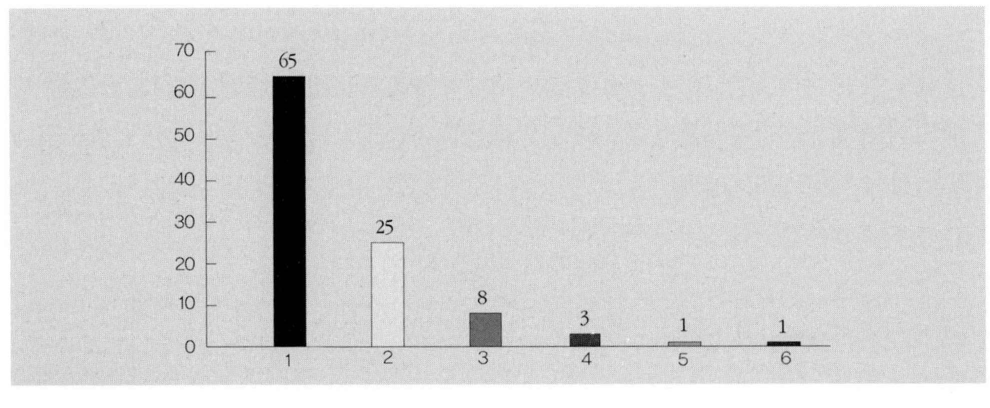

속성개수	1	2	3	4	5	6
출토빈도	65	25	8	3	1	1
비율	63.1%	24.3%	7.8%	2.9%	0.95%	0.95%

수 있고 또한 호혜적으로 주변에 작용하므로 그것의 소유는 이데올로기적 요소로서 발현될 가능성도 있다. 대부분의 주거지(당대의 가옥)에 단일의 문양토기가 중심인 점과 도표와 같이 일부 소수의 가옥에 다양한 문양의 토기가 집중되는 점은 당시 사회내의 위계와 연동될 가능성을 고려할 수 있을 것이다.

| **표 3** | 가락동유형 토기 문양의 공반상

	이구1a	이구1b	이구1거	이구1사	이구1점	이구1ㄱ	이구1aㄱ	이구1bㄱ	이구1a절	이구2b	이구2ㄴ	이구2bㄱ	각목공렬	각목단사	이중구연	단사선문	구순각목ㄱ	구순각목ㄴ	거치문	점열	절상돌대	유상돌대
	1	2	3	4	5	6	8	9	10	12	14	16	17	18	19	20	21	22	23	25	26	27
1		○	○	○		○	○		○		○				○		○			○		○
2	○							○			○					○	○					
3	○				○										○				○			
4	○																					
5			○																			
6	○																					
8	○							○		○		○				○				○		
9		○					○			○	○	○					○			○		
10	○																					
12							○	○			○	○					○			○		○
14	○	○						○		○			○	○		○	○					○
16							○	○		○										○		
17											○			○		○						
18											○		○			○	○					
19	○		○																			
20		○					○	○			○		○	○			○					
21	○	○								○	○			○		○						○
22																					○	
23			○																			
25	○						○	○		○		○										
26																		○				
27	○									○	○						○					
계	11	5	3	1	1	1	6	7	1	7	10	4	4	5	2	8	7	1	1	5	1	4

〈표 3〉은 가락동유형을 포함한 금강유역의 구릉지에 입지한 주거지에서 출토된 토기

의 문양속성 중 타문양속성과 공반되지 않는 일부를 삭제한 후 각 문양속성의 공반관계를 정리한 것이다. 47건의 다양한 공반관계를 살필 수 있는데 문양 1과 14의 공반예가 많이 나타나므로 이 문양들이 비교적 장기존속한 것으로 판단되며 3~8건의 구간은 중기, 1~2건은 단기존속한 속성으로 구분하여 〈표 4〉에 정리하였다.

| 표 4 | 시간성에 따른 속성의 분류

단기속성	4, 5, 6, 10, 19, 22, 23, 26	8
중기속성	2, 3, 8, 9, 12, 16, 17, 18, 20, 21, 23, 25, 27	12
장기속성	1,14	2

이를 토대로 단기속성과 중기속성을 배열한 결과 중기의 문양 3과 단기의 문양 5 · 19 · 23가 공반되며 다른 예는 확인되지 않는다. 다음으로 단기속성과 장기속성, 중기속성과 장기속성을 차례대로 배열하여 〈표 5 · 6〉의 결과를 도출할 수 있다. 이 표와 기존에 인식되던 문양의 시간적 정보를 조합하여 1차 편년한 것이 〈표 7〉이다. 총 4단계로 나누어 볼 수 있는데 장기존속의 문양 1과 14는 구분시점이나 존속기간이 불명확하다. 단지 발생순서에 있어 문양 1의 이중구연1단사선문a는 가장 이른 단계의 타요소들과 병행하여 전기를 관통한다. 문양을 이용한 이와 같은 편년에는 장기존속의 문양에 비해 단기간 통용된 문양이 더 유리하 것으로 설명되고 있다.(안재호 2011)

| 표 5 | 중기속성과 장기속성의 배열

장＼중	3	8	25	2	21	27	9	12	17	18	20
1	■	■	■	■	■	■					
14				■	■	■	■	■	■	■	■

| 표 6 | 단 · 중기와 장기속성

단 · 중＼장	1	14
3, 4, 6, 8, 10, 19, 25	■	
2, 21, 27	■	■
9, 12, 17, 18, 20		■

| 표 7 | 문양의 1차 편년

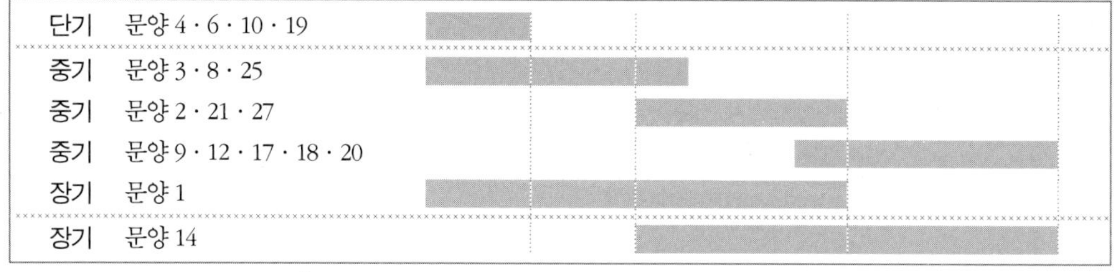

다음으로 〈표 3〉의 공반상을 정리하여 배열한 것이 〈표 8〉이다. 여기서 장기존속문양인 1과의 공반예만 확인되는 문양 4·6·10은 제거하였다. 그리고 문양 22(구순각목ㄴ)와 26(절상돌대문)은 타문양과 공반되지 않고 서로간의 공반이 확인될 뿐이다. 그러므로 양 문양의 편년은 표 8에서 볼 때 극단에 놓일 수 있는데 비교적 빠른 속성으로 판단되며 따라서 22에서 17의 방향으로 편년할 수 있다.

| 표 8 | 문양의 배열 1

	22	26	5	3	23	19	1	25	16	12	27	9	2	8	21	14	20	18	17
22	●	○																	
26	○	●																	
5			●	○															
3			○	●	○	○	○												
23				○	●	X	X												
19				○	X	●	○												
1				○	X	○	●	○	X	X	○	X	○	○	○	○			
25							○	●	○	○	X	○	X	○	X	X			
16							X	○	●	○	X	○	X	○	X	X			
12							X	○	○	●	○	○	X	○	○	○			
27							○	X	X	○	●	X	X	X	○	○			
9							X	○	○	○	X	●	○	○	○	○	○		
2							○	X	X	X	X	○	●	X	○	○	○		
8							○	○	○	○	X	○	X	●	X	X	○		
21							○	X	X	○	○	○	○	X	●	○	○	○	
14							○	X	X	○	○	○	○	X	○	●	○	○	○
20												○	○	○	○	○	●	○	○
18															○	○	○	●	○
17																○	○	○	●

그런데 문양 1과 문양 14는 장기문양으로서 앞에서 살펴본 바와 같이 불명확한 점이 있으므로 이를 다시 정리할 필요가 있다. 표 9는 이에 따른 결과인데 결손자료를 최소화하기위해 표 8의 행열을 재조정하였다.

| 표 9 | 문양의 배열 2

	5	3	23	19	22	26	25	16	12	9	8	27	21	2	20	18	17
5	●	○															
3	○	●	○	○													
23		○	●	X													
19		○	X	●													
22					●	○											
26					○	●											
25							●	○	○	○	○						
16							○	●	○	○	○						
12							○	○	●	○	○	○	○				
9							○	○	○	●	○	X	○	○	○		
8							○	○	○	○	●	X	X	X	○		
27									○	X	X	●	○	X	X		
21									○	○	X	○	●	○	○	○	
2										○	X	X	○	●	○	X	
20										○	○	X	○	○	●	○	○
18													○	X	○	●	○
17															○	○	●

〈표 9〉를 통해 알 수 있는 문양의 순서는 〈표 8〉의 배열과 기존의 정보를 결합하여 문양 5→3→19・23→22・26→25・16→12→9・8→27→21→2→20→18→17의 13단계로 정리될 수 있다. 그런데 문양 22・26과 문양 5・3・19・23은 선후관계를 판단하기 어렵다. 절상돌대문(26)과 구순각목ㄴ문(22)은 소수의 주거지에서만 제한적으로 출토되며 이중구연점열문(5)도 대율리유적의 1예 뿐이다. 그러므로 단독문인 이중구연문(19)과 이중구연거치문(3)을 중심으로 한 시기로 판단할 수 있으며 문양 22와 26은 병행하거나 약간 후행할 가능성도 있다. 그러나 역시 출토유구의 수가 적은 관계로 거의 동일한 단계로 판단해 둔다. 그리고 표 6・7의 결과를 참고할 때 문양 4와 10의 이중구연사격자문과 이중구연1+단사선문a+절상돌대문 역시 이와 병행하거나 약간 늦은 것으로 편년할 수 있다. 다음은 이중구연2+단사선문b+구순각목ㄱ의 문양 16과 단독 점열문인 25이며 문양 8・9・12

도 같은 시기이다. 문양 21(구순각목ㄱ문), 27(유상돌대문), 2(이중구연1단사선문b)가 그 다음에 위치하는데 문양 2 · 21의 경우 존속기간이 비교적 긴 편이다. 특히 문양 2는 〈표 8 · 9〉의 결과에서 약간 차이가 보이는데 문양 1 또는 9와의 공반을 볼 때 전후로 시기가 확장될 가능성이 있다. 이후는 문양 20(단사선문)이 해당되며 역시 긴 존속기간을 갖는다. 끝으로 문양 18(구순각목단사선문), 문양 17(구순각목공렬문)의 순서이다. 이상의 내용을 도식화하여 〈표 10〉과 같이 최종 6단계로 구분할 수 있는데 2 · 3단계와 4 · 5단계를 묶어 4단계로 축약될 가능성도 있다.[1]

| 표 10 | 금강유역 가락동유형 토기(문양)의 단계

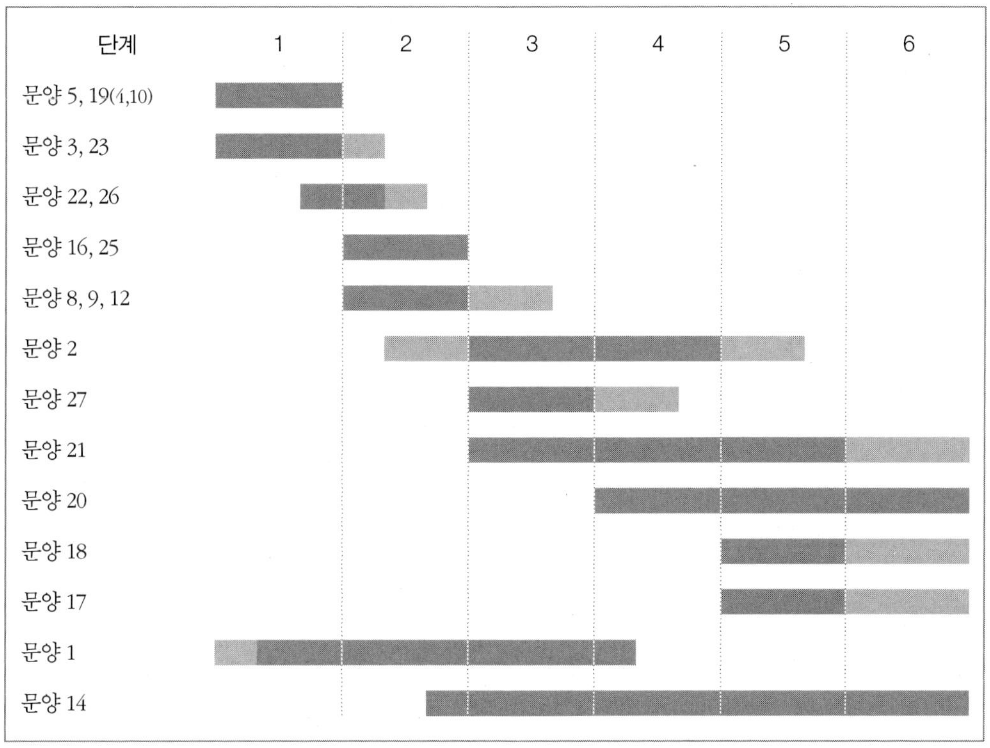

1 필자는 舊稿(공민규 2011, 2012)에서 가락동유형의 편년을 4단계로 발표한 바 있다. 이것은 주거지의 형식과 구조를 토대로 이중구연단사선문 등 토기 문양의 변천을 통해 설정한 것인데 여기에서의 6단계는 전적으로 토기의 문양을 기준으로 한 것이다.

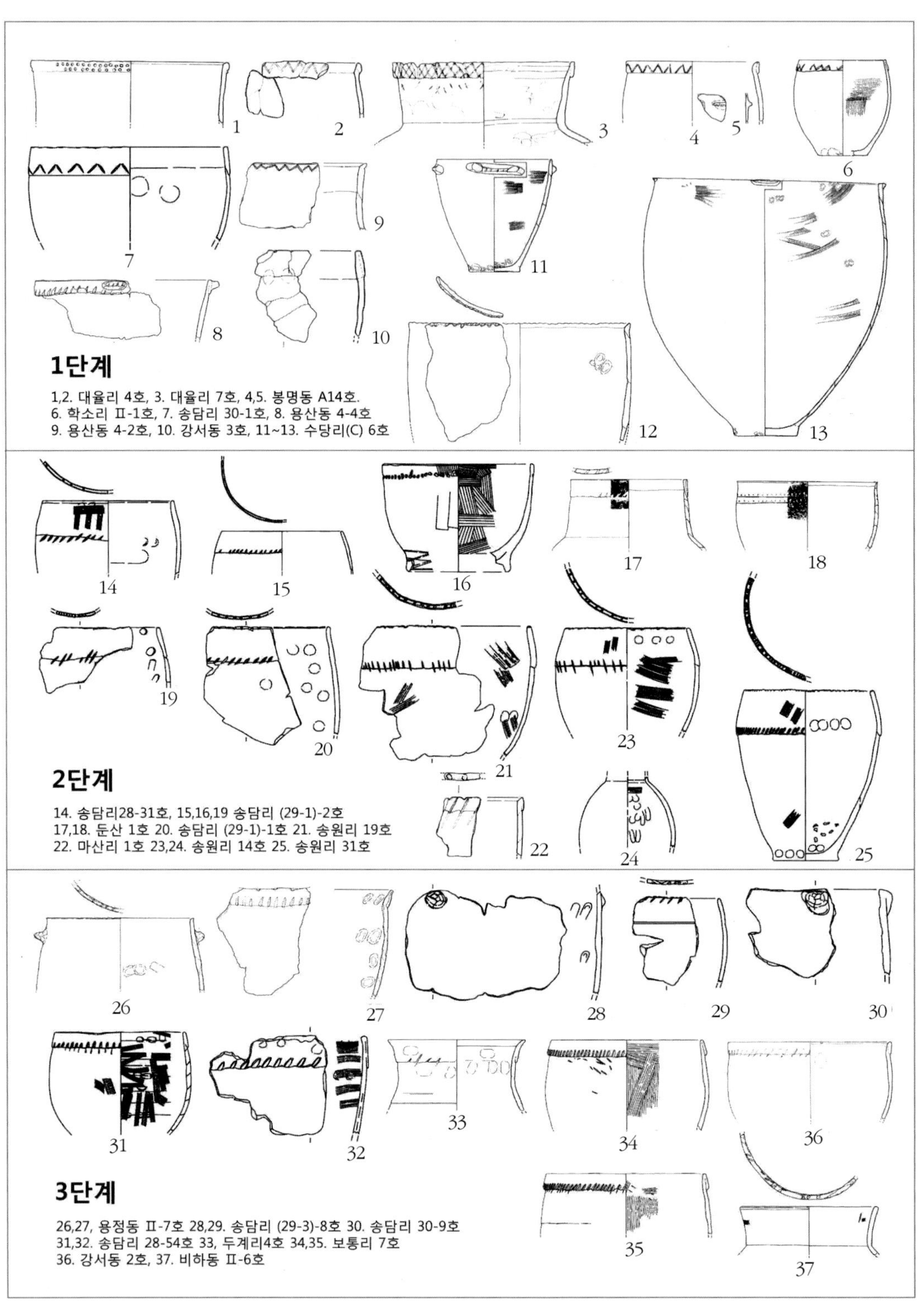

| **도면 3** | 가락동유형 토기의 편년 1(縮尺不同

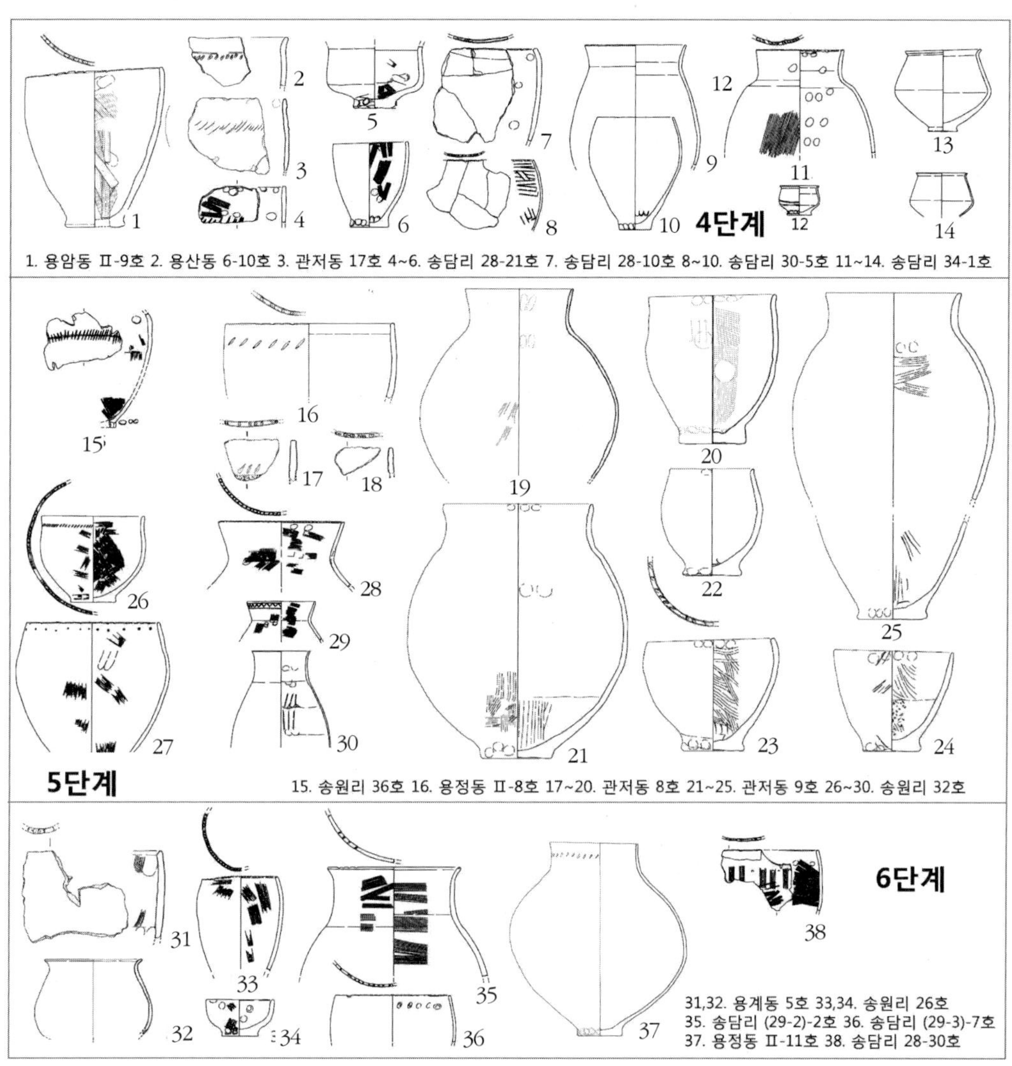

| **도면 4** | 가락동유형 토기의 편년 2(縮尺不同)

| **표 11** | 가락동유형 토기 문양배열에 따른 단계설정

속성번호	23	3	19	26	10	9	8	12	2	27	14	20	18	1	21	
YSD4-1	●															1
GD13	●	●														
DYR2		●														
HSR(II)1		●												●		
SDR(30)-1		●												●		
BMD(A)14		●	●	○										x		
GSD3			●											x		
GPD(II)6			●											x		

속성번호	23	3	19	26	10	9	8	12	2	27	14	20	18	1	21	
GSD1			●											●		
JCR2			●											●		
YSD4-2			●						○					●		
SDR(C)6				●										x		1
YSD4-4				●										x		
BTR5					●									●		
BTR3					●									●		
SDR(28)-31														x		
SWR-14						●								x		
SWR-31						●								x		
SWR-19						●								x	●	
SDR(29-1)-1						●	●							x		
SDR(29-1)-2						●	●	●						x		
SWR-36						x	x	●						x		2
DSD1						x	●					○		x		
NGD						x	●							●		
SWR-35						●	x				●			x		
DYR1						x	●		●					●		
MSR1						●			●					x		
DYR5									●					●		
YSD(C)1									●					●		
DYR환호									●					●		
DYR4									●					x		
BTR2									●					x		
GSD2									●					x		
YSD6-10									●			○		x		
DGR4									●					x		
SDR(28)-54									●		●			●		
SDR(28)-2									●					●	●	
BTR7									●					●		
SDR(29-3)-8								○		●	●			x	●	
YAD(II)7										●				●		3
BHDII5										●				●	●	
YSHD덜레기1										●				x		
BMD(A)1										●				x		
SDR(30)-9										●				x		
GPD(II)3											●			x		
SWR-33											●			x		
YAD(I)1														●		
DYR7														●		
YAD(II)1														●		
HSR(I)1														●		
SYR4														●	●	
BHDII7														●		

속성번호	23	3	19	26	10	9	8	12	2	27	14	20	18	1	21	
BHD II 8														●		
DSD2														●		
GD2														●		
YSD(C)2														●		
YSD2-4														●		
YGD11														●		
SDD원골 II 2														●		
GPD(I)2														●		3
SWR-43														●		
SWR-16														●		
SWR-38														●		
SDR(28)-55														●		
SDR(28)-44														●		
BTR8														●		
BTR6														●		
YAD(II)11												●				
DSD3												●				
KGD17												●				4
SDR(28)-21												●?				
SDR(28)-10												●			●	
SWR-32											●	●	●		x	
YAD(II)8													●		●	
KGD8													●		●	
YAD(II)9															●	
BHD II 6															●	
YGD7															●	
YGD5															●	
KGD9															●	
GPD(II)10															●	5, 6
GOD4															●	
SDR(30)-5															●	
SDR(34)-1															●	
SDR(28)-28															●	
SDR(29-2)-2															●	
SDR(29-3)-7															●	
SDR(28)-30															●	
SWR-74															●	
SWR-26															●	

Ⅲ. 미사리유형 토기의 편년

1. 미사리식주거지의 검토

금강유역에서 청동기시대 조기~전기의 미사리유형과 관련된 고고자료는 제한적이었다. 즉, 기존의 여러 연구성과를 통해 알려진 (석상)위석식노지와 돌대문토기의 조합을 이루는 자료가 금강유역에서 뚜렷하지 않은 관계로 이 지역에서 조기-미사리유형의 설정보다는 가락동유형에 포함된 미사리유형의 요소를 통해 접근이 이루어진 것이다. 그러나 최근 금강유역의 충적지에서 대·소규모의 취락(주거)유적이 조사됨에 따라 일정부분 진전된 이해가 가능하게 되었다.

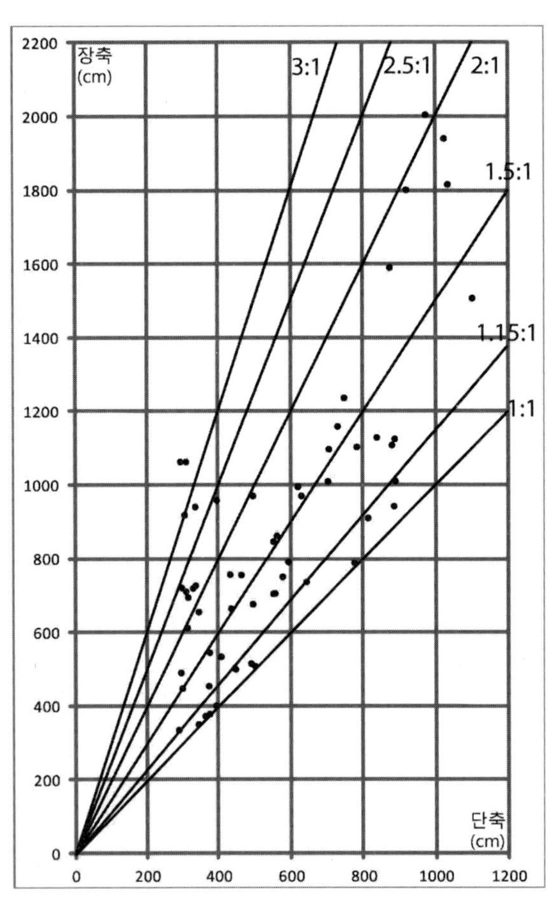

| 도면 5 | 미사리식 주거지 장단비

본고에서는 충적지상에 입지한 연기 대평리유적의 A(정상훈 외 2012)·B(이홍종 외 2012)·C지점(충청남도 역사문화연구원 외 2012)과 증평 송산리유적(손명수·김용건(2010), 대전 원신흥동(동서도로부지)유적(김영국 외 2012)에서 확인된 주거지와 그 출토유물을 대상으로 검토를 실시할 예정이다. 그리고 주변지역의 미사리유형 자료와의 비교·검토가 필요하나 아직까지 필자의 능력밖이므로 금강유역내에서의 변화과정에 초점을 맞춰 검토를 진행하겠다.

금강유역 충적지상에서 조사된 미사리유형 관계 주거지는 현재까지 5개소에서 총 65기[2]이며, 10기 미

2 미호천의 충적지에 위치한 청원 궁평리유적에 대한 발굴조사(2011년)에서도 위석식노지가 설치된 주거지

만의 수혈유구도 포함된다. 주거지의 평면형태는 미사리식 주거지의 특징으로 이해할 수 있는 정방형을 추가하여 정방형(1.15:1이하)·방형(1.5:1이하)·장방형(2.5:1미만)·세장방형(2.5:1이상)으로 구분하며 각각 13(23.6%), 19(34.6%), 18(32.7%), 5(9.1%)의 점유율을 갖는다. 각 평면형태의 평균면적은 장방형이 70㎡ 가장 넓고, 방형 57.2㎡, 정방형 38.7㎡, 세장방형 30.9㎡의 순서이다.

주거지의 면적을 살펴보면 금강유역 미사리식 주거지의 평균면적은 약 61㎡로서 둔산식 주거지의 40㎡에 비해 약 1.5배 정도 큰 편이다. 면적에 따른 주거지의 분류로는 면적의 분포와 다음의 히스토그램을 참고할 때 30㎡ 이하의 소형, 50㎡ 이하의 중형, 100㎡이

| 표 12 | 미사리식 주거지의 면적분류와 주거지수

30㎡이하	50㎡이하	100㎡이하	200㎡이하	200㎡이상
22	15	14	6	1

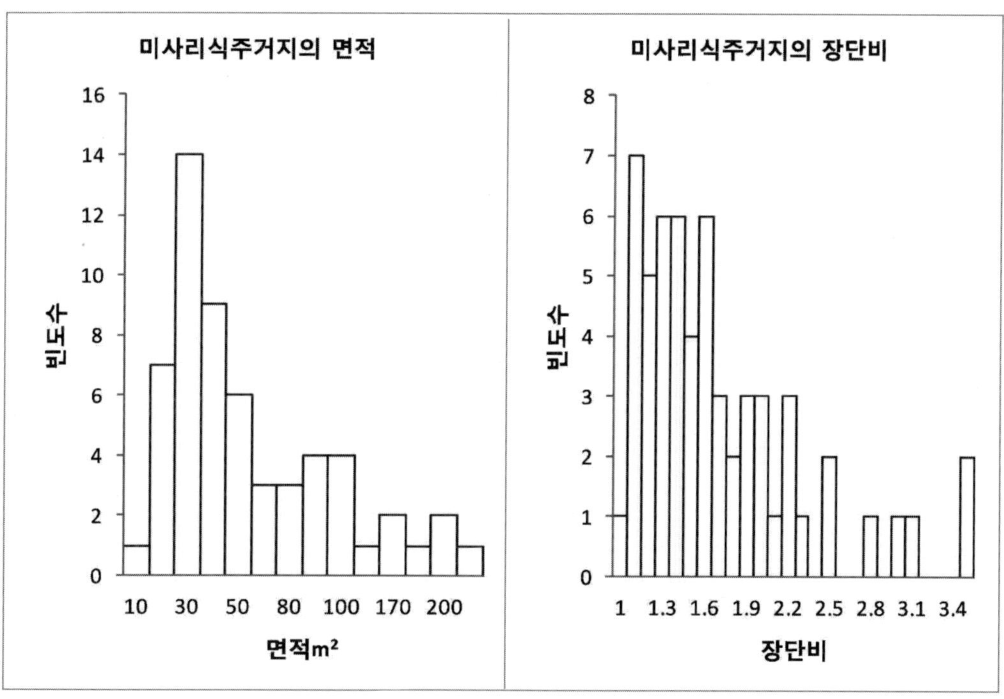

| 도면 6 | 미사리식주거지 면적과 장단비 히스토그램

가 1기 확인되었으나 보고서미간으로 이 글에서 제외하였다.

하의 중대형, 200㎡ 이하의 대형, 그 이상의 초대형으로 구분할 수 있다. 특히 연기 대평리 A-6호 주거지는 한쪽의 단벽이 유실되었음에도 장축이 31.12m이고 잔존규모로 추정한 면적 역시 311.2㎡ 이상에 이르는 초대형 건물로서 주거 목적 이외의(예를 들면 공공건물, 공동작업장) 성격을 추정케 한다.

주거지 내부의 시설 중 노지는 65기 중 48기에서 확인되며, 17기는 노지가 없거나 확인되지 않았다. 노지의 형식은 석상위석식 8, 위석식 11, 무시설식(또는 토광식) 20기으로 나타나며 석상위석식+위석식, 석상위석식+무시설식, 위석식+무시설식 등 2개 형식의 노지가 복합된 주거지도 9기가 확인된다. 노지 형식별 주거지의 면적으로는 서로 다른 형식의

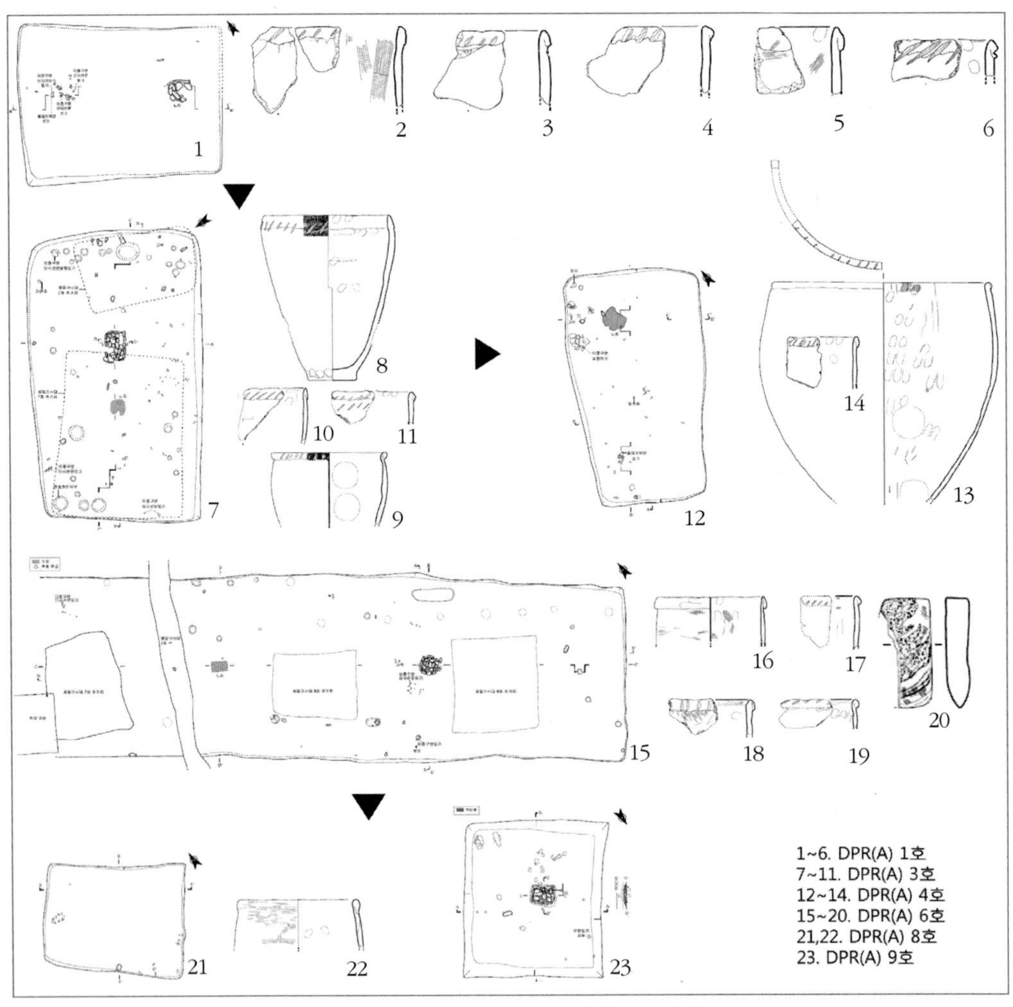

| **도면 6** | 대평리 A지점 주거지 중복관계

노지가 복합된 주거지가 비교적 높게 파악되는 것이 특징이다. 주거지 내부의 기둥배치는 無柱式과 불규칙성을 나타내는 것이 중심을 이루고 있다. 그러나 연기 대평리유적 C4호와 C19호주거지에서는 각각 2열×5행, 2열×4행의 2열초석구조가 확인되며, 대전 원신흥동유적 2-1호주거지에서는 주공과 초석이 결합된 2열×9행의 기둥배치가 확인되고 동유적 2-2호에서는 1열×5개의 초석이 설치되어 있다. 그리고 대평리 B3호와 B17호 주거지는 주거지 내부 모서리에 4주식의 기둥배치가 나타나는데, 두 주거지는 정방형의 소형주거지로 동일하다. 기타 주거지의 내부 시설로는 저장혈과 벽구 등이 확인된다. 저장혈은 노지에서 떨어진 한쪽 단벽이나 모서리에 주로 설치되는 둔산식주거지와는 다르게 산재되는 양상이며 저장혈의 수나 설치주거지나 일부에 불과하다. 그런데 미사리유형의 연기 대평리유적 A(3기)·B(1기)·C지점(3기)이나 대전 원신흥동유적(2기)에서는 유적별로 청동기시대의 소형수혈이 조사되었다. 가락동유형의 취락에시 별도의 외부수혈이 조사된 예가 현재까지 없으므로 이 점은 금강유역 내에서 양유형의 뚜렷한 차이점이라고 할 수 있다. 따라서 미사리식주거지내에서 저장시설의 양상이 미미한 점은 외부수혈의 존재와 관련될 가능성이 있다.

다음으로 주거지 중복관계에서 나타난 양상을 토대로 주거지의 상대연대를 살펴보기로 하자. 도면 8의 대평리유적에서는 8곳에서 주거지의 중복관계가 확인된다. 물론 주거지의 중복 자체가 하나의 단계를 구분할 만큼 획기가 되기 어려운 면도 있으나 적어도 노지의 형태나 주거지의 평면, 그리고 유물상의 혼재는 금강유역 미사리유형의 단계를 설정하는데 적지 않은 어려움으로 작용한다.

우선 A지점의 1~4호의 중복관계를 살펴보면 A1호는 석상위석식노지가 설치된 중소형방형주거지에 각목돌대문토기와 이중구연단사선문토기가 출토된다. A2호는 소형의 장방형주거지로서 노지는 확인되지 않았으며 출토유물은 없다. A3호는 대형의 장방형주거지로서 석상위석식노지와 무시설식노지가 각 1기씩 설치되며 이중구연단사선문토기가 출토된다. A4호는 중소형의 장방형주거지에 무시설식노지 1기가 설치되며, 이중구연단사선문토기와 이중구연구순각목토기가 출토되었다. 여기서 A1호와 A2호의 선후관계는 불분명하지만 이 두 주거지가 A3호에 선행하며, A4호가 마지막에 조성된 것이다. 이러한 양상은 일반적인 미사리유형의 전개과정과 부합되는 면이 있다. 그런데 A6~A9호를 살펴보면 초대형의 세장방형 주거지인 A6호에서는 석상위석식노지와 무시설식노지가 1기씩 설치되고 각목돌대문토기, 이중구연, 이중구연단사선문, 이중구연구순각목문이 시문된 토기가 출토된다. 그리고 이 A6호에 후행하는 A7~A9호는 서로간의 중복이 없어 시차를

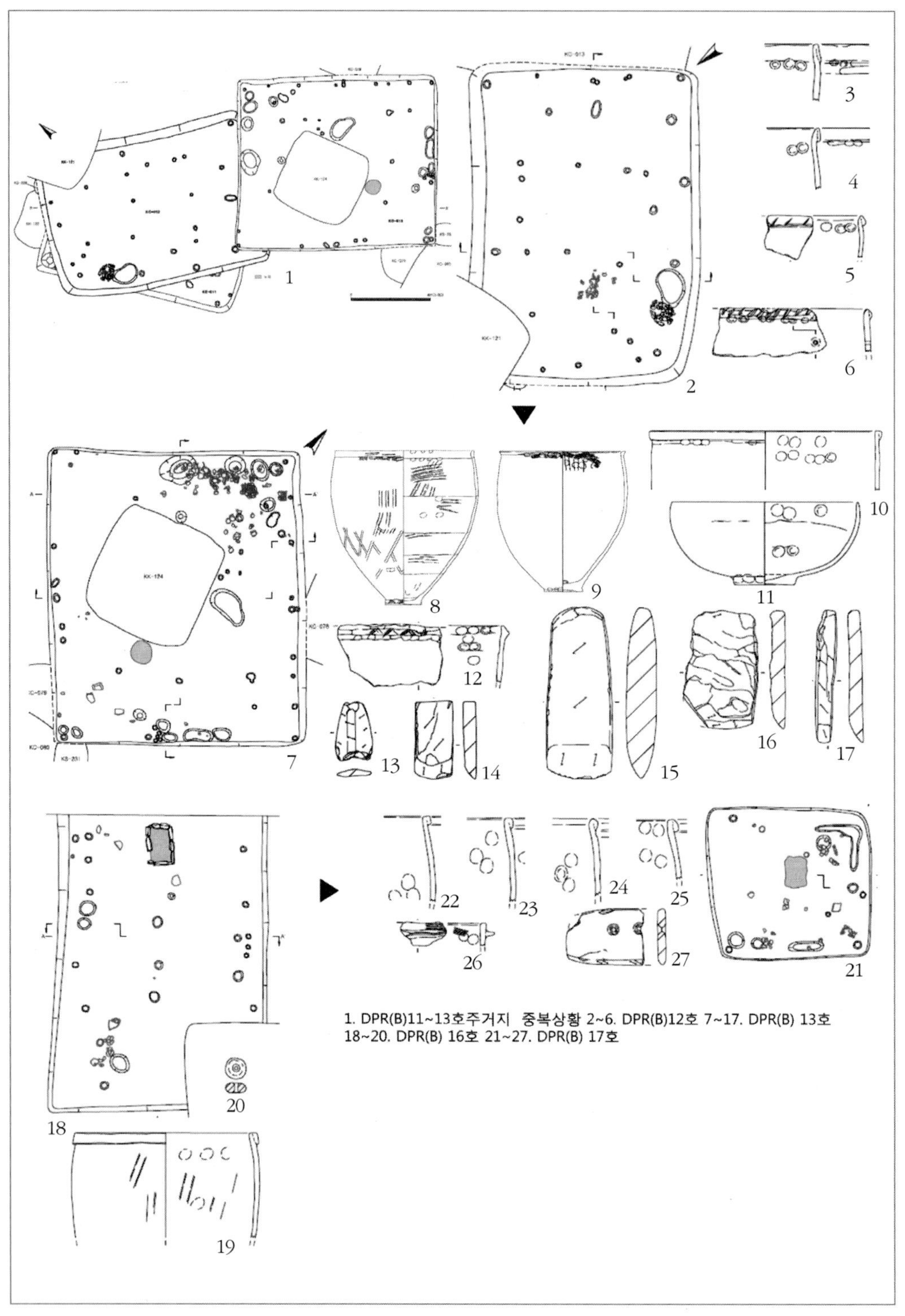

| 도면 8 | 대평리 B지점 주거지 중복관계

확인키 어렵지만, 정방형의 소형주거지에 석상위석식노지가 설치된 A9호의 양상을 볼 때 평면형태나 주거지 규모차이 또는 노지의 형태나 설치의 차이가 온전한 시간성을 반영한다고 보기 어려운 측면도 있다. 물론 이 A9호는 출토유물이 없는 관계로 정확한 판단은 보류할 필요가 있다.

다음으로 B5~7호의 중복을 살펴보자. 이 주거지들의 순서는 5-7-6의 순서로 6호가 후행한다. B5호는 초대형의 장방형주거지로서 위석식노지 2기와 무시설식노지 1기가 설치되며, 이중구연토기가 출토된다. B7호는 중소형의 장방형주거지로서 위석식노지 1기가 설치되며, 토기는 뚜렷한 특징이 없다. B11~13호의 중복에서 선행하는 11호는 출토유물이 없으며, 12호는 위석식노지가 설치된 방형의 중대형주거지로서 각목돌대문토기와 이중구연, 이중구연단사선문, 13호는 무시설식노지가 설치된 정방형의 중대형주거지에, 거치상의 각목이 시문된 돌대문토기와 이중구연토기가 출토된다. B16・17호에서 선행하는 16호는 토기상이 불분명하나 잔존형태상 중형의 장방형 이상이고 위석식노지가 설치된다. 17호는 소형의 정방형주거지에 무시설식노지가 설치되며 이중구연토기가 출토된다. 대평리유적 B지점의 경우 취락내에서 석상위석식노지가 설치된 주거지는 확인되지 않았다. 그런데 주거지내의 노지설치에서 위석식→무시설식의 변화는 확인되나 평면형의 변화는 간취되지 않으며 규모에서는 중대형에서 소형으로 변화한다. 그리고 토기에 있어서는 중복된 주거지에서의 유물상이 큰 차이가 없으므로 주거지의 중복이 시차를 크게 반영한다고 보기 어려운 면이 있다.

C지점에서는 2곳의 중복이 확인되는데, C1・2호는 규모와 평면형태는 거의 동일하지만, 노지의 경우 선행하는 C1호는 위석식노지1기+무시설식노지3기의 조합인 반면, C2호는 위석식노지 1기가 설치되어 있다. 토기상에서는 1호에서 각목돌대문, 절상돌대문, 무각목돌대문, 이중구연, 이중구연단사선문의 문양이 시문된 토기가 출토되고 2호에서 각목돌대문, 이중구연, 이중구연구순각목이 시문된 토기가 출토된다. C13・14호는 양자 모두 방형계의 중소형주거지로서 무시설식노지 1기가 설치된 양상은 거의 유사하다. 토기상은 선행하는 13호에서 이중구연토기가, 14호에서는 각목돌대문토기와 이중구연토기가 출토된다. C지점의 중복관계를 통해 볼 때 주거지의 규모 또는 형태상에서 거의 동일하고 토기상 역시 큰 차이가 없기 때문에 단계를 구분할 만큼의 시간성이 확보되기 어려운 측면이 있다. 물론 중복된 양 주거지가 유물상에서 보이는 것 보다 큰 시차를 갖을 가능성도 배제할 수 없고 오히려 각목돌대문토기가 후행하는 양상도 있기 때문에 이러한 점은 미사리유형의 단계를 설정하는데 있어 신중할 필요가 있다는 점을 시사해준다.

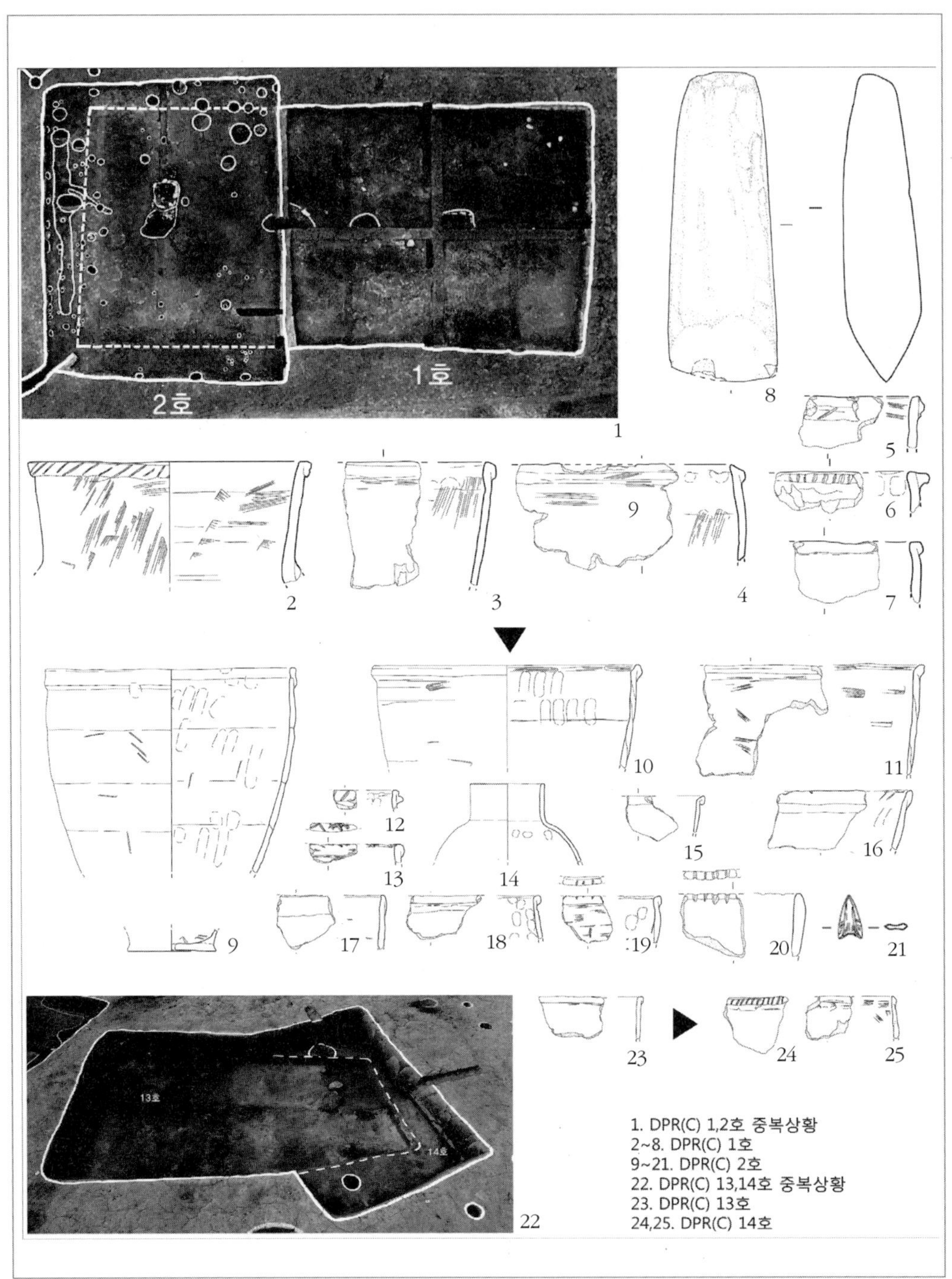

| 도면 9 | 대평리 C지점 주거지 중복관계

끝으로 금강유역의 미사리유형 주거지의 절대연대를 통해 살펴보기로 한다. 미사리식주거지에서 3,000B.P.이상의 연대는 8기가 확인된다. 중복관계를 보이는 대평리B12호가 3,540B.P.이고, 이중구연거치문토기가 출토된 송산리 2호는 3,230±50B.P.와 2,910±50이다. 그리고 가락동유형의 세장방형 주거지와 유사한 주거지인 원신흥동 동서도로의 2호는 3,230±70B.P.로서 일반적으로 미사리유형에서 비교적 빠르다고 인지되는 동유적의 3호 주거지 3,020±50B.P.나 1호주거지의 3,070±50B.P.와 3,010±50B.P.에 비해 빠른 결과가 나타난다. 그리고 송산리의 경우에도 비교적 빠른 주거지로 판단되었던(현대환 2012) 정방형주거지에 석상위석식노지가 설치된 1호의 연대가 3,070±50B.P.와 2,980±50B.P.로서 앞서의 2호보다 늦을 수도 있다. 물론 절대연대값 자체를 이용한 편년은 무리가 따르고 복수의 연대가 측정될 경우 늦은 연대값을 취하는 것이 보다 안정적임을 고려할 때 좀 더 신중할 필요가 있을 깃이다. 그러나 주거지의 중복이나 절대연대값이 시사하는 점은 미사리유형의 단계설정에 있어 기왕에 제기되었던 여러 기준들이 금강유역에 적용되기 어려운 점도 분명 존재한다는 것을 나타내 준다는 것이다.

2. 금강유역 미사리유형 토기의 편년

미사리유형의 주거지에서 출토되는 토기는 돌대문토기와 이중구연토기 등의 단독문과 이중구연단사선문토기 등 복합문이 시문된 토기로 구분할 수 있다.(도면 10) 그런데 단독문에서 돌대문토기와 이중구연토기의 구분이 모호한 경우가 많다. 따라서 각 유적별 보고서의 여러 표현이 상이한 관계로 이글에서는 구연단 외측에 바로 점토대를 덧붙여 단차 없이 제작한 것을 이중구연으로 분류하고 돌대문은 구연단 외측에서 아래쪽으로 이격되어 점토대가 부착된 것으로 한다.

〈표 14〉를 보면 단독문의 각목돌대문과 이중구연이 비교적 오랜 기간동안 존속되는 문양속성으로 판단된다. 구체적으로는 도면 11의 문양 1·4·5번이 해당될 것이다. 단기속성은 문양 7·10·13이며, 문양 13은 가락동식토기의 이중구연과 동형으로서 구릉과 충적지 취락간의 연결고리일 가능성도 있다.

미사리유형의 주거지 출토토기에서 확인되는 문양은 14개이며 이 중 각목돌대문과 이중구연a·b가 주를 이룬다.

여기에서는 앞부분의 주거지 검토에서 제기한 문제점들의 대안으로 가락동식토기와 같이 속성배열법(안재호 2007, 김현경 2012, 유선영 2012)에서 사용된 방법론을 빌려 접근해

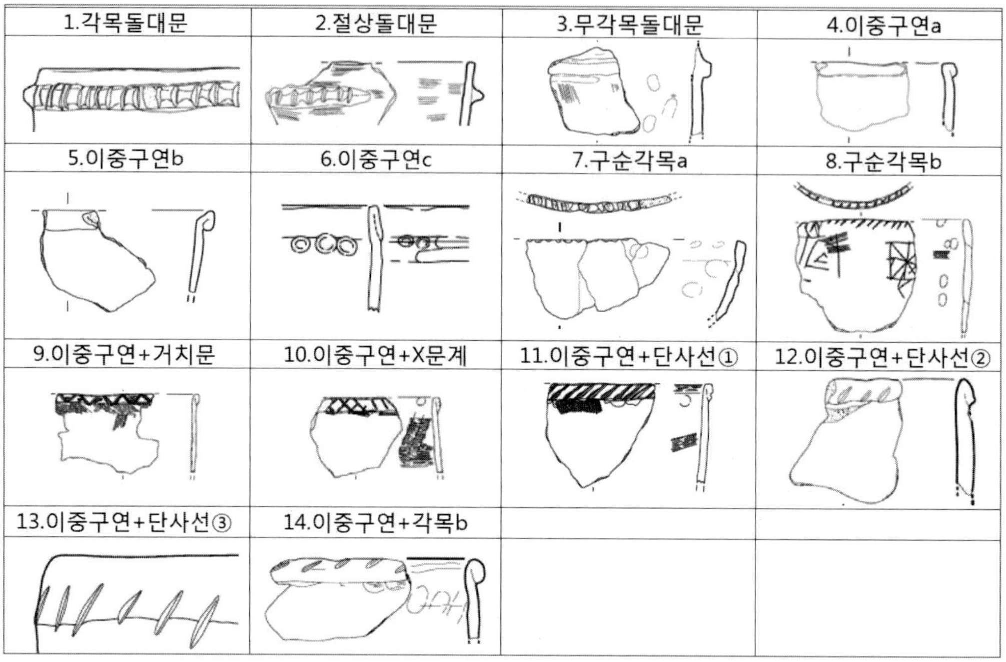

1.각목돌대문	2.절상돌대문	3.무각목돌대문	4.이중구연a
5.이중구연b	6.이중구연c	7.구순각목a	8.구순각목b
9.이중구연+거치문	10.이중구연+X문계	11.이중구연+단사선①	12.이중구연+단사선②
13.이중구연+단사선③	14.이중구연+각목b		

| **도면 10** | 금강유역 미사리유형 주거지 출토토기의 문양분류

| **표 13** | 각 문양이 출토된 주거지 수

문양구분	각목돌대문	절상돌대문	무각목돌대	이중구연a	이중구연b	이중구연c	구순각목a	구순각목b	이중+거치문	이중+X문	이중+단사①	이중+단사②	이중+단사③	이중+각목b
번호	1	2	3	4	5	6	7	8	9	10	11	12	13	14
수량	14	5	3	15	12	8	3	2	6	2	8	7	2	5

보기로 한다. 앞에서 일부 제시한 바와 같이 금강유역 미사리유형의 주거지에서 출토된 토기의 문양을 정리하면 총 14개로 구분할 수 있다. 이 문양들은 다시 각목돌대문과 이중구연의 단독문과 이중구연단사선문 등의 복합문으로 나누어질 수 있다. 속성배열법을 통한 기왕의 연구에서 울산지역이나 금호강유역은 확인되는 문양의 수가 금강유역에 비해 2배 이상 많은 점을 알 수 있는데, 이는 필자가 문양에 대한 분류를 단순하게 한 문제도 있겠지만, 금강유역의 충적지 자료로 한정하여 구릉의 가락동유형 자료가 배제되고 특히 흔암리계 이중구연단사선문이나 공렬문, 돌류문, 그리고 두립문 등을 포함한 퇴화된 단

| **표 14** | 문양의 공반관계

문양구분	각목돌대문	절상돌대문	무각목돌대	이중구연a	이중구연b	이중구연c	구순각목a	구순각목b	이중+거치문	이중+X문	이중+단사①	이중+단사②	이중+단사③	이중+각목b
	1	2	3	4	5	6	7	8	9	10	11	12	13	14
1	■	○	○	○	○	○		○		○	○	○		○
2	○	■	○	○	○	○	○							○
3	○	○	■	○	○	○		○	○	○	○	○		○
4	○	○	○	■	○	○			○			○		○
5	○	○	○	○	■	○			○	○			○	○
6	○	○	○	○	○	■		○	○		○	○		○
7		○					■							○
8	○		○			○		■			○	○		○
9			○	○	○	○			■	○			○	
10	○		○		○				○	■				
11	○		○			○		○			■	○	○	○
12	○		○	○		○		○			○	■	○	○
13					○				○		○	○	■	
14	○	○	○	○	○	○	○	○			○	○		■
계	10	7	11	8	9	10	2	6	6	4	7	8	4	10

사선문 등의 자료는 동지역에서 극히 드물거나 부존하기 때문에 제한적일 수 밖에 없다. 이러한 자료의 부족은 신뢰도를 높이는데 있어 결점으로 남을 수 밖에 없으므로 추후 가락동유형 자료와의 종합적 검토가 필요할 것이다. 어쨌든 총 14개의 문양을 통해 단위주거지의 단순 출토상이나 각 문양간의 공반양상에서 각목돌대문과 이중구연은 금강유역 미사리유형의 전기간 동안 지속된 문양으로서 하나의 단계를 구분하기 어렵다. 이것은 앞에서의 주거지 중복관계에서 제시한 문제와 궤를 같이한다.

단기간에 유행하거나 비교적 존속기간이 짧은 문양으로는 구순각목a(7)인데 이 문양은 시간상 늦은 단계로 볼 수 있으며 문양 2의 절상돌대문과 14인 이중구연구순각목b와의 공반만이 확인된다. 장기문양은 1·3·6·14로 판단할 수 있으며 각각 모두 공반한다. 따라서 장기속성인 문양 1·3·6·14는 선후관계를 판단하기 어렵다.

〈표 16·17〉은 결손자료를 최소화하여 배열한 결과를 나타낸 것인데 문양

| 표 15 | 중기와 장기속성 배열

장＼중	10	9	12	11	5	4	8	2
3	○	○	○	○	○	○	○	○
1	○	X	○	○	○	○	○	○
6		○	○	○	○	○	○	○
14			○	○	○	○	○	○

13↔10↔9↔11 · 12↔5↔1 · 3↔4 · 6↔8↔14↔2↔7의 총 11단계로 나눠볼 수 있다. 이것을 기존에 이해되던 문양의 시간적 정보를 통해 살펴보면 문양13(이중구연단사선문③)→7(구순각목a)로 상대적인 시간 순서를 설정할 수 있다. 그런데 이와 같은 편년의 문제는 〈표 16〉에서 볼 수 있듯이 각 문양의 존속기간이 대부분 길기 때문에 단계의 분리가 어렵고 각 문양의 선후를 파악하기 어렵다는 문제가 있다. 그리고 단기문양에 의한 편년이 장기에 비해 신뢰도가 크다는 점(안재호 2011) 등에서 이 상대편년을 전적으로 받아들이기는 어렵다. 따라서 단기문양 또는 중기문양간의 분석을 통해 비교해 볼 필요가 있다. 그러나 단기속성의 문양은 문양 7이 유일하므로 중기로 분류한 속성으로 접근하고자 한다.

〈표 18-1〉은 중기속성으로 분류되는 각 문양을 역시 결손자료가 최소화되도록 배열한 결과(4/19)이며 〈표 18-2〉는 여기에서 다시 최소의 공반을 보이는 문양 10 · 13를 제외하고 배열한 것으로 결손자료는 1/10이다. 즉 〈표 18〉의 결과가 가장 안정적임을 알 수 있으며 〈표 15~19〉의 전체적인 배열을 고려하면 이중구연거치문 · 이중구연b↔이중구연a · 절상돌대문↔이중구연단사선문②↔이중구연단사선문① · 구순각목b의 4단계로 설정할 수 있다. 그리고 상대편년은 문양 8의 구순각목b가 문양 2의 절상돌대문보다는 늦을 것이라는 점에서 문양 9→문양8의 순서로 판단되나 역방향의 가능성도 있다. 그렇다면 이 방향의 흐름을 통해 전체적인 편년을 검토하기로 한다.

우선 〈표 16 · 17 · 18〉에서 문양 10(이중구연X문)은 문양 9(이중구연거치문)에 선행하거나 동단계로 판단된다. 이중구연거치문은 구릉지에 입지한 가락동유형서 확인되는 토기문양 중 비교적 이른 단계에 해당되는데 미사리유형의 자료에서도 동일한 것으로 파악할 수 있다. 그리고 〈표 15 · 19〉의 결과를 통해 장기문양의 1 · 3(각목돌대문 · 무각목돌대문)은 같은 단계로서 문양 6(이중구연c)에 선행하며 문양 14(이중구연구순각목b)가 가장 늦다. 또한 문양 1 · 3은 문양 4(이중구연a)에 선행하며 문양 5(이중구연b)와는 같은 단계로 판단

| 표 16 | 토기문양의 배열

	13	10	9	12	11	5	3	1	6	4	8	14	2	7
13	●	X	○	○	○	○								
10	X	●	○	X	X	○	○	○						
9	○	○	●	X	X	○	○	X	○	○				
12	○	X	X	●	○	X	○	○	○	○	○	○		
11	○	X	X	○	●	X	○	○	○	X	○	○		
5	○	○	○	X	X	●	○	○	○	○	X	○	○	
3		○	○	○	○	○	●	○	○	○	○	○	○	
1		○	X	○	○	○	○	●	○	○	○	○	○	
6			○	○	○	○	○	○	●	○	○	○	○	
4			○	○	X	○	○	○	○	●	X	○	○	
8				○	○	X	○	○	○	X	●	○	X	
14				○	○	○	○	○	○	○	○	●	○	○
2						○	○	○	○	○	X	○	●	○
7												○	○	●

| 표 17 | 문양를 통한 단계 설정

할 수 있다. 문양 6(이중구연c)은 문양 4와 동일한 공반상을 보여 동단계로 볼 수 있고 문양 13(이중구연단사선문③)도 거의 같은 단계로 판단된다. 끝으로 금강유역 미사리유형의

| **표 18-1** | 중기문양 배열 1

	10	9	5	4	13	2	12	11	8
10	●	○	○						
9	○	●	○	○	○				
5	○	○	●	○	○	○			
4		○	○	●	X	○	○		
13		○	○	X	●	X	○	○	
2			○	○	X	●	X	X	
12				○	○	X	●	○	○
11					○	X	○	●	○
8							○	○	●

| **표 18-2** | 중기문양 배열 2

	9	5	4	2	12	11	8
9	●	○	○				
5	○	●	○	○			
4	○	○	●	○	○		
2		○	○	●	X		
12			○	X	●	○	○
11					○	●	○
8					○	○	●

| **표 19** | 미사리유형 토기문양의 편년

	단계 문양	1	2	3	4
중기문양	10 이중구연X문	■ ■ ■ □ □ □	□ □ □		
	9 이중구연거치문	■ ■ ■ ■ ■ ■	□ □ □		
	5 이중구연b	□ □ □ ■ ■ ■	■ ■ ■ □ □ □		
	4 이중구연a	□ □ □	■ ■ ■ ■ ■ ■		
	13 이중구연단사선문③	□ □ □	■ ■ ■ ■ ■ ■		
	2 절상돌대문	□ □ □	■ ■ ■ ■ ■ ■	■ ■ ■ ■ ■ ■	□ □ □
	12 이중구연단사선문②		□ □ □ ■ ■ ■	■ ■ ■ ■ ■ ■	
	11 이중구연단사선문①		□ □ □ ■ ■ ■	■ ■ ■ ■ ■ ■	
	8 구순각목b		□ □ □	■ ■ ■ ■ ■ ■	
	7 구순각목a			□ □ □	■ ■ ■
장기문양	1·3 (무)각목돌대문	■ ■ ■ ■ ■ ■	■ ■ ■ ■ ■ ■	■ ■ ■ ■ ■ ■	
	6 이중구연 c	□ □ □	□ □ □ ■ ■ ■	■ ■ ■ ■ ■ ■	
	14 이중구연구순각목b		□ □ □ □ □ □	■ ■ ■ ■ ■ ■	■ ■ ■

상대편년에서 문양 7(구순각목a)이 가장 후행한다.

한편 선행 연구에 따르면 속성배열법에 의해 설정된 한 단계는 2세대의 시간폭(40년)에 대비될 수 있다고 한다.(안재호 2011) 본고에서는 금강유역 충적지에서 조사된 미사리

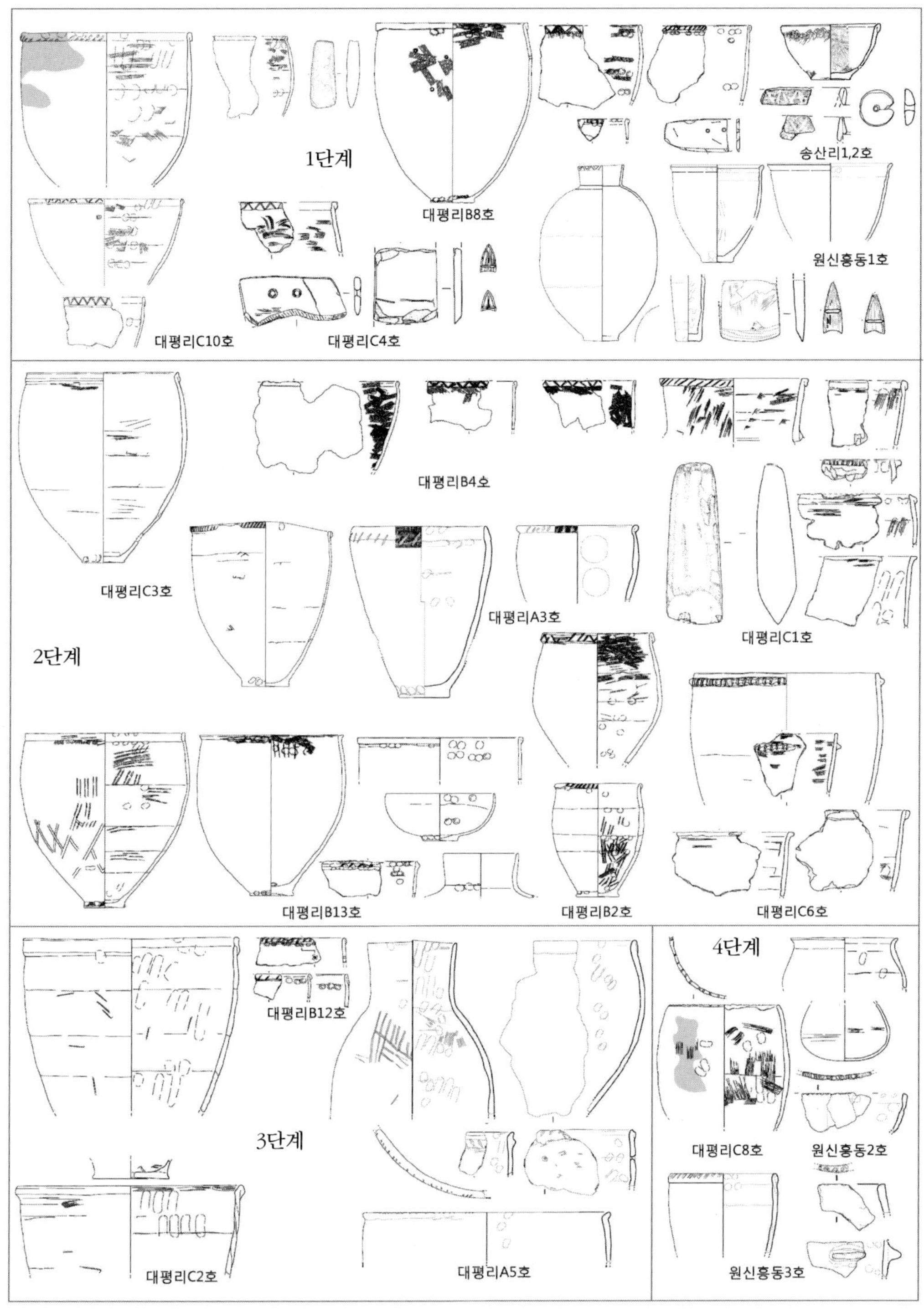

| **도면 11** | 금강유역 미사리유형 토기의 편년

유형 관련 주거지 출토 토기에 대해 최대 11단계의 상대편년을 설정할 수 있으나 분석대상이 일부 유적의 제한된 자료를 통해 이루어진 점을 감안하여 이것을 조금 더 압축한 후 유연하게 단계를 설정하고, 추후 자료의 보완 등을 통해 세밀한 단계의 설정을 계획하기로 한다.

Ⅳ. 맺음말 – 절대연대와 병행관계

금강유역의 청동기시대 조기~전기에 해당되는 토기에 대하여 문양을 기준으로 상대편년을 검토하였다. 편년은 일차적으로 속성배열법의 원리를 이용하여 분석을 실시하였다. 분석 결과 가락동유형 등의 구릉지에 위치한 주거지 출토자료는 최대 13단계로 구분되며, 충적지의 미사리유형 관계 자료는 11단계로 편년이 가능하다. 그런데 기왕의 가락동유형을 비롯한 금강유역 또는 호서지역 청동기시대 전기 또는 이른 단계에 대한 편년(이형원 2002, 공민규 2003)은 3단계 내외로 구분하는 것이 일반적이었으나 최근 속성배열법을 통해 8단계의 상대편년안이 제시된 바 있다.(金賢敬 2012)

일반적으로 가락동유형의 시간폭은 중복되는 절대연대값(도면 14)을 참고한다면 최대 약 6~700년을 고려해 볼 수 있다. 물론 3,000B.P 이상의 연대값을 갖는 자료들이 있으므로 그 폭이 확장될 가능성도 농후하나 아직 연대의 신뢰문제가 남아있다. 따라서 3단계의 편년에 따른다면 약 2세기에 걸치는 시간대로 당시의 문화에 접근해야하기 때문에 한 단계에 대해 통시적으로 다루어질 수 밖에 없으며 동시기성에 기반한 당대 취락의 연구에 제한이 따를 것이다. 따라서 세분된 편년안에 따라 시간폭을 나누고 접근한다면 당대 문화에 대한 더 민감한 변화상을 간취할 수 있을 것이고 동시기성을 전제로 한 당대 취락의 실상에 대해 더욱 구체적으로 검토할 수 있는 가능성이 열리는 것이다.(안재호 2011)

그런데 실제적으로 상대편년의 기준인 토기의 문양 또는 문양의 조합이 한 시간폭을 전부 포괄할 수 있을 것으로는 생각되지 않는다. 단기간 사용 혹은 존속된 문양이나 장기의 문양을 막론하고 전후 시기와의 중복을 고려해야 할 것이고 그렇게 중복된 시간폭을 인위적으로 구분하기는 매우 어렵기 때문이다. 실제로 이 글에서의 분석 결과 가락동유형의 중심문양인 이중구연단사선문의 시간폭이 넓고 다른 문양들도 넓은 시간대에 걸쳐있는 경우가 많기 때문에 4~50년 단위로의 구분은 쉽지 않다. 그러나 이러한 난점들에도 불구하고 조금 더 세밀한 편년은 취락연구에서 필수적이기에 지속적인 편년의 보완이 필

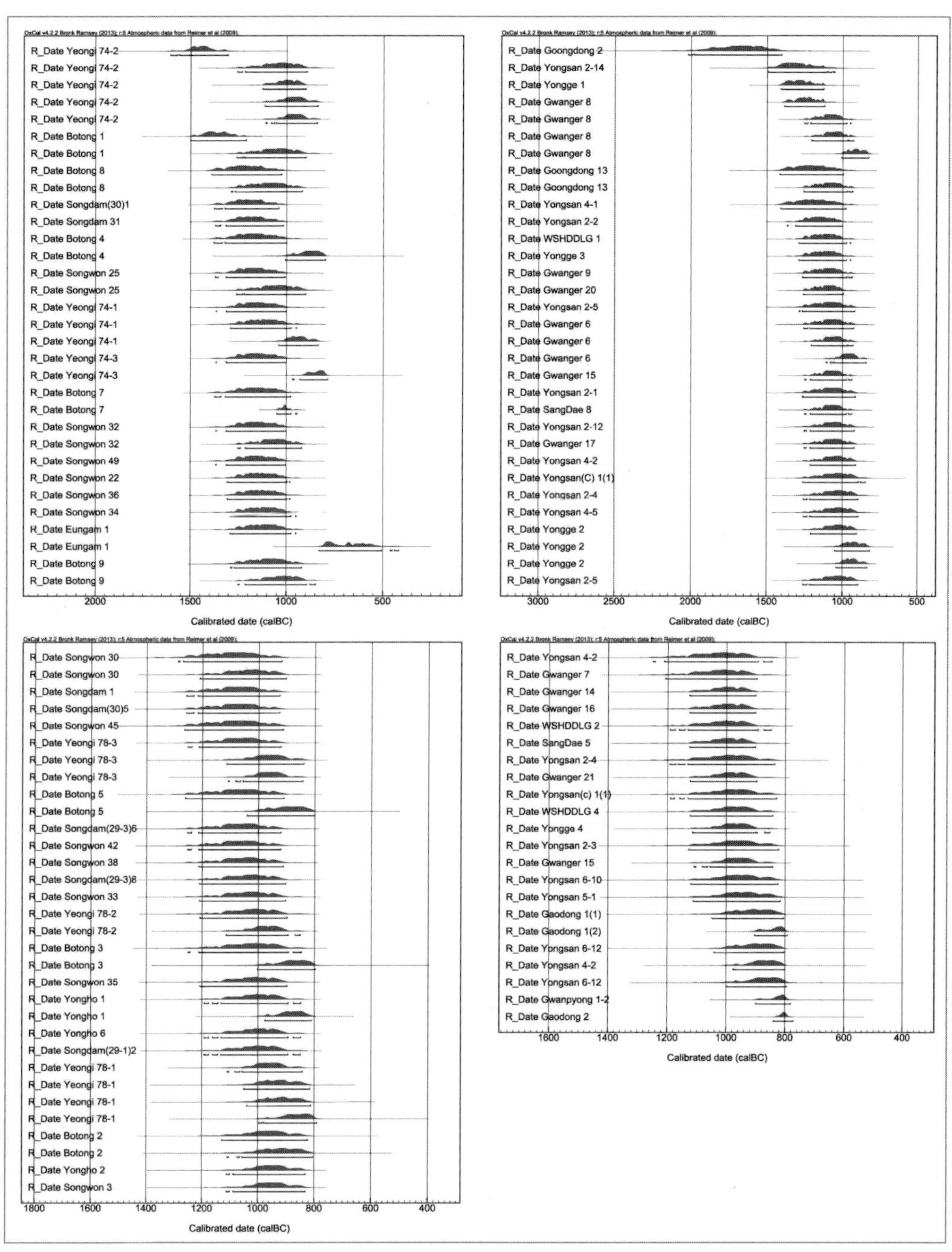

| **도면 12** | 금강(左)과 갑천(右)의 가락동유형 관련 절대연대(OxCal v4.2, 2Σ)

요할 것이다.

충청지역의 동부와 남부를 포괄하는 금강유역 가락동유형 등의 청동기시대 조~전기

| 표 20 | 절대연대값의 분포

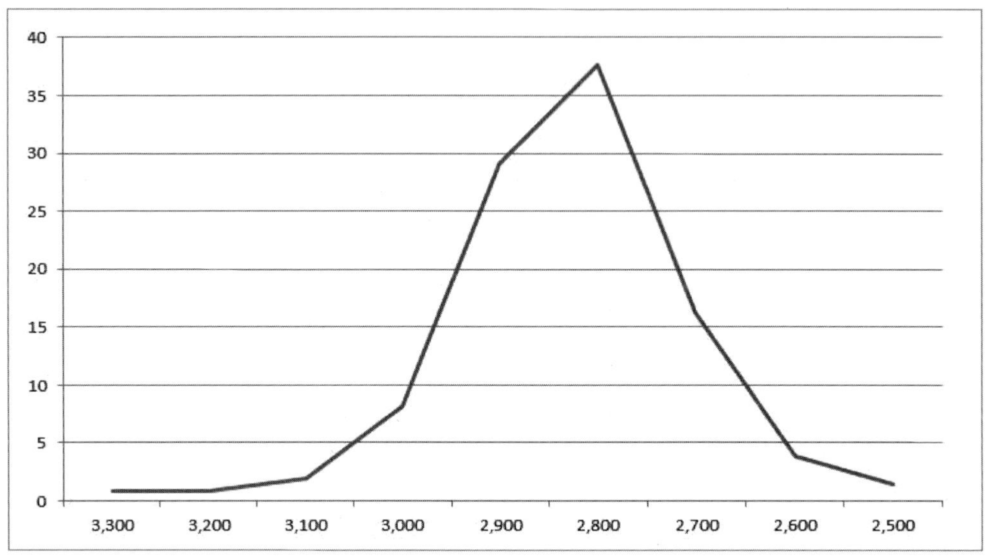

B.P	3,300	3,200	3,100	3,000	2,900	2,800	2,700	2,600	2,500
%	0.9	0.9	1.9	8.2	29.1	37.6	16.2	3.8	1.4

에 해당하는 절대연대값은 주거지에서 200개 이상이 측정되었다. 측정된 절대연대값의 분포를 100년 단위로 살펴보면 3,500 · 3,300B.P 약 0.9%, 3,200B.P 약 0.9%, 3,100B.P 약 1.9%, 3,000B.P 약 8.2%, 2,900B.P 약 29.1%, 2,800B.P 약 37.6%, 2,700B.P 약 16.2%, 2,600B.P 약 3.8%, 2,500B.P 약 1.4%이다. 따라서 2,700~3,000B.P의 구간에 약 80% 이상의 연대가 집중되는 것이며 3,100B.P까지 넓힐 경우 약 90%가 이에 해당된다. 절대연대값에 대한 신뢰의 문제는 차치하고 전반적인 연대의 범위값을 고려해본다면 약 600년의 구간이 금강유역 청동기시대 이른 단계의 연대에 해당되는 것으로 볼 수 있을 것이다.

또한 〈도면 13〉에서 보듯이 2,900~2,800B.P의 구간에서 정점을 보이고 있으므로 가락동유형 등의 최성기로 판단할 수 있다. 이러한 절대연대값과 앞 장에서의 상대편년 결과를 대비한다면 13단계 내외는 약 40~50년의 시간으로 나눠질 수 있고 6단계로 압축하면 각 단계는 약 100년으로 구분될 수 있다. 물론 한 단계의 존속기간에는 상대적인 장단이 있을 것이므로 직접적인 실연대로의 대입은 어려울 것이다. 그러나 전반적으로의 연대는 이 시간폭에 포함될 것이며 가장 빠른 3,100B.P 이상의 연대값은 소위 '조기'로 고려될 수 있고 늦은 2,700B.P 이하는 청동기시대 전기에서 후기로의 전환기로 볼 수 있으며 한편

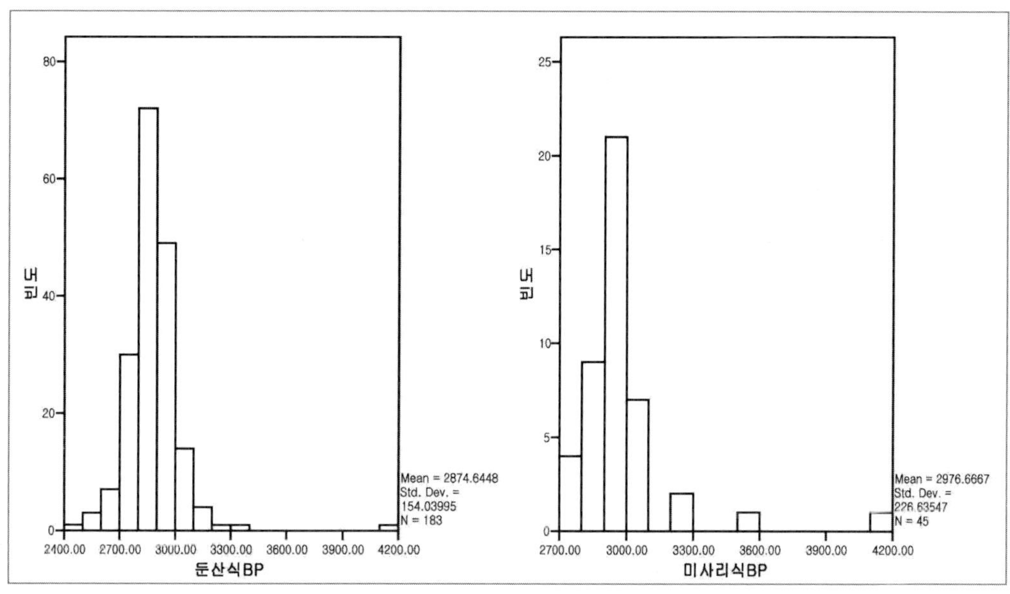

| **도면 13** | 가락동유형과 미사리유형의 절대연대 비교

으로는 실질적인 후기의 개시와 중복되는 단계에 도달했을 가능성도 있을 것이다.

다음으로 충적지의 미사리유형과 관계된 절대연대 자료에 대해 살펴보도록 하자. 〈도면 14〉는 금강유역 미사리유형에서 측정된 39건의 절대연대자료를 시간순서에 따라 나열한 것이다. 전체적으로 3,000B.P 이상이 9건인데 여기에서 최상위에 위치한 2건의 연대값은 한쪽으로 치우친 관계로 보류하면 3,230B.P의 연대가 이 지역에서 가장 빠른 연대값을 나타내는 것이고 늦은 연대값은 2,720B.P이다. 그런데 절대연대를 통한 시간폭은 3,100B.P 이하에서 2,700B.P의 약 400년에 값이 분포하며 앞에서의 가락동유형의 연대폭과 거의 일치한다. 그런데 미사리유형에서는 3,000~2,900B.P에서 연대값이 정점을 나타내고 있어 금강유역에서 가락동유형보다 빠를 가능성도 있다. 그러나 가락동유형의 절대연대에서도 같은 연대폭의 자료가 다수 존재하므로 금강유역의 구릉지와 충적지에 각각 입지하는 양 유형은 절대연대상에 있어 거의 동일한 흐름을 갖는다고 볼 수 있으며 늦은 단계로 갈수록 가락동유형의 흐름이 보다 뚜렷하게 전개된다고 판단된다.

끝으로 금강유역에서 가락동유형과 미사리유형 편년의 병행관계를 간단하게 검토하면서 마무리를 짓고자 한다.

재론하지만 앞 장에서 속성배열법에 의한 분석과정을 통해 각각 13단계와 11단계로의 상대편년안을 설정할 수 있었으며 조금 더 압축하여 각각 6단계와 4단계로의 편년을 제

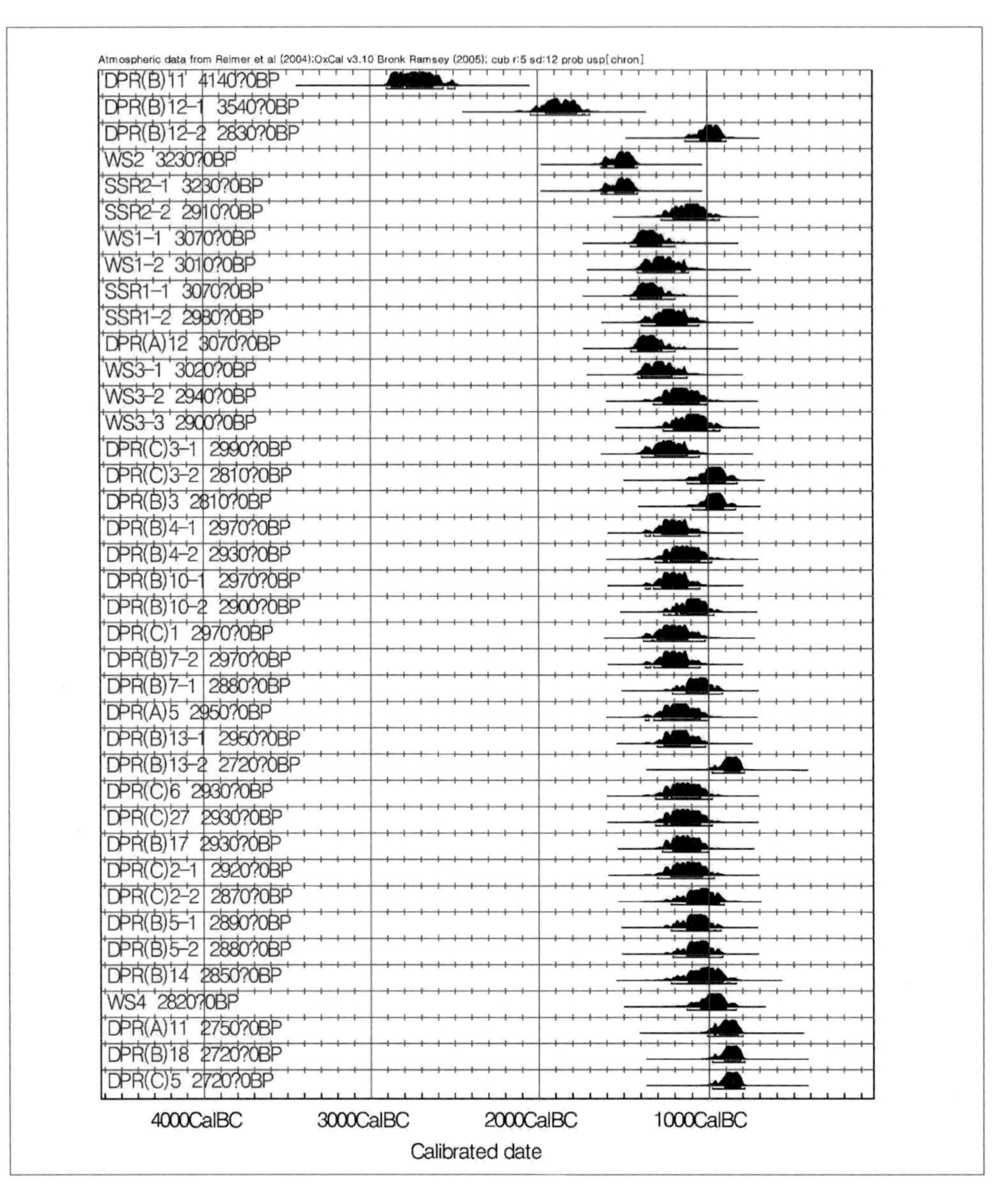

| **도면 14** | 미사리유형 절대연대(OxCal v3.10)

시하였다. 세분된 상대편년안을 따른다면 한 가옥에서 거주하는 복수세대의 존속기간을 기반으로 한 취락 연구에 많은 도움이 될 것이다. 그러나 토기 문양을 이용한 속성배열법과 그로 인한 상대편년은 근본적으로 주거지 출토의 자료를 통한 것이고, 주거지는 폐기맥락의 차이가 분명하므로 모든 주거자료를 편년하기 어렵다는 측면이 있다. 따라서 현

단계에서는 조금 더 포괄적이고 압축된 편년안을 제시한 것이며, 세분된 편년안은 취락 단위의 분석에 추후 적용해보고자 한다. 그렇다면 병행관계는 어떻게 정리될 수 있을까?

가락동유형의 6단계 편년과 미사리유형의 4단계 편년은 전기 후엽의 마지막을 제외하면 대부분 시간적으로 중복된다. 토기 문양으로 볼 때 복합문인 이중구연거치문과 단독문인 이중구연문을 중심으로 한 1단계는 양자가 동일하며, 따라서 금강유역에서의 청동기시대 초현은 이 단계로 생각된다. 그리고 이후의 단계는 현재 많은 자료가 축적된 가락동유형이 조금 더 세분된다. 그런데 양 유형의 핵심문양인 이중구연단사선문과 각목돌대문은 비교적 긴 시간대를 관통하여 존재하므로 편년에 사용되기 어려운 측면이 강하다. 그리고 이러한 특징적 문양요소가 유형의 핵심요소이기 때문에 유형의 소멸기에는 양 유형 모두 핵심문양이 소멸하는 특징을 공유한다. 이와 같이 가락동유형에서 확인되는 마지막 6단계는 동유형 요소가 대부분 소멸하므로 새로운 유형 보는 시기로 볼 여지도 있으나 역시 후기의 제일성을 나타내는 송국리유형을 고려한다면 전기의 마지막단계로 판단해두고자 한다. 미사리유형의 마지막단계는 현재 가락동유형에 비해 조금 앞선 시기로 나타나고 병행 여부도 뚜렷하지 않지만 추후 자료의 축적이 진행되어 단계를 추가할 수 있다면 병행의 가능성이 높을 것이다. 끝으로 양 유형의 중간단계는 절충되는 연결선이 약간 상이하지만 절대연대값 등을 고려해 본다면 미사리유형의 2단계와 가락동유형의 2단계와 3단계, 그리고 미사리유형의 3단계와 가락동유형의 3 · 4단계의 병행 가능성을 상정해 놓고 싶다.

附記 본고는 2012년 한국청동기학회에서의 발표문을 재편집하고 내용을 수정하였다. 특히 속성배열법에 의한 토기문양 편년 작성에 첨가와 수정이 이루어졌는데 이 과정에서 여러차례 한국청동기학회 회장인 안재호 선생님의 敎示가 있었다. 그리고 圖面은 연구소에서 함께 근무하는 허의행 · 박상윤 兩人의 도움을 받았다. 지면을 통해 감사의 인사를 드린다.

:: 참고문헌

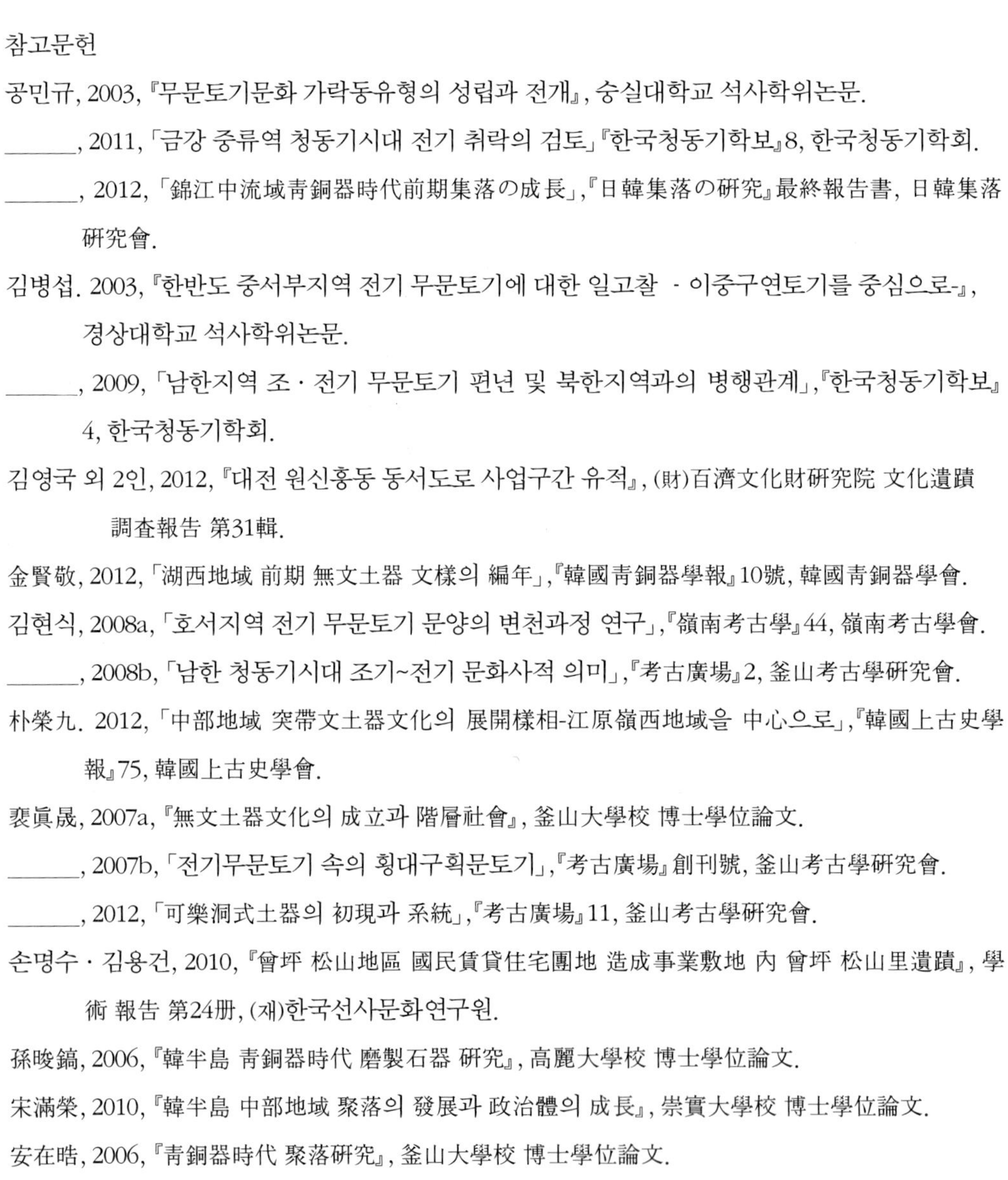

참고문헌

공민규, 2003, 『무문토기문화 가락동유형의 성립과 전개』, 숭실대학교 석사학위논문.

______, 2011, 「금강 중류역 청동기시대 전기 취락의 검토」『한국청동기학보』8, 한국청동기학회.

______, 2012, 「錦江中流域青銅器時代前期集落の成長」,『日韓集落の研究』最終報告書, 日韓集落研究會.

김병섭. 2003, 『한반도 중서부지역 전기 무문토기에 대한 일고찰 - 이중구연토기를 중심으로-』, 경상대학교 석사학위논문.

______, 2009, 「남한지역 조·전기 무문토기 편년 및 북한지역과의 병행관계」,『한국청동기학보』4, 한국청동기학회.

김영국 외 2인, 2012, 『대전 원신흥동 동서도로 사업구간 유적』, (財)百濟文化財研究院 文化遺蹟調査報告 第31輯.

金賢敬, 2012, 「湖西地域 前期 無文土器 文樣의 編年」,『韓國青銅器學報』10號, 韓國青銅器學會.

김현식, 2008a, 「호서지역 전기 무문토기 문양의 변천과정 연구」,『嶺南考古學』44, 嶺南考古學會.

______, 2008b, 「남한 청동기시대 조기~전기 문화사적 의미」,『考古廣場』2, 釜山考古學研究會.

朴榮九. 2012, 「中部地域 突帶文土器文化의 展開樣相-江原嶺西地域을 中心으로」,『韓國上古史學報』75, 韓國上古史學會.

裵眞晟, 2007a, 『無文土器文化의 成立과 階層社會』, 釜山大學校 博士學位論文.

______, 2007b, 「전기무문토기 속의 횡대구획문토기」,『考古廣場』創刊號, 釜山考古學研究會.

______, 2012, 「可樂洞式土器의 初現과 系統」,『考古廣場』11, 釜山考古學研究會.

손명수·김용건, 2010, 『曾坪 松山地區 國民賃貸住宅團地 造成事業敷地 內 曾坪 松山里遺蹟』, 學術 報告 第24册, (재)한국선사문화연구원.

孫晙鎬, 2006, 『韓半島 青銅器時代 磨製石器 研究』, 高麗大學校 博士學位論文.

宋滿榮, 2010, 『韓半島 中部地域 聚落의 發展과 政治體의 成長』, 崇實大學校 博士學位論文.

安在晧, 2006, 『青銅器時代 聚落研究』, 釜山大學校 博士學位論文.

______, 2007, 「編年을 위한 屬性配列法」, 『考古廣場』 創刊號, 釜山考古學硏究會.

______, 2009, 「한국 청동기시대 연구의 성과와 과제」, 『동북아 청동기문화 조사연구의 성과와 과제』, 학연문화사.

______, 2011, 「屬性配列法에 따른 東南海岸圈 無文土器 文樣의 編年」, 『韓國上古史學報』 第73號, 韓國上古史學會.

柳善英, 2012, 『금호강유역 전기 무문토기 편년 연구』, 부산대학교대학원 석사학위논문.

오종길 외 4인, 2010, 『大田 關雎洞 遺蹟』 (財)百濟文化財硏究院 文化遺蹟 調査報告 第13輯

李白圭, 1974, 「京畿道出土 無文土器 磨製石器」, 『考古學』 3. 韓國考古學會.

李淸圭, 1988, 「南韓地方 無文土器文化의 展開와 孔列土器文化의 位置」, 『韓國上古史學報』 創刊號, ______, 韓國上古史學會.

李弘鍾 · 許義行, 2012, 「湖西地域 無文土器의 變化와 編年」, 『湖西考古學報』 23, 湖西考古學會.

이홍종 · 현대환 · 양지훈, 2012, 『行政中心複合都市敷地 內 3-1-B地點 燕岐 大平里遺蹟』, 行政中心複合都市 發掘調査報告 9冊 · 韓國考古環境硏究所 硏究叢書 第49輯

李亨源, 2001, 「可樂洞類型 新考察」, 『湖西考古學報』 4 · 5합집, 湖西考古學會.

______, 2002, 『韓國 靑銅器時代 前期 中部地域 無文土器 編年 硏究』, 忠南大學校 碩士學位論文.

______, 2007, 「남한지역 청동기시대 전기의 상한과 하한」, 『한국청동기학보』 창간호, 한국청동기학회.

______, 2009, 『韓國 靑銅器時代의 聚落構造와 社會組織』, 忠南大學校 博士學位論文.

정상훈 외 3인, 2012, 『行政中心複合都市敷地 內 3-1-A地點 燕岐 大平里遺蹟』, 行政中心複合都市 發掘調査報告 7冊 · (財)百濟文化財硏究院 文化遺蹟 調査報告 第29輯.

정원철, 2012, 「중부지역 돌대문토기의 편년 연구」, 『한국청동기학보』 11, 한국청동기학회.

천선행, 2005, 「한반도 돌대문토기의 형성과 전개」, 『한국고고학보』 57, 한국고고학회.

현대환, 2012, 「금강 중류역 청동기시대 전기토기의 이해」, 『남한지역 초기 무문토기의 지역 양상』, 한국청동기학회 2012년 토기분과 워크샵.

7 대구지역 청동기시대 전기의 편년

하진호(영남문화재연구원)

Ⅰ. 머리말

대구지역 청동기시대 취락은 입지상으로 산지 취락과 평지 취락으로 대별된다. 산지 취락은 하천이나 평지를 굽어다 보는 해발고도 40-75m 사이의 침식구릉지 또는 구릉산지에 입지하며, 평지취락은 하천에 의해 형성된 자연제방 또는 선상지에 입지한다. 크게 보면 낙동강중류역의 주요지류인 금호강유역에 해당하며 금호강으로 합수하는 소하천에 의해 진천천일대(A群)와 신천중류일대(B群), 팔계천일대(C群), 동화천 및 불노천일대(D群)의 4개 군으로 구분된다.

취락지 주변의 매장유구(지석묘, 석관묘)의 경우 신천상류(가창면일대의 지석묘), 팔계천(동명면일대의 지석묘), 동화천(서변동유적의 소형석관묘)유역은 10기 이하로 분포하고 있으나 신천중하류역(상동, 대봉동)과 진천천 일대(상인동, 대천동, 월성동)는 수십 기 이상이 군집 분포하고 있어 무덤의 분포권이 취락의 분포권과 유사하다. 다만 밀집도를 보면 A군과 B군 일대에 집중되는 양상이다.

각 지구 군이 포괄하는 지리적 범위는 대략 A군이 전장 1.4㎞, B군이 2㎞, C군이 2.6㎞, D군이 1.0㎞이며 각 군의 중심지간 거리는 10km 내외이다. 도면 1에서 보면 대구지역의

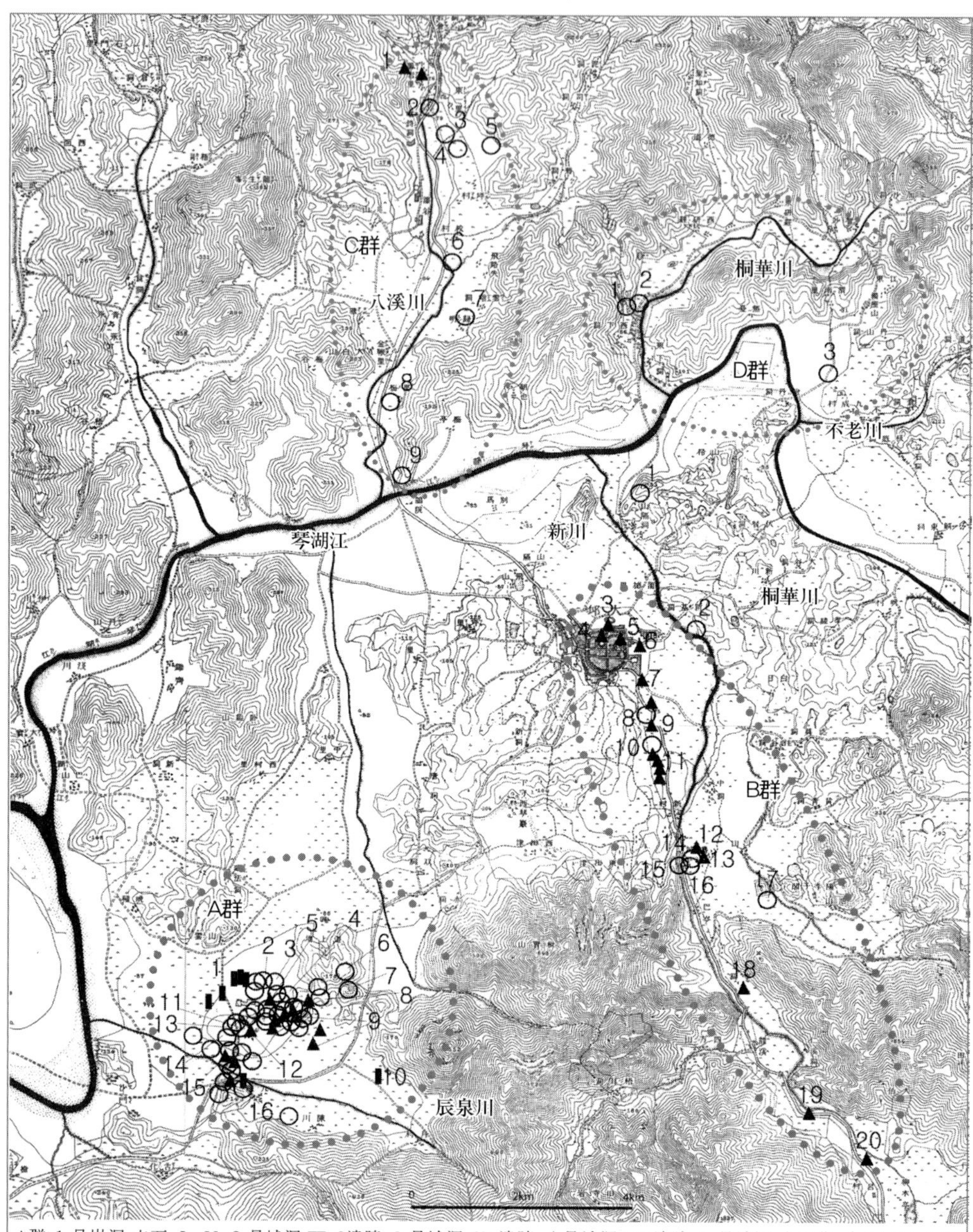

A群: 1.月岩洞 立石 Ⅰ-Ⅴ, 2.月城洞 77-2遺蹟, 3.月城洞 591遺蹟, 4.月城洞 585遺蹟, 5.月城洞 支石墓, 6.月城洞 先史遺蹟, 7.松峴洞 遺蹟, 8.月城洞 山6番地遺蹟, 9.上仁洞 支石墓 Ⅰ-Ⅳ, 10.上仁洞 立石, 11.大泉洞 511-2遺蹟, 12.大泉洞 支石墓, 13.大泉洞 497-2遺蹟, 14.大泉洞 413遺蹟, 15.辰泉洞 支石墓, 16.辰泉洞 立石

B群: 1.燕巖山 遺蹟, 2.新川洞 青銅器遺蹟 3.七星洞 支石墓, 4.太平路 支石墓 5.校洞 支石墓, 6.東門洞 支石墓, 7.三德洞支石墓, 8.三德洞 188-1遺蹟, 9.大鳳洞 支石墓, 10.大鳳洞 마을遺蹟, 11.梨川洞 支石墓, 12.中洞 支石墓, 13.上洞 支石墓, 14.上洞 74遺蹟, 15.上洞 89-2遺蹟, 16.上洞 162-2遺蹟, 17.斗山洞 青銅器遺蹟

C群: 1.鳳巖洞 支石墓, 2.東湖洞 451遺蹟, 3.東湖洞 遺蹟, 4.東湖洞 477遺蹟, 5.鶴亭洞 373-2遺蹟, 6.東川洞 遺蹟, 7.鳩岩 洞 遺蹟, 8.梅川洞 遺蹟, 9.八達洞 遺蹟

D群: 1.西邊洞 860-1遺蹟, 2.西邊洞 聚落, 3.鳳舞洞 遺蹟

| **도면 1** | 대구지역 청동기시대 유적 분포도

청동기시대 취락은 낙동강 동안의 범람원지대와 금호강 및 신천하류역의 범람원지대를 제외한 이 4개 지구에 분포하고 있음을 알 수 있다. 각 군은 소하천을 가까이에 두고 있으며 군 간에 일정한 거리를 유지하고 있을 뿐 아니라 신석기시대 이래로 청동기시대 전 기간을 통해 유적이 분포하고 있어 각 군이 하나의 취락공동체 단위(촌락)를이루고 있었을 가능성이 크다고 판단된다.

각 지구 군에서는 청동기시대 전기부터 후기까지의 주거지가 모두 확인되며, 전기의 경우 돌대문토기와 이중구연토기가 공반하기도 하며 이중구연단사선문이 중심이 되는 가락동식토기의 출토빈도가 매우 높다. 퇴화이중구연에 단사선과 공열 또는 구순각목이 결합된 복합문양의 흔암리식토기와 공열이나 구순각목문이 단독으로 구성된 토기형식인 역삼동식토기도 쉽게 접할 수 있다. 주거지의 형식은 석상위석식노지를 갖춘 방형주거지와 위석식노지와 초석이 있는 대형의 장방형주거지, 위석식만 또는 위석식과 수혈식노지를 함께 갖춘 장방형 또는 세장방형의 주거지와 수혈식노지만 갖춘 (세)장방형주거지 등 토기문양과 주거지의 구조에서 호서지방의 가락동유형과 매우 닮아 있다. 근년 조기의 표지유물이라 할 수 있는 (각목)돌대문토기와 전형이중구연토기의 출토예가 증가하고 있고, 흔암리식토기와 공열토기의 중복관계가 확인되는 등 미사리식-가락동식-흔암리식-역삼동식의 배열순서가 대구지역에도 유효하다는 것을 유적별로 살펴본 후 대구지역 청동기시대 전기의 편년안을 제시하도록 한다.

II. 대구지역의 청동기시대 전기의 무문토기 문양각종

대구지역 청동기시대 전기의 주거지에서 출토된 무문토기 문양을 단독문과 복합문으로 구분하여 살펴본다. 여기에는 편년의 주요기준이 되는 이중구연요소도 문양의 범주에 넣어서 설명하고자한다.

단독문은 돌대문, 이중구연문, 구순각목문, 공열문, 단사선문의 출토예가 있고 복합문은 이중구연단사선문, 이중구연구순각목문, 이중구연단사선구순각목문, 이중구연단사선구순각목공열문, 이중구연단사선공열문, 구순각목단사선문, 구순각목공열단사선, 공열단사선문, 구순각목공열문이 있다.

단독문의 경우 돌대문은 각목돌대문, 절상(각목)돌대문, 유상돌대문으로 세분된다. 구순각목은 가장 많이 출토되는 단독문양으로 후기의 송국리식 주거지에서도 확인된다. 단독으로 출토되는 경우도 있지만 다른 문양요소와 결합한 예가 많다. 공열문은 단독으로 출현하가기도 하나 이중구연 또는 구순각목문과 결합된 예가 많다. 단사선문은 대부분 복합문양에 한해서 확인되나 늦은 시기의 주거지출토품에서 간혹 단독으로 출토되기도 하나 그 예가 소수에 불가하다.

복합문양의 경우 대부분 이중구연문과 결합된 것과 이중구연문이 없는 것과 결합된 것으로 양분할 수 있겠다. 이중구연의 경우 전형이중구연문과 퇴화이중구연문으로 구분이 가능하고 전형이중구연은 다시 점토대의 폭이 좁고 기벽에서 명확히 융기하듯이 접합된 것을 1문, 점토대의 폭이 3cm이상으로 토기기벽에서 점토대의 흔적이 확인되는 것을 2문으로 세분한다. 3문은 퇴화이중구연문으로 흔적기관으로서의 접합흔만 남거나 지워진 것으로 분류한다. 이중구연1문만 출토되는 주거지, 이중구연1문과 2문이 공반되는 주거지, 이중구연2문과 3문이 공반되는 주거지 모두가 확인되므로 이중구연문의 순서배열은 이중구연1문→이중구연2문→이중구연3문의 순으로 파악해도 무방할 것이다.

이중구연문은 단독으로만 확인되는 경우(1문)도 있지만 대부분 단사선문, 거치문, 구순각목문, 공열문 등이 문양요소와 결합된 형태로 나타난다. 이중구연1문과 결합된 단위문양은 거치문과 단사선문, 이중구연2문과 결합된 단위문양은 구순각목문, 단사선문, 이중구연3문과 결합된 것은 단사선문, 구순각목문, 공열문 등이다. 유물간 공반관계에서 공열문은 이중구연2문과 결합된 것이 몇 점 확인되나 대부분 퇴화이중구연문인 이중구연3문과 결합한 것이 대부분이다. 이중구연외 공열문의 다른 문양과의 조합관계는 이중구연요소가 완전히 사라진 구순각목공열, 구순각목단사선공열, 공열단사선문으로 나타나므로 공열문의 출현과 주사용 시기(공열문 또는 구순각목문으로 구성되는 토기형식의 조합)는 이중구연문의 퇴화과정 및 소멸과 깊은 관계가 있다고 파악된다.[1]

표 1 이중구연문과 단독문의 공반관계(○: 몇 예 확인)

	이중구연1문	이중구연2문	이중구연3문	이중구연소멸
돌대문	●			
단사선문	○	●	●	○
공열문		○	●	●
구순각목문	●	●	●	●

1 역삼동식인 공열문과 구순각목문의 토기조합을 하는 주거지에서 점토대의 접합흔과는 무관하게 1조 또는 2조의 침선으로 표현된 구순각목심발형토기발이 확인되는데 이 횡침선문을 이중구연요소3문의 퇴화형이라 볼 수도 있겠다.

Ⅲ. 지구별(수계별)유적 양상

1. 진천천일대

대구분지를 동서로 관류하는 금호강 이남에 해당하며, 대구 시가지를 중심으로 보면 서편지역의 소위 월배선상지일대가 해당한다. 대구분지의 남쪽경계이기도 한 남부산지(앞산,청룡산)에서 북서쪽의 저지대로 내려오면서 넓게 펼쳐진 선상지일대에 다수의 청동기시대 취락이 분포하고 있다. 대구분지내 수계별로 보면 가장 많은 수의 유적이 확인된 곳이다.

이 지역은 구릉지대와 충적지대 모두에서 유적이 확인되고 있고, 충적지대의 유적은 크게 상인동지구와 월성동지구에 취락이 집중하는 분포양상을 하고 있다. 구릉지대에서는 월성동선사유적(경북대학교박물관 2000)과 송현동유적(동국대학교박물관 2002)이 있다. 송현동유적은 출토유물이 많지 않아 유물의 공반관계를 알 수 없지만 주거지의 배치양태에서 단일취락으로 볼 수 있겠다. 월성동선사유적에서는 주거지4기가 조사되었는데 이 중 2호주거지에서는 이중구연(2식)단사선문이 시문된 심발형토기 1점이 출토되었고, 공열문과 구순각목문만이 공반된 역삼동식주거지인 1호가 있다. 다음으로 월성동지구는 월배선상지의 선앙부에 해당하며 입석과 무덤을 제외한 전기에 해당하는 취락의 수는 10여개소에 이른다. 대표적인 것이 월성동772-1유적(경상북도문화재연구원 2008), 월성동591유적(성림문화재연구원 2009), 월성동498유적(경상북도문화재연구원 2009), 월성동585유적(영남대학교박물관 2007), 월성동1275유적(영남대학교박물관 2006)이 있다.

주거지의 형태는 소형방형과 대형의 세장방형, 중형의 장방형이 확인되었는데 최근 초대형의 장방형주거지가 조사되어 주목된다. 월성동566번지일원[2]에 해당하는데 둔산1식주거지의 형태이며 여기에서 출토된 유물은 이중구연(1식)거치문, 각목돌대문토기, 유상돌대문토기, 이중구연(1식)토기여서 그 공반관계가 호서지역의 가락동1기의 유구 및 유물조합과 동일하다. 이 유적과 얼마 떨어지지 않은 곳에 대천동511-2유적(영남문화재연구원 2009)이 있는데 여기서도 절상(각목)돌대문토기와 이중구연(1식)토기가 출토된 주거

---

2 최근 대동문화재연구원에 의해 조사가 완료된 유적으로, 대구 월배지구 근생 제7구역 도시개발사업부지내 유적이 정식명칭이다. 현장에서 실견한 바에 의하면 주거지의 규모는 길이21.12m, 너비10.5m(221.7㎡)여서 대구지역에서 가장 큰 주거지에 해당한다. 내부에 위석식노지와 벽가장자리를 따라 2열의 초석이 확인되었다. 향후 보고서에서 상세한 내용을 기대한다.

지가 있다. 주거지의 형식은 대형의 장방형이다.

세장방형주거지와 장방형주거지간의 중복관계가 분명한 월성동585유적을 살펴보면 선축된 주거지는 위석식노를 갖춘 세장방형주거지(4호 · 5호주거지)이며, 후축된 주거지는 수혈식노지를 갖춘(2호 · 3호주거지) 장방형주거지여서 형식간 선후 관계를 파악할 수 있다. 출토유물이 적어 명확한 양상을 파악하기 어렵지만 후축된 2호주거지에서 퇴화이중구연단사선문이 출토되었다.

월성동1275유적은 조사된 17기의 주거지중 청동기시대 전기에 해당하는 9기의 주거지가 모두 위석식노지의 소형 방형계 주거지 일색이다. 이러한 주거군의 조합은 상동유적의 1기와 동일하여 전기의 이른 시기의 대구지역의 주거형식은 취락단위로 다양한 양상을 하고 있는 것으로 파악된다. 16호주거지에서 이중구연(1식)토기, 5호주거지에서 이중구연(1식)구순각목토기가 출토되었다. 다음으로 상인동구역에 대해 살펴보도록 하겠다.

상인동구역은 상인동123-1유적(영남문화재연구원 2007)을 중심으로 상인동128-8유적(삼한문화재연구원 2010), 상인동112-3(삼한문화재연구원 2011), 상인동119-20유적(대동문화재연구원 2011), 상인동98-1유적(대동문화재연구원 2008), 상인동87유적(영남문화재연구원 2008) 등이 결집된 곳으로 크게 보면 하나의 대규모 취락으로 보아도 무방할 것이다. 대부분 장방형 또는 세장방형의 중대형주거지 중심으로 월성동지구와 비슷하다.

상인동123유적은 주거지간 중복관계와 주거지의 주축방향의 배치에 의해 2기로 구분되며, 1기는 상인동123유적의 3호주거지와 5호주거지가 해당하는데 이중구연(2문)단사선구순각목토기(3호주거지)와 이중구연(3문)단사선구순각목공열(5호주거지)토기가 출토되었다. 이 주거지들은 모두 중대형의 수혈식노지가 있는 장방형주거지이다. 중복관계의 상층유구에서는 구순각목문토기(4호주거지), 공열토기와 구순각목문토기(13호주거지)가 출토되었다.

이중구연토기 2문과 결합되는 토기조합은 가락동식으로 파악되는데 공열 또는 구순각목토기구성의 역삼동식이 늦음을 알 수 있다. 상인동128-8유적에서는 이중구연에 단사선 또는 구순각목이 결합된 토기형식과 이중구연단사선에 공열문이 결합된 것이 많다. 이중구연은 모두 퇴화이중구연(3문)에 한해 결합된다. 그런데 이 주거지들은 대부분 중대형의 장방형주거지이며 내부에 위석식노지와 수혈식노지가 공존한다. 이러한 예는 대구지역에서 흔히 확인되는 것으로 위석식노지의 사용이 전기 후반까지 사용되고 있음을 알 수 있다. 상인동119-20유적 2호주거지(중형장방형, 위석식+수혈식노지)에서도 역삼동식 토

|**표 2**| 대구지역 청동기시대 전기의 주요유적 조사현황

구 분	해당유적 및 조사내용
A群 진천천	- 월성동선사유적: 주거지5기(경북대학교박물관 1991, 경북대학교박물관 2000) - 송현동유적: 주거지14기(동국대학교박물관 2002) - 월성동1275유적: 주거지17동, 야외노지4기, 수혈5기(영남대학교박물관 2006) - 상인동171-1유적: 주거지2동, 매장유구4기(영남문화재연구원 2006) - 월성동772-2유적: 주거지15동, 환구1, 매장유구2기(경상북도문화재연구원 2006) - 진천동740-2유적: 주거지6동, 고상5동, 구4기(경북과학대 2006) - 상인동123-1유적: 주거지22동, 수혈6기, 고상건물1동, 야외노지1 (영남문화재연구원 2007) - 월성동585유적: 주거지6동, 매장유구4기(영남대학교박물관. 2007) - 월성동591유적: 주거지7기,석곽1기, 집석1(성림문화재연구원 2009) - 대천동511-2유적: 주거지16동, 수혈7기, 매장유구68기(영남문화재연구원 2009) - 상인동87유적: 주거지37동(영남문화재연구원 2008) - 대천동497-2유적: 주거지1동, 수혈3기, 구(영남문화재연구원 2008) - 상인동98-1유적: 주거지11기(대동문화재연구원 2008) - 상인동119-20유적: 주거지10기(대동문화재연구원 2011) - 상인동128-8유적: 주거지16기(삼한문화재연구원 2010)
B群 신천천	- 상동유적: 주거지40동, 수혈10, 구2, 매장유구 6기(경상북도문화재연구원 2002, 경상북도문화재연구원, 2004) - 대봉동마을유적: 주거지34동, 구2기, 수혈7기(경상북도문화재연구원 2006) - 상동 162-11번지 유적: 주거지2기(경상북도문화재연구원 2008) - 봉산동 185-4번지유적: 적석유구1, 주거지1(삼한문화재연구원 2010) - 삼덕동188-1번지 유적: 주거지5기, 수혈유구3기(삼한문화재연구원 2011)
C群 팔계천	- 팔달동유적: 주거지25동(유병록 1998, 영남문화재연구원, 2000) - 동천동유적:주거지6기(영남문화재연구원 2002) - 매천동유적: 주거지13동, 하도(영남문화재연구원 2010) - 동호동181번지유적: 주거지 6기(영남문화재연구원 2012)
D群 동화・불노천	- 서변동유적:주거지49동, 고상건물3동,수혈48기, 집석17기, 구(경작지), 매장유구5기 (영남문화재연구원 2002) - 봉무동유적: 주거지7기(영남문화재연구원 2011)

기조합인 구순각목토기와 구순각목공열토기가 출토되었다. 즉 가락동식=위석식노지, 흔암리・역삼동식=수혈식노지라는 제일성은 대구지역에서는 성립되지 않는다. 다만 주거지간의 중복관계에 의해 위석식에서 수혈식노지로 변화하는 경향성은 엿 볼 수 있다. 상인동128-8유적의 10호와 11호는 중복되었는데 수혈식노지를 가진 소형방형계의 10호주거지가 장방형계의 11호주거지를 파괴하였다. 10호주거지에서는 구순각목공열문토기가 출토되었다. 11호주거지의 출토유물이 없어 토기형식간 직접적인 비교는 어렵지만 전반

| 표 3 | 진천전일대의 주거지 무문토기 문양출토 현황

유구명	돌대문			이중구연 1문		이중구연 2문			이중구연 3문				이중구연 소멸				
	각목돌대문	절상돌대문	유상돌대문	이중구연	구순각목	이중구연	구순각목	단사선구순각목	단사선	단사선구순각목	단사선구순각목공열	단사선공열	구순각목단사선	구순각목공열	공열	구순각목	단사선
월성선사1호															●	●	
월성선사2호									●								
대천동511,8호				●													
대천동511,16호		●															
월성동566,1호	●	●	●	●													
월성동585,2호									●							●	
월성동585,4호																●	
월성동585,5호																●	
월성동1275,5호					●		●										
월성동1275,16호				●													
월성동591,1호						●											
월성동591,2호																●	
월성동591,5호																●	
월성동591,6호										●						●	
상인동123,3호								●									
상인동123,4호																●	
상인동123,5호											●						
상인동123,13호															●	●	
상인동128,1호									●	●		●				●	
상인동128,3호												●					
상인동128,8호									●								
상인동128,10호														●			
상인동128,12호									●							●	
상인동128,14호																●	
상인동128,15호													●				
상인동119,2호														●		●	
상인동98,1호																●	
상인동98,2호																●	●
상인동98,5호										●						●	
상인동98,6호																●	
상인동98,7호								●		●						●	

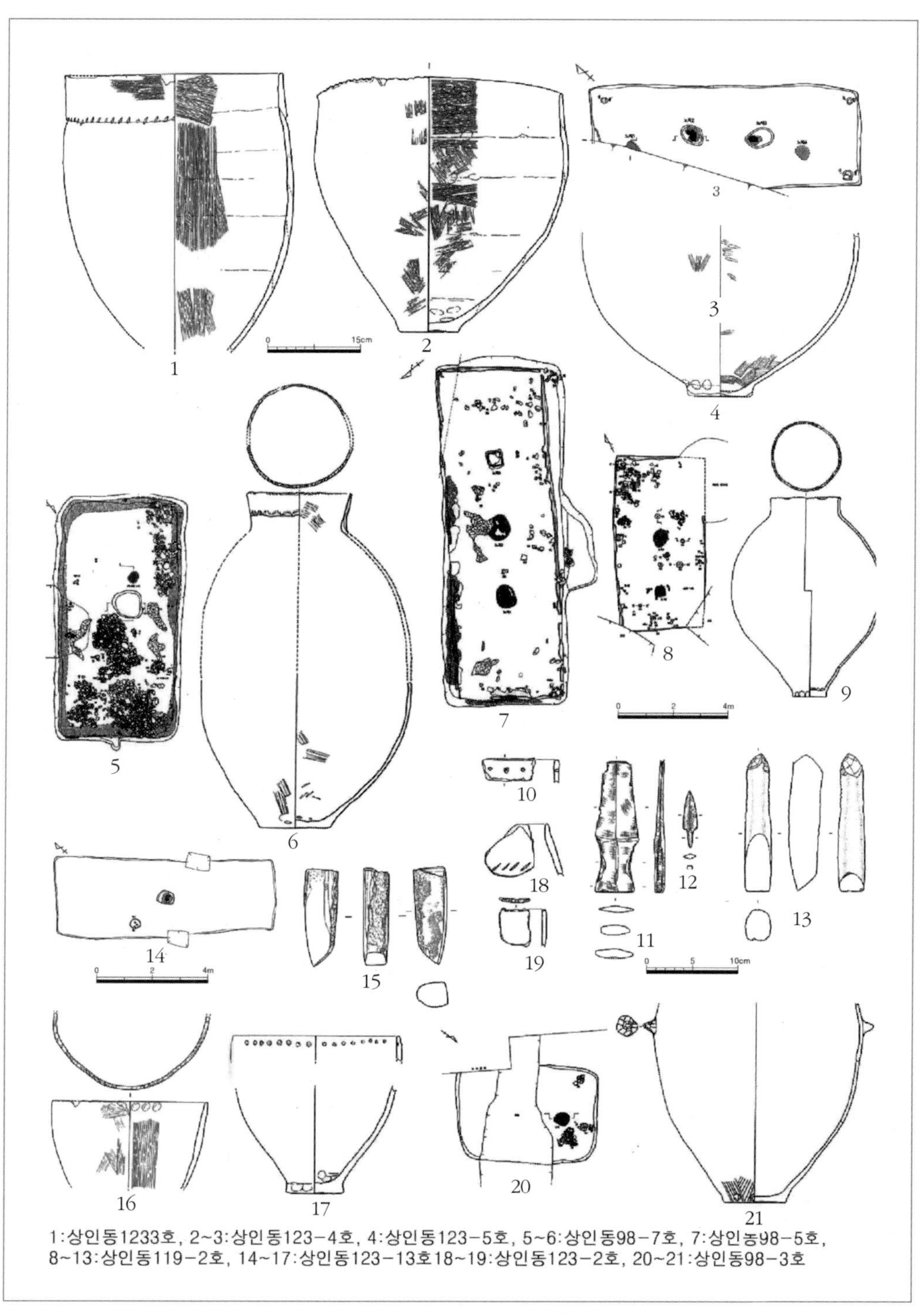

| **도면 2** | 진천천 상인동구역 주거지 및 유물

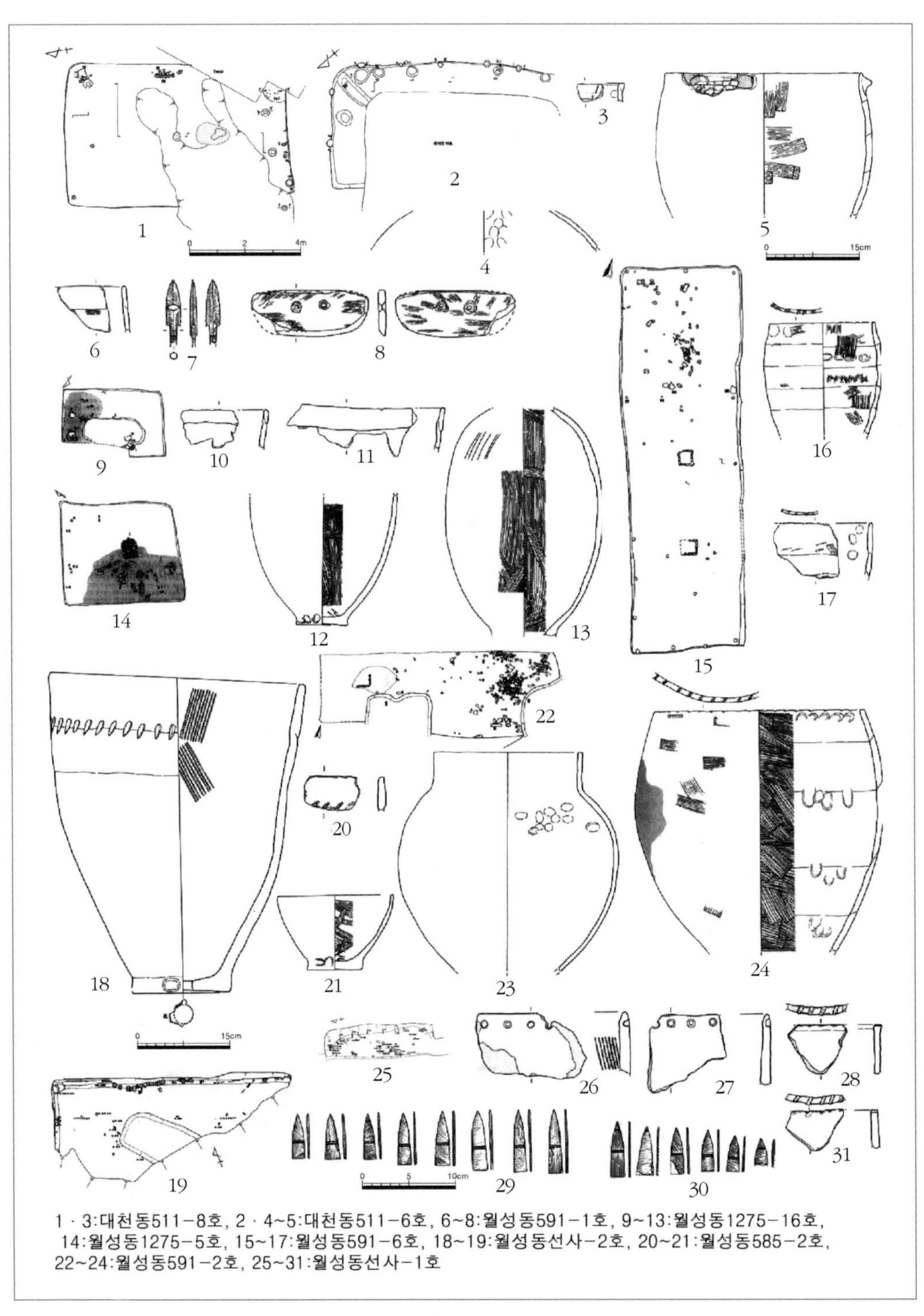

1 · 3:대천동511-8호, 2 · 4~5:대천동511-6호, 6~8:월성동591-1호, 9~13:월성동1275-16호, 14:월성동1275-5호, 15~17:월성동591-6호, 18~19:월성동선사-2호, 20~21:월성동585-2호, 22~24:월성동591-2호, 25~31:월성동선사-1호

| **도면 3** | 진천천 월성동구역 주거지 및 유물

적으로 대구지역의 청동기시대 주거지의 중복관계상 후축된 주거지에서 공열 또는 구순각목, 구순각목공열의 역삼동식토기가 출토하는 예가 많다. 상인동98-1유적 또한 비슷한 양상의 주거지형태와 유물조합을 하고 있다. 다만 7호주거지(대형장방형 위석식노지)에서는 이중구연단사선구순각목토기가 여러점 출토되었는데, 이중구연2식과 3식이 공반되고 있다. 이는 이중구연1식과 2식의 공반 예가 있으므로 이중구연의 형식변화는 1식→2식→3식으로 나열이 가능하다.

2. 신천중류일대

대구분지를 동서로 관류하는 금호강 이남의 대구시가지 일대에 해당한다. 남에서 북으로 흐르는 신천천중류 일원에 다수의 지석묘군과 취락이 분포한다. 전기에 해당하는 유적은 삼덕동188-1유적(삼한문화재연구원 2011), 봉산동185-4유적(삼한문화재연구원 2010), 상동유적(경상북도문화재연구원2002 · 2004), 대봉동마을유적(경상북도문화재연구원 2006), 상동162-11유적(경상북도문화재연구원 2008) 등이 있다.

최근 조사되어 보고서가 발간된 삼덕동188-1유적에서는 전기의 이른시기 주거지3기가 확인되었는데 모두 중소형의 방형주거지이다. 노지는 위석식이며 단벽측에 치우쳐 설치되어있다. 3호주거지에서 절상(각목)돌대문토기편과 유상(6개)돌대문토기발, 이중구연토기발이 공반되었다. 이중구연토기는 폭이 좁고 이중구연대 하단이 기벽에 뚜렷하게 표현된 전형이중구연토기이다. 이중구연토기와 돌대문토기(절상)가 공반되는 사실이 주목된다. 이 유적과 가까운 곳에 위치한 봉산동185-4유적에서도 돌대문토기(유상)와 이중구연(1문)거치문토기가 공반되어 출토되었다. 유물은 1호주거지 상부 적석부에서 확인되었고 주거지내에서는 유물이 확인되지 않았지만 이 주거지는 위석식노지를 갖춘 방형주거지여서 이른 시기의 주거지로 보아도 무방할 것이다. 삼덕동188-1유적 3호주거지와 봉산동185-4유적 1호주거지가 대구지역에서 가장 이른 시기의 주거지[3]중 하나로 판단된다.

다음으로 비교적 주거지의 수가 많이 확인된 상동유적에 대해 살펴보고자한다. 상동

---

3 삼덕동188-1유적 1호와 3호주거지 노지에 대한 고지자기측정결과 고지자기측정데이터는 복각이 46-48도여서 청동기시대 전기의 주거지데이터 복각50-55도보다 빨라 전기의 이른 시기에 해당한다는 분석결과가 참조된다. (삼한문화재연구원 2011)

유적에서는 40기의 주거지와 다수의 수혈유구가 확인되었다. 가락동식인 이중구연단사선(상동수성7 · 14호, 상동우방1차9 · 12호, 상동우방2차4호)이 출토된 유구가 다수 확인되었고 퇴화이중구연토기에 공열 또는 단사선이 시문된 토기형식(상동수성15 · 16호, 상동우방1차5호)도 확인되는 것으로 보아 크게 2개시기로 대별될 수 있겠다. 상동취락은 주거지형식에 있어 기존 가락동식이나 역삼동식의 주거형인 장방형 또는 세장방형이 아니라 모두 소형의 방형계열 주거지라는 점이 특징이다. 가락동식토기가 출토되는 유구는 위석식노지가 중심이고 흔암리식토기가 출토되는 유구는 수혈식이 많다. 상동유적에서 주거지간의 중복관계가 다수 확인되나 보고서 내용 중 선후관계의 설명이 없어 명확하지 않다. 그 중 14호주거지(상동수성)와 수혈3호(상동수성)가 중복되었는데 수혈3호가 14호주거지를 파괴하였다. 14호주거지에서는 이중구연(2문)단사선문토기와 이중구연(2문)단사선구순각목문토기가 출토되었고 수혈3호에서는 공열토기가 출토되었다. 동 유적의 15호주거지, 16호주거지에서 퇴화이중구연(3문)단사선공열토기가 출토되는 것에 의해 14호주거지(가락동식)→15호주거지 · 16호주거지(흔암리식)→수혈3호(역삼동식)의 배열이 가능하다.

상동유적 못지않게 다수의 주거지가 조사된 대봉동마을유적에서는 35기의 주거지가 조사되었다. 평면형태는 장방형이 가장 많고, 세장방형, 방형의 순서이나 취락의 주된 주거형태는 중대형의 장방형 또는 세장방형주거지이다. 위석식노지와 수혈식노지가 혼재한다. 취락을 구성하는 주거지의 형태는 방형중심의 상동취락과 많이 다른 양상이다. 이중구연토기는 모두 퇴화된 형식으로 이중구연단사선, 이중구연단사선구순각목, 이중구연구순각목공열, 구순각목공열문 등 흔암리식이 대부분인데 주거지의 형태는 가락동식에서 왕왕 보이는 위석식노지의 주거지가 계속 사용된다. 다음으로 대봉동유적에서 조사된 유구중 구4호와 2 · 3호의 일괄유물이 주목된다. 구2 · 3호는 구4호의 상층에 조성되어있어 선후 관계가 분명하다 할 수 있다. 먼저 조성된 구4호 내부 일괄유물은 200여점이 되는데 토기 문양이 확인되는 유물은 공열토기와 구순각목문토기 뿐이다. 두 개의 문양요소가 결합된 것이 있으나 대부분은 공열문 또는 구순각목문 단독으로만 출토되었다. 전형적인 역삼동식의 유물조합이라 하겠다. 이 구4호의 상층에 조성된 구2 · 3호의 일괄유물을 살펴보면 구순각목문토기, 무문파수부발형토기, 적색마연주구부토기 등이 출토되었다. 이 유물들은 송국리식주거지에서 출토예가 많은 것으로 후기에 해당하는 것이다. 따라서 공열과 구순각목으로 구성된 유물조합은 송국리식의 앞 단계에 두어 청동기시대 전기의 늦은 단계로 보아도 무방할 것으로 판단된다.

| 표 4 | 신천천일대의 주거지 무문토기 문양출토 현황

유구명	돌대문		이중구연1문		이중구연2문		이중구연3문				이중구연소멸		
	절상	유상	이중구연	거치문	단사선문	단사선구순각목문	단사선문	단사선구순각목문	단사선공열문	구순각목공열	구순각목공열	공열	구순각목
삼덕동1호													●
삼덕동3호	●	●	●										
봉산동1호상부		●		●									
상동(수)1호													●
상동(수)7호					●								
상동(수)8호													●
상동(수)14호					●	●							
상동(수)15호									●				●
상동(수)16호									●				●
상동(수)17호													●
상동(수)18호													●
상동(수)수3호												●	
상동(수)수4호			●										●
상동(우1)1호													●
상동(우1)5호							●	●					
상동(우1)9호					●								
상동(우1)12호					●								●
상동(우2)4호					●								●
대봉동2호								●					
대봉동5호													●
대봉동6호												●	
대봉동8호												●	
대봉동9호							●						
대봉동10호							●						●
대봉동11호										●	●		●
대봉동16호							●	●					●
대봉동17호							●						●
대봉동19호												●	●
대봉동20호												●	
대봉동21호													●
대봉동23호								●					●
대봉동31호													●

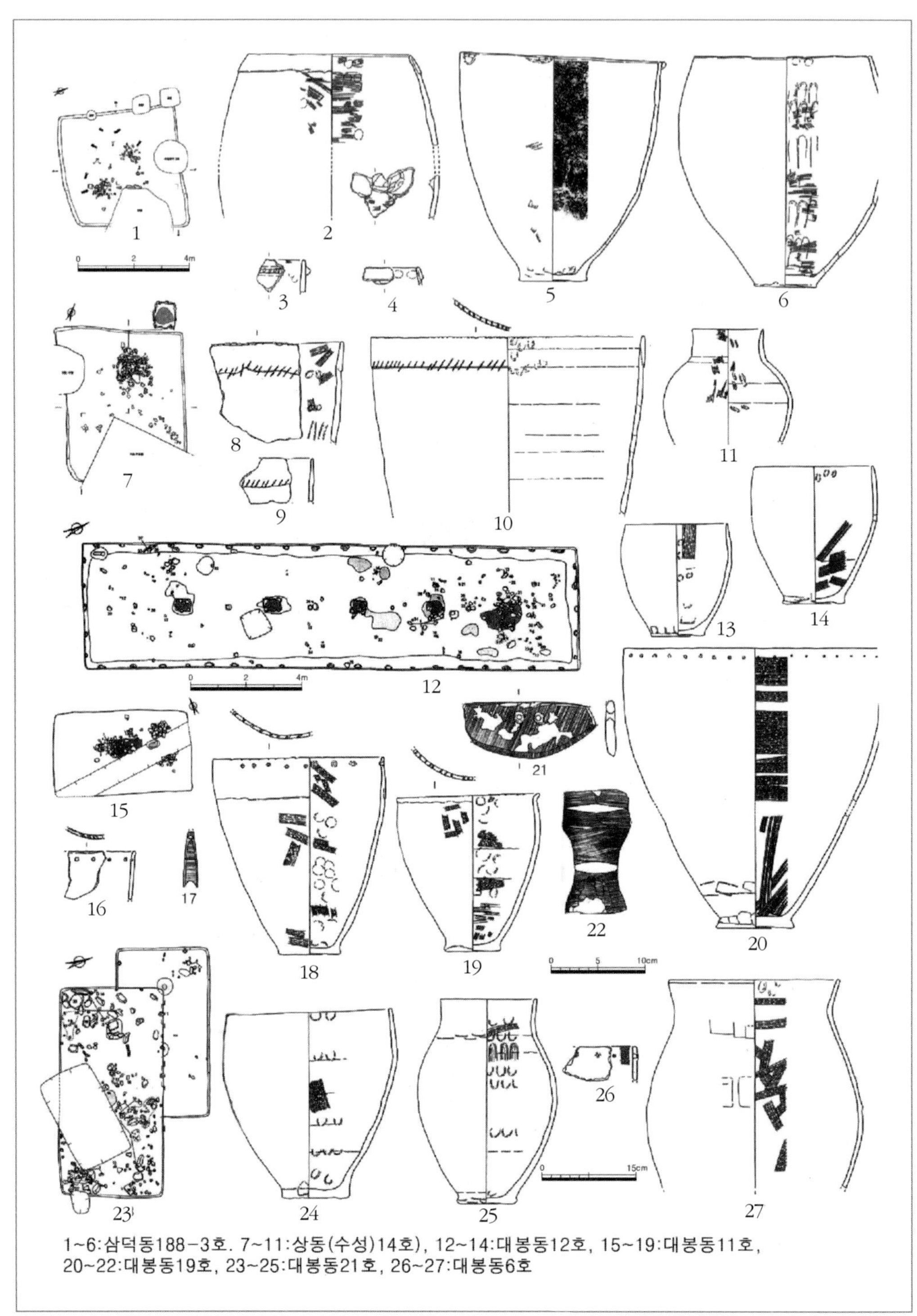

| 도면 4 | 신천천일대의 주거지 및 유물

3. 팔계천일대

대구분지를 동서로 관류하는 금호강의 서북편 일대의 팔거평야는 팔계천 주변에 형성된 충적대지이다. 이 지역은 청동기시대 후기의 중심취락인 동천동유적이 있는 곳으로 유명한 곳이다. 청동기시대 전기의 유적으로는 매천동유적(영남문화재연구원 2010), 동천동유적(영남문화재연구원 2002), 동호동181유적(영남문화재연구원 2012), 팔달동유적(유병록 1998,영남문화재연구원 2000) 등이 있다.

매천동유적은 크게 2기로 구분되는데 1기는 복수의 수혈식노지를 갖춘 세장방형주거지가 중심이며 2기는 수혈식노지 1기를 갖춘 소형의 방형 또는 장방형의 주거군으로 구성되어있다. 출토유물은 1기에 해당하는 유구에서 토기문양을 확인할 수 있는 유물은 출토되지 않았고 부리형석기와 주상편인석부만 출토되었다. 2기의 소형주거지에서는 구연부가 직립하는 구순각목(2호), 공열단사선문 · 종방향의 낟알문(3호), 공열문 · 장동호(4호)가 출토되었다. 매천동2기에 해당하는 유구의 유물 공반관계를 보면 단독문의 경우 공열문, 구순각목문이 복합문의 경우 이중구연이 소멸된 공열단사선문이 확인되었다. 보통 단독문(공열문)이 중심되는 역삼동식의 주거지가 중대형의 (세)장방형인데 비해 소형으로만 구성된 주거군의 배치로 볼 때 후기로 넘어가는 과도기적인 현상으로 파악할 수 있겠다. 이는 4호 출토 장동호의 형태가 다음시기의 송국리식토기와 유사한 점도 이를 방증한다 하겠다.

동천동유적의 경우 대부분 후기에 해당하는 송국리식의 원형주거지가 다수이나 수혈식노지1기를 갖춘 중소형의 (장)방형주거지 6기가 전기에 해당한다. 출토유물은 없으나 주거지의 형식에서 매천동2기와 병행한다고 보아도 무방할 것이다.

동호동181유적은 6기의 주거지가 확인되었지만 이 중 2기만 전기의 것으로 파악된다. 5호의 경우 중형장방형주거지로서 중심주공과 수혈식노지 2기를 갖추고 있다. 구순각목문과 공열문이 단독으로 출토되었다. 6호의 경우 수혈식노지1기를 갖춘 소형방형주거지로서 매천동4호 출토 장동호와 유사한 호형토기 1점이 출토되었다.

팔달동유적의 경우 보고서가 미간이라 정확한 유물조합상을 파악하기 쉽지 않지만 기보고된 자료(유병록 1998)에 의해 살펴보면 이중구연(3문)단사선구순각목의 복합문(1호)과 구순각목(13호), 공열(돌류)문(14호) 등이 출토되었다. 취락의 배치를 보면 구릉중앙에 입지한 대형의 세장방형주거지1동을 중심으로 사면을 따라 반원상으로 장방형주거지가 배치되고 있다. 위석식노지를 갖추고 있고 취락의 중심에 입지한 1호주거지의 연대가 취락

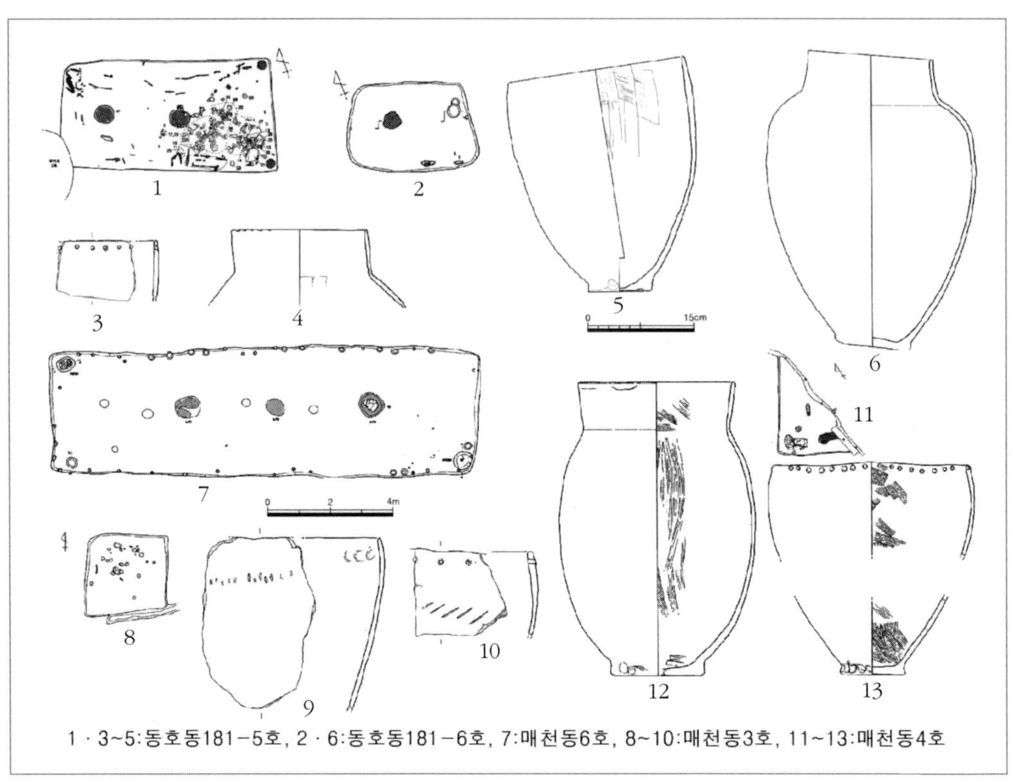

1 · 3~5:동호동181-5호, 2 · 6:동호동181-6호, 7:매천동6호, 8~10:매천동3호, 11~13:매천동4호

| **도면 5** | 팔계천일대의 주거지와 유물

의 연대로 파악해도 무방할 것이다.

출토유물과 주거군의 양상에서 팔계천일대의 유적간의 선후관계는 팔달동-매천동1기 · 동호동181-매천동2기 · 동천동으로 파악된다.

| **표 5** | 팔계천일대의 주거지 무문토기출토 문양 현황

유구명	이중구연(3문)	이중구연소멸			
	단사선구순각목	공열단사선	공열	구순각목	단사선
팔달동1호	●				
동호동185,5호			●	●	
매천동3호		●			●
매천동2호				●	
매천동4호			●		

4. 동화천 및 불노천일대

대구분지를 관류하는 금호강의 동북편 일대에 해당한다. 이 일대의 청동기시대의 유적조사는 미진한 편이어서 조사된 유적은 2개소가 있다. 동화천유역의 강안충적지대에 위치한 서변동유적(영남문화재연구원 2002)과 불노천 하류에 위치한 봉무동유적(영남문화재연구원 2011)이 있다.

먼저 서변동유적에서는 49기의 주거지가 확인되었으며, 이중 42기가 전기에 해당하는

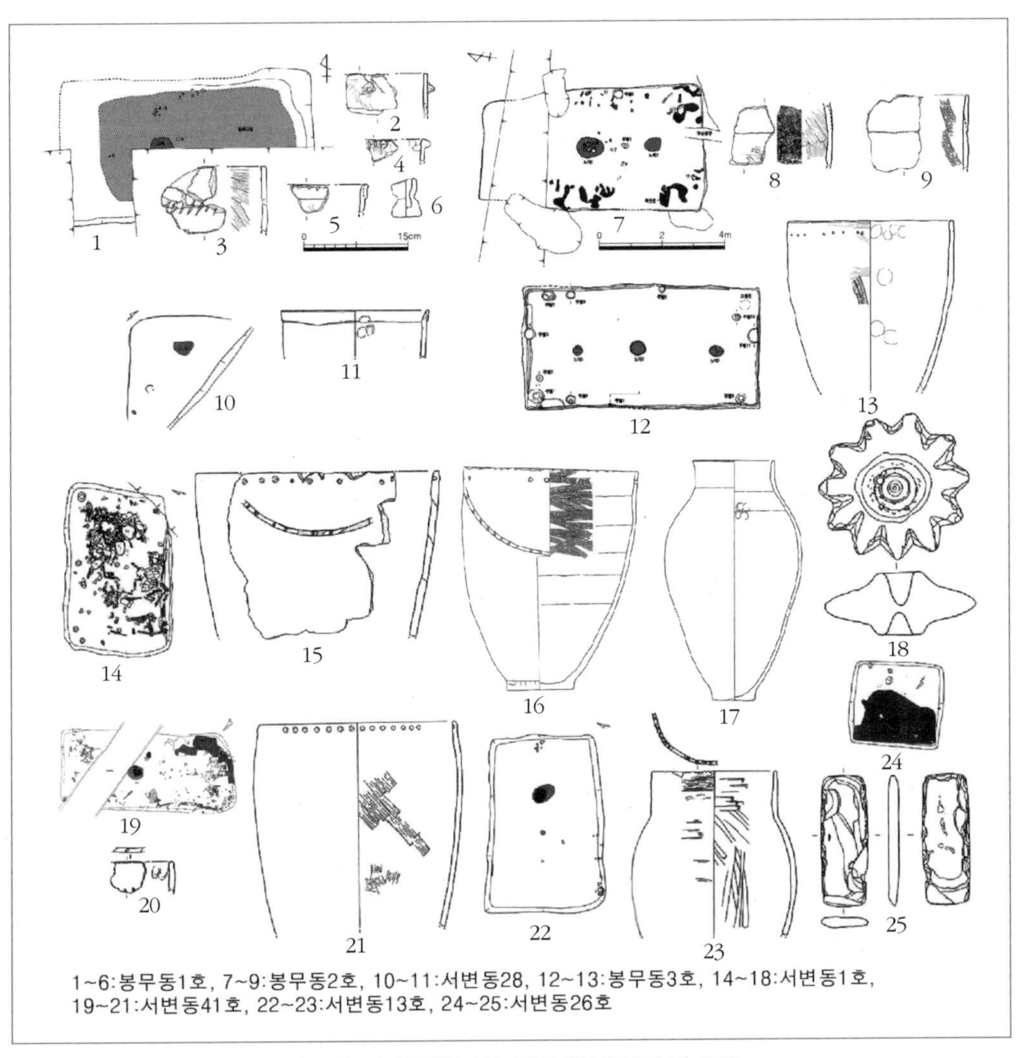

| **도면 6** | 동화천, 불노천일대의 주거지 및 유물

주거지이다. 주거지간의 중복관계는 16호(소형장방형)→20호(소형장방형)의 한 사례만 있지만 출토유물이 없다. 서변동유적에서는 대형주거지는 세장방형주거지 5호와 방형주거지46호가의 2예를 제외하면 모두 중형 및 소형의 장방형주거지가 중심인데 위석식노지가 확인되지 않고 모두 수혈식노지로만 구성되어있고 역삼동식토기와 무문심발형토기의 구성이 많아 취락의 중심시기는 그렇게 보아도 무방할 것이다. 그러나 이중구연(1문)토기만 출토되는 유구(28호, 30호), 이중구연토기(1문)와 이중구연(2문)단사선문토기가 공반되는 경우(46호), 이중구연(3문)단사선문(12호), 이중구연(3문)단사선구순각목문과 공열문이(48호) 출토되는 경우가 있어 각 문양형식간의 선후관계를 가늠할 수 있다. 따라서 이중구연(1문)→이중구연(2문)단사선문→이중구연(3문)단사선구순각목의 순서를 정할 수 있을 것이다. 이외 단독문으로서 공열문, 구순각목문이 있는데 구순각목은 이중구연(1문)토기

| 표 6 | 동화천 · 불노천일대의 주거지 무문토기출토 문양 현황

해당유구	돌대문		이중구연 1문	이중구연 2문		이중구연 3문		이중구연소멸		
	절상	유상	이중구연	이중 구연	단사선	단사선	단사선 구순 각목	구순 각목 공열	공열	구순 각목
서변동1호								●		
서변동2호										●
서변동3호										●
서변동12호						●				●
서변동13호										●
서변동18호										●
서변동25호									●	
서변동27호										●
서변동28호			●							
서변동30호			●							
서변동36호										●
서변동41호									●	
서변동42호									●	●
서변동46호			●		●					●
서변동48호							●		●	
봉무동1호	●	●	●		●					
봉무동2호				●						
봉무동3호									●	

와 이중구연(3문)단사선, 공열문과 각각 공반되므로 이른 시기부터 출현하여 늦은 시기까지 존속한 문양으로 파악된다[4]. 따라서 서변동유적의 경우 전형이중구연토기가 출토되는 1기, 퇴화이중구연단사선, 퇴화이중구연단사선구순각목의 2기, 이중구연이 소멸된 구순각목공열문, 단독문양의 3기로 단계를 나눌 수 있겠다. 대부분의 주거지는 공열이나 구순각목문만 공반되는 역삼동식인 3기가 중심이 되는 유적이다.

다음으로 봉무동유적을 살펴보도록 하겠다. 7기가 조사되었다. 주거지의 형태는 중형의 장방형이며 내부에 수혈식노지 2-1개를 갖추고 있다. 1호주거지에서 절상(각목)돌대문과 유상돌대문, 이중구연(1문)토기편이 이 출토되었다. 공반되어 이중구연(2문)단사선문토기가 확인되는 것으로 보아 절상돌대문과 유상돌대문은 가락동식토기와 공반됨을 알 수 있다. 2호주거지에서는 이중구연토기 2점이 출토되었는데 이중구연단이 3cm이상으로 폭이 넓으나 이중구연대 하단이 토기기벽에 비교적 뚜렷한 것(2문)이다. 이외 심발형공열토기만 출토된 3호주거지가 있다.

Ⅳ. 대구지역 청동기시대 전기의 편년

1. 편년의 검토

2장에서 언급하였지만 대구지역의 무문토기문양요소는 이중구연의 퇴화 및 소멸에 따른 변화의 과정으로 파악하였다. 돌대문토기는 이중구연1문과 역삼동식인 공열토기는 이중구연3문과 결합되어 나타난 사실에 주목하였다.

유물의 공반관계를 살펴보도록 하겠다. 돌대문토기는 각목돌대문과 절상돌대문, 유상돌대문이 함께 출토되는 것(월성동566)과 절상돌대문과 유상돌대문이 공반되는 것(삼덕동188, 봉무동)이 있다. 이 유구에서는 이중구연1문(이중구연토기, 이중구연거치문, 이중구연구순각목문)과 공반되므로 이를 1군의 유물조합이라 하겠다. 다음은 돌대문토기가 보이지 않고 이중구연1문만 출토되는 유구를(시지동, 대천동511, 월성동1275외) 2군, 이중구연2문(이중구연, 이중구연단사선, 이중구연단사선구순각목, 이중구연구순각목)이 중심이 되고 여기에 소수의 이중구연1문(이중구연구순각목)이 포함된 것을 3군(봉무동, 서변동, 상동, 월성동

4 대구지역의 후기 송국리식의 방형 또는 원형주거지내에서도 구순각목문토기의 출토예는 많다.

외)이라 한다. 4군은 퇴화이중구연인 이중구연3문이 중심이고 여기에 다양한 형식의 문양이 조합된 것(이중구연, 이중구연단사선, 이중구연단사선구순각목, 이중구연단사선공열문, 이중구연구순각목공열문)인데 이중 일부 주거지에서는 이중구연2문(이중구연단사선구순각목)과 공반되기 한다.(서변동, 상동, 대봉동, 월성동, 상인동유적 외) 5군은 공열문과 구순각목문, 또는 구순각목공열문이 공반되는 것으로 이중구연요소는 소멸되어 유물조합상에서 대부분 확인되지 않는다.(표7) 각 군의 순서를 살펴보도록 하자. 1군은 미사리식토기조합을 이루는 것으로 인데, 기존연구성과(이상길 1999, 안재호 2000 · 2006, 이형원 2009)에 의해 청동기시대의 가장 이른 단계로 보는 것에 대해 이론의 여지는 없다. 그런데 대구지역의 경우 돌대문토기단순기라 할 만한 유적은 확인되지 않고 절상돌문이나 유상돌대문, 이중구연토기와 공반되고 있고 특히 절상돌대문은 금산수당리, 진주대평어은1지구, 김천송죽

| 표 7 | 대구지역 무문토기 문양조합관계

	유물조합	해당유구	문양형식
1군	돌대문토기+이중구연1문	삼덕동3호, 봉산동1호, 봉무동1호, 대천동511-1호	절상돌대, 유상돌대, 이중구연 이중구연거치문
2군	이중구연1문만 구성	시지동1호, 대천동511-8호 월성동1275-16호, 상동수혈4호	이중구연, 구순각목
3군	이중구연2문이 중심 (일부 이중구연1문 포함)	봉무동2호, 서변동46호 상동(수)14호,상동(우1)12호 상동(우2)4호,월성동1275-5호 월성동591-1호	이중구연(1), 이중구연 이중구연단사선, 구순각목 이중구연단사선구순각목 이중구연(1)구순각목문 이중구연구순각목문
4군	이중구연3문이 중심 (일부 이중구연2문 포함)	서변동12호,서변동48호 상동(수)15호,,상동(수)16호 상동(우1)5호, 대봉동10호 대봉동11호, 대봉동16호 대봉동23호, 상인동128-1호, 월성동선사2호, 월성동585-2호 월성동591-6호, 상인동123-5호 상인동128-12호, 상인동98-7호	이중구연단사선문 구순각목문 이중구연(2)단사선구순각목문 이중구연단사선구순각목문 이중구연단사선공열문 이중구연구순각목공열문 공열문
5군	이중구연소멸 (일부 이중구연3문 포함)	상동(수)수3호, 대봉동6호, 대봉동8호 대봉동11호,월성동선사1호 상인동123-13호, 상인동128-10호, 상인동128-15호 상인동119-2호, 동호동181-5호 매천동3호, 매천동4호, 서변동1호 서변동25호, 서변동42호, 봉무동3호	공열문 이중구연(3)구순각목공열 구순각목공열 구순각목 공열단사선

리의 예에서 가락동식토기와 공반되는 것이 많아 조기에만 한정된 것이 아니라 전기까지 내려올 가능성이 높다. 2군은 소위 상촌리식토기인 평저심발이중구연토기인데 시지동1호주거지 출토품이 대표적이다. 그 외는 모두 편으로만 출토되었다. 이중구연1문으로만 구성되어 있고 절상돌대문토기와 공반관계를 가지므로 1군과 2군은 비슷한 단계로 보아도 무방할 것이다.

4군은 퇴화이중구연인 이중구연3문이 중심으로 이중구연의 퇴화과정으로 파악한다면 3군에 비해 형식학적 후행한다고 할 수 있을 것이다. 따라서 3군(가락동식)→4군(흔암리식)으로 배열할 수 있겠다. 5군은 공열 또는 구순각목문으로 구성된 토기조합인데 이중구연의 요소는 사라지고 단독문으로 남게된다. 3·4군의 복합문에서 단독문으로 변화하는 것인데 4군의 이중구연3문(퇴화이중구연)과 결합된 공열문이 이중구연이 소멸되고 공열문만 남게 되는 것이다. 흔암리식과 역삼동식의 선후관계는 이미 많은 연구자들(백홍기 1992, 박영구 2000, 김한식 2006, 김현식 2008, 庄田慎矢 2009)이 지면을 통해 흔암리→역삼동이라는 형식변천관을 제시한 바 있다.

다음으로 각 군 간의 중복관계를 살펴보도록 하겠다.

진천천일대의 상인동123유적에서 확인된 주거지간의 중복관계에 의해 상층유구인 13호주거지는 5군의 유물조합이고 하층유구인 3호주거지·5호주거지는 4군의 유물조합이다. 상인동128-8유적의 10호주거지는 11호주거지를 파괴하며 조성되었다. 10호주거지에서 5군의 유물이 출토되었다. 4군→5군의 순서배열이 가능하다.

신천천일대의 상동유적 14호주거지(先)와 수혈3호(後)의 중복관계에서 선축된 14호주거지에서 3군의 유물조합, 후축된 수혈3호에서는 5군의 유물조합이 확인된다. 동 유적의 15호주거지와 16호주거지의 유물출토 상황은 모두 4군의 유물조합을 가지는 것에 의해 3군→4군→5군의 편년이 가능하다. 5군(역삼동식)의 편년적 위치와 관련해 대봉동유적의 구 출토 일괄유물이 주목된다. 하층의 구(4호) 일괄유물(200여점)은 모두 5군의 유물조합으로만 확인되며, 상층의 구(2,3호)일괄유물은 대구지역의 송국리식 방형 또는 원형의 주거지에서 자주 확인되는 무문파수부발형토기와 구순각목문토기여서 5군의 유물조합은 후기의 직전단계로 파악된다.(도면 7)

팔계천일대의 매천동유적의 2기로 편년되는 주거군의 구성방식은 모두 소형방형계열로 주거지의 형식에 의해 후기로 넘어가는 과도기적 양상으로 파악되는데 여기에서 출토된 유물조합은 모두 공열 및 구순각목의 5군 유물조합이다. 공반된 유물 중 장동형호의 형식이 송국식토기와 유사하다.

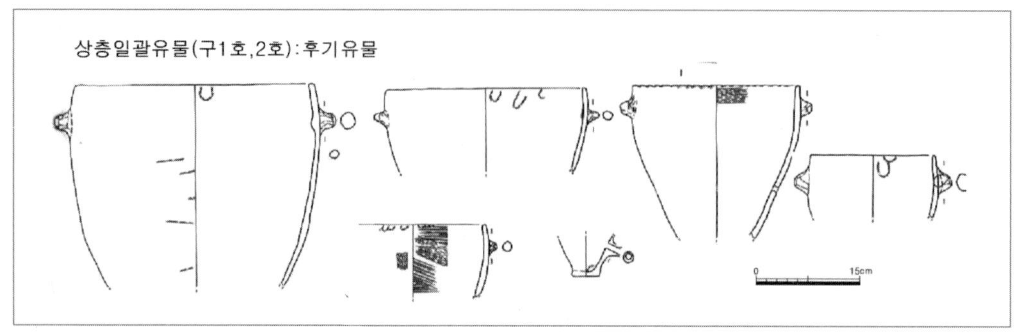

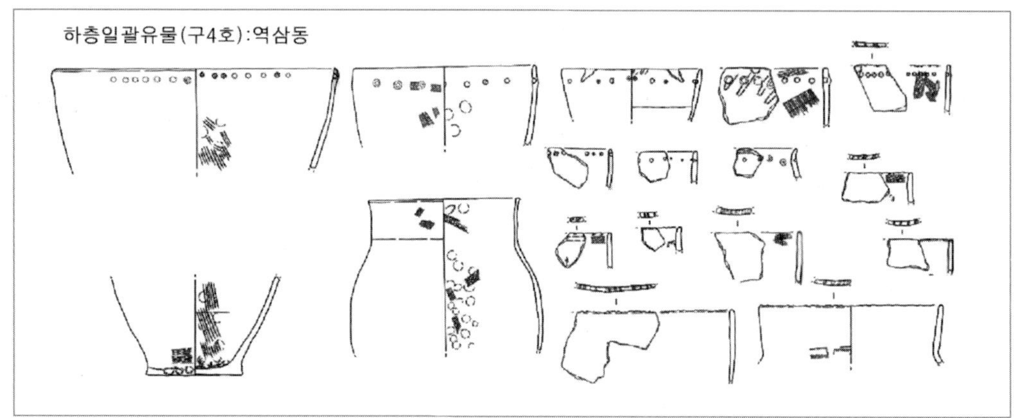

| 도면 7 | 대봉동마을유적 공열토기 일괄유물 중복관계

이상과 같이 유물의 형식학적변천과정과 각형식의 공반관계상, 유구의 중복관계 등을 종합해 볼 때 각 군의 상대서열은 1군 · 2군(미사리 · 가락동식)→3군(가락동식)→4군(흔암리식)→5군(역삼동식)의 순서가 된다.

끝으로 각 군의 절대연대를 C14연대측정치(표8, 표9)를 통해 간략히 살펴보자.

연대측정 결과표에 의하면 한기의 주거지에서 검출된 다수의 시료에 나타난 계측결과는 그 오차 폭이 매우 크게 나타나고 있다. 예컨대 매천동6호주거지의 5점의 시료는 저장공1에서 검출된 것이 3150±50(BP), 저장공3에서 검출한 시료는 2740±60(BP)으로 무려 500년의 연대폭이 발생하였다. 상인동128유적 13호주거지 또한 3140±50(BP), 2689±80(BP)의 연대치가 확인되는 등 실재 유구의 조성연대보다 오래된 측정치가 나오는 것은 고목효과나 해양 리저버효과 등과 관련하여 오차가 발생할 가능성이 매우 높다. 여기서는 복수의 시료 중 가장 늦은 연대치를 해당 주거지의 절대연대로 파악하기로 한다. 유물조합에 의해 1군과 2군의 유물조합이 확인된 주거지에서는 가장 높게 나온 것이 3100±60(월성1275-15호), 가장 늦게 나온 것이 2920±80(월성1275-16호)이다. 3군의 유물조합이 확인된 주거지는 3100±50(상인128-12호)에서 2970±40(월성동1275-5호)사이에 포함된다. 4군의 유물조합이 있는 주거지의 시료 결과치는 없다. 5군의 경우 가장 높은 측정결과치는 동호동181유적으로 2980±50이며, 가장 늦은 연대치는 상인동119-4호의 2640±50이다. 5군조합의 유물이 구성된 주거지의 연대치 17개 시료 중 대부분이 2640±50에서 2770±50사이에 분포한다. 연대측정치의 상대서열은 1군·2군→3군→5군의 순이다. 각 군의 가장 늦은 연대측정치에 의해 1군과 2군의 절대연대는 BC1230년(13세기전엽), 3군은 BC1185년(12세기후엽), 5군은 BC810년(9세기전엽)이 된다.[5]

| **표 8** | 대구지역 청동기시대 전기 주거지 C14 연대 순서배열

주거지	측정기관	측정연도	C14연대(BP)	보정연대(BC)	토기조합군	편년
월성동1275,15호	서울대	2006	3100±60	1355		1기
대천동511,16호	서울대	2008	3000±50	1230	1군	1기
상인동128,12호-c	서울대	2009	3100±50	1370	3군	2기
봉무동2호-2	서울대	2010	2960±50	1190	3군	2기
월성동1275,5호	서울대	2006	2970±40	1185	3군	2기
서변동27호	서울대	2000	2970±50	1165		3,4(?)
서변동1호	서울대	2000	2920±60	1115	5군	4기
매천동-3호	서울대	2009	2860±50	1060	5군	4기
봉무동3호-1	서울대	2010	2790±60	950	5군	4기
매천동-6호저장공3	서울대	2009	2740±60	910		4기
상인동119,2호	서울대	2010	2750±50	885	5군	4기
상인동128,13호-e	서울대	2009	2680±80	855	5군	4기
상인동119,4호	서울대	2010	2640±50	810	5군	4기

2. 분기 설정 및 편년

앞에서 검토한 바에 의해 대구지역의 분기 설정은 각 군의 상대서열과 같다. 대구지역 청동기시대전기는 4단계로 구분이 가능하며 각 단계별로는 자료의 증가 및 주거지의 구조나 주거군의 조성방식 등에 의해 세분할 수 있을 것이다.

1군·2군(미사리·가락동식)→3군(가락동식)→4군(흔암리식)→5군(역삼동식)의 순서는

5 C14연대측정결과는 양호한 자료의 축척이 수반되어야 하므로 연대결정에 참고자료(상대서열)로 활용하는 것이 바람직할 것으로 판단된다.

| 표 9 | 대구지역 청동기시대 전기 주거지 C14 연대측정결과표

연번	구분	주거지	측정 기관	측정 연도	C14연대	보정연대 (BC)
1	팔계천유역권	동호동181유적 5호주거지-1	서울대	2010	2980±50	1210
2		동호동181유적 5호주거지-2	서울대	2010	2990±50	1215
3		매천동유적 5호주거지-1	서울대	2009	2850±50	1010
4		매천동유적 5호주거지-2	서울대	2009	2880±50	1050
5		매천동유적 3호주거지	서울대	2009	2860±50	1060
6		매천동유적 6호주거지-7	서울대	2009	2890±40	1065
7		매천동유적 6호주거지-10	서울대	2009	2770±50	930
8		매천동유적 6호주거지저장공-1	서울대	2009	3150±50	1440
9		매천동유적 6호주거지저장공-2	서울대	2009	2900±60	1105
10		매천동유적 6호주거지저장공-3	서울대	2009	2740±60	910
11	동화천 불노천유역권	서변동유적 1호주거지	서울대	2000	2920±60	1115
12		서변동유적 25호주거지	연구소	2000	2710±80	
13		서변동유적 27호주거지	서울대	2000	2970±50	1165
14		서변동유적 32호주거지	서울대	2000	2690±40	855
15		봉무동유적 3호주거지-2	서울대	2010	2720±60	865
16		봉무동유적 3호주거지-1	서울대	2010	2790±60	950
17		봉무동유적 2호주거지-1	서울대	2010	3010±50	1255
18		봉무동유적 2호주거지-2	서울대	2010	2960±50	1190
19		봉무동유적 2호주거지-3	서울대	2010	2970±50	1210
20	진천천유역권	대천동511-2유적 10호주거지	서울대	2008	3030±50	1270
21		대천동511-2유적 16호주거지	서울대	2008	3000±50	1230
22		월성동585유적 1호주거지	서울대	2006	2680±40	850
23		월성동585유적 4호주거지	서울대	2005	2730±50	870
24		월성동1275유적 5호주거지	서울대	2006	2970±40	1185
25		월성동1275유적 15호주거지	서울대	2006	3100±60	1355
26		월성동1275유적 16호주거지	서울대	2006	2920±80	1115
27		상인동128유적 5호주거지	서울대	2009	3350±60	1650
28		상인동128-8유적 12호주거지-b	서울대	2009	3200±60	1470
29		상인동128-8유적 12호주거지-c	서울대	2009	3100±50	1370
30		상인동128-8유적 13호주거지-d	서울대	2009	3140±50	1420
31		상인동128-8유적 13호주거지-e	서울대	2009	2680±80	855
32		상인동119-20유적 2호주거지	서울대	2010	2750±50	885
33		상인동119-20유적 4호주거지	서울대	2010	2640±50	810
34		상인동119-20유적 5호주거지	서울대	2010	2710±50	858
35		상인동98-1유적 1호주거지	서울대	2008	3070±50	1320
36		상인동98-1유적 3호주거지	서울대	2008	2740±50	900
37		상인동98-1유적 4호주거지	서울대	2008	2820±50	990
38		상인동98-1유적 5호주거지	서울대	2008	3140±50	1410

각각 대구지역 청동기시대 전기 Ⅰ기, Ⅱ기, Ⅲ기, Ⅳ기와 대응된다고 보면 될 것이다.

Ⅰ기는 출토유물상 문양조합 1군과 2군에 해당하는 것으로, 이중구연1문과 각목돌대문토기, 절상돌대문토기, 유상돌대문토기 등이 방형의 중형주거지와 광폭의 중대형 장방형주거지에서 공반된다. 노지는 석상위석식이 있는 시지동1호가 있지만 대부분 위석식노지가 주를 이루고 초석이 보이는 것도 있다. 여기에 해당하는 유적은 신천천일대의 삼덕동유적, 봉산동유적, 불노천 주변의 봉무동유적, 진천전일대의 월성동유적, 대천동유적이 있다. Ⅰ기의 경우 한반도남부지방에서 통용되는 청동기시대 조기로 두어야 할 것인지에 대하여는 대구지역의 출토유물 공반관계를 통해 볼 때 돌대문토기 단순기가 확인되지 않음으로, 향후 조사 자료의 증가를 기다리는 수밖에 없을 것이다. 다만 시지동1호는 상촌리식토기가 출토하였는데 단벽에 치우친 석상위석노지를 갖추고 있다. 돌대문토기가 출토하지 않았지만 Ⅰ기에 해당하는 대부분의 주거지가 위석식노지를 갖는 주거지이기 때문에 이와 구별하여 Ⅰ기의 가장 이른 단계로 보고자 한다. 절대연대는 대략 서기전 13세기대를 중심연대로 보고자 한다.

Ⅱ기는 이중구연2문이 중심이 되는 3군의 유물조합이다. 이중구연단사선문토기를 지표로 하며, 여기에 단사선이 없는 이중구연토기가 공반된다. 이중구연과 결합되는 문양요소는 이중구연단사선문, 이중구연단사선구순각목문, 이중구연구순각목문이다. 구순각목문은 단독으로 출토되기도 한다. 주거지는 방형의 중소형의 주거지, 장방형 또는 세장방형의 중대형이 확인되며 노지는 위석식과 수혈식이 혼재한다. 여기에 해당하는 유적은 불노천주변의 봉무동유적, 동화천주변의 서변동유적, 신천천일대의 상동유적, 진천천일대의 월성동유적이 있다. 절대연대는 대략 서기전 12-11세기대가 중심이 되는 시기이다.

Ⅲ기는 이중구연3문과 단독문이 결합된 것으로 4군의 유물조합이다. 퇴화된 이중구연에 공열문, 단사선문, 구순각목이 시문된 흔암리식토기를 지표로 한다. 복합문양의 구성은 이중구연단사선문, 이중구연단사선구순각목문, 이중구연단사선공열문, 이중구연구순각목공열문이 있다. 단독문양의 경우 구순각목은 Ⅱ기에 이어 확인되며, 공열문은 복합문과 공반되어 나타나기 시작한다. 주거지는 중대형의 장방형 및 세장방형이 사용되며, 노지는 위석식과 수혈식이 혼재하나 수혈식의 비중이 높다. 해당유적은 대분지내 모든 수계별로 분포하는데 대표적인 것이 서변동유적, 상동유적, 대봉동유적, 월성동유적, 상인동유적 등이 있다. Ⅲ기는 대구지역 청동기시대 전기의 유적 중 가장 많은 수의 주거지가 확인되는 시기이다. 절대연대는 대략 서기전 11-10세기대로 보고자 한다.

Ⅳ기는 이중구연이 소멸되고 공열문과 구순각목이 단독으로 또는 결합되어 나타나는

역삼동식토기를 지표로 한다. 공열문, 구순각목공열문, 구순각목문, 공열단사선문이 확인되며 소수에 불과하지만 이중구연(3문)구순각목공열문도 확인된다. 주거지의 형식은 장방형이 중심이되고 세장방형은 취락내 소수로 존재한다. 위석식노지는 확인되지 않고 모두 수혈식노지로만 구성되어있다. 여기에 해당하는 유적은 신천천일대의 상동유적, 대봉동유적, 팔계천주변의 동천동유적, 매천동유적, 진천전일대의 상인동유적, 월성동유적, 불노천주변의 봉무동유적이 있어 III기의 취락분포와 동일하다. IV기의 경우 소형의 방형주거지로 구성된 취락(매천동, 동천동, 대천동 등)의 사례가 확인되며, 이 주거지의 형식은 후기로 넘어가는 과도기적인 양상으로 파악되므로 IV기를 두 단계로 세분할 수도 있겠다.

절대연대는 대략 서기전 9세기대가 중심이다.

| **표 10** | 대구지역 청동기시대 전기 문양 편년

유구명	돌대문			이중구연1문		이중구연2문				이중구연3문					이중구연소멸					구분
	각목	절상	유상	이중구연	거치문	구순각목	단사선	단사선구순각목	구순각목	단사선	단사선구순각목	단사선구순각목공열	단사선공열문	구순각목공열문	구순각목공열	구순각목단사선	공열단사선	공열	구순각목	
시지1호				●																I기
월성566,1호	●	●	●	●																
삼덕3호		●	●	●																
삼덕1ㅌㅌ호																			●	
봉산1호상부			●		●															
대천511,16호		●																		
대천511,8호				●																
상동(수)수4호				●															●	
서변28호				●																
서변30호				●																
봉무1호		●	●	●			●													II기
서변46호				●			●												●	
월성1275,5호						●			●											
상동(수)7호							●													
상동(수)14호							●	●												
상동(우1)9호							●													
상동(우1)12호							●												●	
상동(우2)4호							●												●	
월성591,1호							●													
상인123,3호								●												
봉무2호							●													

유구명	돌대문			이중구연1문		이중구연2문				이중구연3문					이중구연소멸					구분
	각목	절상	유상	이중구연	거치문	구순각목	단사선	단사선구순각목	구순각목	단사선	단사선구순각목	단사선구순각목공열	단사선공열문	구순각목공열문	구순각목공열	구순각목단사선	공열단사선	공열	구순각목	
상인98,7호								●			●								●	
상동(우1)5호										●	●									
대봉9호										●										
대봉10호										●									●	
대봉16호										●	●								●	
대봉17호										●									●	
월성591,6호											●									
월성선사2호										●										
월성585,2호										●									●	
상동(수)15호													●						●	
상동(수)16호													●						●	III기
대봉2호											●									
대봉23호											●								●	
상인123,5호												●								
상인128,1호										●	●		●						●	
상인128,3호													●							
상인98,5호											●								●	
팔달1호											●									
서변12호										●										
서변48호											●							●		
대봉11호														●	●				●	
대봉8호																		●		
대봉19호																		●	●	
대봉31호																			●	
월성선사1호																		●	●	
상동(수)수3호																		●		
상인123,13호																		●	●	
상인128,10호															●					
상인128,15호																●				
상인119,2호															●					IV기
상인98,2호																		●	●	
동호185,5호																		●	●	
매천3호																	●			
매천4호																		●		
서변1호															●					
서변25호																		●		
서변41호																		●		
서변42호																		●	●	

| 표 11 | 대구지역 청동기시대 전기 편년표

		유물	주거지	주요유적	
청동기 시대 전기	Ⅰ期 (서기전 13세기대)	각목돌대문 절상돌대문 유상돌대문 이중구연문토기 이중구연거치문 구순각목문 무경식석촉	방형, 장방형 대형,중형,소형혼재 노지는 석상위석식, 토광위석식, 초석주혈	시지동유적 대천동511유적 월성동1275유적 상동유적 삼덕동유적 봉산동유적 월성동566유적외	미사리 · 가락동식
	Ⅱ期 (서기전 12–11 세기대)	이중구연문 이중구연단사선문 이중구연단사선구순각목문 이중구연구순각목문 구순각목문 무경식석촉, 이단경식석촉 이단병식석검	세장방형, 장방형 중대형이 중심 위석식과 수혈식노지 혼재(위석식이 다수)	봉무동유적 서변동유적 상동유적 월성동1275유적 월성동59유적외	가락동식
	Ⅲ期 (서기전 11–10 세기대)	이중구연단사선구순각목문 퇴화이중구연단사선문 퇴화이중구연단사선공열문 퇴화이중구연구순각목공열문 공열문 무경식석촉, 이단경식석촉 이단병식석검	세장방형, 장방형 중대형이 중심 위석식과 수혈식노지 혼재(수혈식이 다수)	서변동유적 상동유적 대봉동유적 상인동98유적 상인동128유적 월성동선사유적 월성동585유적 월성동591유적 상인동123유적외	흔암리식
	Ⅳ期 (서기전 9세기대)	이중구연소멸 구순각목공열문 공열문 구순각목문 공열단사선문 무경식석촉, 이단경식석촉 일단경식석촉,이단병식석검	세장방형, 장방형, 방형 세장방형은 취락내 몇기 로 한정 방형은 4기의 늦은 시기 에 집중 수혈식노지중심	상동유적, 대봉동유적, 월성동선사유적 상인동123유적 상인동128유적 상인동119유적 동호동181유적 매천동유적 봉무동유적외	역삼동식

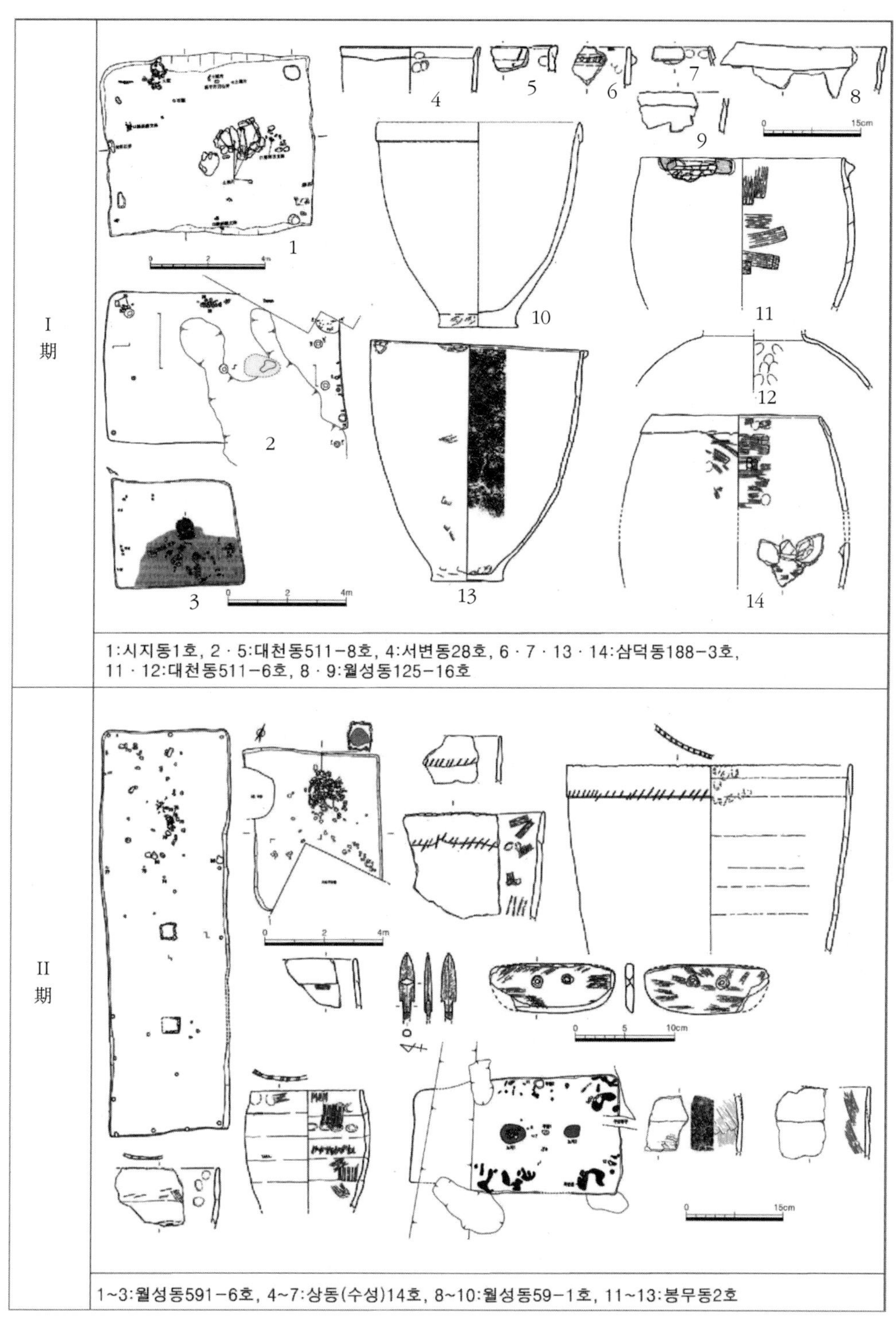

| **도면 8** | 대구지역 청동기시대 전기 I · II기의 주거지 및 유물

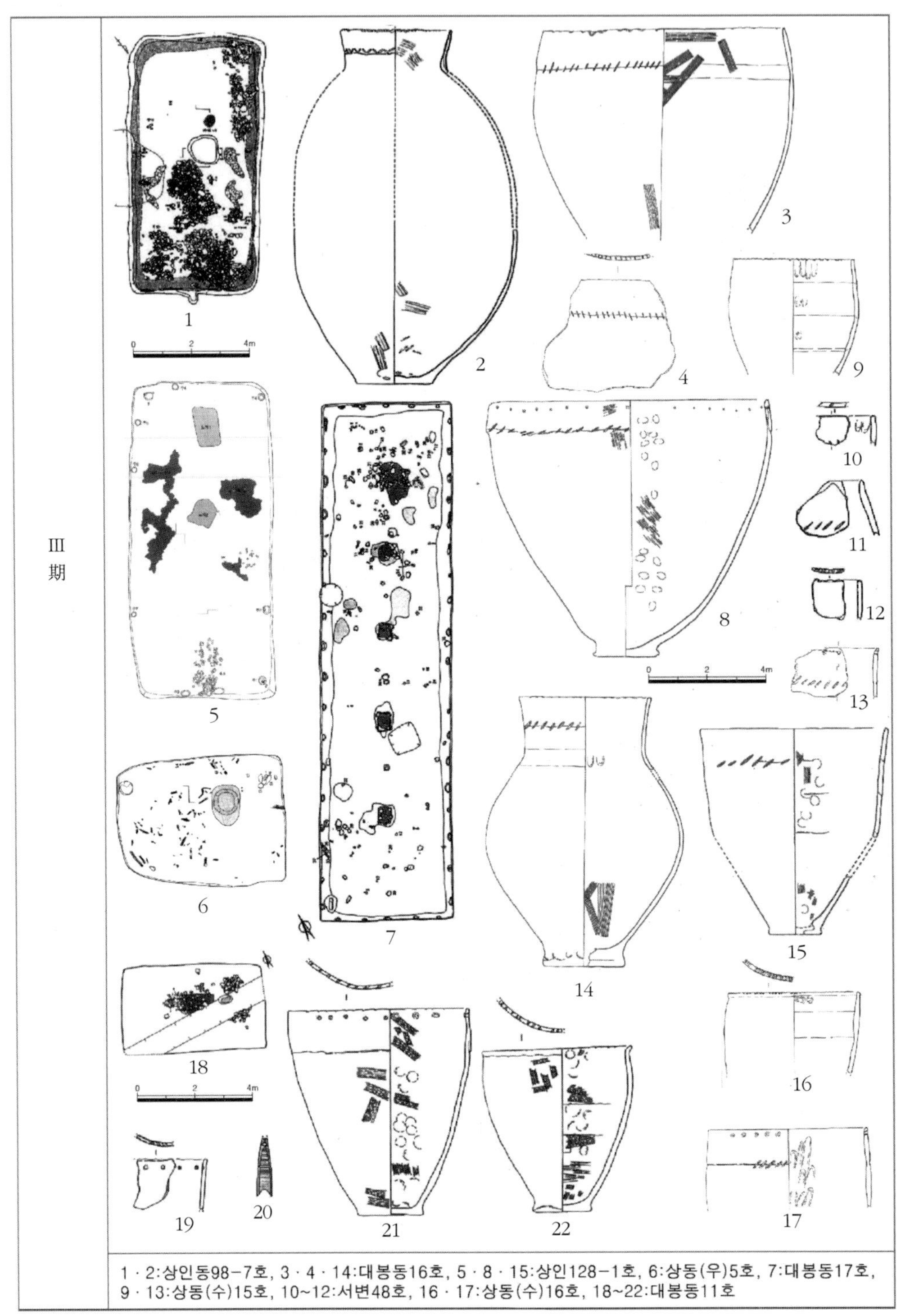

| **도면 9** | 대구지역 청동기시대 전기Ⅲ기의 주거지 및 유물

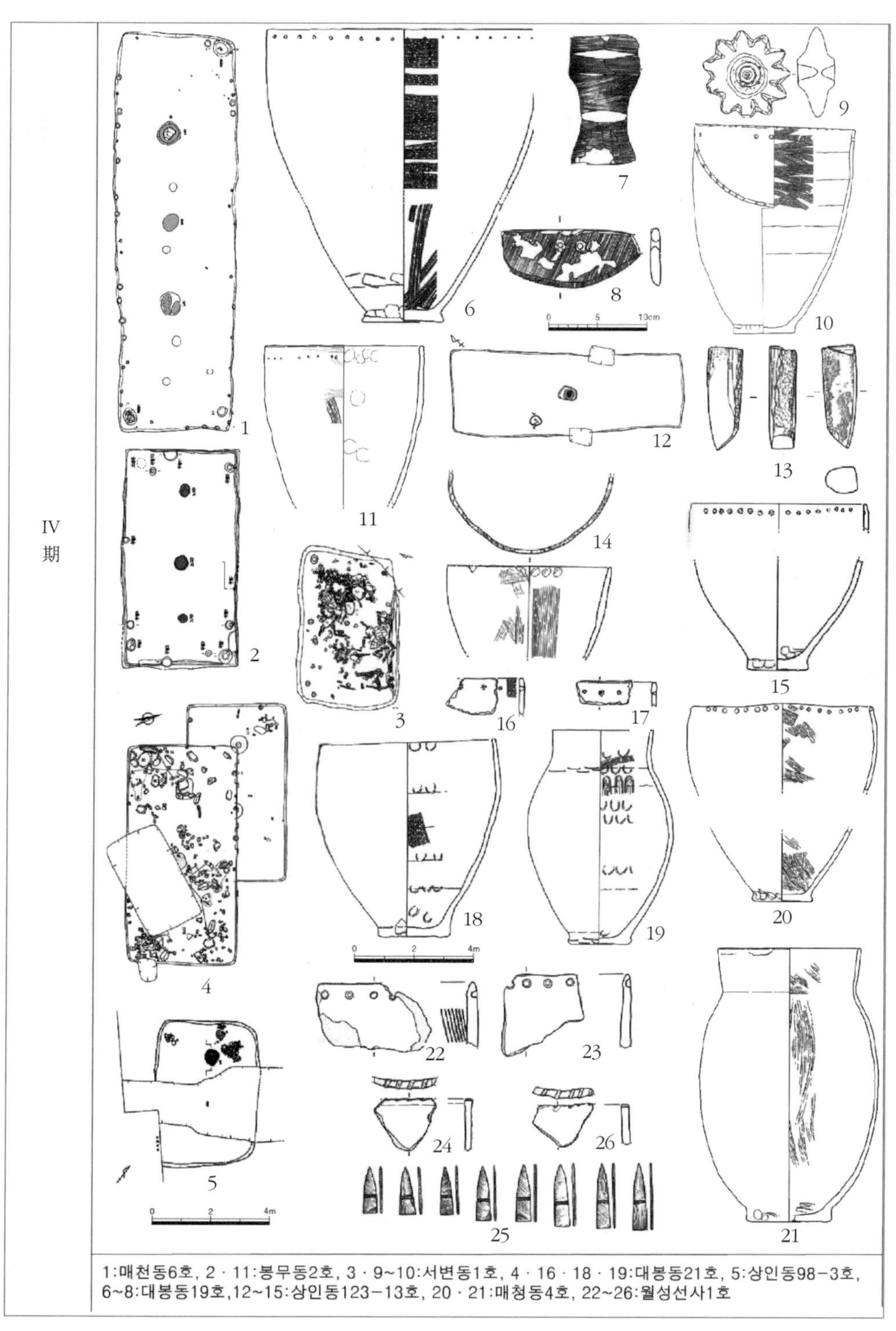

| 도면 10 | 대구지역 청동기시대 전기Ⅳ기의 주거지 및 유물

Ⅳ. 맺음말

지금까지 대구지역의 청동기시대 전기의 편년을 토기에 표현된 문양구성의 변화 즉, 이중구연의 퇴화 및 소멸에 따른 변화의 과정을 유물간의 공반관계 및 중복관계 등에 의해 크게 4기로 구분하였다.

Ⅰ기는 미사리식토기조합을 이루는 것이나 각목돌대문토기단순기라 할 만한 유적은 확인되지 않았다. Ⅱ기는 이중구연단사선의 가락동식토기조합이나 대구지역의 가락동식토기의 출현시점은 호서지방보다는 다소 늦은 것으로 판단된다. Ⅲ기는 퇴화된 이중구연과 함께 복합문양의 흔암리식토기조합인데 유물간의 공반관계나 유구간의 중복관계에서 Ⅳ기의 역삼동식토기조합보다 빠르다는 것을 살펴보았다.

각 유물조합의 분포는 대구지역의 4개 수계별로 공통하며, 지구별 차이는 없어 시기차로 보아도 무방할 것이다. 다만 진천천일대에 전기의 유적이 가장 많이 분포하고 있고 금호강 이북의 팔계천과 동화천, 불노천 일대에서는 상대적으로 유적의 분포밀도가 낮은 현상과 함께 후기의 유적이 다수 분포하므로 대구분지의 서편에 위치한 진천천일대가 주변문화를 받아들이는 창구의 기능을 하였을 가능성이 높다고 판단된다.

유물에 의한 편년은 결국 주거지의 편년, 나아가서는 취락의 편년을 위한 것일진대, 몇개의 주거지로 구성된 주거군의 편년, 다수의 주거군으로 구성된 취락의 편년이 가능해야 이 시기의 문화상을 구체화 할 수 있을 것이다.

:: 참고문헌

慶尙北道文化財硏究院, 2002,『대구 수성구 상동 우방아파트건립부지내 上洞遺蹟發掘調査報告書』.

慶尙北道文化財硏究院, 2004,『대구 수성초등학교부지내 上洞遺蹟發掘調査報告書』.

慶尙北道文化財硏究院, 2006,『大邱大鳳洞마을遺蹟』.

慶尙北道文化財硏究院, 2008,『大邱 上仁洞87番地遺蹟』.

慶尙北道文化財硏究院, 2008,『大邱 月城洞772-2番地遺蹟』.

慶尙北道文化財硏究院, 2009,『大邱 月城洞498番地遺蹟』.

慶尙北道文化財硏究院, 2009,『大邱 月城洞1361番地遺蹟』.

慶北大學校博物館, 1990,『大邱의 文化遺蹟-先史 · 古代』.

慶北大學校博物館,1990,『大邱 月城洞 先史遺蹟』

慶北大學校博物館, 2000,『辰泉洞 · 月城洞 先史遺蹟』.

大東文化財硏究院, 2008,『大邱 月城洞1363番地遺蹟』.

大東文化財硏究院, 2008,『大邱 上仁洞98-1番地遺蹟』.

大東文化財硏究院, 2008,『大邱 月城洞1363-1番地遺蹟』.

大東文化財硏究院, 2011,『大邱 上仁洞119-20番地遺蹟』

대동문화재연구원, 2012,「대구 월배지구 근생 제7구역 도시개발사업부지내 유적 정밀발굴조사 전문가검토회의 자료」. (월성동566번지유적)

삼한문화재연구원, 2010,「대구 봉산동 185-4번지 근생시설증축부지내유적 발굴조사 약보고서」.

三韓文化財硏究院, 2010, 『大邱 上仁洞128-8番地遺蹟』.

三韓文化財硏究院, 2011,『大邱 三德洞188-1番地遺蹟』.

三韓文化財硏究院, 2011,『大邱 上仁洞112-3番地遺蹟』.

聖林文化財硏究院, 2009,『大邱 月城洞591番地遺蹟』.

嶺南大學校博物館, 1999,『時至의 文化遺蹟 I 』.

嶺南大學校博物館, 2002,『大邱 梨泉洞 支石墓』.

嶺南大學校博物館, 2006,『大邱 月城洞1275遺蹟』.

嶺南大學校博物館, 2007,『大邱 月城洞585遺蹟』.

嶺南文化財硏究院, 2000,『大邱 八達洞遺蹟 I』.
嶺南文化財硏究院, 2002,『大邱 東川洞聚落遺蹟』.
嶺南文化財硏究院, 2002,『大邱 西邊洞聚落遺蹟』 I .
嶺南文化財硏究院, 2003,『大邱 東湖洞遺蹟』.
嶺南文化財硏究院, 2003,『大邱 辰泉洞遺蹟』.
嶺南文化財硏究院, 2005,『大邱 東湖洞477遺蹟』.
嶺南文化財硏究院, 2006,『大邱 東湖洞451遺蹟』.
嶺南文化財硏究院, 2006,『文化遺蹟分布地圖-大邱廣域市 I』.
嶺南文化財硏究院, 2007,『大邱 月城洞 1261番地遺蹟』.
嶺南文化財硏究院, 2008,『大邱 上仁洞123-1番地遺蹟』.
嶺南文化財硏究院, 2008,『大邱 大泉洞 497-2番地遺蹟』.
嶺南文化財硏究院, 2009,『大邱 大泉洞 511-2番地遺蹟』.
嶺南文化財硏究院, 2010,『大邱 梅川洞遺蹟』.
嶺南文化財硏究院, 2011,『大邱 鳳舞洞遺蹟 V』.
嶺南文化財硏究院, 2012,『大邱 東湖洞181番地遺蹟』.

김한식, 2002,「남부지방 송국리유형 주거지연구」『湖西考古學』6 · 7, 湖西考古學會.
김현식, 2008a,「호서지방 전기무문토토기 문양의 변천과정 연구」『嶺南考古學』44, 嶺南考古學會.
김현식, 2008b,「남한 청동기시대 조기-전기의 文化史的 意味」『考古廣場』2, 釜山考古學硏究會.
白弘基, 1992,「I.江原嶺東地方의 無文土器文化」『江原嶺東地方의 先史文化硏究 II』.
朴榮九, 2000,「嶺東地域 靑銅器時代 住居址硏究」檀國大學校碩士學位論文.
安在晧, 2000,「韓國 農耕社會의 成立」『韓國考古學報』34, 韓國考古學會.
安在晧, 2006,『靑銅器時代 聚落硏究』, 釜山大學校大學院博士學位論文.
安在晧, 2009,「南韓 靑銅器時代 硏究의 成果와 課題」『동북아 청동기문화 조사연구의 성과와 과제』, 학연문화사.
李相吉, 1999,「晉州 大坪漁隱1地區 發掘調查概要」『남강선사문화세미나요지』,동아대학교박물관.
李亨源, 2007,「남한 청동기시대 전기의 상한과 하한」『한국청동기학보』창간호, 한국청동기학회.
李亨源, 2009,『韓國 靑銅器時代의 聚落構造와 社會組織』, 忠南大學校大學院博士學位論文.
千羨幸, 2007,「무문토기시대 조기의 설정과 시간적범위」『한국청동기학보』창간호,한국청동기학회.
河眞鎬, 2008,『大邱地域 靑銅器時代 聚落硏究』, 慶北大學校大學院 碩士學位論文.
庄田慎矢, 2009,「朝鮮半島南部靑銅器時代の編年」『考古學雜誌』第93券.

8 남강유역 조기~전기 무문토기의 편년

김병섭(경남발전연구원 역사문화센터)

Ⅰ. 머리말

남강유역의 청동기문화는 1990년대 후반 이루어진 남강댐수몰지구에 대한 발굴조사를 통해 학계에 널리 알려지게 되었고, 국내외적으로도 큰 관심을 불러 일으켰다. 송국리문화 단계의 환호취락과 대규모의 경작지뿐만 아니라 당시 국내에 확인된 사례가 적었던 돌대문토기가 출토되는 주거지가 다수 확인됨에 따라 청동기시대의 시작과 시기구분, 전기 무문토기의 다양성 등에 대한 논의가 활발하게 이루어지게 되었다.

남강유역에서는 진주를 중심으로 하는 각종 개발행위로 인해 구제발굴조사가 지속적으로 이루어 졌고, 이를 통해 이후 새로운 유적들이 조사되었다. 그러나 조기~전기에 해당되는 자료는 경기・호서지역이나 대구, 울산~경주~포항지역에서 조사된 것에 비하면 상대적으로 적은 편이다.

지금까지 많은 연구자들이 남강유역 조기~전기에 대한 편년을 시도하여 왔다. 본고에서는 기존의 연구성과를 비교・검토하여 편년의 문제점을 찾고, 필자의 견해를 일부 첨가하여 종합적인 고찰을 시도해 보고자 한다.

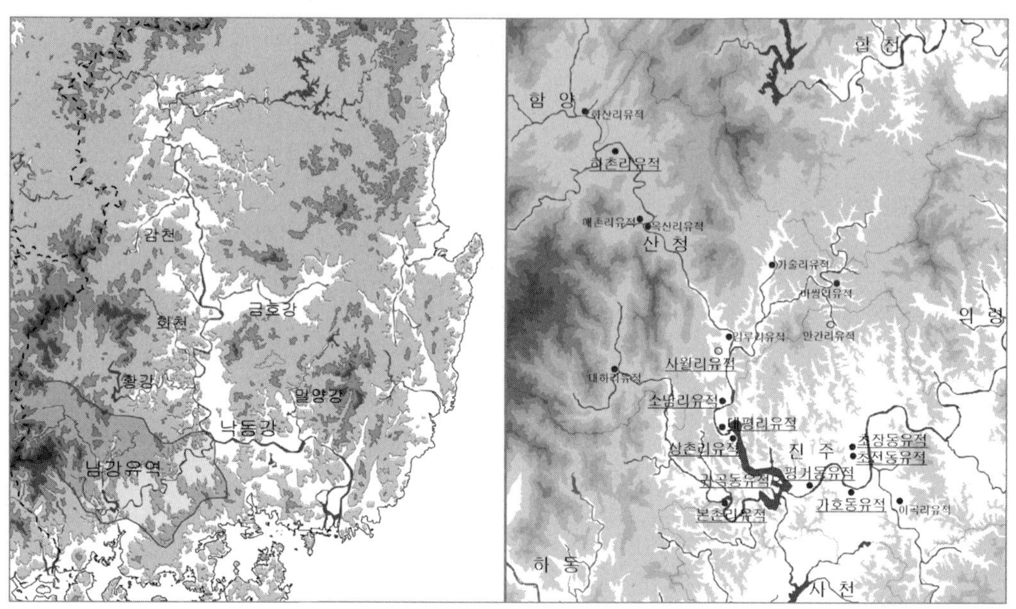

| 도면 1 | 남강유역의 위치 및 청동기시대 유적 현황도(○: 구릉지, ●: 충적지, __: 조기~전기)

II. 남강유역 무문토기 편년 연구사 검토

남강댐 수몰지구에 대한 발굴조사 성과에 의해 조기의 설정이라는 새로운 시기구분 논의가 이루어지게 되었고, 취락 및 분묘의 변천, 농경과 수공업의 집약적 발달 등 청동기 문화에 대한 다각적인 연구가 활발하게 이루어지게 되었다. 그 중 토기를 중심으로 하는 청동기시대 조기~전기 편년 연구는 고민정(2003 · 2010), 천선행(2005 · 2007), 쇼다신야(2007), 송영진(2012), 정지선(2012) 등에 의해 이루어졌는데, 본 장에서는 이들의 편년안을 비교 · 검토하여 편년에 몇 가지 문제제기를 하고자 한다.

고민정은 2003년 논문에서는 전기를 2단계로 구분하였고, 돌대문토기(一周돌대문토기→節狀돌대문토기)→흔암리식토기→역삼동식토기로의 변화를 상정하였다. 이후 2009년도의 논문에서는 기존 전기전반을 돌대문토기를 통해 4단계로 구분하여 조기(1~2단계), 전기 전반(3~4단계)으로 세분하였다. 돌대문토기의 형식 차이에 시간성이 있는 것으로 상정하였으며, 구순각목의 출현을 돌대문토기의 퇴화로 보았다. 그런데 이중구연과 돌대문의 분류기준이 모호하여 이중구연토기를 돌대문토기에 포함시키고 있고, 돌대문 1~4형으로 구분한 형식의 돌대문토기가 각각 별도의 주거지에서 출토되는 것이 아니라, 한 주

| 표 1 | 고민정의 2003년(상) · 2009년(하) 편년안

1기 전기전반		각목돌대문, 즐문토기공반
		절상돌대문, 이중구연, 단사선문, 돌류문
2기 전기후반		흔암리식토기(구순+돌류+단사선+유사이중, 단사선+이중, 구순+돌류, 돌류, 구순각목문), 이단경식촉 · 유혈구석검 · 이단병식석검 · 반월형석도 · 합인석부 등 다양한 석기
		역삼동식토기(돌류, 구순+돌류, 구순각목문), 대평리식이중구연, 부리형석기, 삼각만입촉 · 반월형석도 미완성품 소량
조기	1단계	돌대문 1형, 신석기말기와 공존 가능성. 소형 방형 · 장방형주거지, 석상위석식노지
	2단계	돌대문 2형, 구연단 연접 돌대문, 공열문계 중형 장방형주거지, 석상위석식 · 위석식노지, 초석, 주혈, 단시설, 저장혈 등
전기 전반	3단계	돌대문 3형, 절상돌대문, 이중구연, 거치문, 공열문계 중형 장방형주거지, 석상위석식→위석식노지, 단시설, 주혈, 저장공
	4단계	돌대문 4형, 절상돌대문, 이중구연, 거치문, 공열문계 중형 장방형주거지, 위석식 · 수혈식노지, 초석, 주혈, 단시설

돌대문 1형: 구연단에서 0.5~1.0㎝ 이격, 단면 제형, 각목의 폭이 넓음.
돌대문 2형: 구연단에 연접, 단면 제형, 각목의 폭이 넓음.
돌대문 3형: 구연단에 연접, 단면 장방형, 각목의 폭이 좁음. → 이중구연.
돌대문 4형: 구순외단각목

거지에서 여러 형식의 돌대문토기가 공반되고 있기 때문에 4단계로 나누는 것은 무리가 있다고 생각된다.

천선행은 돌대문토기의 단독기로서 조기를 설정하였고, 돌대문토기가 전기 후반까지 장기간 존속한다고 주장하였다. 이중구연토기는 돌류문토기와 더불어 전기 1기가 되어야 등장하는 것으로 파악하고 있다. 남강유역에서의 돌대문토기 단독기 문제는 다음장에서 언급하겠지만, 돌대문토기가 전기후반까지 존속한다는 점에 대해서는 수긍하기 어렵다. 필자는 이미 별고(김병섭 2009)에서 이에 대해 의견을 제시한 바 있는데, 이를 간단히 설명하면 다음과 같다. 돌대문토기가 전기 후반까지 장기간 존속한다고 주장하는 주된 근거는 본촌리 나3호 주거지에 흔암리식토기(도면 1의 19)가 공반된다는 점이다. 그런데 본촌리 나3호 출토 흔암리식토기는 출토위치가 불분명하여, 나3호의 유물로 단정하기 어렵다. 본촌리유적 보고자도 늦어도 본촌리 나3호를 전기 전반으로 설정하고 있고(경상대학교박물관 2011), 전기 무문토기 문양구성이 복합문(전기 전반)에서 단독문(전기 후반)으로의 변화한다는 최근의 연구성과와 비교하면 돌대문토기가 후기 후반까지 지속된다는 견해는 재고의 여지가 많다.

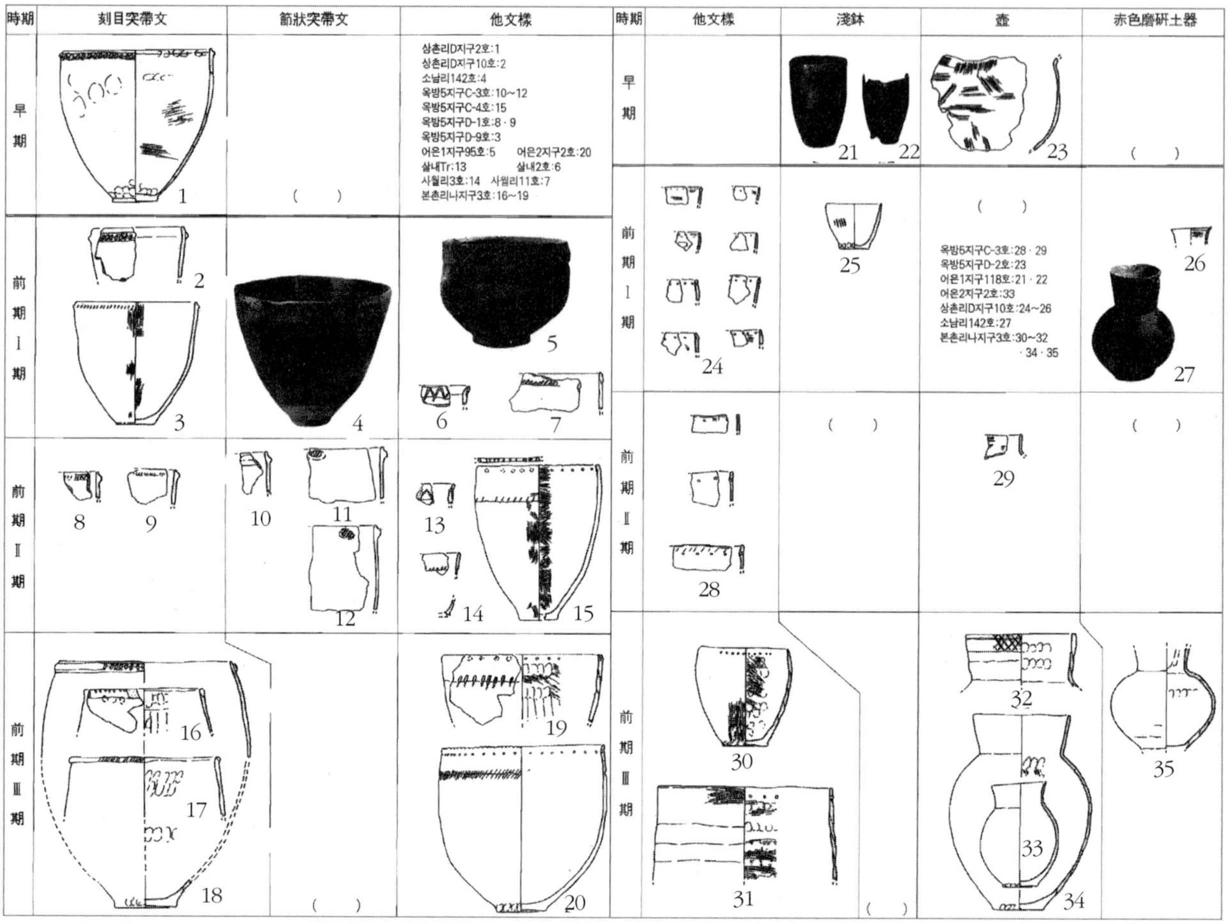

時期	刻目突帶文	節狀突帶文	他文様
早期	1	( )	상촌리D지구2호:1 상촌리D지구10호:2 소남리142호:4 옥방5지구C-3호:10~12 옥방5지구C-4호:15 옥방5지구D-1호:8 · 9 옥방5지구D-9호:3 어은1지구95호:5 어은2지구2호:20 살내Tr:13 살내2호:6 사월리3호:14 사월리11호:7 본촌리나지구3호:16~19
前期 I 期	2, 3	4	5, 6, 7
前期 II 期	8, 9	10, 11, 12	13, 14, 15
前期 III 期	16, 17, 18	( )	19, 20

時期	他文様	淺鉢	壺	赤色磨研土器
早期		21, 22	23	( )
前期 I 期	24	25	( ) 옥방6지구C-3호:28 · 29 옥방5지구D-2호:23 어은1지구118호:21 · 22 어은2지구2호:33 상촌리D지구10호:24~26 소남리142호:27 본촌리나지구3호:30~32 · 34 · 35	26, 27
前期 II 期	28	( )	29	( )
前期 III 期	30, 31	( )	32, 33, 34	35

도면 2. 천선행의 돌대문토기 편년안(2005)

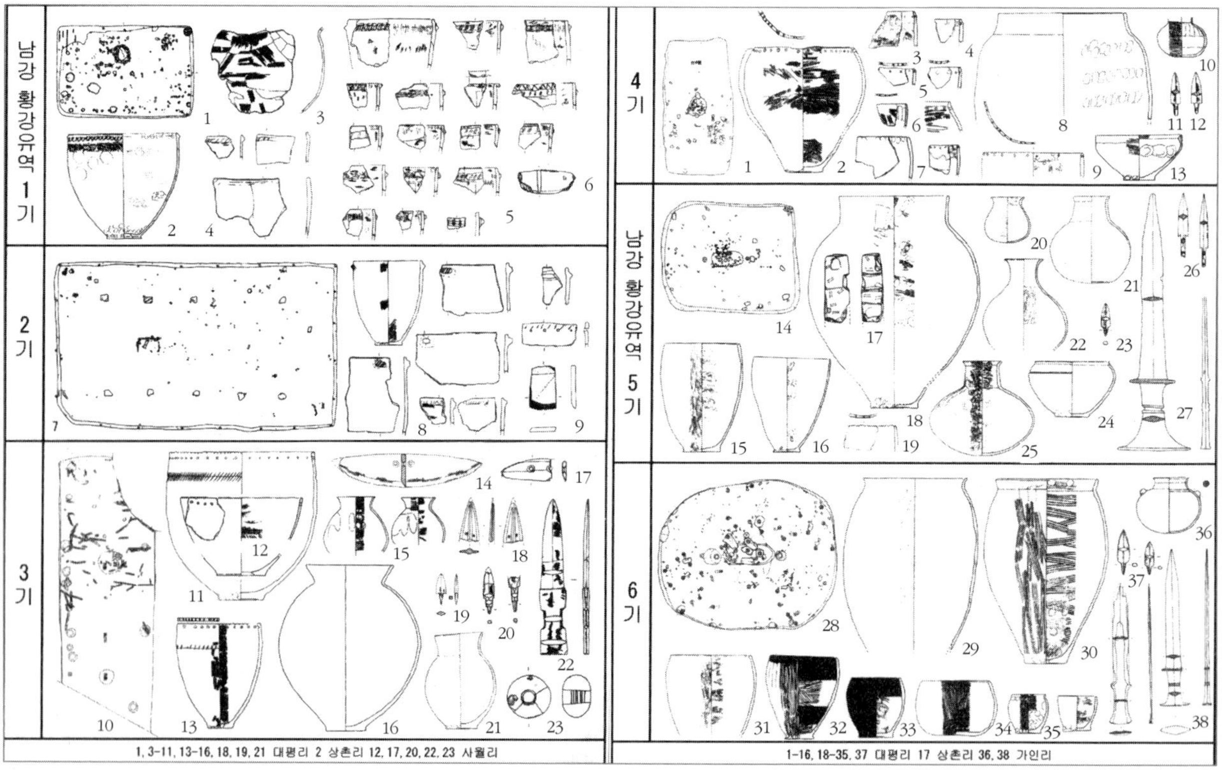

남강 황강유역 1기

2기

3기

1, 3-11, 13-16, 18, 19, 21 대평리 2 상촌리 12, 17, 20, 22, 23 사월리

4기

남강 황강유역 5기

6기

1-16, 18-35, 37 대평리 17 상촌리 36, 38 가인리

도면 3 쇼다신야(2007)의 남강유역 편년안

쇼다신야의 편년에서 조기~전기에 해당되는 시기는 1~3기이며, 4기는 전기 말 혹은 전환기적 성격을 가지는 시기이다. 돌대문토기(단독기) → 퇴화돌대문토기(절상, 유상돌대문), 이중구연토기 → 흔암리식토기 → 역삼동식토기로의 변화를 상정하고 있다. 흔암리식토기에서 역삼동식토기로의 변화는 동의하지만, 앞서 살펴본 천선행의 견해처럼 돌대문토기의 형식에 따른 시기차이를 두면서 돌대문토기 단독기로서의 이른 단계를 설정하고 있는 부분은 재고의 여지가 있다.

| 표 2 | 정시선(2012)의 편년안

남강1기 조기~ 전기전반	1단계	돌대문토기(1)만 소형 장방형, 중대형 장방형주거지, 석상위석식, 초석
	2단계	돌대문토기(일주, 절상, 뉴상), 이중구연토기B 소형 내지 중형 장방형주거지, 석상위석식 · 위석식 · 무시설식노지 등 다양.
남강2기 전기전반 ~후반	3단계	가락동식토기가 확인. 돌대문토기와 이중구연토기B는 소멸. 중형 장방형주거지, 위석식 · 무시설식노지
	4단계	흔암리식토기와 공열, 구순각목문토기 확인 소형 장방형, 중형 장방형 · 세장방형, 무시설식 · 수혈식노지

이중구연토기 A형: 점토판을 이용, B형: 점토띠를 이용

정지선은 최근 진주 평거동유적이나 연기 대평리유적 등에서 출토되는 돌대문토기와 이중구연토기를 점토띠 부착 방법에 따라서 구분하였다. 점토띠 부착 후 물손질 등으로 부착부위를 지운 것은 돌대문토기 그렇지 않은 것은 이중구연토기B 형식으로 구분하였다. 조기~전기를 4단계로 구분하였는데, 돌대문토기 단독기→돌대문토기, 이중구연토기B→가락동식토기→흔암리식토기, 역삼동식토기로의 변화를 상정하고 있다.

이중구연토기 A형의 경우 조기의 상촌리식토기(배진성 2003, 2007)로 불리는 이중구연토기와 전기의 가락동식토기 · 흔암리식토기로 불리는 유사이중구연토기와의 구분이 되어 있지 않고, 돌대문토기 단독기로서 조기설정 역시 재고할 필요가 있다고 생각된다.

송영진은 마연토기를 통한 남강유역의 편년안을 제시하였는데, 구연부보강문→구연부장식문→무문의 형태로 변화하는 것으로 파악하였고, 기존의 전기 후반을 중기로 설정하였다. 조기를 설정하지 않고, 전기를 전반과 후반으로 구분하고자 하였으나, 토기문양을 통한 전기 전반과 후반의 구분은 시도하지 않았다.

위와 같이 연구자들 마다 약간의 견해 차이는 있지만, 송영진의 토기문양의 변천안이

표 3 송영진의 마연토기 편년안(2012)

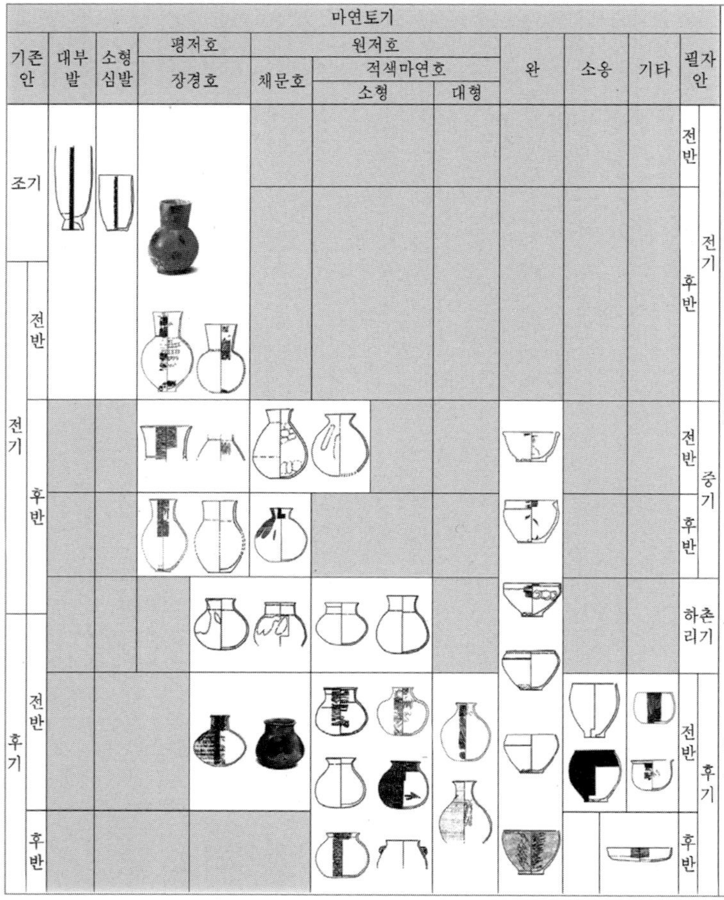

기존안	대부발	소형심발	평저호 장경호	원저호 채문호	원저호 적색마연호 소형	원저호 적색마연호 대형	완	소옹	기타	필자안
조기										전기 전반
조기 / 전기 전반										전기 후반
전기 후반										중기 전반
전기 후반										중기 후반
전기 후반 / 후기 전반										하촌리기
후기 전반										후기 전반
후기 후반										후기 후반

구분		1기	2기	3기	4기	5기	6기	7기	8기
고민정 (2003·9)		1 (1, 2)	1 (3, 4)	2	2	3	4		
쇼다 신야 (2007)		1기	2기	3기	4기	5기	6기	7기	8기
기존편년종합		조기	전기 전반	전기 후반 전엽	전기 후반 후엽	후기 전반	후기 후반		
마연토기 분기안		Ⅰ기		Ⅱ기	Ⅲ기	Ⅳ기			
필자의 시기구분		전기 전반	전기 후반	중기 전반 / 후반	하촌리기	후기 전반	후기 후반		
마연토기		대부호 소형심발, 평저장경호Ⅰ		채문호 Ⅰ·Ⅱ / 채문호 Ⅲ·Ⅳ 완Ⅰ 평저장경호Ⅱ	채문호 Ⅳ·Ⅴ 완 Ⅱ·Ⅲ 적색마연호Ⅰa, b	채문호 Ⅵ 완 Ⅲ	적색마연호Ⅱ 3, 4		
						적마연호Ⅰc,d·Ⅱ1,2 완Ⅳ·Ⅴ, 異形			
유구 주거지	평면	소형(장)방형	대형장방형	세장방형	소형장방형	방형	원형		
	數[25]	12	43	35	105	354	106		
	노지	(석상)위석식노지		평지식, 토광식노지	노지, 수혈	수혈			
유구 대표무덤		없음		토광(목관) / 장방형주구묘	원형주구묘 중소형(원·방형) 묘역지석묘	대형(원·방형) 묘역지석묘			
대표유물 토기문양		구연부보강문 (돌대문, 이중구연문) 횡대구획문, 공열문 돌류문, 구순각목문 단사선문		구연부 장식문: 혼암리식 돌류문 구순각목문 / 퇴화혼암리식 돌류문 구순각목문	돌류문 구순각목문	무문			
대표유물 대형호		ⅰ식		ⅱ·ⅲ식	ⅳ식	ⅴ·ⅵ식			
대표유물 석기		장방형 편인석부 단면방형 합인석부 단신석촉(무경·이단경식)		이단병식석검 중신석촉(무경·이단경식)	주상편인석부 평근식석촉	유구석부 일단병식석검, 단부돌출형석촉 장신석촉, 삼각형석도			

필자의 견해와 가장 가깝다고 할 수 있다. 송영진을 제외한 대부분의 연구자들이 돌대문토기 단독기로서의 조기 혹은 조기 전반을 설정하였다. 또한 돌대문토기의 세부형식 차이를 시기차이로 인식하고 그에 따른 단계설정을 하였다. 필자는 남강유역에서 돌대문토기의 세부형식차이가 단계를 설정할 만한 기준은 되지 못하고, 상촌리 D지구 B-2호 출토품처럼 돌대가 구연단에서 간격을 두고 一周하도록 부착된 돌대문토기를 기준으로 하는 돌대문토기 단독기에 대해서는 확실성이 불분명하다고 판단하고 있다.

돌대문토기 단독기를 조기(천선행 2007, 안재호 2006) 혹은 조기 전반(고민정 2009, 정지선 2012)으로 편년할 때 대표적인 유적은 옥방5지구 D-2호 장방형주거지와 상촌리 D지구 B-2 · B-10호 주거지를 들 수 있다. 옥방5지구 D-2호 주거지의 특징은 석상위석식노지만 1기 조성되어 있고, 돌대문토기가 출토되는 타 주거지에 비해 소형인 점이다. 중부지역의 최근 돌대문토기 편년의 경우에도 절대연대치가 높게 나오는 중소형의 방형계 주거지를 가장 이른 단계로 보고 있다(박영구 2012).

옥방5지구의 D-2호 장방형주거지 출토유물을 살펴보면 돌대가 구연단에 이격되어 부착되어 있는데, 극히 일부 파편이라서 돌대가 일주하는 것인지는 분명하지 않다. 공반된 유물은 석제 · 토제방추차와 호편, 무문의 심발편, 저부편 등 극히 소량의 유물만이 출토되었고, 더구나 토기류는 모두 파편으로만 확인되어 뚜렷한 유물의 공반양상을 파악하기 어렵다. 이 주거지가 돌대문단독기로서의 조기로 편년됨에는 절대연대 측정치(3230±30, 3180±60)가 큰 비중을 차지한 것으로 파악된다.

옥방5지구 D-1호 장방형주거지에서도 각목돌대가 구연단에서 이격되어 부착된 토기편 2점이 출토되었는데, 1점은 절상돌대이다. D2호 장방형주거지는 돌대문 단독기로서

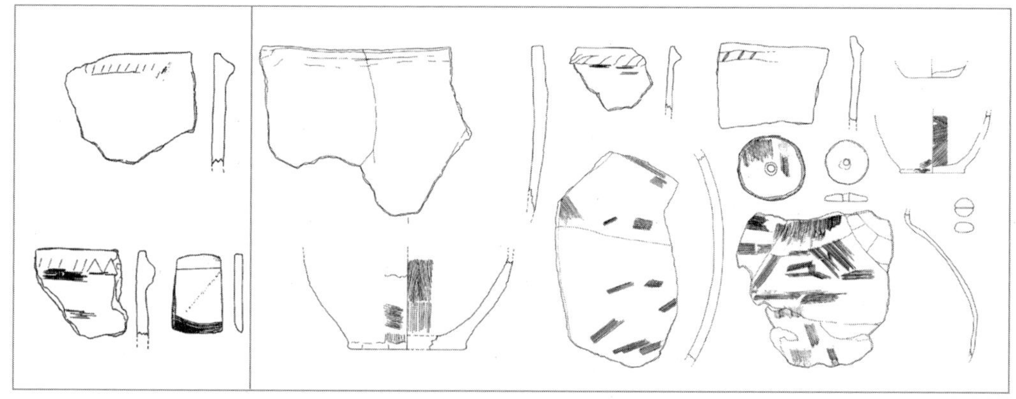

| **도면 4** | 옥방 5지구 D-1호(좌), D-2호(우) 주거지 출토유물

의 조기, D1호 주거지는 전기 전반 혹은 중반에 편년하고 있다(천선행 2006, 정지선 2012). D-1호와 D-2호의 돌대문토기는 절상돌대인가, 일주하는 돌대인가의 차이이다. 그런데 양 주거지 출토 돌대문토기 모두 파편이기 때문에 일주하는 돌대문토기로 단정하기는 어렵다. 유물의 출토량이 적어 공반유물의 양상을 파악할 수 없지만, 돌대문토기 편을 통해 볼 때 양 주거지를 다르게 편년하기는 어렵다.

상촌리D지구 B-2호(3030±30)와 10호(3010±50)의 경우 연대측정치가 옥방5지구의 것보다 다소 늦어 조기에서 제외시키는 연구자도 있지만(천선행 2007, 고민정 2009), 돌대문토기 단독기로서 이른 시기로 보는 경향이 많다. 상촌리 D지구 유적 보고서를 검토하면 많은 문제점이 있다는 것을 확인할 수 있다. B-2호는 보고서 유구도판을 보면 돌대문토기 외에도 다량의 토기가 석상위석식노지 주변에서 확인되었으나, 돌대문토기 외의 다른

| **도면 5** | 상촌리 D지구 B-2호(좌), B-10호(우) 유물 노출 사진

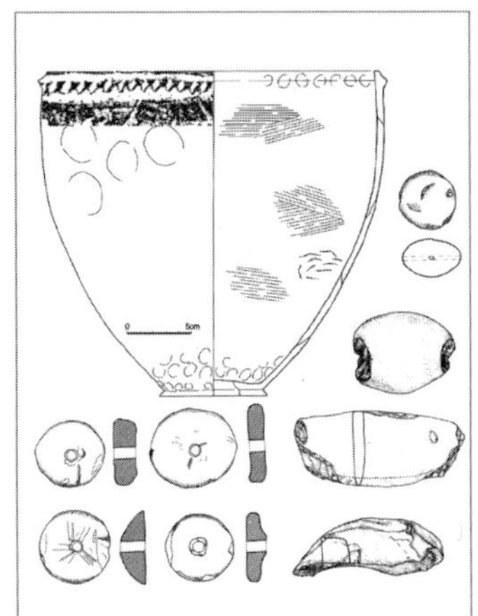

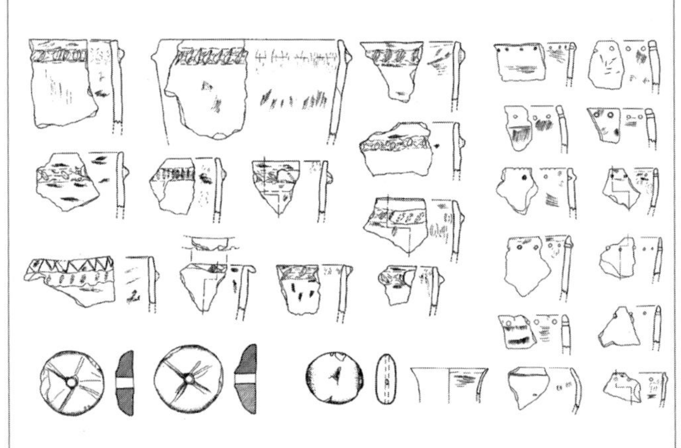

| **도면 6** | 상촌리 D지구 B2호(좌), B10호(우) 출토유물

토기유물은 보고되어 있지 않고, 석제·토제어망추와 장방형계석도 정도만 보고서에 수록되어 있다. B-10호는 돌대문토기 편이 다수 출토하였고, 구연외단각목토기가 공반되고 있다. 다수의 돌류문토기편도 출토되고 있어 돌류문토기의 조기 출현설의 근거가 되고 있다. 그러나 적색마연호의 경부편과 남강유역 후기의 특징 유물인 횡침선문천발이 출토되고 있다. 즉 후대의 유물이 혼입되어 있으며, 보고서 유구도판을 살펴보아도 많은 유물이 석상위석식노지보다 높은 위치에서 출토되는 것을 확인할 수 있다. 따라서 돌대문토기와 돌류문토기가 함께 공반된다고 단정할 수 없다.

이와 같은 사례를 통해 볼 때, 돌대문 단독기로의 유물상은 명확하지 않다고 할 수 있으며, 앞서 언급하였듯이 돌대문토기 형식을 통한 시기구분도 최근의 평거동유적 등의 자료로 볼 때 적합하지 않다. 최근 중부지역에서 가장 이른 단계로 파악되는 돌대문토기가 출토되는 주거지의 공반 유물상을 살펴보면, 돌대가 一周하는 돌대문토기만이 출토되지 않는 점도 참고가 된다[1].

Ⅲ. 조기~전기 주거지의 유물 공반양상

1. 돌대문토기 출토 주거지의 유물 공반양상

돌대문토기가 출토되는 대표적인 유적은 가호동·본촌리·상촌리·옥방5지구·평거동 유적 등을 들 수 있다. 이들 유적에서 출토된 돌대문토기와 공반유물을 살펴보면 표 4와 같다.

앞서 돌대문토기 단독기의 사례로 살펴본 옥방 5지구 및 상촌리 D지구 유구를 제외하고 유물의 공반관계 파악이 용이한 유적은 평거동 3지구 및 4지구 유적과 본촌리 나3호, 가호동 2호 정도이다. 이들 유적의 돌대문토기 출토 주거지에서는 이중구연토기의 공반사례가 많고, 구순각목문과 공열문, 단선문(거치문·횡대사격자문) 등의 타문양토기도 함께 공반된다. 이중구연토기는 대부분 무문이지만, 단선문이 시문된 이중구연토기도 다수

1 박영구(2012)의 영서지역 돌대문토기 편년에 있어 조기 전반에 해당되는 철정C1호 주거지에서는 절상돌대, 유상돌대, 이중구연이 함께 공반하고 있으며, 돌대의 부착위치도 다양하다. 또한 외삼포리 5호 주거지에서도 일주하는 돌대, 절상돌대, 유상돌대가 공반한다.

|표 4| 돌대문토기 출토 주거지 유물 공반양상

호수	돌대문 1형(구연단 이격)			돌대문 2형(구연단 연접)			이중구연					공열문	구순각목	구순공열	단선문계	호	마연토기	석도		석부			석촉		부리형석기	석제방추차	석제어망추	석	석영제천공구
	일주	절상	뉴상	일주	절상	유상	무문	구순각목	구순공열	단선	공열단선							장방형	어형	합인방형	합인원형	편인	무경촉	유경촉					
옥방5 D-1호	●			●																		●							
옥방5 D-2호	● 2															●										●			
상촌리D B-2호	●																		●								●		
상촌리D B-10호	● 11												●																
평거동 3-1 2호					● 2		● 5									●							●?	●	●				
평거동 3-1 3호	●		●	● 3	●	●	● 12			●						●		● 4	●				●		●		●	●	
평거동 3-1 4호	●			●	●		● 15			● 2						●		● 4	● 2				● 2		●	●		●	
평거동 3-1 7호	● 4	●	● 2	● 4	●	● 2	● 3			● 11						●		● 3	● 2	● 4		● 4	● 4	● 2	●	●	●		●
평거동 3-1 10호				●				● 2								●													
평거동 3-1 11호						●				●								●			●				●	●			
평거동 3-1 12호			● 2	●		● 4												● 3	● 1				●	●	●	●			
평거동 4-1 1호	●			●									● 2			●		●				●		●		●			
평거동 4-1 2호					●								●			● 구순		●								●			
평거동 4-1 3호						● 2							● 6			●		●	● 2					●				●	
평거동 4-1 5호				● 4		●			●				● 3	●		●													
옥방5 C-3호	●		● 4								●	● 2																	
본촌리 나 3호	● 2			● 7						●					●	●	●	● 2	● 2	● 4		● 2				●	●	●	●
가호동 2호				● 6		●	●						● 2		●				●	●		●	● 3	●					

확인된다. 평거동 4지구에서는 특히 구순각목문토기의 공반이 두드러지는데, 대부분 단독문으로서 존재한다. 구순각목문토기 중 다수가 구순 외단에 각목을 시문한 외단각목의 형태를 띠고 있는데, 이를 돌대문의 퇴화양상으로 보기도 하지만(고민정 2009), 다양한 형식의 돌대문토기가 함께 출토되고 있기 때문에 돌대문토기와 함께 구순각목문토기가 공존하고 있었던 것으로 보는 편이 타당하다고 생각된다.

석기류에서 석도의 경우에는 장방형 · 어형석도가 공반되는데, 평거동유적에서는 장방형석도의 공반이 두드러진다. 석부에서는 단면 방형의 합인석부가 공반되는 경우가 많고, 신석기시대의 전통인 석제어망추가 공반되는 경우도 있다. 평거동유적에서는 부리형석기의 공반이 두드러진다.

본촌리 나3호와 평거동 3-1지구 7호 주거지에는 토기에서는 돌대문토기와 이중구연토기 외에도 사격자문 요소가 첨가되어 있고, 석기에서는 장방형 · 어형석도와 단면 방형의 합인석부 · 편인석부 · 석제어망추 · 석제방추차 · 석영제천공구 등 유물의 공반양상에서 동일한 현상을 보여주고 있는데, 동시성 및 동일한 지역에서의 상호 밀접한 관련성을 시사한다.

2. 이중구연토기 출토 주거지의 유물 공반양상

돌대문토기는 출토되지 않고, 이중구연토기가 중심이 되는 유구는 가호동 1호와 상촌리 시굴, 평거동 3-1지구 5 · 6호 주거지가 있다. 이들의 출토유물상은 표 5와 같다.

이중구연토기와 구순각목문, 돌류문, 거치문, 공열단사선문 등 타문양토기의 공반이 두드러지며, 돌대문토기에 공반되는 타문양토기에 비해 다양화된다. 특히 돌대문토기와는 공반사례가 없는 돌류문토기의 공반이 주목된다[2]. 평거동유적의 이중구연토기는 돌대문토기와 공반되는 이중구연토기와 동일한 양상을 보이고 있지만, 가호동 1호와 상촌리 시굴주거지 출토품의 특징은 구연부 외측에 접합한 이중구연부가 넓고, 완전한 이중구연이라기 보다는 약간 기벽화 되어가는 현상을 엿 볼 수 있다. 또한 이중구연심발의 기형은 전형적인 남부지역 후기 즐문토기 기형을 계승하고 있는 점이 특징이다. 이러한

2 상촌리 시굴조사 주거지의 돌류문토기는 보고문에 누락되어 있기 때문에 형태나 돌류문의 수법에 대해 파악할 수 없다. 평거동 3-1지구 5호 주거지의 돌류문토기의 경우 흔암리식 · 역삼동식토기의 돌류문보다 돌류문 간의 간격이 넓은 점에서 차이가 있는데, 남강유역 돌류문토기 중 가장 고식의 형태라고 생각된다.

| 표 5 | 이중구연토기 출토 주거지 유물 공반양상

호수	이중구연				구순각목	돌류문	거치문	공열단사선	호	마연토기	석도		석부			석촉		부리형석기	석제방추차	석제어망추	석환	석영제천공구
	무문	단사선1	단사선2	거치문							장방형	어형	합인방형	합인원형	편인	무경촉	유경촉					
가호동 1호	●4	●		●2	●3		●2				●2		●		●3	●2						
상촌리 시굴	●					●			●	●				●								
평거동 3-1 5호	●7		●4	●11		●		●			●5		●?		●3		●	●	●	●	●	
평거동 3-1 6호	●		●5						●		●							●			●	

이중구연토기는 상촌리식토기로 부르고 있으며, 이중구연부에 거치문이나 단선문이 시문된 이중구연토기와 더불어 신석기 말기의 율리식토기에서 계보를 구하기도 한다(배진성 2003).

석기류에서는 장방형석도, 단면 방형의 합인석부와 편인석부 등 돌대문토기와 공반되는 석기 양상과 동일하다고 할 수 있으나, 상촌리 시굴조사 주거지의 경우 단면 원형의 합인석부가 공반되고 있다.

3. 유사이중구연토기(가락동식 · 흔암리식토기) 중심 주거지의 유물 공반양상

돌대문토기가 출토되지 않고, 이중구연토기의 이중구연부가 토기 성형 시 최상단 점토판의 접합흔적으로 퇴화한 형태의 유사이중구연토기(가락동식 · 흔암리식토기)가 중심이 되는 주거지의 출토유물상은 표 6과 같다.

심발의 구연부 문양인 전형적인 이중구연은 소멸하고, 일부 기벽화 된 이중구연이 남아 있다. 대부분 유사이중구연으로 바뀌며, 복합문으로서 주로 확인된다. 초전동유적에서는 주로 가락동식토기만이 확인되는데, 공열토기와 역삼동식토기 중 구순각목문토기만이 공반되는 점이 주목된다. 흔암리식토기가 출토되는 유구에서는 모두 역삼동식토기가 함께 공반한다.

마연토기에서는 새로이 채문호와 이중구연천발이 공반되기 시작한다. 채문호의 경우 남강 · 섬진강 · 남해안 일대에서 주로 분포하는데, 남강유역에서의 출토비율이 높다. 이중구연천발의 경우 현재까지의 자료로 보는 한 남강 중 · 상류역(산청 · 진주 · 의령 등)에

| 표 6 | 유사이중구연토기(가락동 · 흔암리식토기) 출토 주거지 유물 공반양상

호수	가락동식 토기			흔암리식 토기			역삼동식 토기			공열문	마연채문호	마연장경호	이중구연천발	호	석도			석부			석촉		석검		부리형석기	석환	석영제천공구
	이중단사	이중구순단사	이중구순	이중구순돌류단사	이중돌류단사	구순돌류단사	돌류	구순각목	돌류구순						장방형	어형	주형	합인방형	합인원형	편인	무경촉	유경촉	이단병식	일단병식			
초전동 55호										● 구순						●				●		●					
초전동 42호	●5 거치	●						●2		●					●2	●			●				● 혈구			●	
초전동 43호	●	●	●							●2										●2							
사월리 3호	●					●2		●	●												●2						
사월리 11호	●			●			●3	●	●		●			●		●2	●2					●2	●			●	
본촌리 나6호				●2				●3	●			●		●		●			●	●							
옥방4-10호					●		●3		●2					●						●							
옥방5-C4호				●			●2				●		●2	●		●2	●4		●3	●3		●6					

서만 확인되며, 이러한 지역성으로 인해 대평리식이중구연토기로 부르기도 한다(김병섭 2003).

석기에서는 장방형 · 어형석도 외에 새로이 주형석도가 공반되기 시작한다. 가락동식토기에는 장방형 · 어형석도가 공반되며, 흔암리 · 역삼동식토기에는 어형 · 주형석도가 공반되는 경향성을 살필 수가 있다. 합인석부는 단면 원형의 석부만이 공반된다.

4. 돌류문과 구순각목문(역삼동식토기) 중심 주거지의 유물 공반양상

가락동식 · 흔암리식토기의 주요 속성인 유사이중구연이 소멸되고, 돌류문과 구순각목문이 중심이 되는 주거지의 출토유물상은 표 7과 같다.

| 표 7 | 돌류문 및 구순각목문토기(역삼동식토기) 출토 주거지 유물 공반양상

호수	역삼동식토기			단선문	돌류단선	마연채문호	마연장경호	이중구연천발	호	석도			석부			석촉		석검		부리형석기	석환
	돌류	구순각목	돌류구순							장방형	어형	주형	합인방형	합인원형	편인	무경촉	유경촉	이단병식	일단병식		
옥방 4-8호	●6		●2	●		●		●							●				●		
옥방 4-1호	●4		●2		●	●						●			●		●				
대촌 2호	●																				
상촌리E 3-14호		●	●			●															
대평리 1호	●2		●					●	●						●						
옥방 1-2호			●2			●															
옥방 4-11호	●5		●2									●		●	●						
옥방 5-C2호	●2							●				●4	●	●2			●2			●	
본촌리 나8호	●6	●2					●				●				●	●3					
옥방 8-15호			●3																	●	
옥방 1-1호	●5	●	●5					●	● 구순								●			●	
옥방 2-20호	●2		●													●2				●	●

유사이중구연은 보이지 않고, 단선문이 남아있는 토기가 옥방 4지구에서 확인되는데, 흔암리식토기의 퇴화형으로 볼 수 있으며, 본 그룹 내에서는 가장 이른 단계에 포함될 가능성이 높다. 역삼동식토기 내에서는 구순각목문토기 보다는 돌류문토기와 구순각목+돌류문토기가 압도적인 비율을 차지한다. 마연토기 중 장경호는 본촌리유적에서만 확인되며, 채문호와 이중구연천발이 공반되는 사례가 많아진다.

석기 유물을 살펴보면, 석도는 대부분 주형석도만 확인되며 본촌리 나 8호에서만 파손된 이후 부리형석기로 재가공된 어형석도가 확인된다. 주형석도의 경우 돌류문 · 구순각목문토기와 공반되는 경향이 강하다. 역삼동식토기와 돌대문토기 단계의 평거동유적에서 주로 확인되었던 부리형석기가 다시 공반되기 시작하는데, 돌대문토기 단계의 것은 천석의 한쪽 부분만을 가공한 반면, 역삼동식토기와 공반되는 부리형석기는 전면을 가공하여 반원형의 형태로 만든 점에서 차이가 난다.

Ⅳ. 남강유역 조기~전기의 편년

남강유역에서는 조기~전기에 해당되는 유구의 중복이라는 고고학적인 현상이 극히 드물고, 탄소연대측정자료는 조기의 돌대문토기 주거지에 한정되어 있다. 한반도 남부지역에서의 청동기시대 주거지의 형태변화와 토기의 문양을 통해 편년이 상당부분 진척되어 있으나 이를 그대로 남강유역에 적용할 수 있다고 생각되지 않는다. 그것은 전기에 이미 하천 수계를 중심으로 하는 각 지역마다 다양한 지역성이 확인되고, 무문토기 성립기에도 계통이 다른 토기가 확인되기 때문이다(배진성 2003).

남강유역 청동기시대 조기~전기의 주요한 문양속성은 주지하듯이 각목돌대문, (유사)이중구연, 단선문계, 공열문, 구순각목문, 돌류문 등이다. 주거지에서 출토되는 유물의 공반양상을 통해 이들 문양의 시작과 소멸시기를 살펴볼 수가 있고, 또한 조기~전기의 편년이 가능하다.

① 돌대문토기 · 이중구연토기: 청동기시대의 시작부터 출현하며, 요동을 포함하는 한반도 서북부지역에서의 이주민에 의한 전파된 것으로 파악된다. 이중구연부가 넓은 상촌리식이중구연토기는 한반도 남부 신석기시대 율리식토기와 관련될 수도 있다.

② 단선문계: 단선문 외에 거치문, 사격자문 등을 포함한다. 청동기시대의 시작부터 출현한다. 한반도 서북부지역에서의 이주민에 의한 전파된 것으로 파악된다. 거치문과 사격자문은 이중구연이 유사이중구연으로 변화된 후에 소멸되며, 유사이중구연토기에는 단선문만이 함께 시문되며, 역삼동식토기가 주류를 이루는 전기말에 소멸된다.

④ 구순각목문 : 돌대문토기 및 이중구연토기가 성립한 이후에 출현하는데, 출자에 대해서는 돌대문토기의 각목수법에서 파생되었다는 설 외에는 명확한 논의가 없다. 전기에도 지속적으로 유행을 하며, 후기 송국리문화 단계까지 존속한다[3].

⑤ 공열문: 돌대문토기 및 이중구연토기가 성립한 이후에 출현하는데, 이주민에 의한 전파인지, 한반도 타지에서 유입된 것인지 알 수가 없다. 돌류문이 등장하여 유행

3 옥방 2지구 27호 대평리형주거지(말각방형)에서 구순각목심발이 완형에 가까운 형태로 출토되었다. 송국리형토기가 함께 공반되는 점에서 후기 후반까지 지속되었을 가능성이 높다. 구순각목의 시문 수법이 전기의 것에 비해 각목의 깊이가 얕고, 간격도 일정하지 않은 점에서 퇴화된 형태로 보인다.

하기 시작하면서 남강유역에서는 더 이상 확인되지 않는다.

⑥ 돌류문 : 돌대문토기 및 이중구연토기 성립한 이후에 출현하는데, 돌대문토기와는 공반되지 않고 이중구연토기와 공반된다. 이주민에 의한 전파인지, 한반도 타지에서 유입된것인지 단정하기 어렵다. 전기에는 남강유역의 주요한 문양으로서 크게 유행하며, 송국리문화출현기(하촌리기)까지는 확실히 존속한다. 후기 전반의 대평리형주거지에서도 파편으로 확인되나 완형의 돌류문토기가 출토된 사례가 없기 때문에 후기까지 이어진다고 단정하기 어렵다.

⑦ 유사이중구연 : 구연부에 점토띠를 덧붙이는 이중구연에서 변화된 것으로 구연부 점토판을 성형 시 돌출되게 쌓으면서 이중구연의 효과를 나타낸 것이다. 최근 조사된 초장동 유적에서 절상돌대와 함께 확인되는 점에서 돌대문토기 소멸 전에 출현하며, 전기 전반에 유행하다가 역삼동식토기가 주류를 이루는 전기 후반에 소멸된다.

⑧ 대평리식이중구연 : 조기의 이중구연토기가 유사이중구연토기로 변화된 전기 전반에 천발을 중심으로 하는 기형에서 출현하여, 전기 후반에 유행한다. 송국리문화 출현기(하촌리기)까지 존속하며, 후기의 송국리문화 단계에는 횡침선문으로 변화된다.

| 표 8 | 남강유역 조기~전기 문양의 시간성

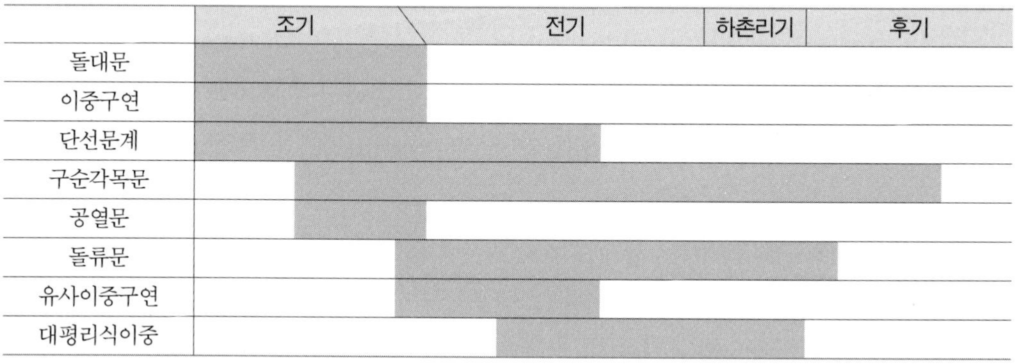

	조기	전기	하촌리기	후기
돌대문				
이중구연				
단선문계				
구순각목문				
공열문				
돌류문				
유사이중구연				
대평리식이중				

이러한 문양의 시간성을 토대를 남강유역의 조~전기를 다음과 같이 편년할 수 있다.

남강유역 조기의 토기구성은 돌대문토기와 이중구연토기가 중심이 된다. 돌대문토기는 돌대의 부착위치나 일주 · 절상 · 유상돌대라는 세부 형식에 따른 시간성은 보이지 않는다. 이중구연토기는 무문양의 이중구연토기가 중심이 되나, 이중구연부에 단선문을 시문한 이중구연토기도 다수 확인된다. 돌대문토기와 이중구연토기 외에도 공열문토기 · 구순각목문토기 등도 소수 확인된다. 석기의 경우 장방형 · 어형석도, 단면 방형의 합인석부, 석제 어망추, 부리형석기, 석영제천공구 등이 공반된다. 조기를 전 · 후반으로 세분하기는 어려우나 공열문과 구순각목문토기가 공반되는 주거지를 조기에서 보다 늦은 단계로 구분할 수 있다. 공열문과 구순각목문이 돌대문이나 이중구연보다 늦게 등장한다는 적극적인 증거는 없지만, 돌대문과 이중구연이 한반도 남부지역보다 일찍 등장하는 한반도 서북부지역에서 공열문과 구순각목문이 단독문으로 확인되는 예가 없는 점과 남강유역에서의 돌대문토기 출토 주거지의 탄소연대측정자료(고민정 2009) 중에서 구순각목문과 공열문토기가 공반되는 평거동 4-1지구 1 · 5호 주거지의 연대가 다른 주거지에 비해 상대적으로 늦은 점이 참고가 된다.

전기는 세분하면 1~4단계로 구분이 가능한데, 4단계의 경우 후기로 넘어가는 과도기적인 성격을 갖기 때문에[4]. 1~3단계 즉 전 · 중 · 후반으로 구분할 수 있다.

전반에는 상촌리식이중구연토기나 돌대문토기가 남아 있을 가능성이 높다. 전형적인 이중구연에서 변화된 유사이중구연토기가 새로이 등장한다. 초전동유적의 사례를 통해 살펴보면, 유사이중구연토기의 경우 가락동식토기 위주로 출토되며, 공열문 · 구순각목문토기가 공반된다. 석기에 있어서는 조기에 확인되던 장방형 · 어형석도가 그대로 이어지고, 석제 어망추와 부리형석기가 소멸하고, 석검이 등장한다. 합인석부의 경우 조기의 것은 단면 방형을 띠지만, 본 단계부터 단면 원형으로 변화한다.

중반에는 돌류문토기가 유행하기 시작하는데, 기존의 가락동식토기에 돌류문이 복합되면서 흔암리식토기로 변화한다. 단독문으로서 돌류문과 돌류 · 구순각목문이 등장한다. 마연토기에 있어서 채문호와 이중구연천발의 기종이 새로이 등장한다. 석기에서는 장방형석도가 소멸하고, 새로이 주형석도가 등장한다.

후반에는 유사이중구연의 요소와 단선문의 요소가 소멸하면서 돌류문과 구순각목문 중심의 역삼동식토기로 변화한다. 남강유역에서는 돌류문토기와 돌류 · 구순각목문토기가 압도적인 비중을 차지한다. 마연토기 중 채문호와 이중구연천발이 본격적으로 유행한다. 석기에 있어서는 주형석도가 주류를 이루고, 이단경식석촉이 소멸한다. 조기와는 제작방법 및 형태가 다른 전면을 가공한 부리형석기가 새로이 등장한다.

4 이에 대해서는 필자의 구고(2011)와 송영진(2012)의 논문을 참조.

| **표 9** | 남강유역 조기~전기 편년안

<table>
<tr><th colspan="2">시기</th><th>토기</th><th>석기</th><th>유구</th></tr>
<tr><td colspan="2" rowspan="3">조기</td><td>돌대문, 이중구연, 이중구연+단선문</td><td rowspan="3">장방형 · 어형석도, 단면 방형 합인석부, 석제어망추, 부리형석기, 석영제천공구</td><td>옥방5-D1 · D2호, 상촌리D-B2호, 본촌리나-3호, 평거동3-2 · 3 · 4 · 7 · 11 · 12호</td></tr>
<tr><td rowspan="2">돌대문, 이중구연, 이중구연+단선문
공열문, 구순각목(외단각목)
이중구연+공열복합문</td><td>상촌리D-B10호, 평거동3-5 · 6 · 10호, 4-1 · 2 · 3 · 4호, 가호동 2호, 옥방5-C3호</td></tr>
<tr><td rowspan="2">상촌리 시굴, 가호동 1호, 초장동3-2 1호</td></tr>
<tr><td rowspan="4">전기</td><td rowspan="2">1</td><td rowspan="2">(이중구연, 돌대문), 유사이중구연, 공열문, 돌류문, 단선문, 구순각목문 등
가락동식토기</td><td rowspan="2">석검등장, 장방형 · 어형석도
단면 원형 합인석부로 변화
석제어망추 · 부리형석기 소멸</td></tr>
<tr><td>초전동 42 · 45 · 55호</td></tr>
<tr><td>2</td><td>유사이중구연, 단선문, 돌류문, 구순각목문 등
흔암리식토기, 역삼동식토기
마연토기(채문호, 이중구연천발) 등장</td><td>장방형석도 소멸
어형 · 주형석도</td><td>사월리 3 · 11호, 본촌리 나6호
옥방4-1 · 8 · 10호, 옥방5-C4호</td></tr>
<tr><td>3</td><td>돌류문, 구순각목문 주류
역삼동식토기
유사이중구연, 단선문계 소멸
마연토기(채문호, 이중구연천발) 유행</td><td>이단경촉 소멸
주형석도가 주류
전면 가공 부리형석기 등장</td><td>옥방1-1 · 2호(진), 옥방2-20호
옥방4-11호, 옥방5-C2호
옥방8-15호, 본촌리 나8호
대평리 1호, 상촌리E 3-14호</td></tr>
<tr><td>후기</td><td>4</td><td colspan="2">하촌리기</td><td>하촌리 I -15호, 옥방2-26호</td></tr>
</table>

Ⅴ. 맺음말

지금까지 기존의 편년안을 검토한 다음 주거지 내에서 출토되는 유물의 공반관계를 통해 남강유역에서의 조~전기의 편년을 시도해 보았다. 유물의 공반양상을 파악할 수 있는 주거지를 중심으로 살펴본 결과 조기는 돌대문토기와 더불어 이중구연토기도 주류를 이루는 것으로 확인되었다. 전기는 전 · 중 · 후의 3단계 구분이 가능하였는데, 유사이중구연 · 단사선문 · 돌류문 · 구순각목문의 요소의 유행 시점에 따라 전반에는 가락동식토기, 중반에는 흔암리식토기, 후반에는 역삼동식토기가 주류를 이루는 것으로 파악되었다.

남강유역에서는 발굴조사가 이루어진 청동기시대의 취락 내에서 후기에 해당되는 주거지의 수가 월등히 많고, 조기~전기에 해당되는 주거지 수는 다른 지역과 비교하면 상대

| 표 10 | 남강유역 연대측정자료(경남발전연구원 2011 · 2012에서 수정)

유구명	연대 측정치(B.P.)	보정연대(B.C.)	연대측정시료	측정기관
옥방 5지구 D-2호 주거지	3230±30	1538-1431	목탄	국립문화재연구소
옥방 5지구 D-2호 주거지	3180±60	1516-1406	목탄	국립문화재연구소
상촌리 D지구 B-2호 주거지	3030±50	1411-1152	목탄	국립문화재연구소
상촌리 D지구 B-10호 주거지	3010±50	1409-1114	목탄	국립문화재연구소
평거 3-1지구 3호 주거지	3020±50	1410-1120	목탄	기초과학고동기기원
평거 3-1지구 12호 주거지	3015±30	1386-1191	목탄	일본역사민속박물관
평거 3-1지구 11호 주거지	3010±25	1322-1191	토기 탄화물	일본역사민속박물관
평거 3-1지구 11호 주거지	2980±25	1306-1125	목탄	일본역사민속박물관
평거 3-1지구 11호 주거지	2970±25	1300-1118	목탄	일본역사민속박물관
평거 3-1지구 11호 주거지	2995±25	1316-1129	목탄	일본역사민속박물관
평거 3-1지구 5호 주거지	2935±25	1219-1048	목탄	일본역사민속박물관
평거 3-1지구 5호 주거지	2945±25	11221-1055	목탄	일본역사민속박물관
평거 3-1지구 4호 주거지	2950±25	1262-1110	목탄	일본역사민속박물관
평거 3-1지구 4호 주거지	2930±25	1217-1041	목탄	일본역사민속박물관
평거 4-1지구 1호 주거지	2910±50	1270-970	목탄	기초과학공동기기원
평거 4-1지구 5호 주거지	2900±50	1260-970	목탄	기초과학공동기기원
초장동 3호 주거지	2860±40	1160-910	목탄	한국지질자원연구원
어은 1지구	2850±60	1212-892	목탄?	?
어은 1지구	2830±60	1132-836	목탄?	?

적으로 적다고 할 수 있다. 또한 연대측정자료 역시 돌대문토기가 출토되는 주거지의 자료(표 8)에 한정되어 있고, 전기에 해당되는 자료의 집적도 적다. 그리고 일부 중요한 유적(어은 1지구, 평거 3-2지구 · 4-2지구 등)의 경우 아직 보고서가 간행되지 않아 상세한 내용을 알 수 없다. 따라서 필자의 남강유역 조~전기의 편년안이 안정되었다고 단언하기 어렵다. 향후 발굴조사 된 유적의 보고서가 완간되고, 새로운 유적이 조사되면 지속적으로 보완 · 수정해 나가고자 한다.

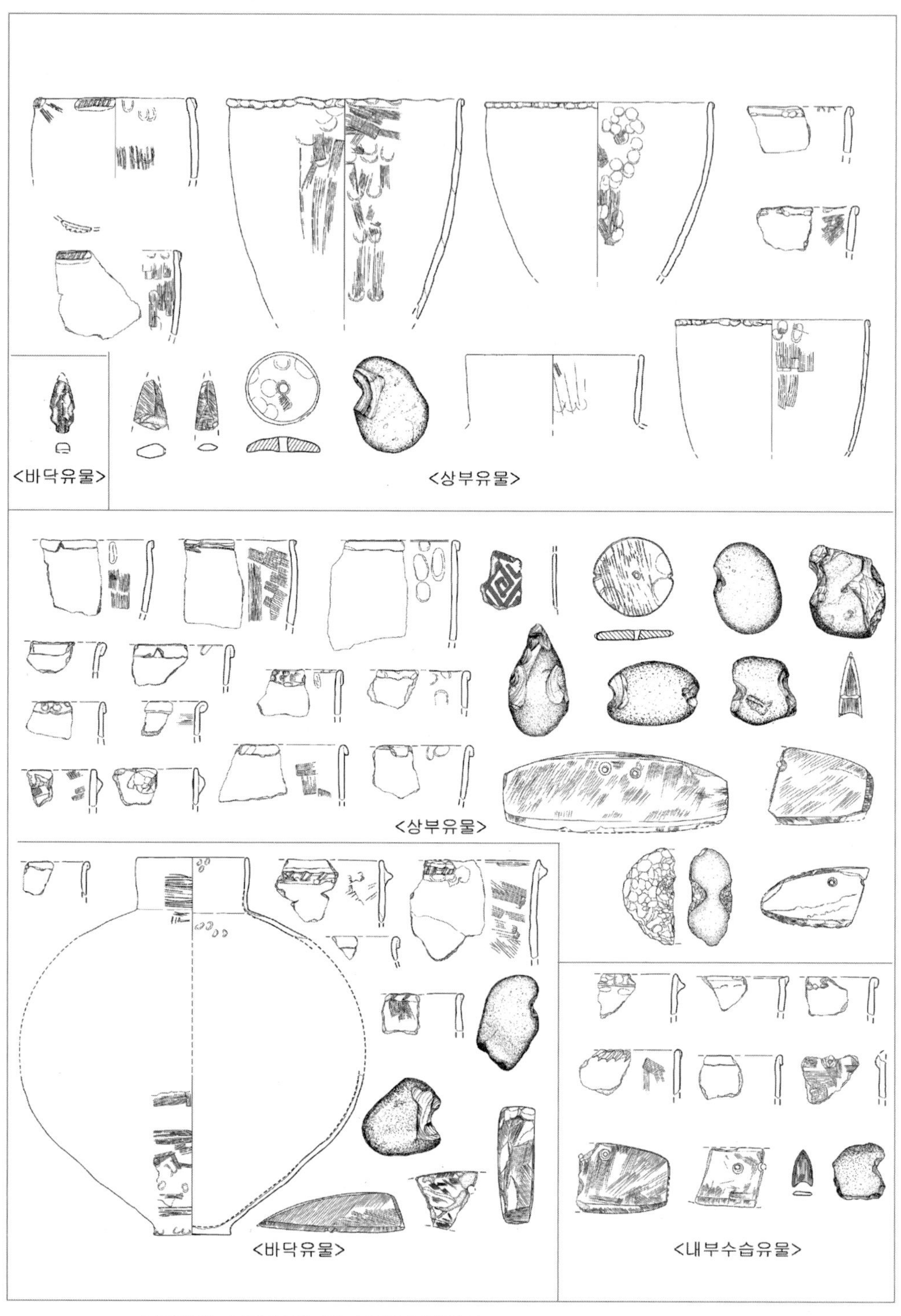

| **도면 7** | 조기 돌대문토기 유물 공반양상(상: 평거동 3-1 2호, 하: 평거동 3-1 4호)

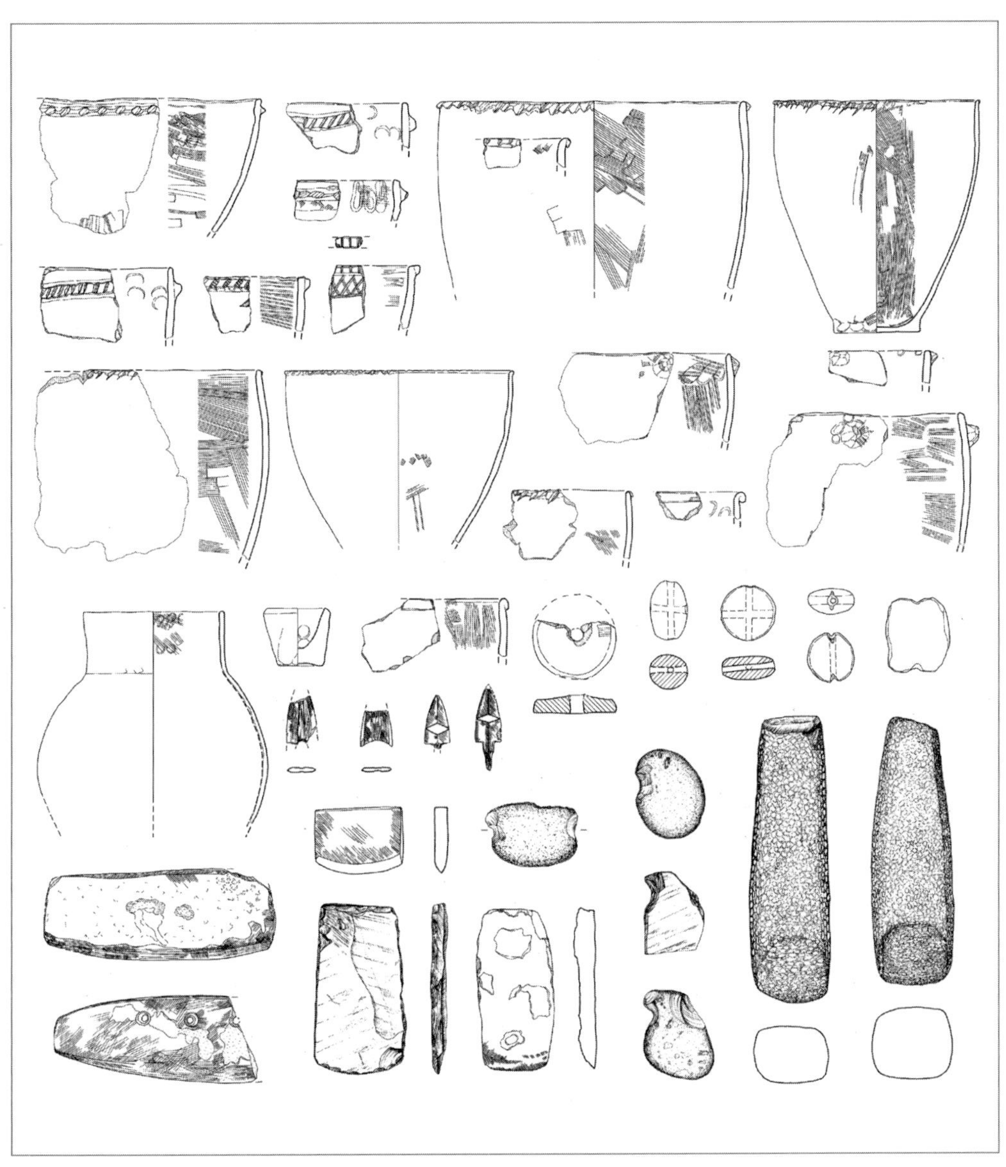

| **도면 8** | 조기 돌대문토기 유물 공반양상(평거동 3-1 7호 상부

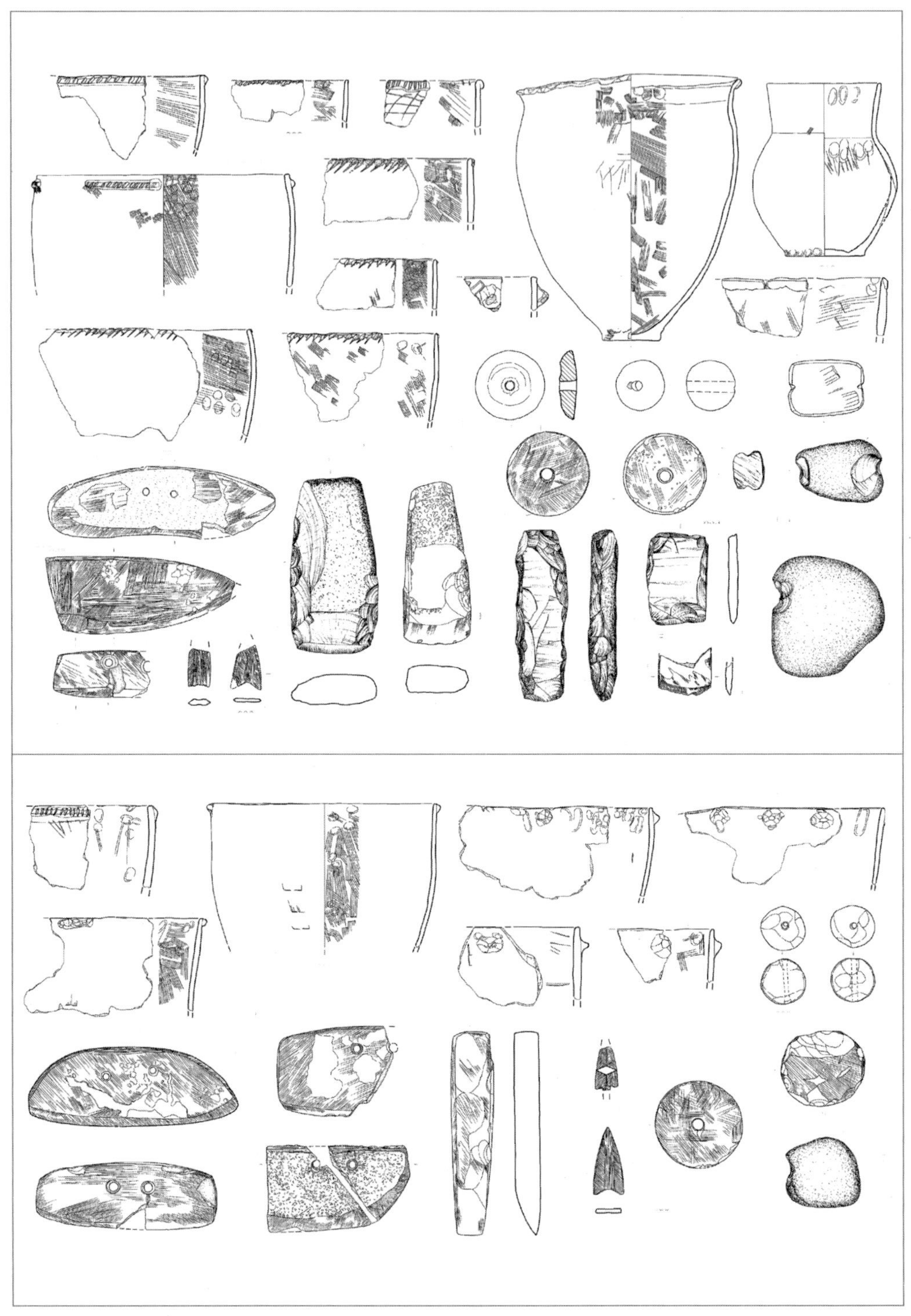

| **도면 9** | 조기 돌대문토기 유물 공반양상(상: 평거동 3-1 7호 바닥, 하: 평거동 3-1 12호)

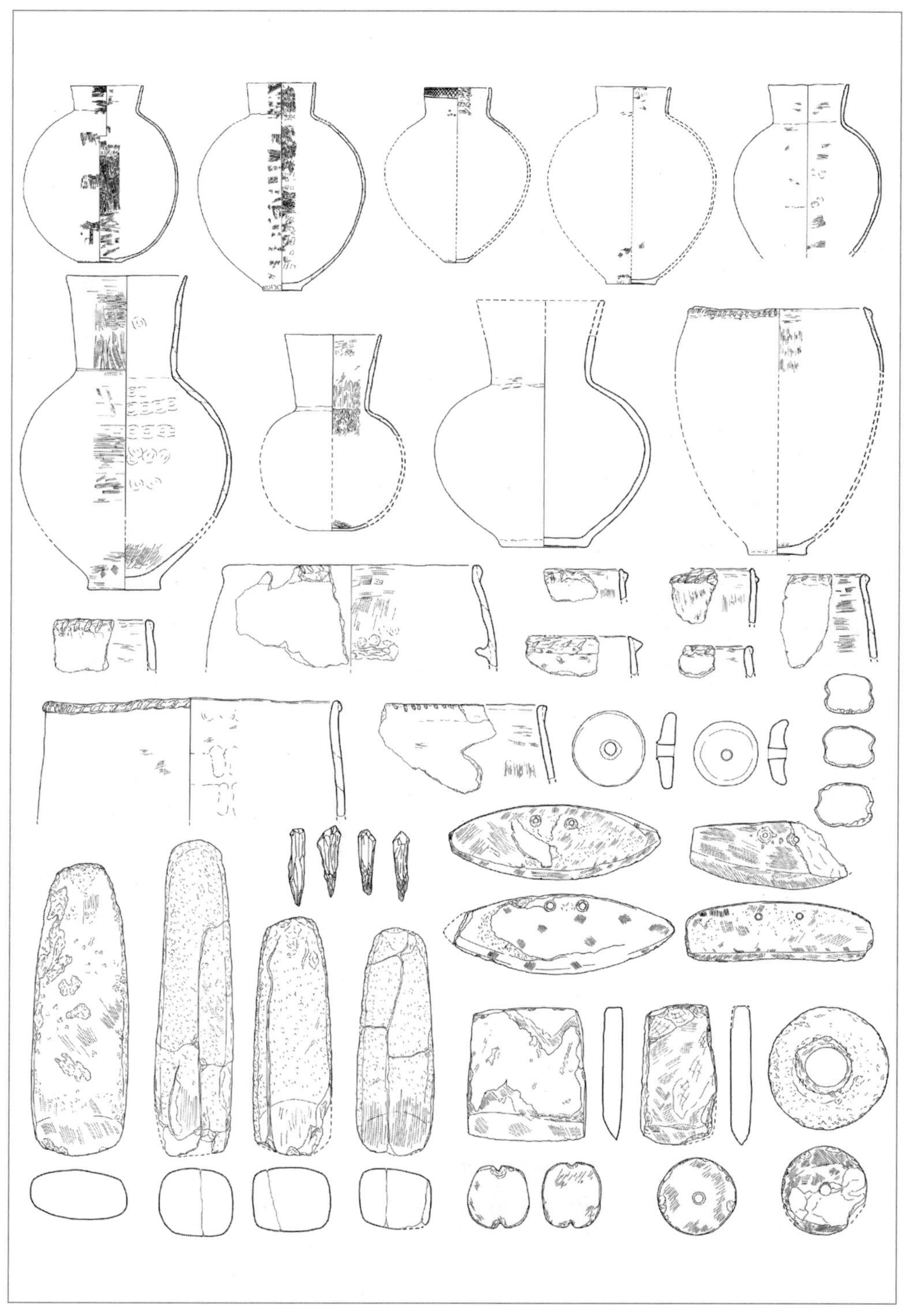

| **도면 10** | 조기 돌대문토기 유물 공반양상(본촌리 나 3호)

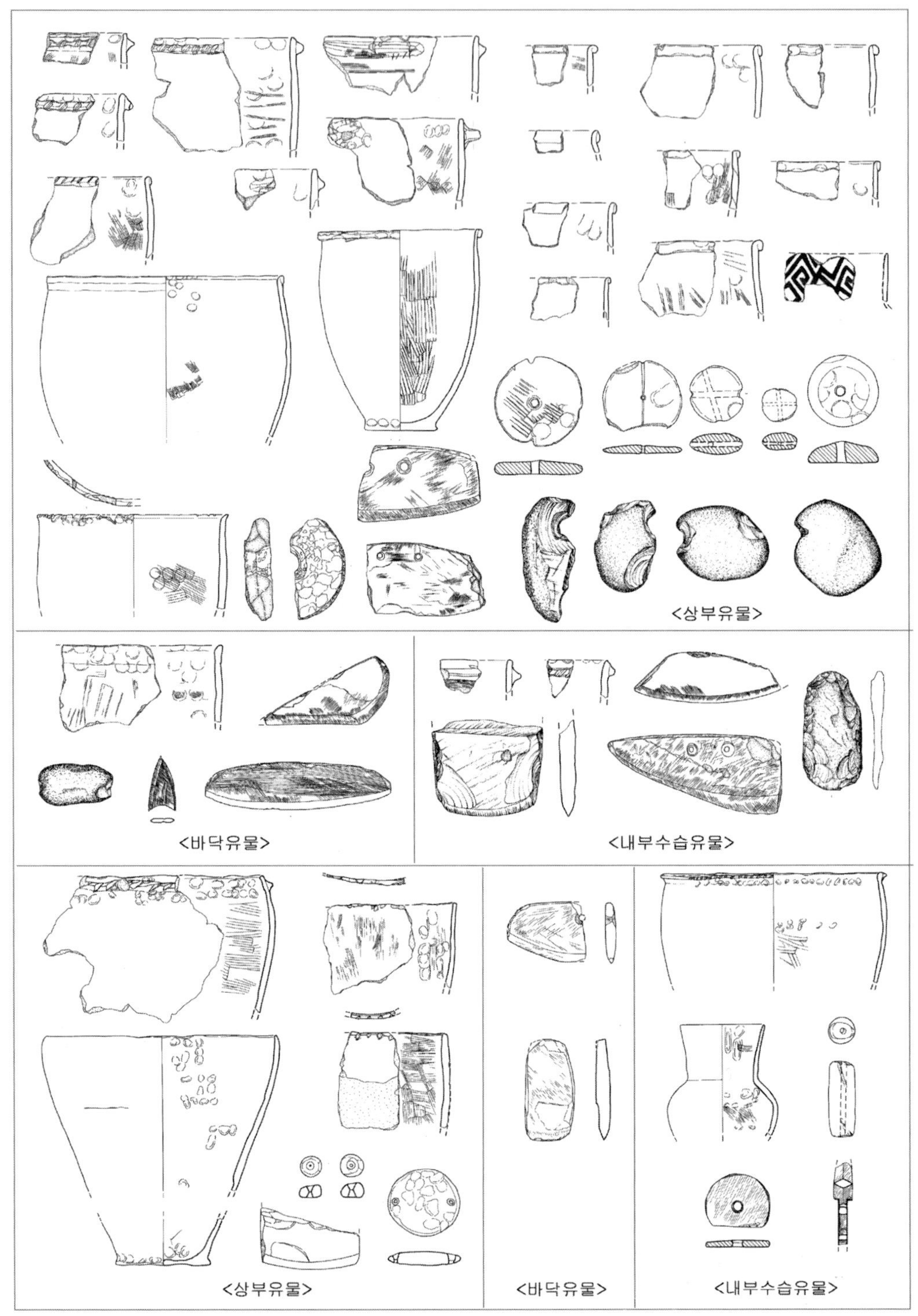

| **도면 11** | 조기(후반?) 돌대문토기 유물 공반양상(상: 평거동 3-1 3호, 하: 평거동 4-1 1호)

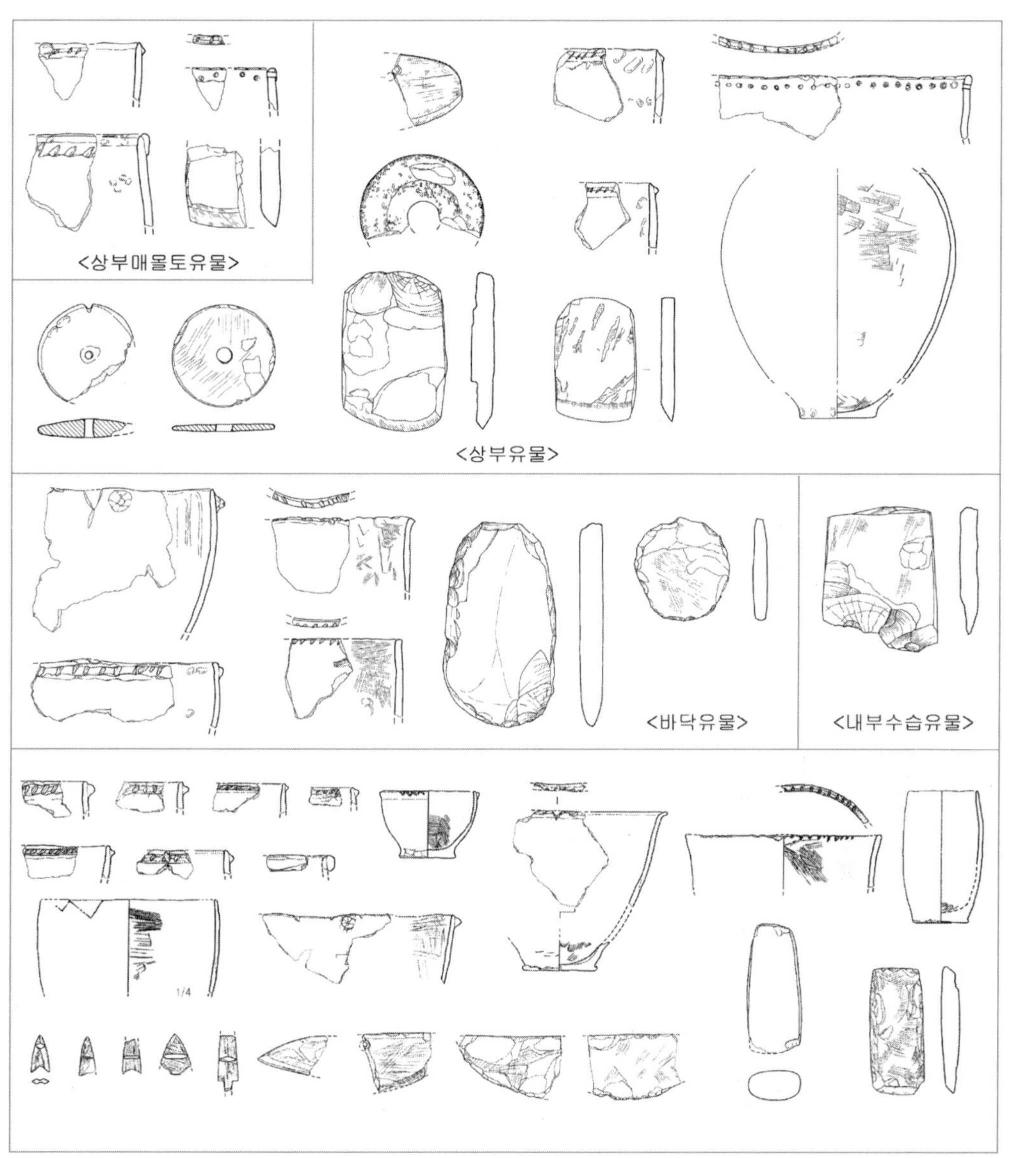

| **도면 12** | 조기(후반?) 돌대문토기 유물 공반양상(상: 평거동 4-1 5호, 하: 가호동 2호)

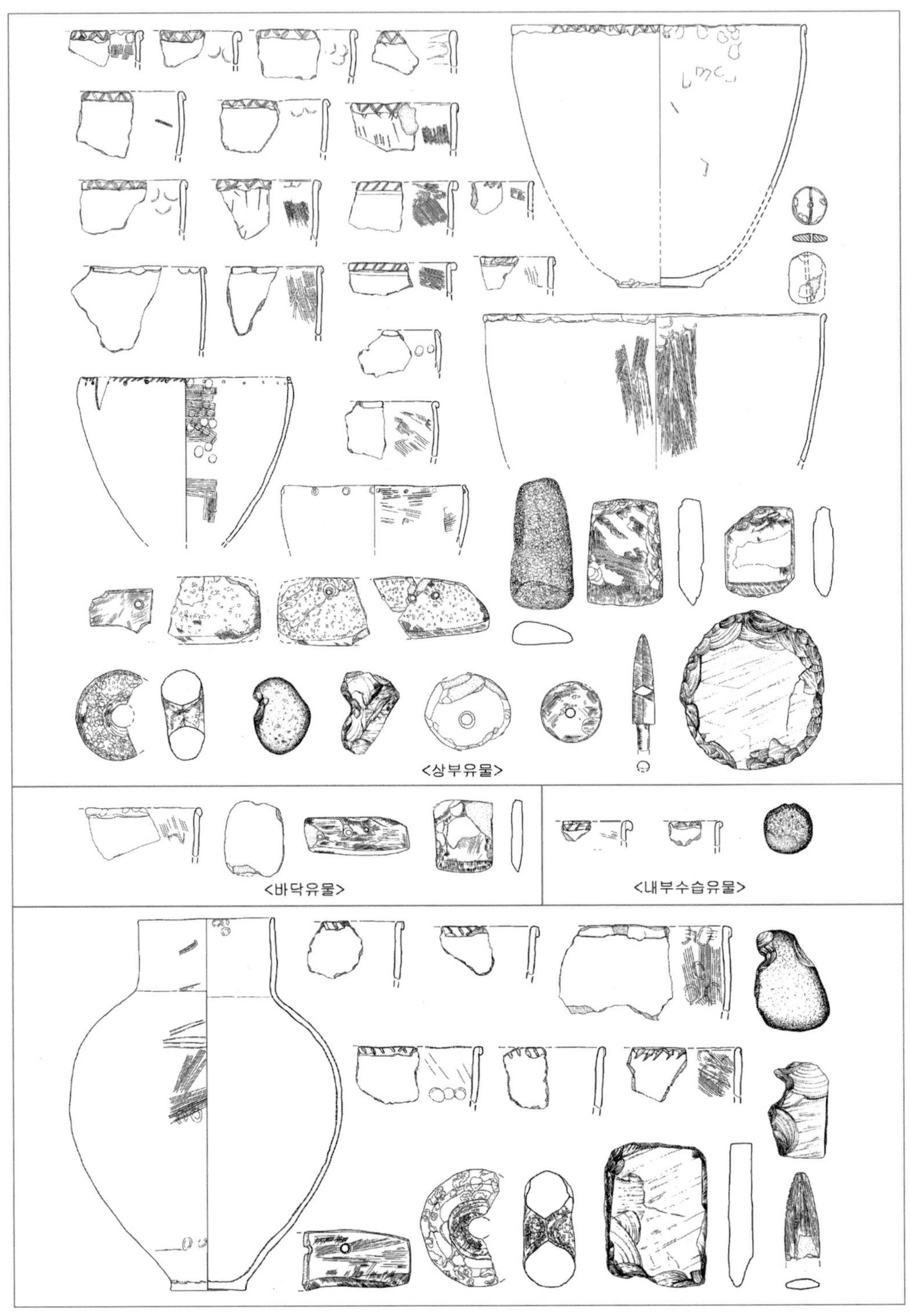

| **도면 13** | 이중구연토기(조기) 유물 공반양상(상: 평거동 3-1 5호호, 하: 평거동 3-1 6호)

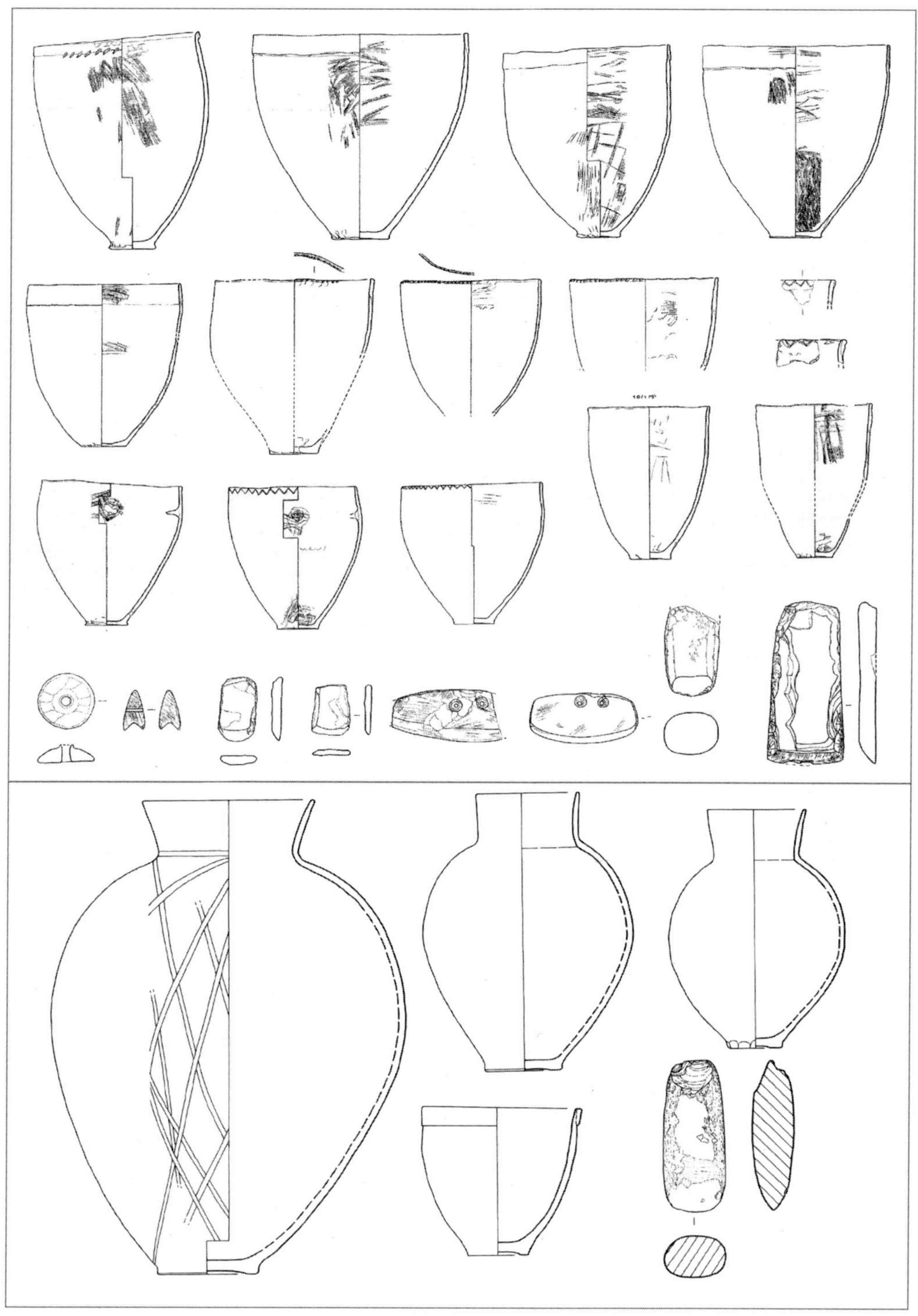

| **도면 14** | 이중구연토기(조기 후반~전기 초?) 유물 공반양상(상: 가호동 1호, 하: 상촌리 시굴주거지)

| **도면 15** | 진주 초장동유적 3-2구역 1호 주거지 출토유물(조기 후반~전기 초?)

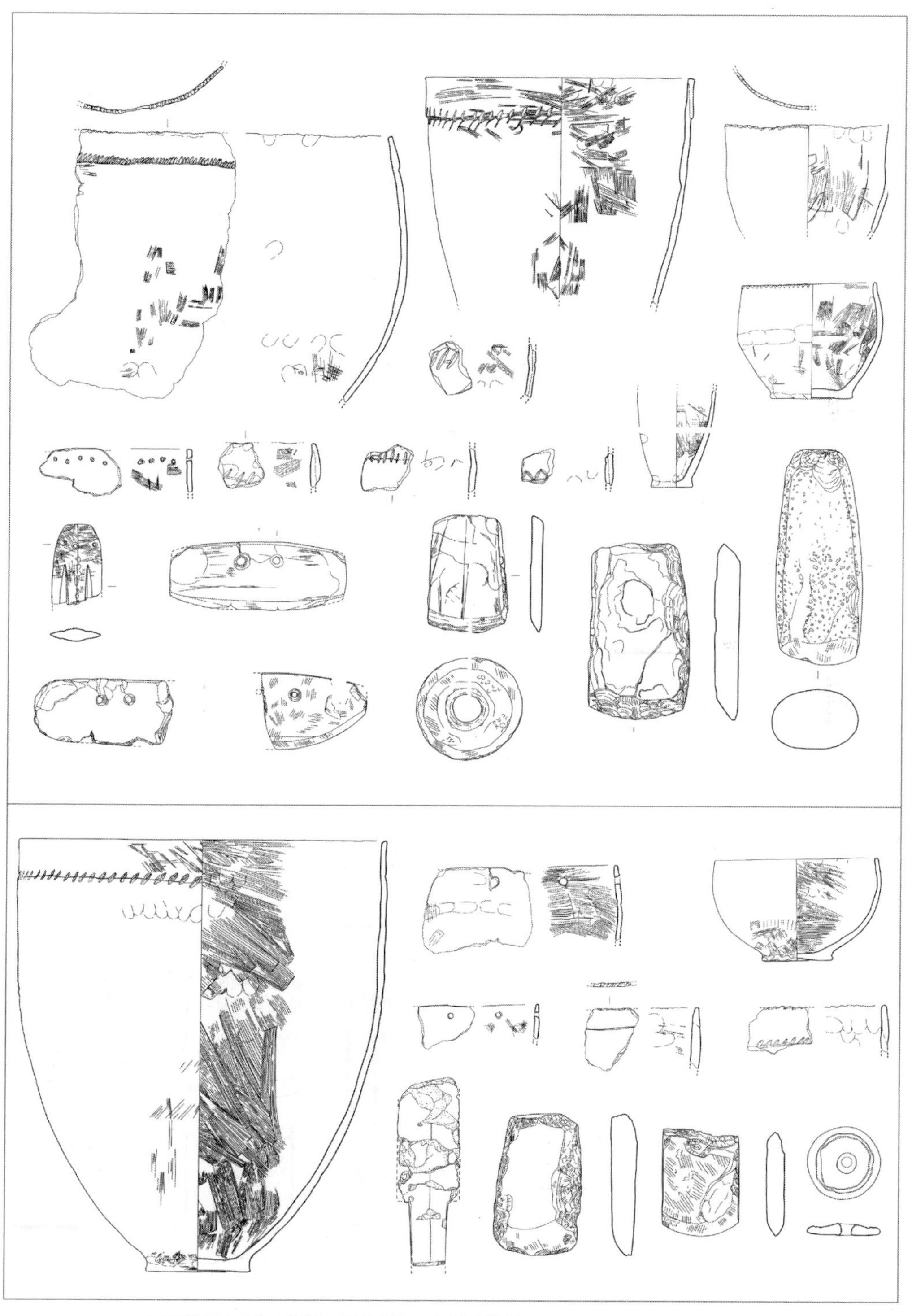

| **도면 16** | 전기 전반 가락동식토기 공반양상(상: 초전동 42호, 하: 초전동 43호)

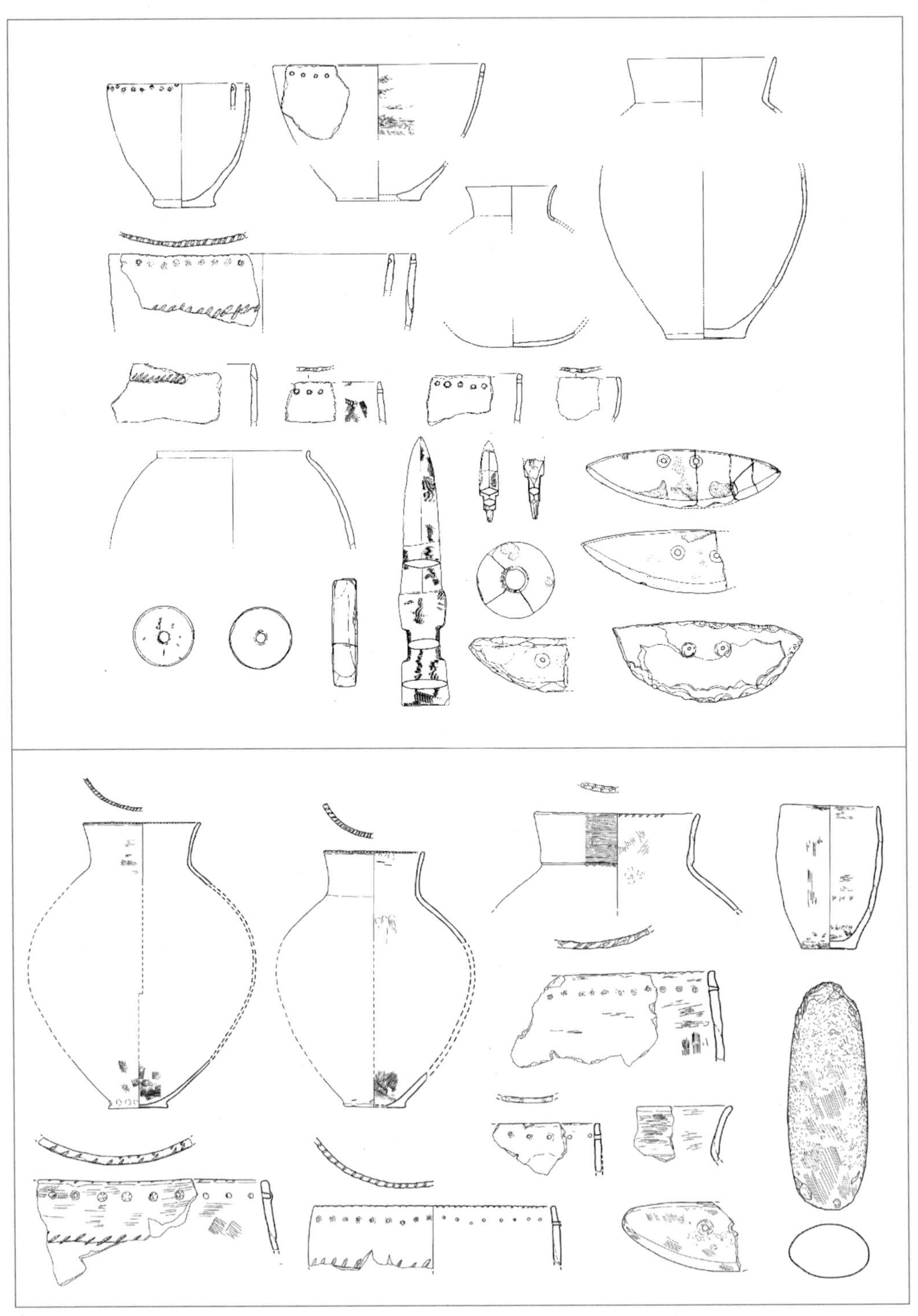

| **도면 17** | 전기 중반 흔암리식토기 공반양상(상: 사월리 11호, 하: 본촌리 나 6호)

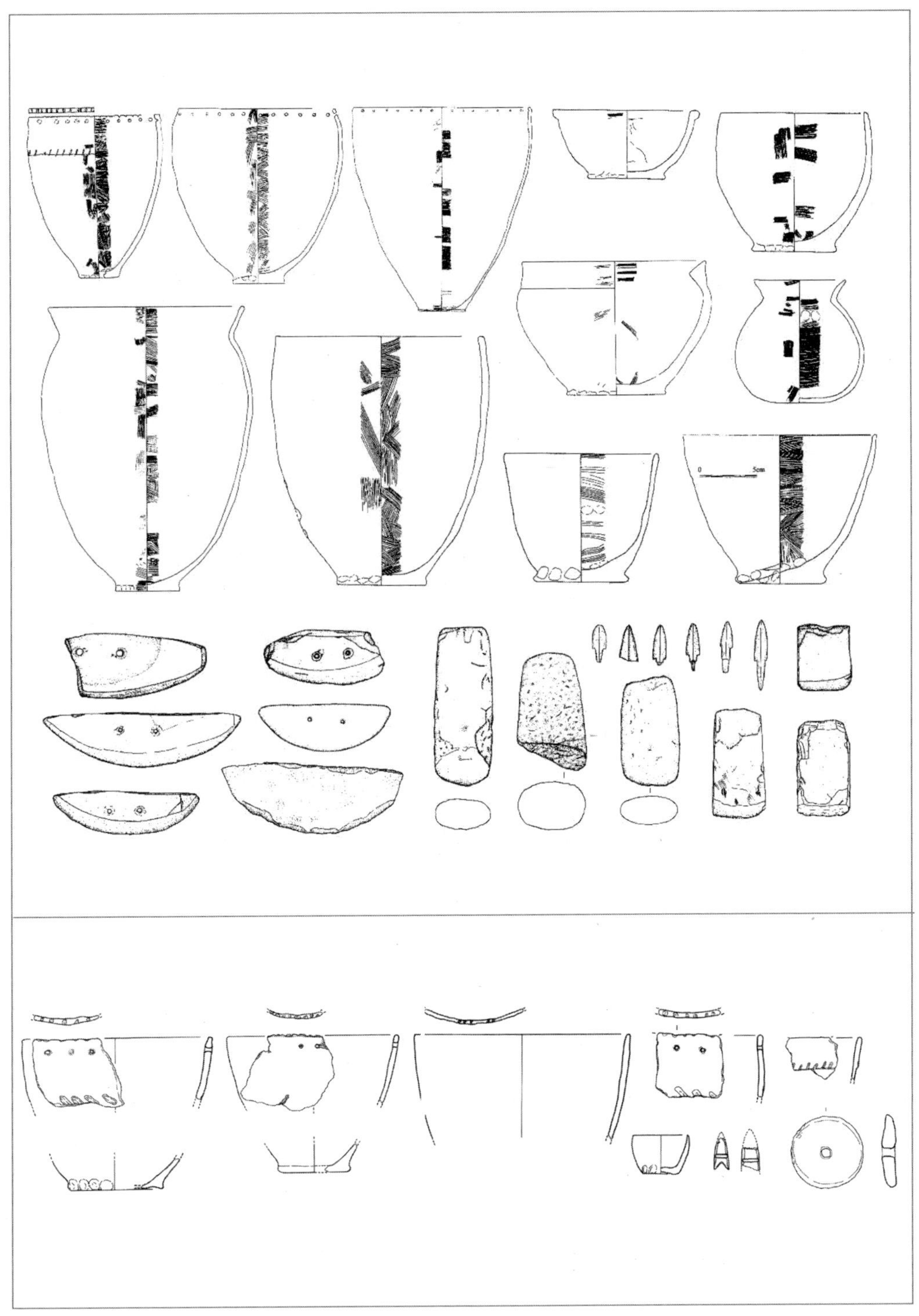

| **도면 18** | 전기 중반 흔암리식토기 공반양상(상: 옥방 5 – C4호, 하: 사월리 3호)

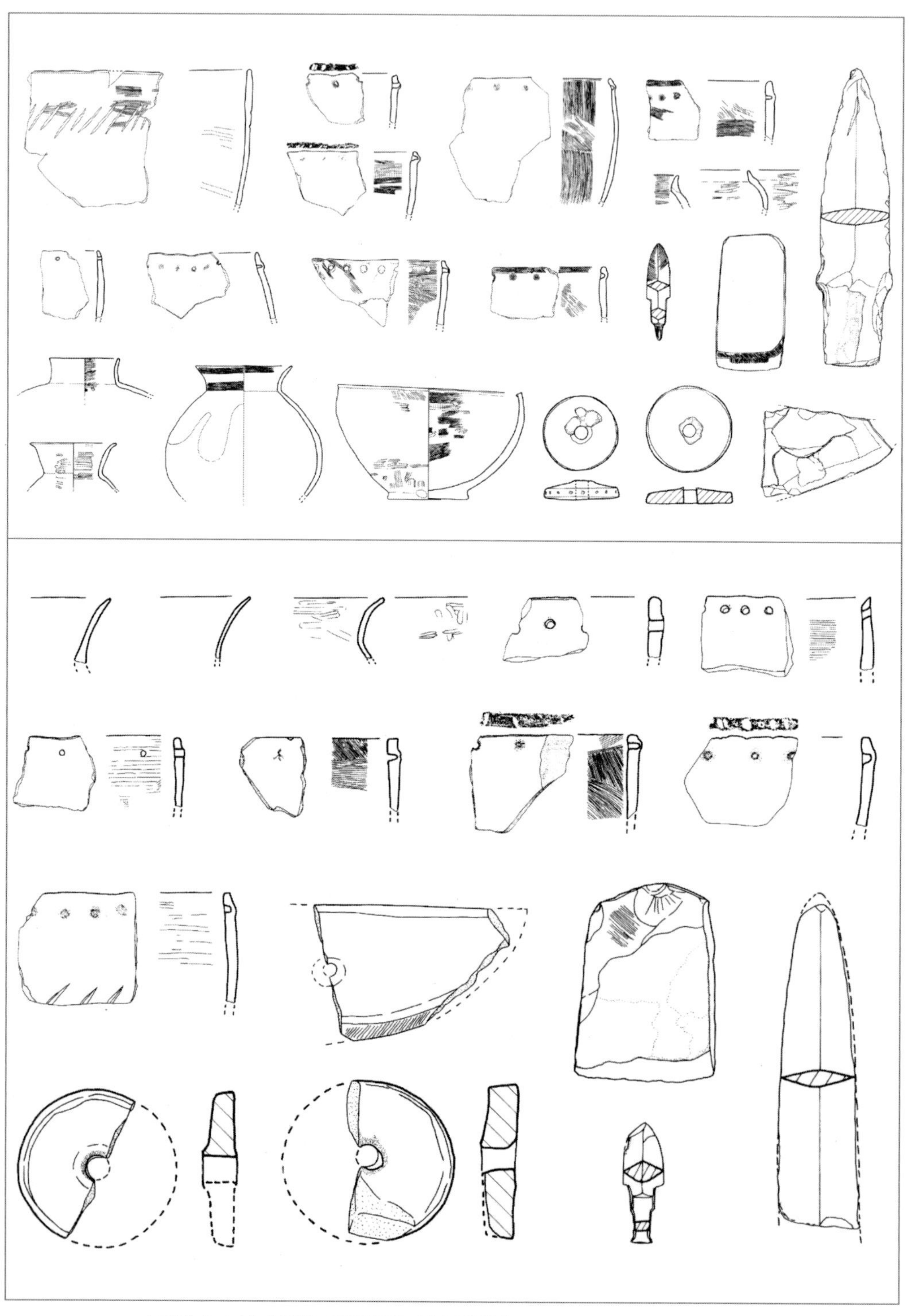

| **도면 19** | 전기 중반 역삼동식토기 공반양상(상: 옥방 4 – 8호, 하: 옥방 4 –1호)

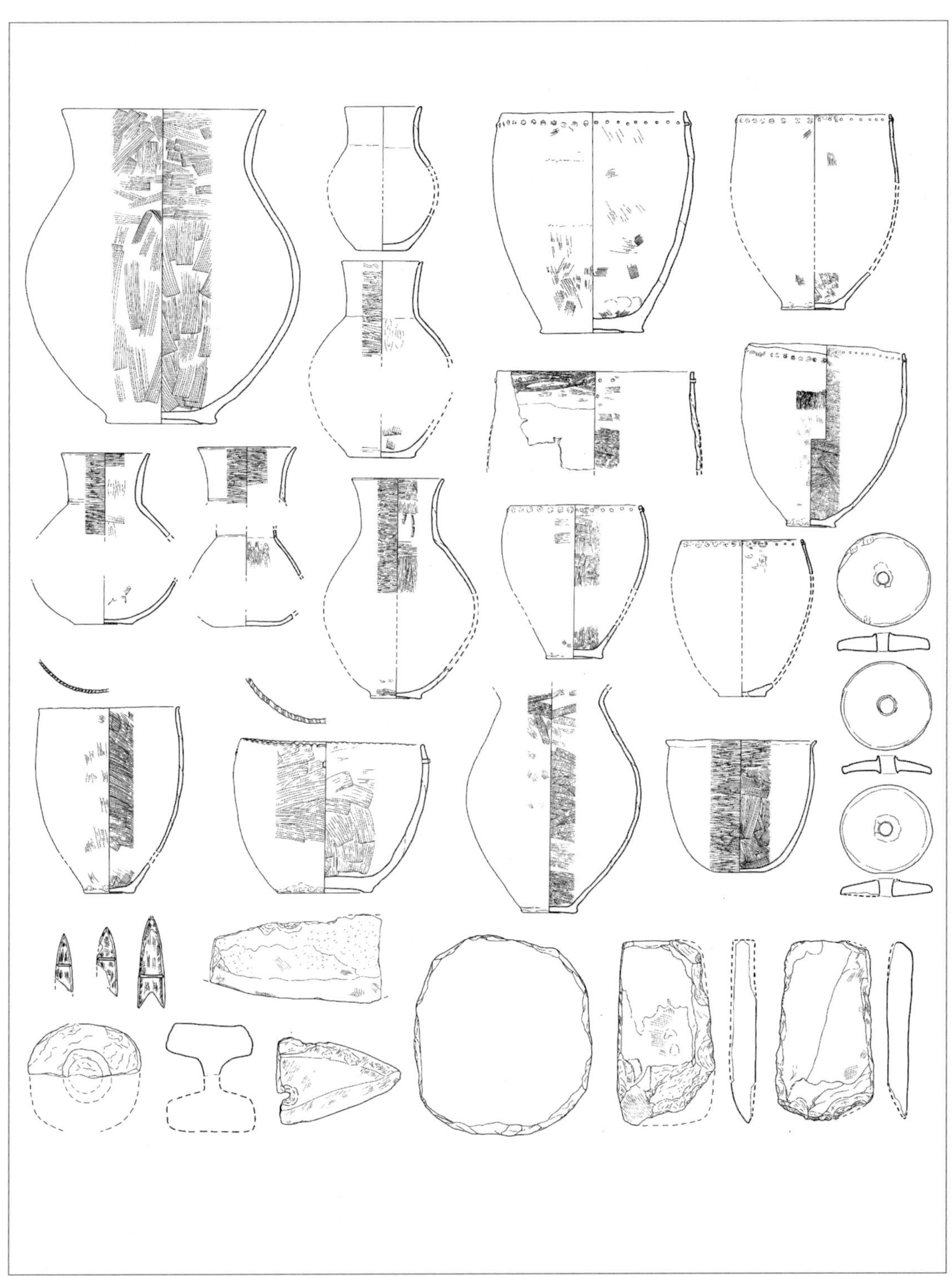

| **도면 20** | 전기 후반 역삼동식토기 공반양상(본촌리 나-8호)

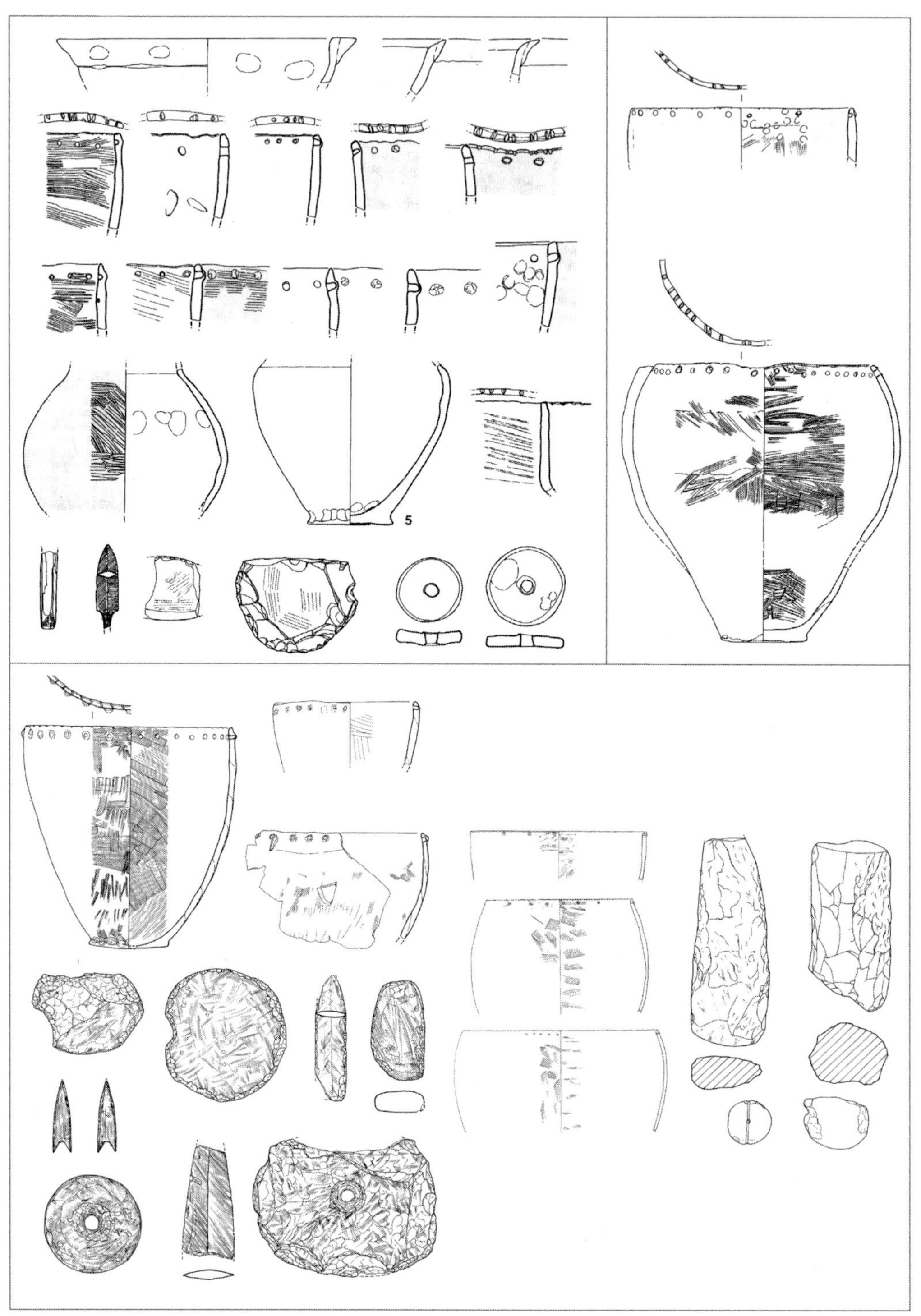

| 도면 21 | 전기 후반 역삼동식토기 공반양상(상: 옥방 1-1 · 2호 하: 옥방 2-20호, 8-15 호)

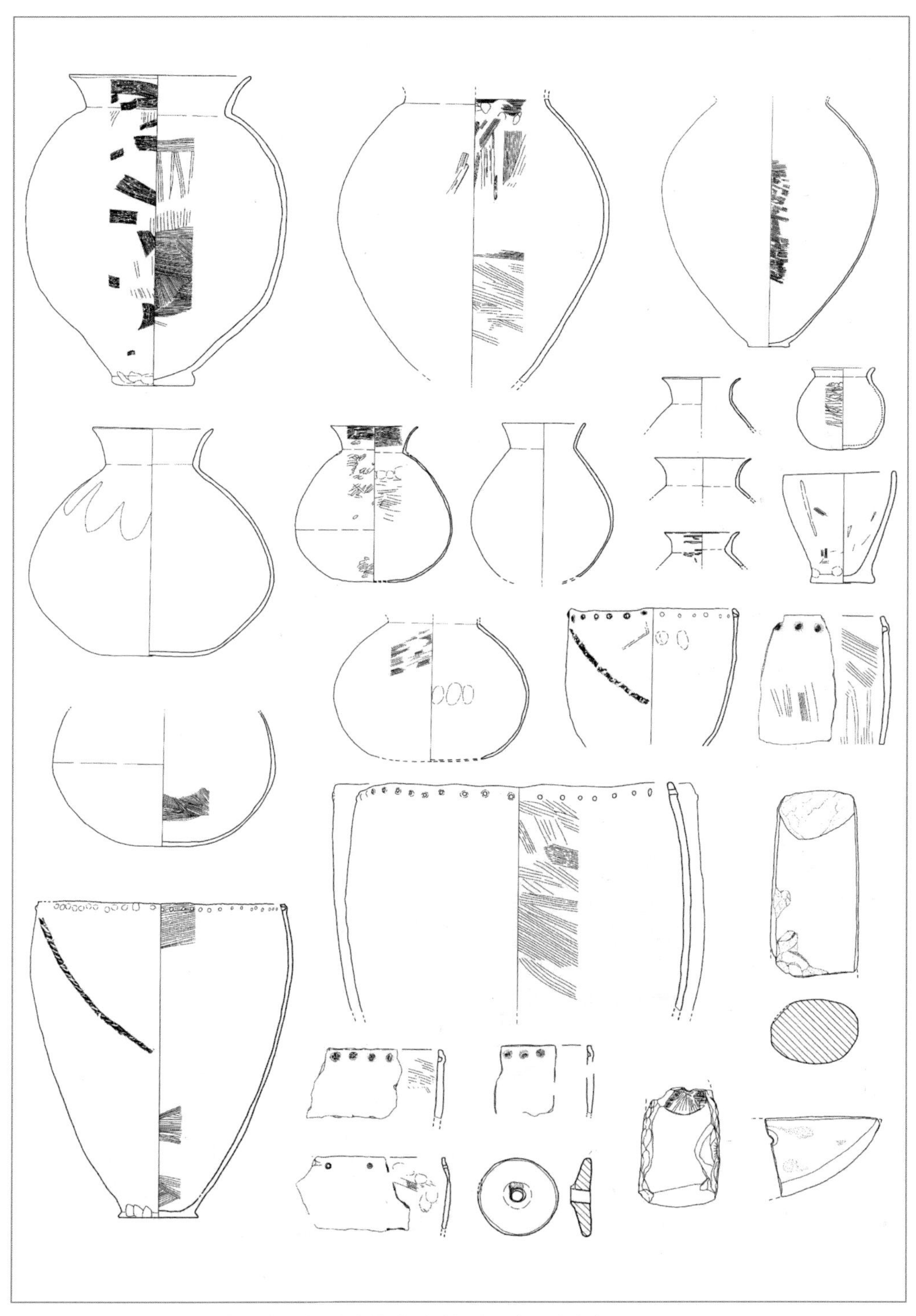

| **도면 22** | 전기 후반 역삼동식토기 공반양상(옥방 4 -11호)

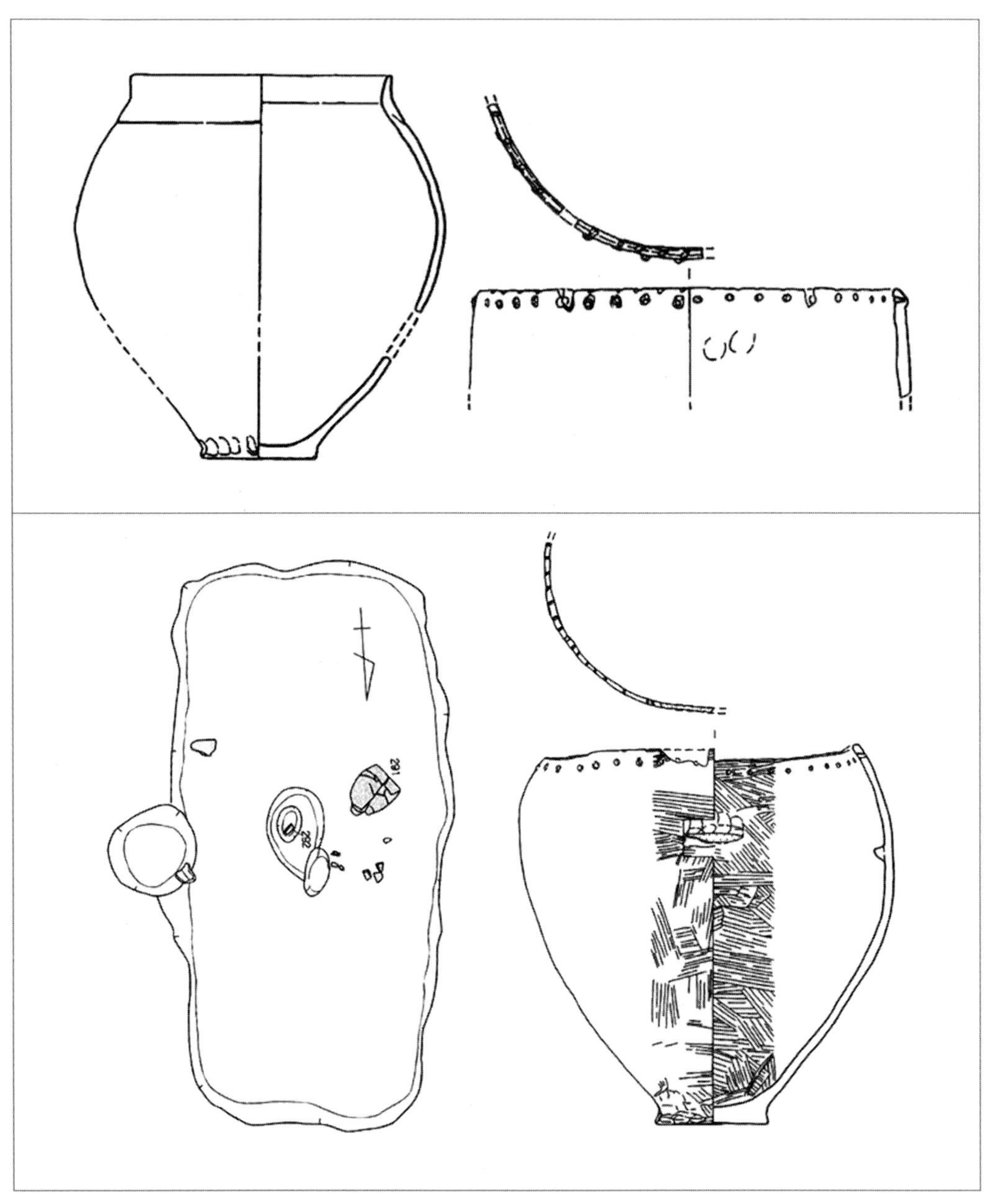

| **도면 23** | 하촌리기(전기~후기 과도기) 주거지 및 출토유물
상: 하촌리 3-2호, 하: 하촌리 1-15호

:: 참고문헌

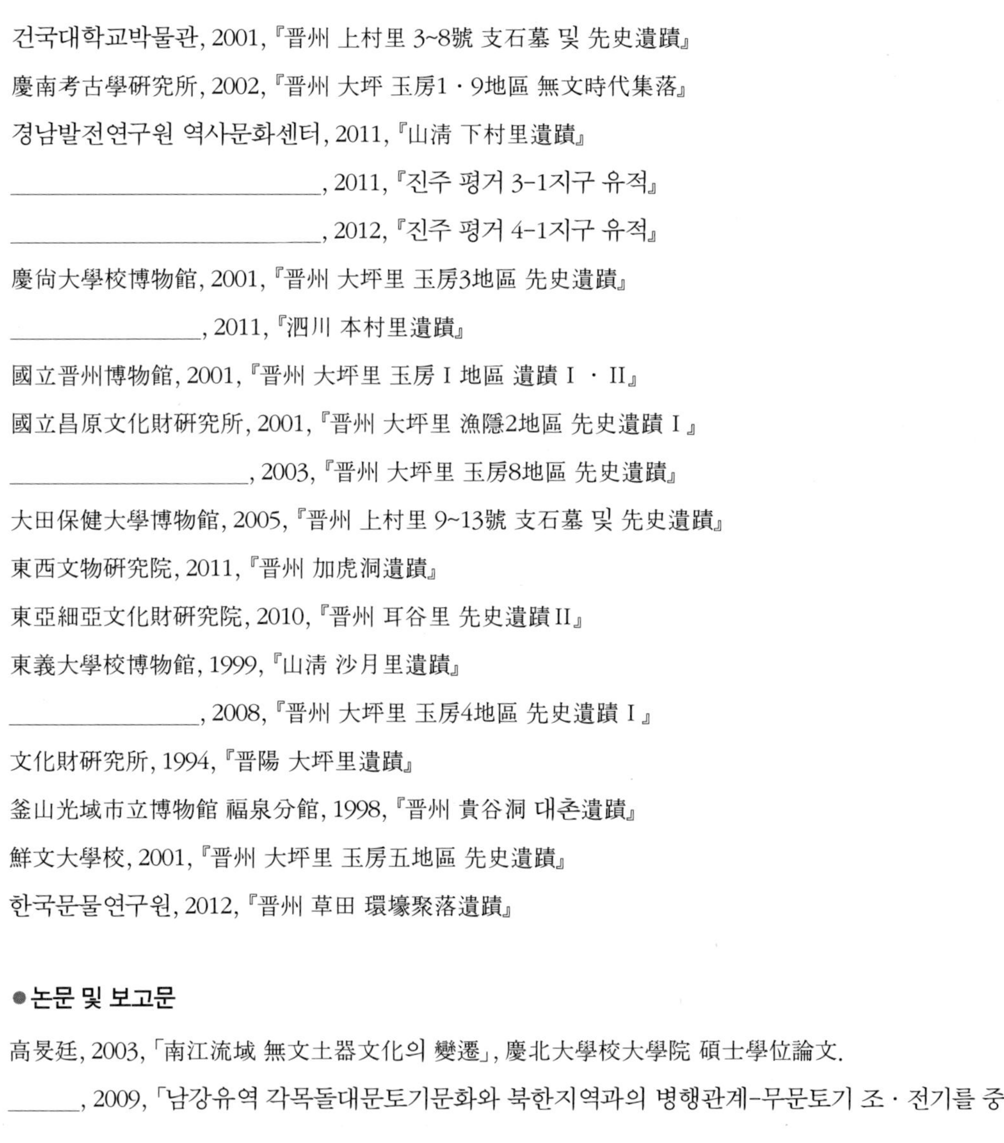

● 보고서

건국대학교박물관, 2001, 『晋州 上村里 3~8號 支石墓 및 先史遺蹟』

慶南考古學硏究所, 2002, 『晋州 大坪 玉房1·9地區 無文時代集落』

경남발전연구원 역사문화센터, 2011, 『山淸 下村里遺蹟』

____________________________, 2011, 『진주 평거 3-1지구 유적』

____________________________, 2012, 『진주 평거 4-1지구 유적』

慶尙大學校博物館, 2001, 『晋州 大坪里 玉房3地區 先史遺蹟』

_________________, 2011, 『泗川 本村里遺蹟』

國立晋州博物館, 2001, 『晋州 大坪里 玉房 I 地區 遺蹟 I · II』

國立昌原文化財硏究所, 2001, 『晋州 大坪里 漁隱2地區 先史遺蹟 I 』

_____________________, 2003, 『晋州 大坪里 玉房8地區 先史遺蹟』

大田保健大學博物館, 2005, 『晋州 上村里 9~13號 支石墓 및 先史遺蹟』

東西文物硏究院, 2011, 『晋州 加虎洞遺蹟』

東亞細亞文化財硏究院, 2010, 『晋州 耳谷里 先史遺蹟 II』

東義大學校博物館, 1999, 『山淸 沙月里遺蹟』

_________________, 2008, 『晋州 大坪里 玉房4地區 先史遺蹟 I 』

文化財硏究所, 1994, 『晋陽 大坪里遺蹟』

釜山光域市立博物館 福泉分館, 1998, 『晋州 貴谷洞 대촌遺蹟』

鮮文大學校, 2001, 『晋州 大坪里 玉房五地區 先史遺蹟』

한국문물연구원, 2012, 『晋州 草田 環壕聚落遺蹟』

● 논문 및 보고문

高旻廷, 2003, 「南江流域 無文土器文化의 變遷」, 慶北大學校大學院 碩士學位論文.

______, 2009, 「남강유역 각목돌대문토기문화와 북한지역과의 병행관계-무문토기 조·전기를 중

심으로」, 제2회 한국청동기학회 학술분과 발표회.

金炳燮, 2003, 「韓半島 中南部地域 前記 無文土器에 대한 一考察-二重口緣土器를 中心으로-」, 경상대학교대학원 碩士學位論文.

______, 2009, 「남한지역 조 · 전기 무문토기 편년 및 북한지역과의 병행관계」, 『韓國青銅器學報』第4號, 韓國青銅器學會.

______, 2011, 「南江流域 下村里型住居址에 대한 一考察」, 『慶南研究』4집. 경남발전연구원 역사문화센터

송영진, 2006, 「韓半島 南部地域의 赤色磨研土器 研究」, 『嶺南考古學』38號, 嶺南考古學會.

______, 2012, 「南江流域 磨研土器의 變化와 時期區分」, 『嶺南考古學』60號, 嶺南考古學會.

庄田愼矢, 2007, 「南韓 青銅器時代의 生産活動과 社會」

沈奉謹, ,1999, 「晋州 上村里出土 無文土器 新例」, 『文物研究』第3號.

박영구, 2012, 「中部地域 突帶文土器文化의 展開樣相」, 『韓國上古史學報』第75號, 韓國上古史學會.

裵眞晟, 2003, 「無文土器의 成立과 系統」, 『嶺南考古學』32, 嶺南考古學會.

______, 2007, 「無文土器文化의 成立과 階層社會」, 釜山大學校大學院 博士學位論文.

安在晧, 2006, 「青銅器時代 聚落研究」, 釜山大學校大學院 博士學位論文.

정지선, 2010, 「南江流域 突帶文土器의 編年」, 慶尙大學校大學院 碩士學位論文.

______, 2012, 「청동기시대 남강유역 조 · 전기 취락구조」, 『지리산권역의 선사 · 고대 취락』제1회 남악고고학연구회 학술대회.

千羨幸, 2005, 「한반도 돌대문토기의 형성과 전개」, 『韓國考古學報』57, 韓國考古學會.

______, 2007, 「無文土器時代의 早期設定과 時間的 範圍」, 『韓國青銅器學報』, 創刊號, 韓國青銅器學會.

9 동남해안지역(경주-포항-울산지역) 청동기시대 편년

김현식(울산문화재연구원)

Ⅰ. 머리말

본고는 청동기시대 광역편년을 위한 지역별 편년 작업의 일환으로 작성된 것이며, 필자가 할당 받은 지역은 동남해안지역이다. 본고에서 동남해안지역이란 행정적으로 경주, 포항, 울산지역에 해당되며, 지리적으로는 태백산맥 이동의 형산강, 태화강, 동천강 일원에 해당된다(도면 1).

편년대상은 동남해안지역에서 확인되는 주거지와 주거지에서 출토되는 유물이며, 확인예가 많지 않은 무덤은 이번 편년대상에서 논외로 하였다.

편년방법은 발생순서배열법을 기본으로 하였으며, AMS연대를 부분적으로 참고하였다. 편년은 개개 유적의 시간적 위치를 정하는 편년보다는 고고학적 단위들의 상대편년과 변화흐름을 파악하는데 목적을 두었다. 따라서 본고에서 개개유적에 대한 설명은 하지 않는다.

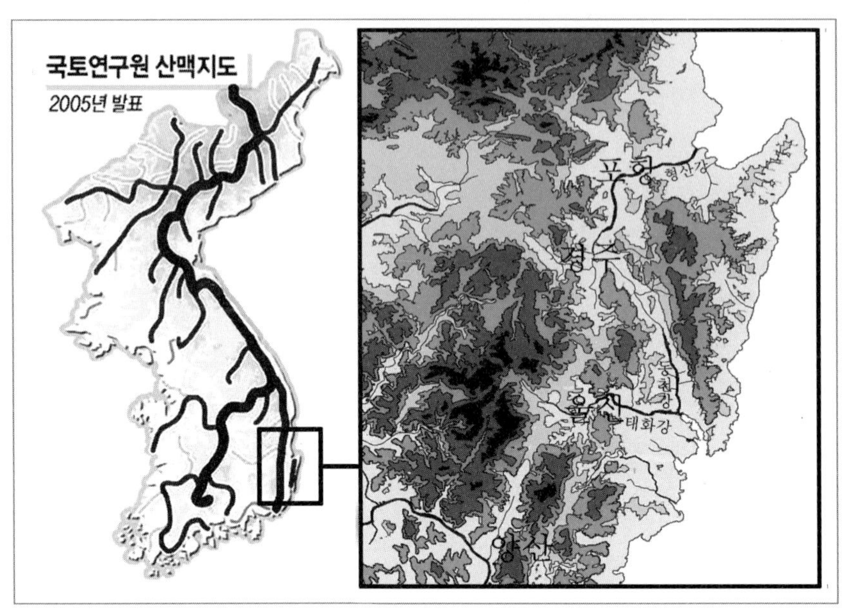

| **도면 1** | 동남해안지역 지형도(김현식 2006에서)

II. 편년

1. 분류

편년대상이 되는 고고자료를 〈표 1〉과 같이 분류하였다. 원칙적으로 토기의 구분은 토기의 기형과 문양을 모두 고려하여 구분해야 하지만, 기형을 정확히 알 수 있는 경우가 많지 않을 뿐 아니라, 기형을 알 수 있는 경우라도 대부분 심발형에 해당되기 때문에 기형은 분류기준에서 제외하고 토기문양으로만 토기를 구분하였다. 이러한 점 때문에 기존의 토기편년 연구들도 대부분 토기문양을 기준으로 편년하였다.

토기문양은 다시 복합문양과 단독문양 두 개의 카테고리로 세분하고 복합문양은 이중구연단사선, 이중구연단사선+문양, 구순각목공열문, 단사선+문양, 낟알공열문으로 구분하였다. 단독문양은 이중구연문, 돌대문, 구순각목문, 단사선문, 낟알문, 공열문으로 세분하였다.

각 문양의 세부적인 형태나 묘사는 기존의 연구성과에서 이미 충분히 다뤄졌으므로 본고에서는 생략하고 도면으로 대체한다. 횡대구획문은 다양한 문양종류에 비하여 출토

| 표 1 | 편년대상의 분류

분류		비고
복합문	이중구연단사선	
	이중구연단사선+문양	이중구연단사선+공열or구순각목or구순각목공열
	구순각목공열	구순각목문과 공열문이 함께 시문
	단사선+문양	단사선+공열or구순각목or구순각목공열
	낟알공열	낟알문과 공열문이 함께 시문
단독문	이중구연	
	돌대문	각목돌대문, 절상돌대문, 유상돌대문을 포괄함
	구순각목	
	단사선	시문도구를 그어서 시문
	낟알문	시문도구를 찍어서 시문
	공열	돌유문을 포괄함
횡대구획문		검출여부만 확인함
석촉	무경식	삼각형만입석촉
	이단경식	
	일단편평경식	경부의 단면이 납작한 형태
	일단첨경식	경부의 단면이 뾰족한 형태
석도	장방형	
	어형	
	주형	
주상편인석부		검출여부만 확인함
동북형석도		검출여부만 확인함
주거지	둔산식(A로 약칭)	초석 또는 위석식노지 설치된 주거지
	흔암리식(B로 약칭)	장방형의 형태에 노지의 위치가 불명확한 주거지
	관산리식(C로 약칭)	세장방형 주거지에 복수 노지
	울산식(D로 약칭)	사각구도의 기둥배치, 정형화된 노지위치

예가 많지 않기 때문에 전체를 일괄하여 검출여부만 확인하였다.

석촉은 연구자마다 다소의 차이는 있지만, 대체로 無莖式, 二段莖式, 一段莖式의 3개로 대별한다는 점은 동일하다. 본고에서도 이를 따르기로 하고, 다만 일단경식은 一段扁平莖式과 一段尖莖式으로 세분하였다.

석도는 장방형, 어형, 주형 3개 형식으로 구분하였다. 주형을 장주형과 주형으로 구분하는 경우도 있지만, 파손품이 많아 구분이 애매하여 주형으로 일괄하였다. 주상편인석부와 동북형석도는 출토예가 많지 않아 세분하지 않았다.

주거지는 기존의 연구성과(안재호 1996)와 필자의 연구(김현식 2006)를 참고하여 둔산식, 흔암리식, 관산리식, 울산식으로 구분하였다. 둔산식은 초석식 주혈 또는 위석식 노지가 설치된 주거지이다. 흔암리식은 방형의 평면형태에 노지의 위치기 부정형한 주거지이다. 관산리식은 장방형 또는 세장방형의 평면형태에 중앙을 따라 복수의 노지가 설치된 주거지이다. 울산식주거지는 노지의 1개의 노지가 장축을 따라 한쪽 단축에 치우쳐서 확인되는 주거지이다.

2. 변화상

발생순서배열법은 동일 기종 내 형식들 간의 공반관계를 통해 선후관계를 추론하는 편년법이므로 고고학적 단위 내의 형식구성과 형식 간 공반되는 경우의 수가 풍부할수록 편년의 객관성은 높아진다. 일단 이러한 조건에 맞는 문양은 토기문양이다. 그런데 무문토기문양의 특징 중에 하나는 개별문양 자체의 차이보다는 개별문양의 조합에 의한 차이가 훨씬 뚜렷하다는 점이다.

이러한 점은 무문토기문양의 변천이 문양 자체보다는 문양의 조합이 변천한다는 것을 시사한다. 사실 좀 더 객관적인 편년이 되기 위해서는 각 기종별로 모두 순서배열 해야 하지만, 토기문양을 제외한 다른 유물들은 출토량이 현저히 빈약하여 형식들 간의 공반관계가 잘 나타나지 않는다. 따라서 본고에서는 복합문양을 중심으로 순서배열하고 나머지 기종들의 병행관계가 방향성을 갖는지 여부를 살펴보았으며 그 결과가 〈표 2〉이다. 토기문양에서 돌대문을 제외한 나머지 문양들 변화상은 〈표 3〉과 같이 요약할 수 있다. 문제는 돌대문토기인데, 동남해안지역에서 돌대문토기는 출토량이 많지 않고 간헐적으로 확인된다. 이러한 점은 동남해안지역에서 돌대문토기의 유행기간과 문화적 파급력이 매우 짧고 제한적이었다는 것을 시사한다. 이러한 이유로 현재로서는 탄소연대이외에 동남해안지방에서 돌대문토기의 시간적 위치를 확정할 뚜렷한 증거는 없다. 일단 탄소연대가 BP.3000을 전후한 시점에 분포한다는 점과 금장리유적에서 돌대문토기가 출토된 주거지가 다른 전기의 주거지들보다 중복관계에서 빠르게 나타다는 점을 고려하여 이중구연단사선문보다는 다소 이른 시점에 출현한 것으로 보고자 한다. 물론 이는 잠정적인 것이며, 향후 돌대문토기의 출토예가 많아진다면 돌대문토기의 시간적 위치가 보다 분명해질 것으로 기대한다.

단독문양은 공열문과 구순각목문의 출현이 가장 이르고 낟알문의 출현이 가장 늦다.

| 표 2 | 동남해안지역 청동기시대 순서배열

	복합문					단독문						횡대구획	석촉				석도			주상편인석부	동북형석도	주거지	탄소연대 (B.P)	
	이중구연단사선	이중구연단사선+문양	구순각목공열	단사선+문양	낟알공열	이중구연	돌대문	구순각목	단사선	공열	낟알		무경	이단	일단편평경	일단첨경	장방형	어형	주형					
경주충효동23						●	●															A		조기
울산구영리V-1 28호						●	●			●								●				A	3010±60	
울산달천5		?				●				●							●		●			A	2865±21	
경주충효동2							●						●									A		
경주충효동3							●															A		
경주금장8							●	●														A		
경주갑산1	●							●	●			●					●	●	●			B		전기 I
울산천곡나3	●	●								●			●	●			●		●			B		
울산교동(무학)9	●	●						●		●									●			C	2835±20	
경주갑산8	●	●							●	●		●	●				●		●			D6		
울산천곡나1	●	●															●			●		B		
울산가재골 I 1	●	●		●																		D4		
경주덕천25	●	●		●				●		●												B	2940±50	
경주갑산2	●	●						●	●	●		●	●	●								B		
포항원동2III7	●	●	●	●					●	●		●										B		
경주오유리	●		●																●			B?		
경주월산리(문)A6	●		●					●	●	●			●					●	●			C?		
울산신화리E-1,15	●		●																●			D8		
경주덕천20	●	●	●							●												B	3010±60	
울산비석골1		●								●										●		C	2910±50	전기 II
경주덕천11		●								●												C	2990±50	
울산장검II14		●	●	●					●												●	?		
울산가재골 I 16		●		●															●			D6		
울산가재골III19			●							●									●			D6		
울산신화리E-1,45			●							●												?		
울산외광리8			●							●						●						D8	2430±50	
울산방기48			●							●					●							D6		
포항대련(성)III3			●							●					●							D6		
경주월산리(문)B25			●							●									●			?		
경주월산리(문)A7			●	●				●		●												C?		후기 I
경주용강46				●				●														C?		
경주황성동II라-12				●					●	●												C		
울산가재골II6				●						●		●										D6		
울산가재골III26				●						●												D?		

	복합문					단독문						횡대구획	석촉				석도			주상편인석부	동북형석도	주거지	탄소연대(B.P)	
	이중구연단사선	이중구연단사선+문양	구순각목공열	단사선+문양	낟알공열	이중구연	돌대문	구순각목	단사선	공열	낟알		무경	이단	일단편평경	일단첨경	장방형	어형	주형					
울산가재골 I 29				●						●												D6		후기 I
울산가재골III15				●						●												D6		
경주월산리(문)B14				●					●										●			C?		
울산산하동4				●						●												D6	2240±60	
울산가재골 I 17				●						●												D6		
경주황성동II다-1				●	●					●												B		
울산매곡동508II13				●	●					●									●			D4		
울산가재골III24					●					●	●											D6		
울산가재골II9					●					●	●								●			D6		
울산매곡동330-2,17					●					●	●											C		
울산매곡동508III11					●					●									●			D4		
울산매곡동508II2					●						●											D?		
울산매곡동508 I 1					●						●											D6		
울산중산동약수II30					●						●								●			D8		
울산가재골III3										●	●								●			D6		후기 II
울산중산동약수II10										●	●											D6		
울산정자동19										●	●											D6		
울산가재골III16										●	●											D6		
울산교동456-11										●	●											D8		
울산정자동32										●	●											D4		
울산정자동26										●	●				●							D8		
울산연암2										●	●				●							D6		
울산신화리E32										●	●											?		
울산방기24										●	●											D4		
울산검단리44										●	●											D4		
울산검단리69										●	●					●						D6		
울산교동456-12										●	●									●		D6		
경주황성동(강)4										●	●											B		
울산장검II7										●	●				●							D4		
울산신화리E22										●	●				●					●		?		
울산매곡동508 I 3										●	●											D6		

	복합문					단독문						횡대구획	석촉				석도			주상편인석부	동북형석도	주거지	탄소연대(B.P)	
	이중구연단사선	이중구연단사선+문양	구순각목공열	단사선+문양	낟알공열	이중구연	돌대문	구순각목	단사선	공열	낟알		무경	이단	일단편평경	일단첨경	장방형	어형	주형					
울산검단리36										●	●								●			D4		
울산입암리19											●											D6		후기III
경주충효동33											●											D4		
울산입암리15											●								●	●		D4		
울산입암리11											●									●		D6	2396±24	
울산입암리18											●				●							D4		

| **표 3** | 토기문양의 변천과 계통

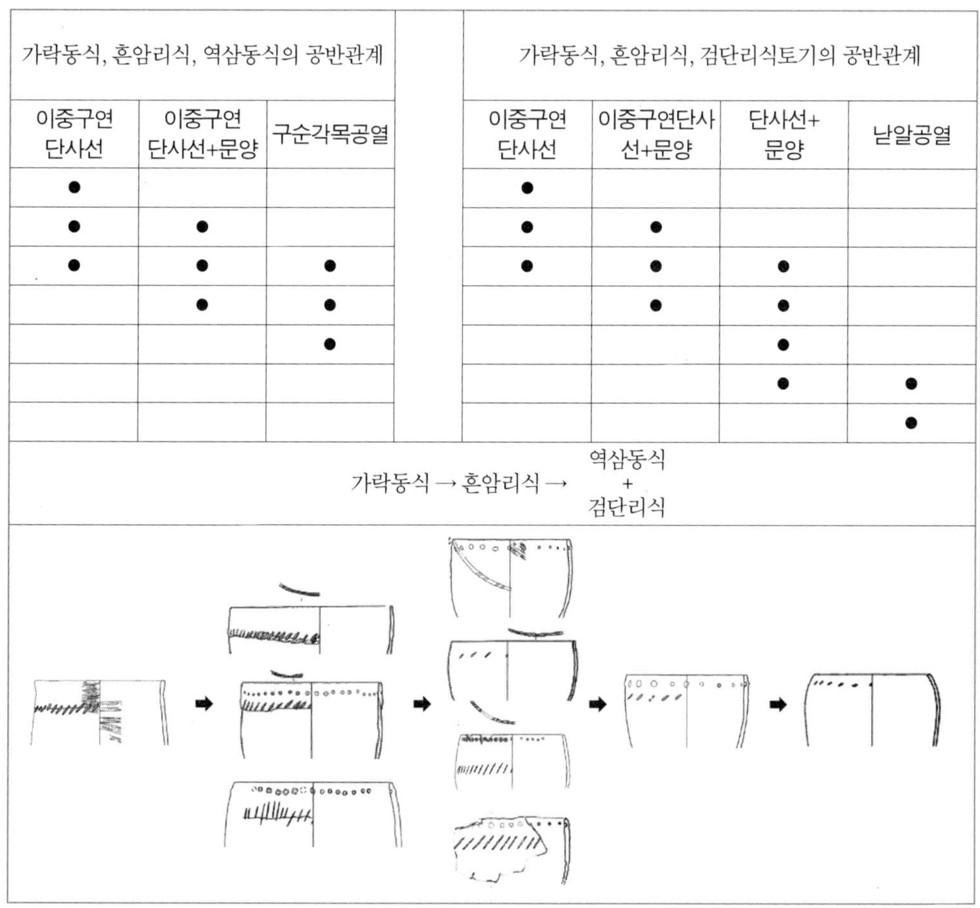

가락동식, 흔암리식, 역삼동식의 공반관계				가락동식, 흔암리식, 검단리식토기의 공반관계			
이중구연 단사선	이중구연 단사선+문양	구순각목공열		이중구연 단사선	이중구연단사선+문양	단사선+ 문양	낟알공열
●				●			
●	●			●	●		
●	●	●		●	●	●	
	●	●			●	●	
		●				●	
						●	●
							●
가락동식 → 흔암리식 → 역삼동식 + 검단리식							

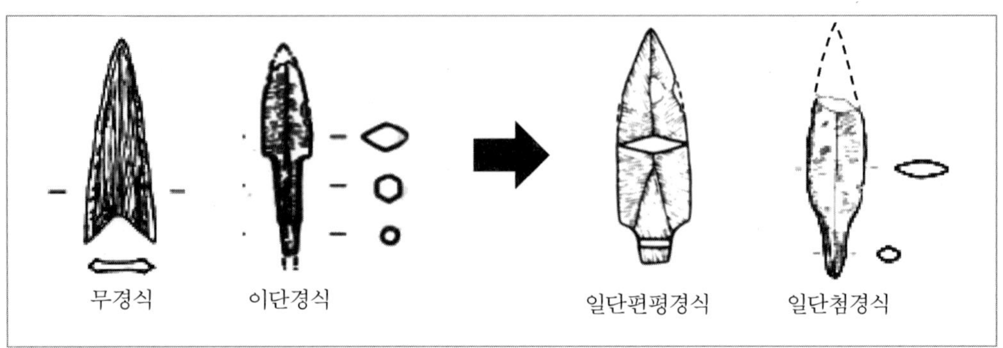

| **도면 2** | 동남해안지역 석촉의 변천

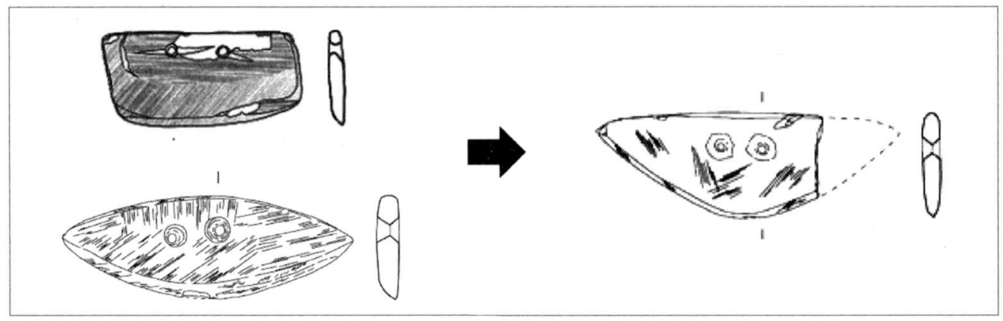

| **도면 3** | 동남해안지역 석도의 변천

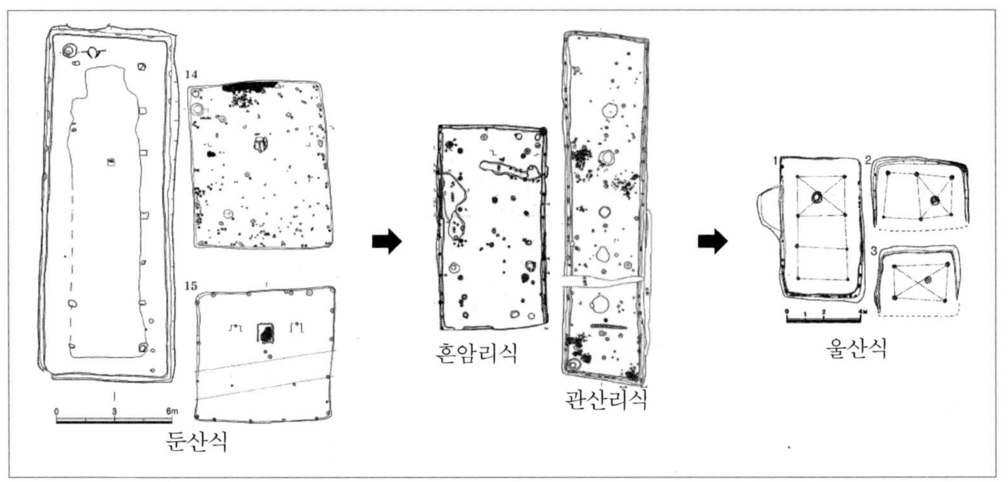

| **도면 4** | 동남해안지역 주거지의 변천

횡대구획문은 이중구연단사선문과 출현시기기가 같으며, 주상편인석부와 동북형석도는 '이중구연단사선+문양'과 출현시기가 같은 것으로 나타났다.

석촉은 발생순서는 '무경식 · 이단경식→일단편경식 · 일단첨경식'이며 석도는 장방형 · 어형 · 주형이 비슷한 시기에 출현하여 공존하다 주형만 남는다. 주거지의 발생순서는 둔산식→흔암리식 · 관산리식→울산식으로 나타났다.

토기양식은 공반관계에서 '가락동→흔암리→역삼동 및 검단리식'의 변화가 명확하게 나타난다. 이러한 점은 발표자(김현식 2008)가 분석한 호서지방 토기양식의 변화와 일맥상통한다. 그 외 석기상의 변화, 주거지의 변화 등은 기존의 편년안과 거의 동일하다.

3. 시기구분 및 단계설정

본고에서는 동남해안지역을 조기-돌대문토기, 전기-가락동식 · 흔암리식, 후기-역삼동식 · 검단리식으로 구분하였다. 사실 돌대문토기는 확인 예가 적기 때문에 전기에 포함시켜도 무방하지만, 전기의 문양구성과는 많은 차이가 있기 때문에 따로 떼어서 조기로 설정하였다.

그리고 다시 전기와 후기는는 토기양식의 유행에 따라 전기 I · II단계, 후기 I ~III단계로 구분하였다. 각 단계별 특징을 요약한 것이 〈표 3〉이다.

조기와 전기는 토기문양과 주거지 형태에서 많은 차이가 확인됨으로 상호 계승관계에 있다고 보기 힘들다. 동남해안지역 돌대문토기는 한반도 돌대문토기문토기 문화에서 비

| 표 4 | 동남해안지역 청동기시대 편년

	시기		토기문양	석기상	주거지	취락
BP.3000	조기	I	돌대문토기	무경식석촉 방형,어형,주형석도 공존 주상편인석부 출현	둔산식	조기는 충적지 중심 취락의 규모 작음. 대형 중소형 주거지 공존
BP.2900	전기		가락동식토기(이중구연단사선문) 유행		흔암리식, 관산리식, 울산식 공존	
BP.2500		II	흔암리식토기 유행	무경식,이단경식 공존 주형석도 급증	울산식주거지 비율 증가함	취취락의 규모 커짐 구릉 중심 대형 중소형 주거지 공존
	후기	I	역삼동식토기와 검단리식토기 공존기	일단경식석촉 유행 주형석도 유행	울산식주거지	환호출현 대규모 취락 충적지로 취락이 확대
		II	검단리식토기 유행			
		III	검단리식토기 유행 공열문의 소멸 낟알문(횡선문)만 유행			

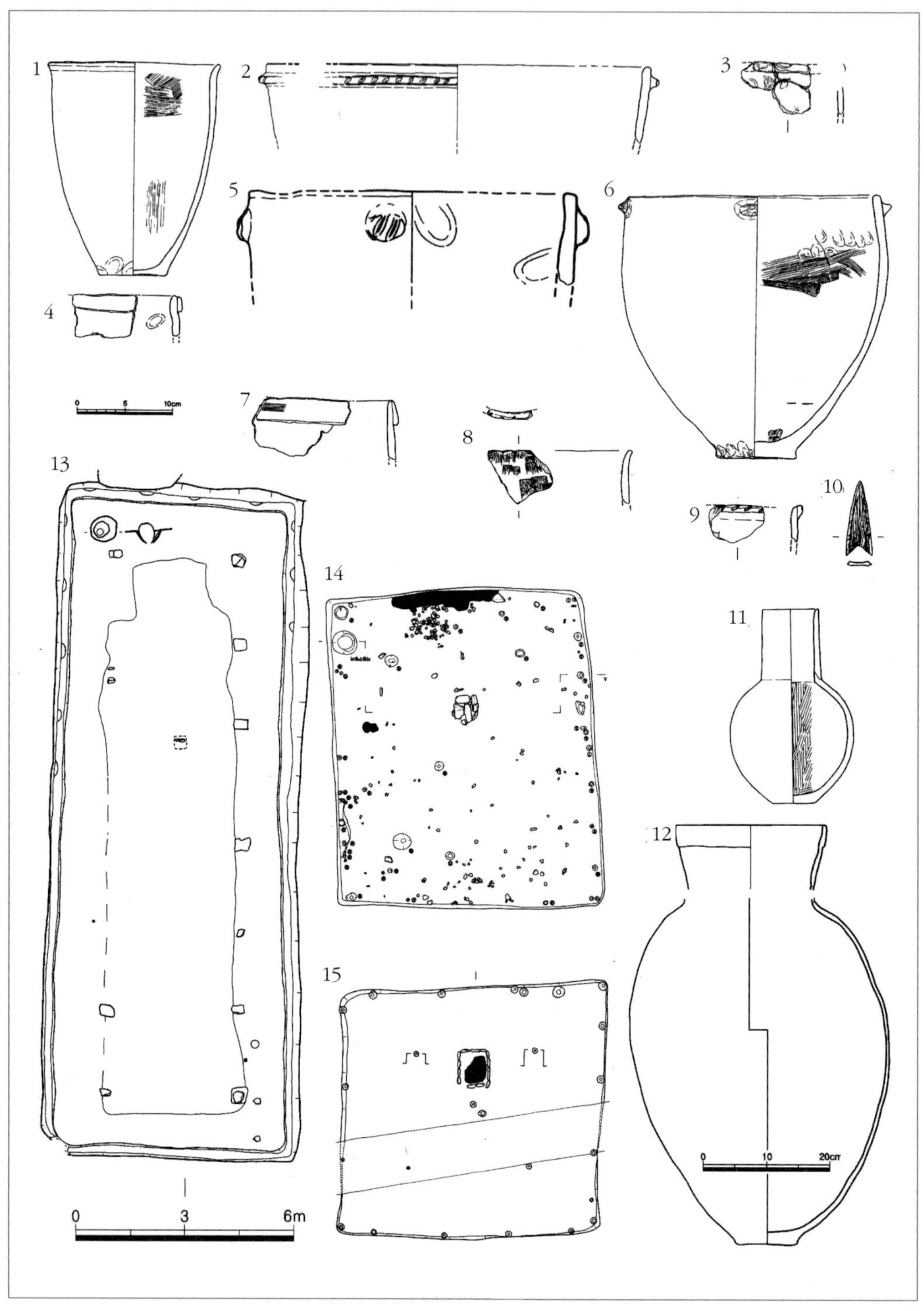

도면 5 동남해안지역 조기(경주 충효동 2호-1 · 2 · 3 · 5 · 9 · 10 · 14, 경주 충효동 3호-6, 경주 금장리 8호-8, 울산 구영리Ⅴ-1지구 28호-4 · 7 · 11 · 15, 울산 달천3차 5호-12 · 13

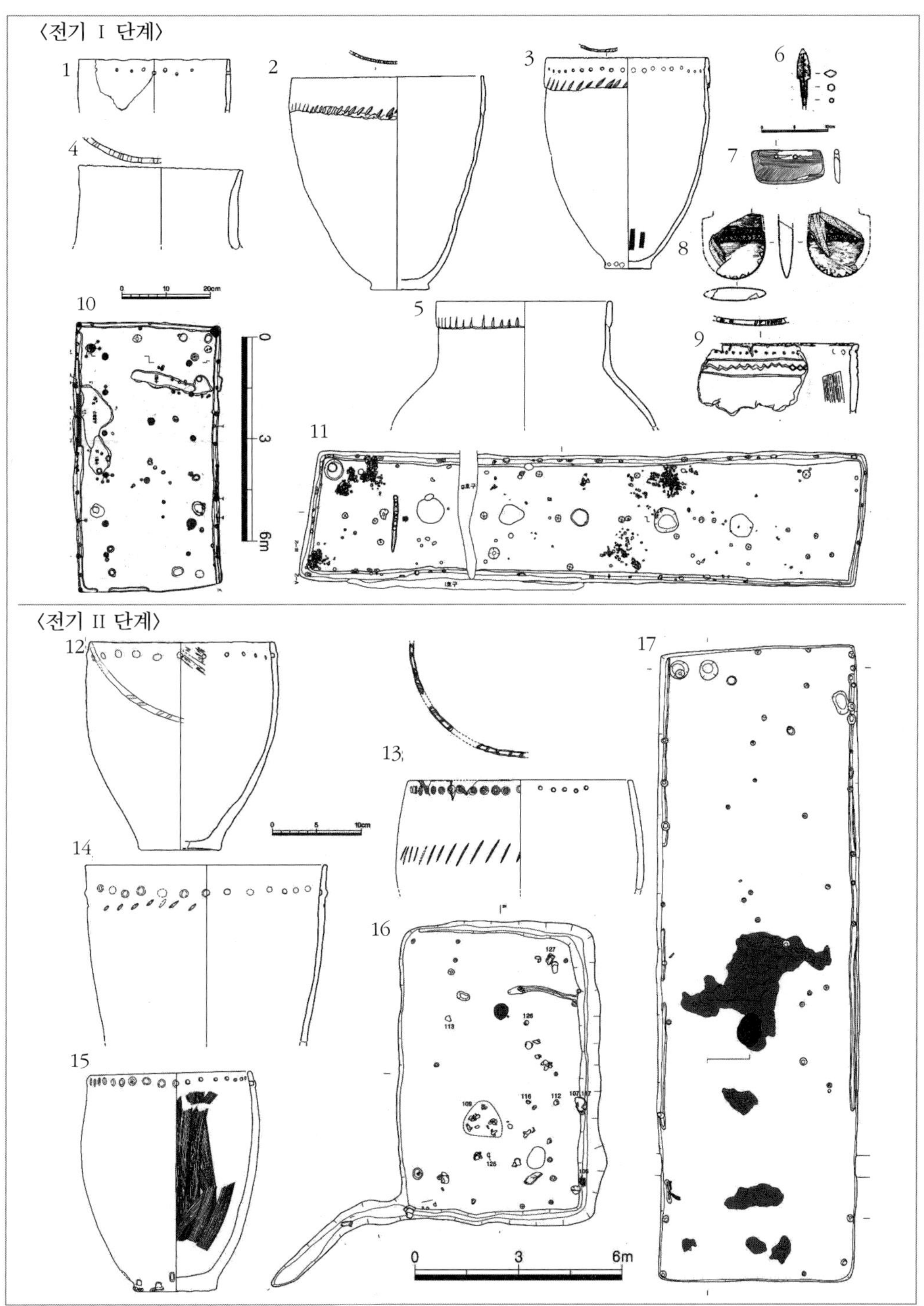

| **도면 6** | 동남해안지역 전기(울산 교동리192-37 9호-1~5 · 11, 울산 천곡동나지구-6 · 8 · 10, 경주 갑산리 1호-7 · 9, 경주 덕천리 11호-13 · 15 · 17, 울산 가재골 I 16호-14 · 16, 울산 가재골 III 19호-12)

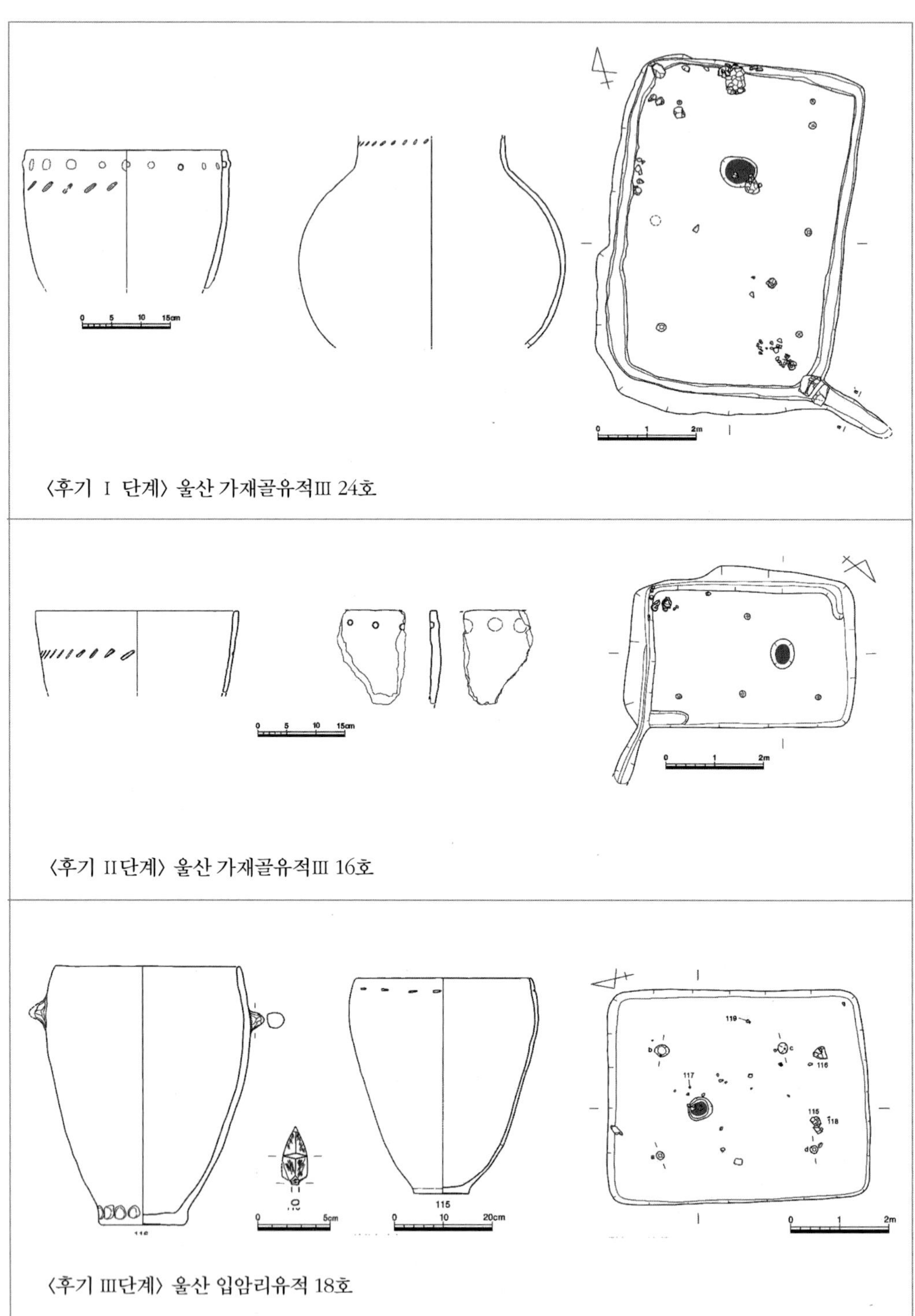

| 도면 7 | 동남해안지역 후기)

| 표 5 | 영남내륙지역 편년(김현식 2001에서 일부수정)

	복합문					단독문				횡대구획	탄소연대(B.P)	단계
	이중구연, 단사선	이중구연 단사선구순각목	이중구연 단사선 공열	구순각목 공열	공열 낟알	구순각목	공열	낟알	횡선			
경산옥곡리A42	●					●						
서변동46	●					●						
대봉동10	●					●						
대구상동(정화II)4	●					●						
대구상동(정화 I)12	●					●						I
대구상동(정화 I)5	●	●										
대구상동(수성초)14	●	●										
대구대봉동16	●	●				●						
대구상인동7		●				●						
대구상인동5		●				●					3140±50	
대구서변동48		●					●					
대구대봉동23		●				●						
청도진라71		●				●					2980±60	II
대구상동(수성초)16			●			●						
대구상동(수성초)15			●			●						
영천청정3				●		●	●					
경산옥곡리A46				●		●						
대구대봉동19						●	●					
대구월성1						●	●					III
대구서변동42						●	●					
영천청정4						●	●					
청도진라3						●	●				2830±40	

교적 늦은 시기로 편년되는 토기양식에 해당된다.

전기와 후기는 토기문양, 주거지의 형태, 석기상에서 상호 계승관계에 있다고 볼 수 있다(이수홍 2005; 천선행 2006).

Ⅲ. 병행관계

전술한바와 같이 동남해안지역 전기 문화는 재지의 조기를 계승한 문화가 아니다. 인접한 영남내륙지역의 청동기시대 전기는 〈표 5〉 와 같이 편년할 수 있는데(김현식 2011), 대략 영남내륙지역 전기 I 단계말 II단계초에 해당되는 시기가 동남해안지역 II단계와 양상이 유사하다. 따라서 영남내륙지역 전기 I 단계 말 정도에 동남해안지역으로 확산된 것으로 추정된다.

또한 영남내륙지역 I 단계는 호서지방 가락동II단계(이형원 2002)와 토기문양, 주거지의 형태가 거의 동일하다. 따라서 영남내륙지역 전기 문화는 호서지방 가락동유형II단계 문화가 확산되어 출현한 것으로 볼 수 있다(김현식 2008a · b).

| **표 6** | 병행관계

연대	시기	호서지역	영남내륙	동남해안지역
BP.3300	조기	가락동 I 단계	돌대문토기, 상촌리식토기	
BP.3000	전기	가락동II단계	전기 I 단계	
BP.2900		가락동III단계	전기II단계	전기 I 단계
BP.2700	후기	송국리유형	전기III단계	전기II단계
BP.2500				후기 I 단계
				후기II단계
				후기III단계

Ⅳ. 맺음말

발표자의 편년은 기존의 동남해안지역 편년(동진숙 2003; 황현진 2004; 이수홍 2005; 천선행 2005; 김현식 2006; 안재호2007)과 크게 다르지 않다. 다른 점은 물질문화의 변화상을 바라보는 관점에 약간의 새로운 해석을 시도하였다는 것이며, 그것은 다음과 같이 요약할 수 있다.

결국, 동남해안지방 청동기시대 전기의 문화는 영남내륙지방 전기의 문화가 확산되는 과정에서 출현한 것으로, 그리고 영남지역의 전기 문화는 호서지방 가락동유형이 확산되는 과정에서 출현한 것으로 볼 수 있다.

호서지방 가락동유형 I 단계의 물질문화상이 남한 다른 지역에서는 전혀 확인되지 않는 양상이라는 점, 탄소연대에서 호서지방 가락동 I 단계와 돌대문토기문화의 출현시점이 비슷하다는 점 등을 볼 때, 남한 조기는 가락동 I 단계, 돌대문토기문화, 상촌리식토기 등으로 구성된 것으로 보아야 한다.

또한 호서지방 가락동유형 I 단계+돌대문토기+상촌리식토기의 문화상이 서북한지방 청동기시대 전기의 문화상과 매우 유사하다는 점에서 볼 때 남한 청동기시대 조기 문화는 서북한지방 청동기시대 전기문화의 직접전파로 출현한 것이다. 따라서 조기의 문화사적 의미는 신석기-청동기의 '전환기'가 아니라 새로운 문화의 '출현기'로 볼 수 있다.(김현식 2008b).

:: 참고문헌

김현식, 2006,「청동기시대 검단리유형의 형성과정과 출현배경」,『한국상고사학보』54.

______, 2008a,「호서지방 전기 무문토기 문양의 변천과정 연구」,『嶺南考古學』44호.

______, 2008b,「남한 조기-전기 문화사적 의미」,『고고광장』2호, 부산고고학연구회.

______, 2011,「영남지방 무문토기 양식의 시공간적 의미」,『동아문화』10, 동아세아문화재연구원

董眞淑, 2003,『嶺南地方 青銅器文化의 變遷』, 慶北大學校大學院 碩士學位論文.

安在晧, 1996,「無文土器時代 聚落의 變遷」,『碩晤尹容鎭敎授停年退任紀念論叢』.

______, 2000「韓國 農耕社會의 成立」『韓國考古學報』34, 韓國考古學會.

______, 2007,「編年을 위한 屬性配列法」,『고고광장』창간호, 부산고고학연구회.

李秀鴻, 2005,『檢丹里式土器에 대한 一考察』, 釜山大學校大學院 碩士學位論文.

李秀鴻, 2008,「울산지역 청동기시대 취락구조의 변화」,『한국청동기학보』2, 한국청동기학회.

李亨源, 2002『韓國 青銅器時代 前期 中部地域 無文土器 編年 硏究』忠南大學校 大學院 碩士學位論文

鄭元喆, 2012,「中部地域 突帶文土器의 編年 硏究」,『韓國青銅器學報』11.

千羨幸, 2005,「한반도 돌대문토기의 형성과 전개」,『한국고고학보』57, 한국고고학회.

〃 d, 2006,「영남지방 무문토기시대 중기로의 문양구성 변화」,『石軒鄭澄元敎授停年退任記念論

黃炫眞, 2004,『嶺南地域 無文土器의 地域性硏究』, 釜山大學校大學院 碩士學位論文.

10 전북지역 전기 무문토기의 전개양상

양영주(전북문화재연구원))

Ⅰ. 머리말

전북지역에서 현재까지 확인된 청동기시대 전기유적은 많지 않다. 문화양상은 1990년대 후반 가락동식토기를 특징으로 하는 익산 영등동유적과 흔암리식토기를 특징으로 하는 남원 고죽동유적이 조사된 이후 2000년대에 들어서면서 순창 원촌, 전주 성곡 · 효자(4) · 장동 · 마전Ⅳ, 김제 제상리, 완주 구암리, 익산 용기리 등에서 돌대문토기, 가락동식토기가 출토된 주거지가 조사되면서 전북지역 전기문화 양상을 어느 정도 파악할 수 있게 되었다. 토기를 통해볼 때 남원 고죽동은 흔암리식토기, 순창 원촌은 돌대문토기를 특징으로 하지만, 나머지 지역은 대체로 가락동식토기가 중심을 이루고 있다.

본고는 호남지역 특히 전북지역 청동기시대 전기 무문토기의 전개양상에 대해 살펴보고자 작성되었다. 전북지역에서 조사된 전기 주거지에서 조사된 자료를 중심으로 주거지와 무문토기의 유형을 분류하고 전북지역 전기 무문토기문화의 특징을 살펴보고자 작성하였다.

Ⅱ. 연구약사

청동기시대 주거지에 대한 연구는 다른 연구에 비해 활발하게 진행되고 있다. 자료가 많지 않았던 1990년대 이전에 한반도 전역을 아우르는 연구가 가능하였으나, 최근 대규모 국토개발에 따른 발굴이 활발하게 진행되면서, 2000년대 이후에는 각 지역별로 다양한 문화양상이 확인되면서 시기와 지역을 중심으로 연구되고 있다. 전기 취락연구에 있어 주거지와 유물을 통한 편년을 토대로 취락구조의 변화과정을 살펴보는 연구가 주로 진행되었다. 청동기시대 전기주거지에 대한 연구는 평면 정방형에 석상위석식노지와 돌대문토기가 출토되는 미사리유형, 평면 (세)장방형에 위석식노지와 이중구연단사선문토기가 출토되는 가락동유형, 평면 (세)장방형에 무시설식노지와 공열문토기가 출토되는 역삼동유형, 평면 (세)장방형에 무시설식노지와 공열문+이중구연단사선문토기가 출토되는 흔암리유형으로 분류하고(안재호 2006), 이에 대한 연구와 주거지의 형식분류를 통하여 주거지의 변화양상에 대한 연구들이 진행되었다. 중서부지역을 중심으로 가락동 유형은 이형원[1]·공민규[2], 역삼동·흔암리 유형은 허의행[3]에 의해 연구가 진행되었다. 이형원(2002)은 중부지역 전기 취락 특히 가락동유형의 취락의 분석을 통하여 전기에 취락에 있어 계층화가 이루어진 것으로 보았으며, 공민규(2005)는 남한지역 가락동유형의 형성과정을 통하여 가락동식유형은 한반도 서북지역인 압록강~청천강유역 일원에서 확인되는 문화와 연관성이 있으며, 특히 중부이남지역에서 확인되는 문화상을 통해 볼 때 주민의 직접적인 이주를 상정하였다. 허의행(2007)은 중부지역 전기 취락 가운데 역삼동·흔암리유형의 취락에 대한 분석을 시도하여 규모가 가장 큰 백석동취락과 중형취락의 규모를 가진 불당동·명암리 취락, 다시 그 아래에 중소형취락이 규모차에 의한 분포 및 계층화가 반영된 것으로 보았다.

호남지역에서도 연구자들에 의해 다양하게 연구가 되고 있는데 먼저, 김문국[4]은 전기주거지를 평면 형태와 내부구조의 속성을 중심으로 미사리유형, 가락동유형, 역삼동·

1 李亨源, 2009, 『韓國 青銅器時代의 聚落構造와 社會組織』 忠南大學校大學院 博士學位論文.

2 孔敏奎, 2005, 「中西內陸地域 可樂洞類型의 展開」 『松菊里文化를 통해본 農耕社會의 文化體系』, 서경문화사.

孔敏奎, 2011, 「금강 중류역 청동기시대 전기 취락의 검토」 『韓國青銅器學報』 8號, 韓國青銅器學會.

3 허의행, 2007, 「호서지역 역삼동·흔암리유형 취락의 변천」 『湖西考古學』 17, 호서고고학회.

4 김문국, 2010, 『호남지역 청동기시대 전기 주거지 고찰』, 목포대학교 대학원 석사학위논문.

흔암리유형으로 분류하였다. 가락동유형은 호남지역에서 만경강 · 영산강유역에서 주로 확인되는 유형, 역삼동 · 흔암리유형은 섬진강 · 보성강유역에서 주로 확인되는 유형으로, 만경강 · 영산강유역은 금강유역의 문화양상과 유사하고, 섬진 · 보성강유역은 서부경남지역과 문화양상이 유사한 것으로 보았다. 그리고 가락동유형과 역삼동 · 흔암리유형의 유구 또는 유물복합체를 사용한 집단들이 주거구조나 토기상 등에서 상당히 이질적인 문화요소를 가지고 있었음에도 불구하고, 청동기시대 전기전반에 걸쳐 유사한 흐름을 보이는 것으로 보았다. 홍밝음[5]은 호남지역 청동기시대 전기 문화의 전개과정을 밝히고자 호남 전역으로 크게 만경강유역권, 영산강유역권, 섬진강유역권, 남해안유역권으로 구분하고, 전기 유물 가운데 시간성을 가장 잘 반영하는 이중구연단사선토기를 중심으로 분석하였다. 그리고, 전기주거지의 변천과정을 파악하기 위해 탄소연대 값을 이용하였다. 이를 토대로 호남지역 청동기시대 전기를 크게 4기로 세분하였다. 1기는 만경강유역권에 가락동식토기가 역삼동유형의 주거지에 등장하는 시기로 그 연대는 B.C. 13~12세기 전반, 2기와 3기는 가락동유형과 역삼동유형이 본격적으로 접촉 · 융화해 가면서 2기에는 영산강유역권으로 확산되는 시기로 연대는 B.C. 12세기 후반~11세기, 3기는 섬진강유역권과 남해안지역 등 호남지역 전역으로 확산되는 것으로 보았다. 김규정[6]은 호남지역을 북서부지역, 중서부지역, 중부내륙지역, 동부내륙지역, 남해안지역 등 5개 지역으로 구분하였다. 청동기시대 전기 문화는 지역에 따라 북서부 · 중서부지역은 가락동식 토기문화, 동부내륙 · 동남해안은 역삼동 · 흔암리식 토기문화와 관련되고, 중부내륙지역은 가락동식과 역삼동식 · 흔암리식 토기문화가 모두 나타나는 것으로 보았다. 이를 토대로 주거지와 출토유물을 통해 모두 3기로 분류하였는데 Ⅰ기는 각목돌대문토기를 특징으로 하는 미사리유형과 이중구연 단사선문을 특징으로 하는 가락동유형이다. Ⅱ기는 가락동유형이 북서부지역은 물론 주변지역으로 확산되고 새롭게 역삼동 · 흔암리유형이 등장하는 시기로, 가락동식토기는 이중구연의 요소가 퇴화되지만 아직까지 이중구연의 요소는 남아 있다. Ⅲ기는 (세)장방형 주거지의 비율이 현격하게 줄어들고 방형으로의 평면이 정형화 되며 노지는 설치되지만 Ⅲ기의 가장 늦은 단계에 일부 지역에서 새로운 원형의 송국리형주거지가 등장하고 그 영향으로 방형주거지에 설치된 노지가 사라지고 타원형구덩이가 설치되는 등의 변화와 토기문양이 사라지는데 동부내륙과 동남해안지역과 같이

5 홍밝음, 2010, 「호남지역 청동기시대 전기 주거지의 변천과정」『湖南考古學報』36, 湖南考古學會.

6 김규정, 2011, 「호남지역 청동기시대 전기취락의 특징」『韓國靑銅器學報』9號, 韓國靑銅器學會.

일부지역에서는 역삼동식토기의 특징인 공열문 요소가 늦은 시기까지도 지속된 것으로 보았다.

전북지역에서도 최근 대규모 개발사업으로 구제발굴이 이루어지면서 청동기시대 주거지 또한 많은 조사가 이루어졌다. 따라서, 전북지역 청동기시대 주거지를 축조한 집단의 문화적인 특징에 대한 검토가 이루어져야 한다고 판단된다. 특히, 전북지역은 금강유역의 청동기문화 파급에 의해 형성된 것으로 이해되고 있는데 적어도 일정한 시기에 지역을 달리하여 형성된 청동기문화가 한 지역으로부터 일방적인 파급으로만 보기에는 당시의 다양한 문화양상을 단순화 시키는 것으로 전파론에 입각한 문화해석에 문제점을 안고 있다.

전북지역 청동기시대 주거지에 대한 연구는 지금까지 단편적인 연구로 주로 이 지역에서 확인된 송국리형주거지를 중심으로 하는 연구가 진행되었으나, 최근 발굴자료가 급증하고 전기의 장방형주거지의 조사예가 늘어나고 있으며, 한편으로 송국리형주거지의 조사도 급증하고 있다. 이는 각 지역별 연구가 선행되어야 한반도 청동기문화 전반을 이해할 수 있을 것으로 판단되기 때문에 현재 조사된 자료를 종합하여 이를 체계적으로 정리해 볼 필요성이 있다.

전북지역에서 지금까지 조사된 청동기시대 주거지의 형식분류를 시도하고 이러한 분류된 주거지가 지역적으로 어떠한 분포를 보이고 있는지 살펴보기 위해 전북지역을 지형적인 특징에 따라 세부적으로 지역구분을 하였다.

II. 전북지역 청동기시대 전기취락의 특징

전북지역은 백두대간의 북동에서 남서쪽으로 뻗어 내린 호남정맥을 중심으로 서부평야지역과 동부산간지역으로 구분된다. 이러한 지형적인 특징은 무문토기문화의 형성배경에 있어 차이를 보이고 있다. 서부평야지역은 낮은 구릉이 발달되고 너른 평야를 형성하고 있어 무문토기인들의 생활 근거지로 양호한 조건을 가지고 있지만, 한편으로 외부로부터 방어에는 취약하다는 단점을 가지고 있다. 아직까지 대규모 취락은 확인되지 않았지만, 주로 구릉을 중심으로 소규모의 산발적인 취락 형태를 보이고 있다. 강변충적지에 대한 조사가 이루어진다면 대규모의 취락이 조사될 가능성이 있다.

동부산간지역은 호남정맥을 경계로 대부분 산지가 형성되어 있으며, 백두대간과 호남

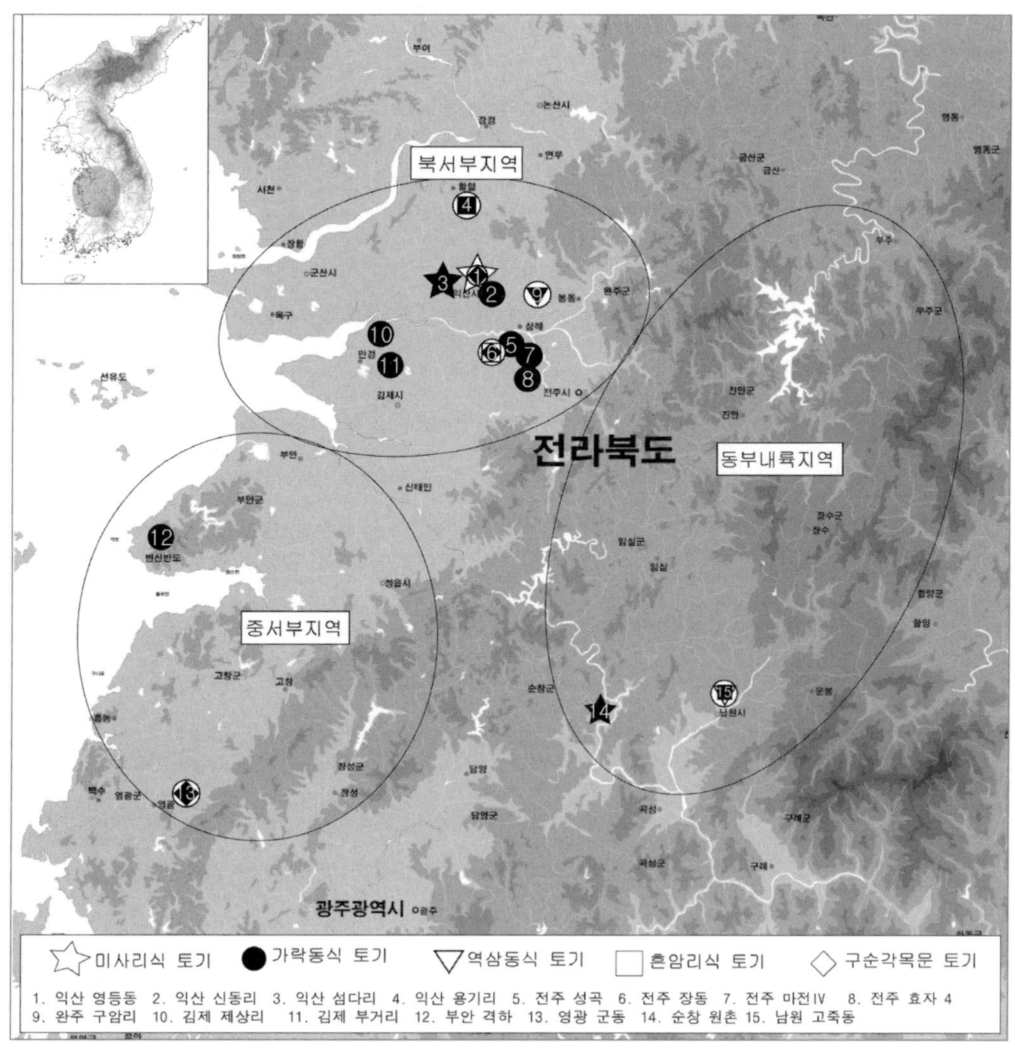

| **도면 1** | 전북지역 전기 유적 분포현황

정맥을 포함하는 해발 600~700m 내외의 산간지역으로 금강과 섬진강이라는 두 개의 큰 하천의 상류지역에 해당된다. 이러한 지형적인 특징을 고려하여 북서부지역, 중서부지역, 동부내륙지역 등 모두 3개 지역으로 구분 할 수 있다.

1. 각 지역별 유적의 검토

1) 북서부지역

북서부지역은 북으로 금강정맥과 금강, 동으로 호남정맥, 남으로 모악지맥과 만경강, 서로는 서해와 접하고 있다. 북동쪽의 운암산(해발 605m)과 남동쪽의 모악산(해발 794m) 지역을 제외하면 대체로 해발 100m 내외의 낮은 구릉이 발달되어 있으며 강변 충적지와 넓은 평야가 펼쳐진 지역이다. 이 지역은 만경강을 중심으로 넓은 충적지가 형성되어 있으나 충적지에 대한 조사는 거의 이루어지지 않았다. 조사된 주거지는 대부분 구릉상에서 확인되었다. 조사된 유적은 익산 영등동 · 섬다리 · 용기리, 전주 성곡 · 효자4 · 장동 · 마전Ⅳ, 완주 구암리, 김제 제상리 · 부거리유적 등 10개 유적에서 35기의 주거지가 조사되었다. 유적별로 살펴보면 익산 영등동유적 6기 · 용기리유적 4기, 전주 장동유적 4기, 완주 구암리유적 10기, 김제 부거리유적 6기를 제외하면 대부분 1~2기가 확인되었다. 주거지의 평면형태는 (세)장방형이 대부분이며, 내부시설로는 노지와 주혈, 저장공이 확인되었다. 노지는 익산 영등동 Ⅱ-7호 주거지의 위석식노지를 제외하고는 대부분 무시설식 노지가 설치되었다. 주혈은 익산 영등동 Ⅱ-7호 주거지가 2열 9행, 김제 제상리 A-1호 2열 5행으로 초석이 놓여져 있으며, B-1호 주거지는 2열 5행으로 추정된다(김규정 2011, 40쪽). 김제 부거리 Ⅰ-1유적에서 조사된 노지를 중심으로 2호 주거지는 2열 3행, 3호 주거지는 2열 4행의 주열이 확인되었다. 저장공은 전주 성곡유적과 김제 부거리 Ⅰ-1유적에서 확인되는데 주거지 모서리에 치우쳐서 시설이 되어있다.

출토유물은 대부분 가락동식토기가 출토되고 있다. 그러나 최근 북서부지역에서도 다양한 형식의 토기가 증가 하고 있어 주목된다. 전주 장동 Ⅰ-9호 주거지에서 가락동식토기와 함께 공열+구순각목+단사선+이중구연이 결합된 흔암리식토기가, 완주 구암리 4-1호 주거지에서 가락동식토기와 함께 공열+구순각목이 결합된 역삼동식토기가, 익산 용기리 2호 주거지에서는 공열+구순각목+단사선의 흔암리식토기가 출토되어 앞으로 비교연구가 필요하다고 생각된다. 북서부지역에서 조사된 유적 현황은 표 1과 같다.

2) 중서부지역

중서부지역은 호남지역에서 지석묘가 가장 밀집되어 분포하고 있는 지역 중에 하나이며, 일찍부터 고고학적인 조사가 이루어지기 시작하였다. 중서부지역의 지형적인 특징을 보면 동쪽으로 호남정맥이 자리하고 있으며, 비록 큰 하천은 없지만 소하천과 낮은 구

| 표 1 | 북서부지역 전기주거지 유적

토기문양	유적명	입지유형	호수	규모(cm) 장축	규모(cm) 단축	규모(cm) 깊이	면적(㎡)	장단비	내부시설 노지	내부시설 벽구	내부시설 주공	내부시설 초석	주요출토유물	특징
가락동식	익산 영등동	평지구릉	I -2	436	310	25	13.6	1.4		○			구순각목토기호, 이중구연+단사선문토기편, 대팻날	
			락	1,072	635	25	68.1	1.68	3	○	○		호, 구순각목심발형토기, 절상돌대심발형토기, 발, 완, 이중구연+단사선문토기, 석검, 석착, 이단경촉, 삼각만입촉, 어망추 ,방추차	무시설식노지, 화재폐기
			동	829	645	10	53.4	1.28	1	○	○		이중구연+단사선문토기편, 일단경촉, 석검편, 어망추	무시설식노지
			식	850	574	47	48.8	1.48		○	○		심발형토기, 석부편, 대팻날, 유경식석촉, 석검편	
			II-7	1,790	780	40	139.6	2.3	2	○	○		심발형토기(구순각목문+이중구연단사선문), 홍도, 일단 · 이단경촉, 삼각만입촉, 합인석부, 석도, 석겸, 유혈구이단병식석검	위석식 노지, 장축으로 2열9행의 柱列
			III-6	784	236	10	18.5	3.32					저부편	柱穴
	익산 용기리	평지구릉	3	660	535	35	35.3	1.23	1	○	○		이중구연+단사선문토기, 토제구슬, 석창편, 석제편	무시설식노지
	전주 성곡	평지구릉	1	874	452	60	39.5	1.9	○	○	○		호, 심발형토기편, 삼각만입촉, 대팻날, 어망추	무시설식노지, 남서쪽 모서리 타원형구덩이
			2	554	462	40	25.5	1.2	○	○	○		심발형토기, 호, 이중구연+단사선문토기편, 어망추, 대팻날, 주형석도, 방추차	무시설식노지, 벽구, 북쪽 바닥 柱穴, 저장공, 화재주거지,
	전주 장동	평지구릉	8	880	480?	43?	42.2		○	○			이중구연+단사선문토기편, 마연토기편, 지석	벽구
			36	1,058	521	32	55.1	2.03	2				이중구연+단사선문토기편, 구순각목심발형토기, 마연토기, 방추차, 석도, 주형석도, 발화석, 어망추, 환상석부, 석검편	무시설식노지
	전주 마전IV	평지구릉	1	706	413	34	29.1	1.70					구순각목+단사선문토기편, 어망추, 지석, 석제편	
	전주 효자 4	평지구릉	5	714	475	24	33.9	1.5	2	○			심발형토기(구순각목문+이중구연단사선문토기), 저부편, 발화석, 미완석기	무시설식노지, 화재폐기
	완주 구암리	산지구릉	1	730?	450?	40	33?	1.6?	○		○		이중구연+단사선문토기편, 대부소호편, 홍도편, 반월형석도, 연석	무시설식노지
			6	720?	330?	20	24?	2.2?	○		○		이중구연단사선+구순각목문토기편, 석창편, 석촉편, 방추차	무시설식노지
			7	410	350	50	14.4	1.2	○	○	○		이중구연+단사선문토기편, 반월형석도, 석착, 연석	무시설식노지

토기문양	유적명	입지유형	호수	규모(㎝)			면적(㎡)	장단비	내부시설				주요출토유물	특징
				장축	단축	깊이			노지	벽구	주공	초석		
가락동식	김제 제상리	평지 구릉	A-1	1,120?	864	35	96.8?	1.3?	○	○	○	○	토기편, 삼각만입촉, 환상석부, 대팻날, 유단석부편, 토제방추차	무시설식노지, 내부 장축 따라 2열5행의 礎石列
			B-1	1,000	370	10	37.0	2.7			○	○	이중구연+단사선문토기편, 석부, 이단경촉, 석제방추차, 연석	내부 장축중심부에 2열5행?의 礎石列
	김제 부거리	평지 구릉	Ⅰ-2	967	620	20	59.9	1.55	1	○	○		이중구연+단사선문토기편, 반월형석도	무시설식노지, 2열3행의 柱列
			Ⅰ-3	904	568	18	51.3	1.59	1		○		이중구연+단사선문토기편, 일단경촉	무시설식노지, 2열4행의 柱列
			Ⅰ-4	390	244?	16	9.51?		1				이중구연+단사선문토기편	무시설식노지
미사리식	익산 섬다리	평지 구릉	2	824	432?	18	35.6?	1.7?	○	○	○		심발형토기편, 돌대문토기편, 돌유문토기편, 어망추, 석도편	바닥 벽구시설+주열
흔암리식	익산 용기리	평지 구릉	2	622	526	31	33	1.2	1				구순각목+공열+단사선문토기, 구순각목심발형토기, 호형토기편, 어망추2, 석촉, 합인석부, 지석, 석제편	무시설식노지, 주혈의 정연성 없음, 내부 방형수혈
가락동식·흔암리식	전주 장동	평지 구릉	9	585	427	50	25.0	1.37	1	○			구순각목+이중구연+단사선+공렬토기편, 이중구연+단사선문토기편, 구순각목+이중구연+단사선문토기편, 방추차, 석도	바닥 네벽 벽구
가락동식·역삼동식	완주 구암리	산지 구릉	4-1	730	310?		23?	2.4?	○		○		이중구연+단사선문토기편, 홍도편, 이중구연단사선+구순각목문토기편, 구순각목+공열토기편, 반월형석도, 연석, 석촉	무시설식노지
구순각목	완주 구암리	산지 구릉	3	460	330	80	15.2	1.4	○		○		구순각목문토기편, 석착	무시설식노지
			4	600	300?	65	18?	2?	○		○		구순각목문토기편, 국자형토기, 방추차, 연석	무시설식노지
기타	익산 용기리	평지 구릉	1	860?	360?	11	31?	2.3?	2	○	○		무문토기저부편, 석도3, 석제방추차4, 토제어망추3, 지석, 미완석기, 공이돌	주거지 바닥면에 탄화곡물
			4	440	320	25	14.0	1.4	1				지석	원형의 송국리형주거지와 중복, 4→6호, 先
	완주 구암리	산지 구릉	2	560	420?	66	24?	1.3?	○		○		석부, 방추차, 연석	무시설식노지
			4-2	430?	320?	20	14?	1.4?			○		무문토기편	
			5	280?	120?	40	34?	2.4?			○		반월형석도, 방추차	
	김제 부거리	평지 구릉	Ⅰ-1	362	273	17	9.8	1.32	1					무시설식노지
			Ⅰ-5	662	636	26	41.5	1.04	1	○				무시설식노지
			Ⅰ-6	308	188?	13			1					무시설식노지

릉들이 발달되어 선사시대부터 인간이 생활하기에 적합한 자연조건을 가진 것으로 보고 있다(金奎正 2006, 1쪽). 특히 중서부지역은 호남 서해안의 중앙부에 위치하면서 북으로는 금강유역, 남으로는 영산강유역으로부터 문화유입이 용이한 지정학적인 위치를 점하고 있다. 중서부지역에서 조사된 전기주거지 유적은 영광 군동유적[7]이 유일하다. 군동유적의 주거지의 평면 형태는 장방형으로 면적 15㎡내외의 소형에 속한다. 내부시설은 대부분 무시설식노지를 시설하였으며, 정형성이 없는 주혈이 확인되었다. 군동 유적에서 확인된 유물은 2호 주거지에서 구순각목문토기, 4호 주거지에서 가락동식토기가 출토되었다. 중서부지역에서 조사된 유적 현황은 표 2와 같다.

| **표 2** | 중서부지역 전기주거지 유적

토기문양	유적명	입지유형	호수	규모(㎝)			면적(㎡)	장단비	내부시설				주요출토유물	특징
				장축	단축	깊이			노지	벽구	주공	초석		
구순각목	영광 군동	평지구릉	A-1	448	290?	40	13.0?						토기편, 토제어망추, 지석	
			2	444	265	24	11.8	1.7	○	○	○		심발형토기, 구순각목문토기편	무시설식노지
가락동식			3	496	300	22	14.88	1.7	○		○		토기편, 지석	무시설식노지
			4	420	324	44	13.60	1.3			○		구순각목+이중구연단사선문토기	
			5	376	296	47	11.1	1.27	○				심발형토기, 토기편	무시설식노지

3) 동부내륙지역

동부내륙지역은 동쪽의 백두대간과 서쪽의 호남정맥 사이에 위치하고 있으며, 호남정맥에 의해 북쪽은 금강수계, 남쪽은 섬진강수계로 나뉜다. 금강상류지역에서는 전기주거지가 조사되지 않았으며, 섬진강상류지역에서만 조사되었다. 금강상류지역의 경우 진안 여의곡·구곡·안자동 등 대규모 지석묘군이 분포하고 있다. 특히, 안자천 일대의 단독지석묘의 경우 구순각목문토기편, 직립구연호, 발형토기 비중이 높으며 이단병식석검,

7 호남정맥의 끝자락으로 영광군은 행정구역상으로는 전남에 속하지만 대마천의 지류에 해당하는 와탄천 주변에 위치하고 있으며, 대마천을 중심으로 고창군과 영광군으로 나뉘기 때문에 하나의 지역으로 묶어도 무리가 없다고 생각되어 중서부지역으로 구분하였다.

삼각만입촉이 출토되었다. 그 시기편년은 무문토기시대 전기인 기원전 10~9세기에 축조된 것(김승옥 2004, 73쪽)으로 보아 지석묘를 축조했던 사람들의 생활 근거지인 주거지도 주변지역에 분포하고 있을 가능성은 충분하다. 동부내륙지역에서 조사된 전기주거지 유적은 순창 원촌유적과 남원 고죽동유적 등 2개 유적 3기의 주거지가 조사되었다. 유적별로 살펴보면 순창 원촌 1기, 남원 고죽동 2기가 확인되었다. 순창 원촌유적은 평면형태 방형에 석상위석식노지를 시설하였다. 유물은 돌대가 구연을 일주하는 돌대문토기가 출토되었다. 이런 전형적인 미사리식 주거지는 호남지역에서는 최초의 예라 할 수 있다. 남원 고죽동유적에는 가락동식토기, 역삼동·흔암리식토기가 출토되었다. 동부내륙지역에서 조사된 유적 현황은 표 3과 같다.

| **표 3** | 동부내륙지역 전기주거지 유적

토기문양	유적명	입지유형	호수	규모(cm)			면적(㎡)	장단비	내부시설				주요출토유물	특징
				장축	단축	깊이			노지	벽구	주공	초석		
미사리식	순창 원촌	충적대지	1	682	680	10	46.4	1.0	○		○		돌대각목문토기편, 직구옹편, 대부완편, 대팻날, 석제·토제어망추	중앙에 길이 108cm×너비86cm의 석상위석식노지
가락동식·역삼동·흔암리식	남원 고죽동	산지구릉	1	1,140	450	60	51.3	2.53					이중구연+단사선, 공열토기, 공열+구순각목, 공열+단사선, 공열+단사선+이중구연, 반월형석도, 석촉,석착, 지석,방추차,삼각만입촉,이단경촉	화재폐기, 군데군데 불탄 단단한 소토와 집중적으로 불에 탄 흔적

2. 유물의 검토

청동기시대에 접어들면서 마제기술의 비약적인 발전과 함께 청동기를 제작할 수 있는 전문장인이 등장하고, 용도에 따라 다양한 도구가 제작·사용되게 된다. 이러한 변화 요인은 농경을 통하여 안정된 식량공급이 가능해지면서 이에 따른 생활방식의 변화에서 비롯된 것으로 보인다. 즉, 곡식의 저장은 밭이나 논에서 추수하여 걷어 들인 곡식을 일상용으로 먹기 위해 저장하기도 하고, 이듬해 농사를 위해 특별히 종자도 보관해야 했으며, 동물의 침입을 막거나 썩지 않도록 잘 보관할 수 있는 창고와 같은 별도의 저장시설도 고안되었다(복천박물관 2005). 전북지역 전기주거지에서 출토된 유물은 크게 토기류와 석기류로 구분된다.

토기는 제작 빈도가 높고 용도에 따라 기형이 점차 분화되어 다양한 토기가 만들어지게 되고, 같은 형태에서 크기가 다양하게 변화하게 된다. 따라서 토기는 시간의 변화에 민감하여 무문토기 형식이 특정 시기를 대표 할 뿐만 아니라, 청동기시대 시기구분과도 밀접하게 연관된다. 또한, 전기 무문토기의 가장 큰 특징이자 종류가 다양하면서 변화를 보이는 문양이라는 요소는 편년의 주요한 속성이 될 수 있다. 일상에서 사용하는 일상용 토기는 일상의 생활패턴에 깊이 뿌리박힌 것이기 때문에 교체되기가 어렵고, 그럴만한 생계방식의 변화나 상징성이 없다는 점에서 주민의 교체가 일어나지 않는 한 전통적인 토기가 그대로 제작 · 사용 된다[8]. 따라서 토기를 제작한 집단마다 달랐다는 것을 의미한다고 볼 수 있다. 전북지역 전기주거지 출토 토기는 크게 壺와 深鉢形土器로 구분된다. 호형토기는 저장용기로, 발형토기는 조리와 식사용으로 용도가 분화되는 것으로 일반적으로 이해하고 있다.

1) 壺

壺는 형태적인 특성 만으로만 보면 여타 기형에 비해 저장성이 한층 고려된 기종이라 할 수 있으므로 농업생산성의 향상에 따른 분위기를 반영하는 것일 가능성도 있다(朴淳發 2001, 125쪽). 영등동 Ⅰ-3호 주거지 출토위치를 보면 壺는 주거지의 서쪽에 있는 노지부분에서 출토가 되었다. Ⅰ-1호 주거지[9]출토 壺는 토기 안에 곡물이 출토되지 않아 확실하지 않지만, 바닥면에 반쯤 묻혀있는 상태로 출토 되어 저장용으로 이용된 것으로 볼 수 있다. 이는 전기주거지에서 공통적으로 나타난 현상으로 고상건물지가 보급되지 않았던 전기에 비교적 많이 이용되었던 것으로 볼 수 있다(복천박물관 2005, 50쪽).

호남북서부지역 전기주거지에서 출토되는 壺는 직립 · 외경구연을 갖는 대형호이다. 호가 출토된 유적은 영등동 Ⅰ-3호(기고 49.7cm), 성곡 1 · 2호(기고 39.0cm) 주거지에서 출토되었으며 모두 무시설식노지를 갖춘 가락동유형의 장방형주거지에서 출토되었다. 호형토기는 가락동유형과 함께 등장한 후, 변화 발전하는 과정에서 주변의 역삼동 · 흔암리

---

8 安在晧, 2009, 「南韓 青銅器時代 硏究의 成果와 課題」『동북아 청동기문화 조사연구의 성과와 과제』학연문화사, 55쪽.

9 개간 등으로 인해 주거지 윤곽선이 전체적으로 삭평되어 정확한 상태는 알 수 없다. Ⅰ-1호 주거지 출토 호의 형태는 축약된 저부에 동체중앙위에서 최대경을 이루며 다시 내만되어 짧게 외반된 구연으로 연결된다. 형태적인 특성만 보면 호의 특징인 직립 · 외경구연을 형성하지 않고 구순이 살짝 밖으로 벌어진 형태로 오히려 심발형토기에 가깝다.

유형에 영향을 끼쳤을 가능성이 크다(李弘鍾 · 許義行, 2010, 119쪽). 전북지역에서 확인되는 이른 시기의 호는 대부분 옹관묘로 사용된 호가 주로 확인되었다. 전북지역 청동기시대 전기 주거지에서 확인된 가장 이른 시기의 호는 익산 영등동 Ⅰ-3호 · Ⅰ-1호 주거지, 용기리 Ⅰ-2호 주거지에서 출토되었다.

호는 직립구연에 목이 짧아지고 동체는 동최대경이 동체 중위로 내려오는 것으로 보아 익산 영등동 Ⅰ-3호 주거지보다 늦은 단계로 추정된다. 호의 구순부는 각목이 있는 것과 없는 것이 확인된다. 외경구연호는 송국리형주거지에서 출토되는 외반구연토기와는 다른 것으로, 동체부와 경부의 구분이 뚜렷하게 꺾이고 있으며, 구경부의 길이도 긴 편이다. 대형의 호는 일반적으로 경부형태가 직립에서 외반으로, 경부길이가 장경에서 단경으로, 동최대경의 위치가 중상위에서 중위로 변화됨을 알 수 있고, 직립하는 구연부가 서서히 외반하며, 목과 동체부의 구분이 불분명해지는 변화를 보여준다고 하였다(안재호 1991).

도면 2)에서 보는 바와 같이 호남지역에서는 다양한 호가 출토되고 있다. 호는 구연과 견부, 동체부의 형태에 따라 속성분류가 가능한데 담양 성산리 출토품의 경우 구연과 동체의 구분이 뚜렷하고 동체는 구형에 가깝게 복원된다. 구연부는 이중구연단사선을 시문하였다. 이러한 형태의 토기는 주로 경기북부지역에서 출토되고 있다. 다음으로 영등동 1-3호 출토품과 익산 석천리 옹관과 같이 구연부와 동체의 구분이 뚜렷하고 견부가 명확하며 최대경이 동체상위에 위치하고 있다. 일부 토기에서는 구순각목이 시문되기도 한다. 그러나, 대부분의 토기는 구연부에 문양을 시문하지 않는다. 다음으로 전주 성곡 출토품과 같이 구연과 동체의 구분은 명확하지만 동최대경이 서서히 중위로 내려오고 구연은 외반화되는 경향으로 변화한다. 또한 구연은 직립하지만 동최대경은 중위에 위치하고 전체적으로 장란형으로 동체로 변화된다. 전체적으로 보아 전북지역 출토 무문토기 호의 경우 구연부는 긴것에서 짧게, 직립에서 외반으로 변화되는 특징을 보인다. 견부는 뚜렷한 것에서 완만하게 연결되며 동최대경은 상위에서 중위로 내려오며 최후에는 장란형의 동체로 변화된 것으로 볼 수 있다.

2) 深鉢形土器

심발형토기는 전기 주거지에서 그 출토수가 가장 많고 이른 시기의 심발형토기는 시간이 지남에 따라 전체적으로 크기가 점점 작아지면서, 유문양에서 무문양 토기가 증가하는 경향이 있다(고민정 2003, 41쪽). 장방형주거지에서 출토된 심발의 경우 저부에서 한번 축약이 심하게 이루어지며 동체 중 · 상위에서 최대경을 이루고 구연부가 직립하거나 나팔

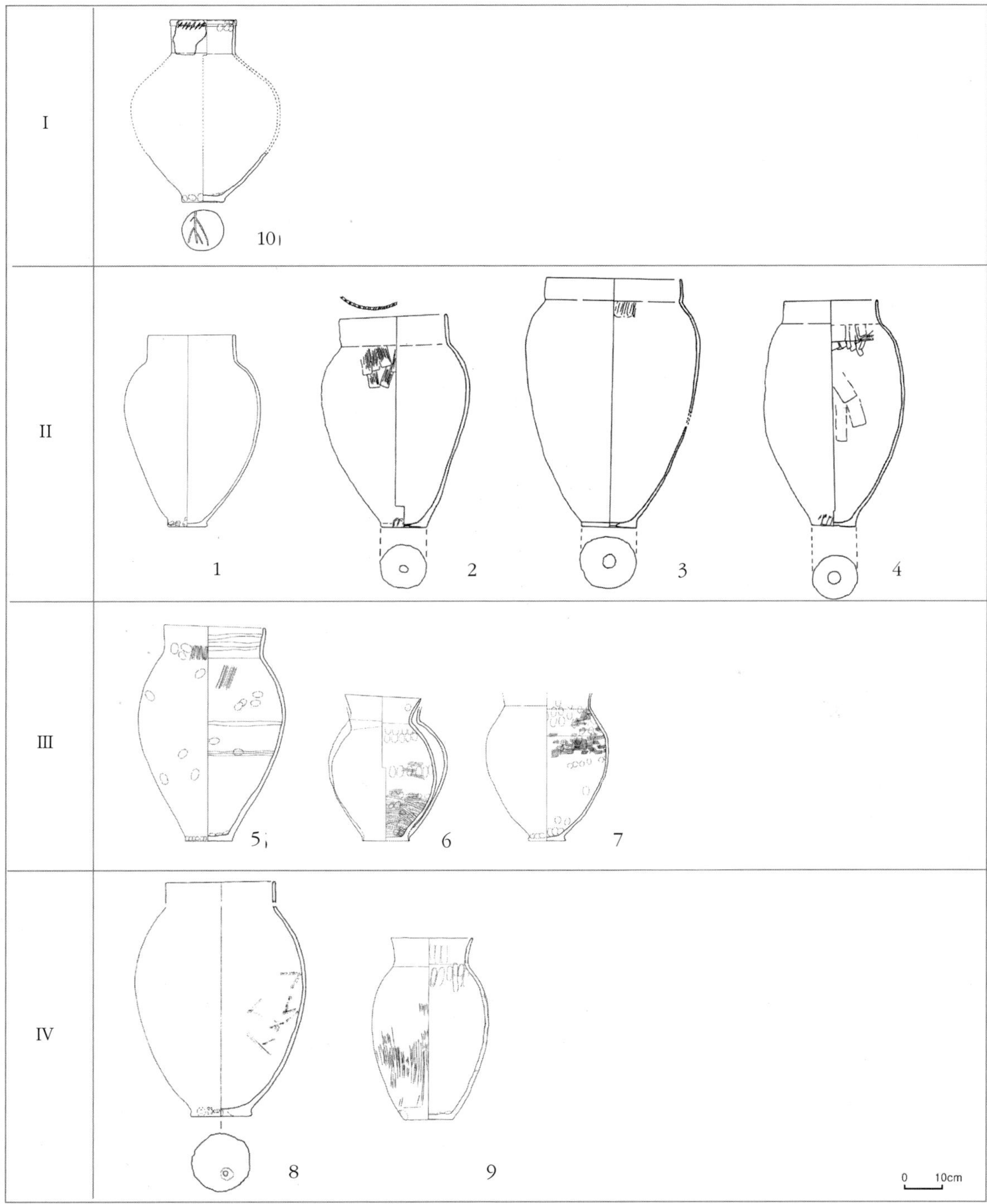

| **도면 2** | 호남지역 전기 호

(1. 익산 영등동 I-3주, 2~4. 익산 석천리 옹관묘, 5. 정읍 상평동 옹관묘, 6. 전주 성곡 1주, 7. 전주 성곡 2주, 8. 익산 율촌리 옹관묘, 9. 고창 남산리 Ⅰ 옹관묘, 10. 담양 성산리 수혈)

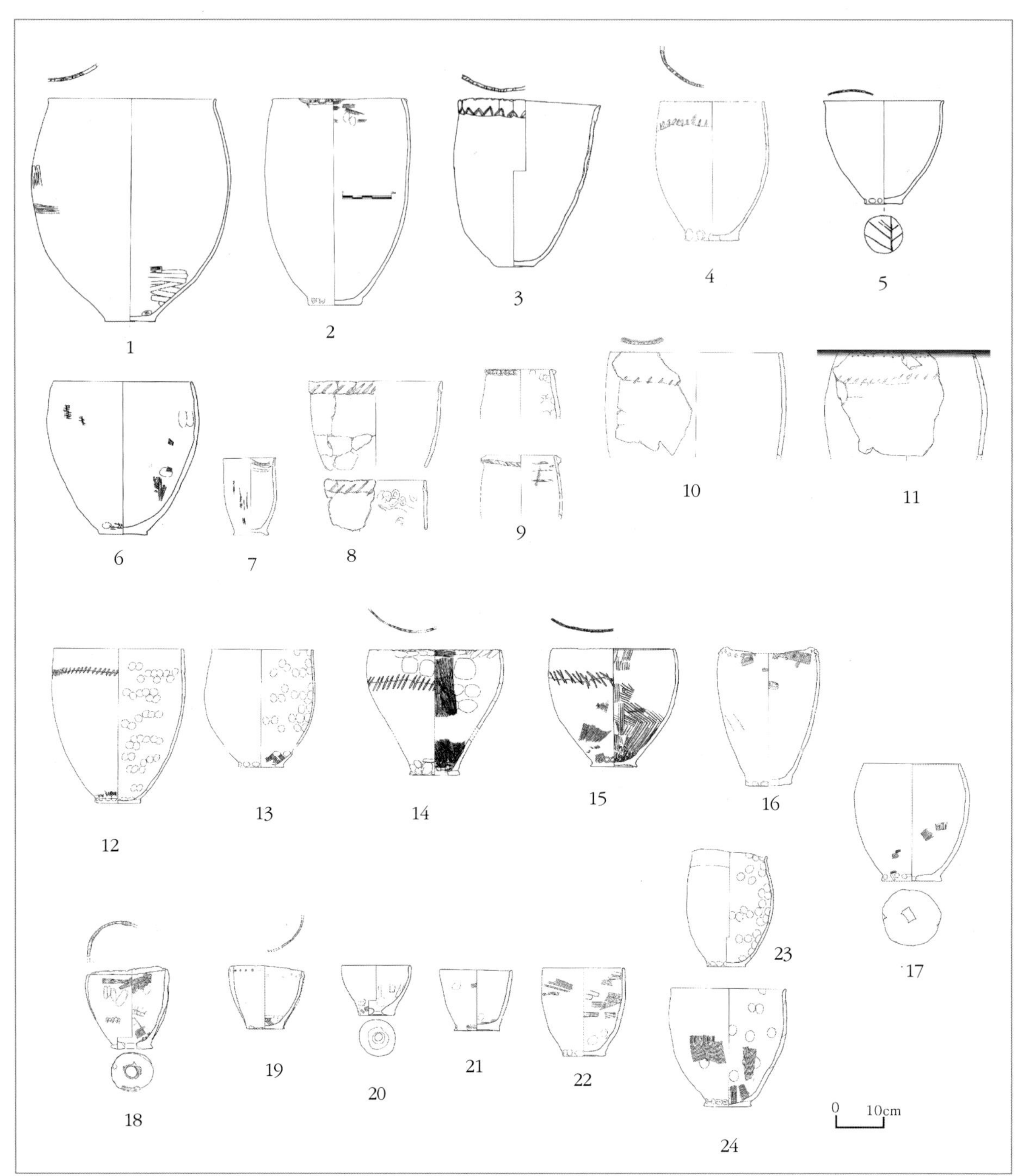

| **도면 3** | 호남지역 전기 심발형토기

(1. 익산 영등동 I-1주, 2.5.7. 익산 영등동 I-3주, 3. 익산 영등동 II-7주, 4. 전주 효자(4) I-5주, 6. 전주 성곡 2주, 8. 익산 영등동 I-17주, 9. 순창 원촌 1주, 10.11. 남원 고죽동 1주, 12.13. 광주 산정동 2주, 14. 강진 호산, 15. 광주 동림동 저습지, 16. 구례 봉북리, 17. 영광 군동 2주, 18~22. 구례 봉북리 2호 야외노지, 23.24 광주 산정동 1주)

상으로 벌어지는 형태에서 안으로 내경하는 형태가 있다. 송국리형주거지에서 출토된 심발은 저부의 축약이 없이 바닥면에서 바로 사선으로 벌어져 올라가 동체 중위에서 최대경을 이루며 서서히 좁아진다. 일부 지역에서는 전기적인 요소를 갖추고 있는 심발형토기가 출토되고 있어 전기의 발형토기 속성이 후기까지 지속되고 있는 것으로 보인다.

전북지역에서 출토되는 심발형토기는 무문양과 유문양이 동시에 출토 되는데 유문양의 경우는 공열문 · 구순각목문 · 이중구연단사선문이 단독, 혹은 복합으로 시문되어 확인된다.

3) 토기문양의 변천

토기의 형식과 더불어 청동기시대 편년에 중요하게 인식되어온 것이 문양이다(李弘鍾 · 許義行, 2010, 125쪽). 토기문양의 형식 분류는 곧 시간적인 속성이 반영된 것으로 본다. 그러나, 무문토기 문양에서도 개개문양 자체에서는 시간의 변화가 뚜렷하지 않고, 여러 가지 문양의 조합형태가 시간성을 반영한다[10]. 즉, 돌대문토기를 특징으로 하는 미사리유형을 조기로, 이중구연단사선문토기와 공열토기를 특징으로 하는 가락동유형과 역삼동유형, 이들 두 가지 문양이 결합된 흔암리유형을 전기 외반구연의 송국리식토기를 특징으로 하는 송국리유형을 후기로 구분(한국청동기학회 2007)하고 있다.

문양에 따른 형식 분류는 동일지역에 대한 연구를 진행한 김규정(2010, 2011), 홍밝음(2010)연구자들의 연구내용을 종합하여 적용하였다.

문양속성에 따라

- 돌대문토기(미사리식토기)를 Ⅰ식: 돌대의 부착방법에 따라 돌대가 구연을 일주하는 a식, 일주하지 않고 끊어지는 절상돌대나 계관형돌대를 b식
- 이중구연토기(가락동식토기)를 Ⅱ식: 이중구연은 a식, 이중구연+단사선은 b식, 이중구연+단사선+구순각목은 c식, 단사선은 d식, 이중구연+거치문+구순각목은 e식
- 공열토기(역삼동식토기)를 Ⅲ식: 순수 공열은 a식, 공열+구순각목은 b식
- 복합문토기(흔암리식토기)를 Ⅳ식: 공열+구순각목+단사선은 a식, 공열+구순각목+단사선+이중구연은 b식, 공열+단사선은 c식, 공열+단사선+이중구연은 d식
- 구순각목은 Ⅴ식

호남지역 전기주거지 출토 토기문양 속성은 표 4와 같다.

---

10 김현식, 2008, 「호서지방 전기 무문토기 문양의 변천과정 연구」, 『嶺南考古學』44, 嶺南考古學會.

| 표 4 | 전북지역 전기주거지 출토 무문토기 문양분류

지역구분	유적	유구	미사리식		가락동식					역삼동식		흔암리식				구순각목	주거지 평면형태
			Ⅰa	Ⅰb	Ⅱa	Ⅱb	Ⅱc	Ⅱd	Ⅱe	Ⅲa	Ⅲb	Ⅵa	Ⅵb	Ⅵc	Ⅵd	Ⅴ	
북서부	익산 영등동	Ⅰ-2					●									◇	방형
		Ⅰ-3		☆		●			●							◇	장방형
		Ⅰ-17					●										방형
		Ⅱ-7				●			●								장방형
	익산 용기리	2										□				◇	방형
		3				●											방형
	익산 섬다리	2		☆		●											장방형
	김제 제상리	B-1							●								장방형
	전주 성곡	2				●											장방형
	전주 효자(4)	Ⅰ-5					●										장방형
	전주 장동	Ⅰ-8				●											장방형
		Ⅰ-9				●	●						□				장방형
		Ⅰ-35				●										◇	장방형
	완주 구암리	1			●												방형?
		3														◇	방형
		4														◇	장방형?
		4-1				●	●				▽						장방형?
		6			●												장방형?
		7			●												방형
중서부	영광 군동	A-2					●									◇	장방형
		A-4				●											장방형
동부내륙	남원 고죽동	1					●			▽		□			□		세장방형
		2						●?									세장방형
	순창 원촌	10	☆														방형

표4에서 보는 거와 같이 북서부지역과 중서부지역은 주로 가락동식토기, 동부내륙지역은 역삼동식토기와 흔암리식토기가 주로 출토되고 있다.

Ⅳ. 전북지역 청동기시대 전기 무문토기의 특징

전북지역 청동기시대 전기유적의 연대는 조사유적이 많지 않고 절대연대 자료가 부족해 유물의 분류를 통한 형식학적 방법과 순서배열법을 이용하여 활발하게 이용되고 있다. 그러나 최근 호남지역에서도 전기유적의 조사예가 증가하고 절대연대 자료 또한 늘어나면서 절대연대를 전기유적의 편년자료로 이용하는 예도 늘어나고 있다. 물론 절대연대의 결과에 대한 신뢰성 문제에 대해서는 많은 논란도 있지만, 선사시대의 연구에 있어 상대연대의 한계를 극복하기 위해서는 상대연대와 함께 절대연대가 반드시 필요하다고 볼 수 있다[11]. 현재까지 조사된 전북지역 전기 유적의 절대연대 측정 결과는 표 5와 같다.

| **표 5** | 전북지역 전기 유적 절대연대 측정자료(김규정, 2011 참고)

지역	유적	유구	토기 형식	BP				BC			
				시료1	시료2	시료3	시료4	시료1	시료2	시료3	시료4
북서부	전주 장동	Ⅰ-9住	Ⅱb · c, Ⅵb	3080±80				1520or1110			
	익산 섬다리	2住	Ⅰb	2720±60	2860±50			865	1045		

전북지역 전기 유적 절대연대를 살펴보면, 전주 장동 9호 주거지 3080±80BP, 익산 섬다리 2호 주거지 2720±60BP · 2860±50BP로 절대연대로 보면 장동 9호 주거지가 기원전 12세기 이전, 익산 섬다리 2호 주거지가 각각 기원전 11세기와 기원전 9세기로 볼 수 있다. 출토유물은 장동 9호 주거지는 Ⅱb · c식 가락동식 토기와 Ⅵb식 흔암리식 토기가 공반된다. 익산 섬다리 2호 주거지는 Ⅰb식 미사리식 토기가 출토되었다.

전기무문토기를 대표하는 기형은 호와 심발형토기로 공반관계가 명확한 것은 영등동 Ⅰ-3호 주거지 출토품이 유일하다. 호의 경우 구연부가 길고 견부가 뚜렷하며 동최대경이 동체 상위에 위치하고 있다. 구연부에 문양이 없는 것이 특징이며 석천리 옹관과 비교된다. 호와 공반된 심발형토기는 절상돌대문이 시문된 심발과 구순각목이 시문된 심발로 절상돌대문토기는 대체로 이중구연단사선문토기와 공반되고 있어 전기 전반으로 편년된다. 전주 성곡 출토 호의 경우 동최대경이 동체 중위로 내려오고 구연은 외반화되며 공반된 유물은 이중구연단사선문토기와 공반된다. 이중구연단사선의 경우 편으로 출토되어 명확하지 않지만, 퇴화이중구연토기에 가깝다.

출토유물 중 시간적 속성파악에 용이한 이중구연단사선문토기로 볼 때 지금까지 확인된 전기의 문화양상은 호남지역의 자연 · 지리적 환경과 밀접한 관련이 있는 것을 알 수

11 金奎正, 2011, 「湖南地域 青銅器時 代前期文化의 特徵」, 『韓國青銅器學報』9, 韓國青銅器學會, 48쪽.

있다. 이는 호남지역 중앙부를 북에서 남으로 가로지르는 호남정맥에 의해 서부지역은 가락동식토기문화권, 동부지역은 역삼동식 · 흔암리식토기문화권으로 분류할 수 있다(김규정 2010). 이는 전북지역 청동기시대 전기의 취락의 입지에 있어 조기에는 주로 강변 충적지에 입지하지만, 전기에는 산지와 구릉으로 입지가 확대되면서 취락의 수적인 증가와 함께 생계방식의 변화가 수반되었음을 의미한다. 곧, 가락동식토기 문화집단은 주로 낮은 구릉과 하천이 발달되어 있는 지역을 선호한 반면 역삼동식토기 문화 집단은 높은 산에서 뻗어 내린 가지능선의 끝자락에 입지하는 유형으로 주변에는 곡간평지가 형성되어 있는 충적지를 선호 한 것으로 보인다.

Ⅴ. 맺음말

전북지역은 아직까지 청동기시대 전기유적의 조사예가 많지 않지만, 최근 자료가 증가하고 있어 추후 연구가 좀 더 이루어 질 것으로 판단된다. 전북지역 청동기시대 전기무문토기는 주거지와 출토 토기를 중심으로 모두 3기(김규정 2011)로 분류 가능하다.

Ⅰ기는 현재 전북지역은 자료가 많지 않아 조기와 전기의 구분이 명확하지 않다. 각목돌대문토기를 특징으로 하는 미사리유형과 이중구연단사선문을 특징으로 하는 가락동식유형이 있다. 각목돌대문토기를 특징으로 하는 미사리유형은 섬진강상류인 동부내륙지역에서 확인되고 있는데 순창 원촌유적이 유일하다. 가락동식토기를 특징으로 가는 가락동식유형은 북서부지역과 중서부지역에서 확인되고 있다.

각목돌대문토기는 강변 충적지와 구릉상에 입지하며, 주거지의 평면형태가 방형에 석상위석식 노지를 갖추고 있고 돌대가 구연을 一週하는 형식은 순창 원촌 유적이 유일하다. 미사리유형의 입지가 대부분 강변 충적지에 위치하는 점을 감안하면 전북지역에서는 아직까지 강변 충적지에 대한 조사가 많지 않다. 그러나 서부평야지역은 전북지역의 대표적인 하천의 본류가 흐르고 있기 때문에 강변충적지에 대한 조사가 증가 한다면 미사리유형은 늘어날 것으로 보인다. 가락동식유형은 익산 영등동 Ⅰ-17호 출토 이중구연단사선문을 표지(김규정 2011)로 하고 있다. 그러나, 주거지의 구조에 있어서 Ⅱ-7호 주거지와 유물조합상으로 보았을 때 가락동유형의 전형(이형원 2009, 10쪽)으로 볼 수 있지만, 이중구연단사선문 심발형토기에서 차이가 난다. Ⅰ-17호 주거지의 심발형토기는 구연부에 점토를 덧붙이는 전형적인 이중구연 성형방법에 단사선문이 결합(김병섭 2009)된 토기이고, II-7호 주거지 출토 심발형토기는 구연부에 구연부의 접합흔적을 단상으로 뚜렷하게 남겨 입체감 있도록 한 유사이중구연1(김병섭 2009)에 거치문과 구순각목을 결합한 토기이며, 이중구연에 단사선문을 결합한 토기가 함께 출토되었다. 김제 제상리 B-1호 주거지에서는 세장방형의 무시설식 노지와 초석열을 갖춘 주거지와 전형적인 이중구연단사선문 토기편이 출토되었다.

I 기에는 주거군으로 구성된 취락은 확인되지 않고 있으며, 개별주거지가 중심을 이루고 있는 것으로 보인다. 대표적인 유적으로는 순창 원촌유적, 익산 영등동 유적 I -17호 · II-7호 주거지, 김제 제상리유적 B-1호 주거지가 있다.

II기는 가락동식유형의 확산과 함께 역삼동유형과 흔암리형유형의 등장이다.

가락동식유형은 금강 · 만경강과 동진강유역을 중심으로 등장하다 내륙지역으로 확산이 되면서 역삼동유형과 흔암리형유형과의 접촉이 이루어지는 시기이다. 주거지는 장방

| **표 6** | 전북지역 전기주거지 편년표

	미사리유형	가락동유형		역삼동 · 흔암리유형	
	I 기	I 기	II기	I 기	II기
유적	순창 원촌 1호	익산 영등동 I -17호 · II-7호, 김제 제상리 B-1호	익산 영등동 I -2호 · I -3호, 익산 섬다리 2호, 익산 용기리 3호, 효자(4) 5호, 전주 성곡, 영광 군동, 김제 부거리, 완주 구암리 1,6,7호	남원 고죽동 1호, 전주 장동	익산 용기리 2호 완주 구암리 3, 4호
주거지	방형 석상위석식 노지	장방형, 단수무시설식노지, 복수위석식노지, 복수의 무시설식노지, 柱기둥 2열	(세)장방형중심, 방형 복수위석식노지 · 무시설식노지	장방형 무시설식노지	방형, 무시설식 노지,
토기	돌대각목 토기	심발, 호, 이중구연+단사선(전형, 右上左下 시문), 심발, 호 *영등동 II-7호-적색마연호, 파수부토기, 직립구연호, 완	이중구연 퇴화, 소멸, 구순각목 외반구연토기 중심 영등동 I -3호, 섬다리 2호-절상돌대심발 * 광주 동림동, 강진 호산 단사선만 강조된 토기		공열토기, 구순각목문토기
석기		유혈구이단병식석검, 일단병식석검, 삼각만입촉, 이단 · 일단경촉, 주형석도	삼각만입촉, 장주형석도	장주형석도, 삼각만입촉, 이단경촉	합인석부, 일단경촉
시기	조기전반	전기전반	전기후반	전기중반	전기후반

형으로 크기가 감소하며, 내부에 설치된 무시설식노지의 수가 감소하거나 늘어 난다. 가락동식토기의 경우 이중구연의 요소가 퇴화하지만, 아직까지 이중구연의 요소는 남아 있다. 일부의 경우 구순각목문이 나타난다(김규정 2011, 50쪽). 주목할 만한 것은, 익산 영등동 Ⅰ-3호는 장방형주거지에서 무시설식노지와 Ⅰb식 절상돌대문토기가 출토되었다. 유물은 직립구연호, 구순각목토기, 가락동식토기, 삼각만입촉 등이 출토되었다. 최근 조사된 익산 섬다리유적에서도 장방형주거지에 무시설식노지가 설치되고, Ⅰb식 절상돌대문토기가 출토되었다. 이는 미사리유형으로도 올려 볼 가능성도 있지만, 공반유물을 살펴보았을 때, 영등동 Ⅰ-3호 주거지에서 출토된 흑색마연완은 강릉 교동 등 이른 시기의 유적에서 출토된 적색마연완과 유사한 완이 출토되고, 이중구연+거치문+구순각목문 토기편의 이중구연은 퇴화되어 띠가 약하게 단상을 이루고 있다. 또한, 가락동유형에서 많이 출토되고 있는 호형토기가 출토 되었다. 이는 미사리유형과의 접촉에 의해 생긴 것으로 생각된다. 가락동 유형 취락의 중심 분포권인 금강중류 일원에서는 미사리 유형과 가락동 유형의 선후관계에 있어 오히려 가락동 유형이 미사리 유형에 선행하는데 가락동 유형에 시차를 두고 미사리 유형 취락이 출현한다[12]. 가락동식토기와 함께 흔암리식 토기가 등장하는 유적은 익산 용기리, 전주 장동유적이 있으며, 가락동식토기와 함께 역삼동식토기가 등장하는 유적은 완주 구암리유적이 있다. 절대연대 자료를 볼 때 장동 9호 주거지가 기원전 12세기 이전, 익산 섬다리 2호 주거지가 각각 기원전 11세기와 기원전 9세기로 볼 수 있다. 이는 가락동 유형의 집단이 역삼동·흔암리유형의 토기양식의 기본요소인 공열문토기를 채용하여 나타난 것으로 생각되며, 이 시기의 유적이 증가한다.

Ⅱ기에는 개별주거지로 구성된 취락과 주거군으로 구성된 2~3개로 구성된 소규묘의 취락이 중심을 이루는 것으로 보인다.

Ⅲ기는 전기 주거지의 분화와 송국리유형의 형성시기와 맞물린다. 이 시기에 주거지에서 형태변화가 일어나는데, 장방형 주거지의 면적이 줄어들어 방형의 형태로 변하게 된다. 그러나, 노지는 사라지지 않고 있다. 유적은 익산 영등동 Ⅰ-2호, Ⅰ-18호, 전주 성곡, 영광 군동에서 확인이 된다. 출토유물에서도 변화가 일어나는데 이중구연의 요소는 완전히 퇴화되어 이중구연의 요소가 희미하게 선상으로 남겨져 입체감 없는 유사이중구연 2(김병섭 2009)로 변한다. 익산 영등동 Ⅰ-2호·Ⅰ-18호, 익산 용기리 3호, 전주 성곡 2호 주거지. 김제 부거리 Ⅰ-3호 주거지에서 확인된다. 또한, 무문양토기가 증가한다. 이

12 孔敏奎, 2011, 「금강 중류역 청동기시대 전기 취락의 검토」, 『韓國靑銅器學報』8號, 韓國靑銅器學會, 57쪽.

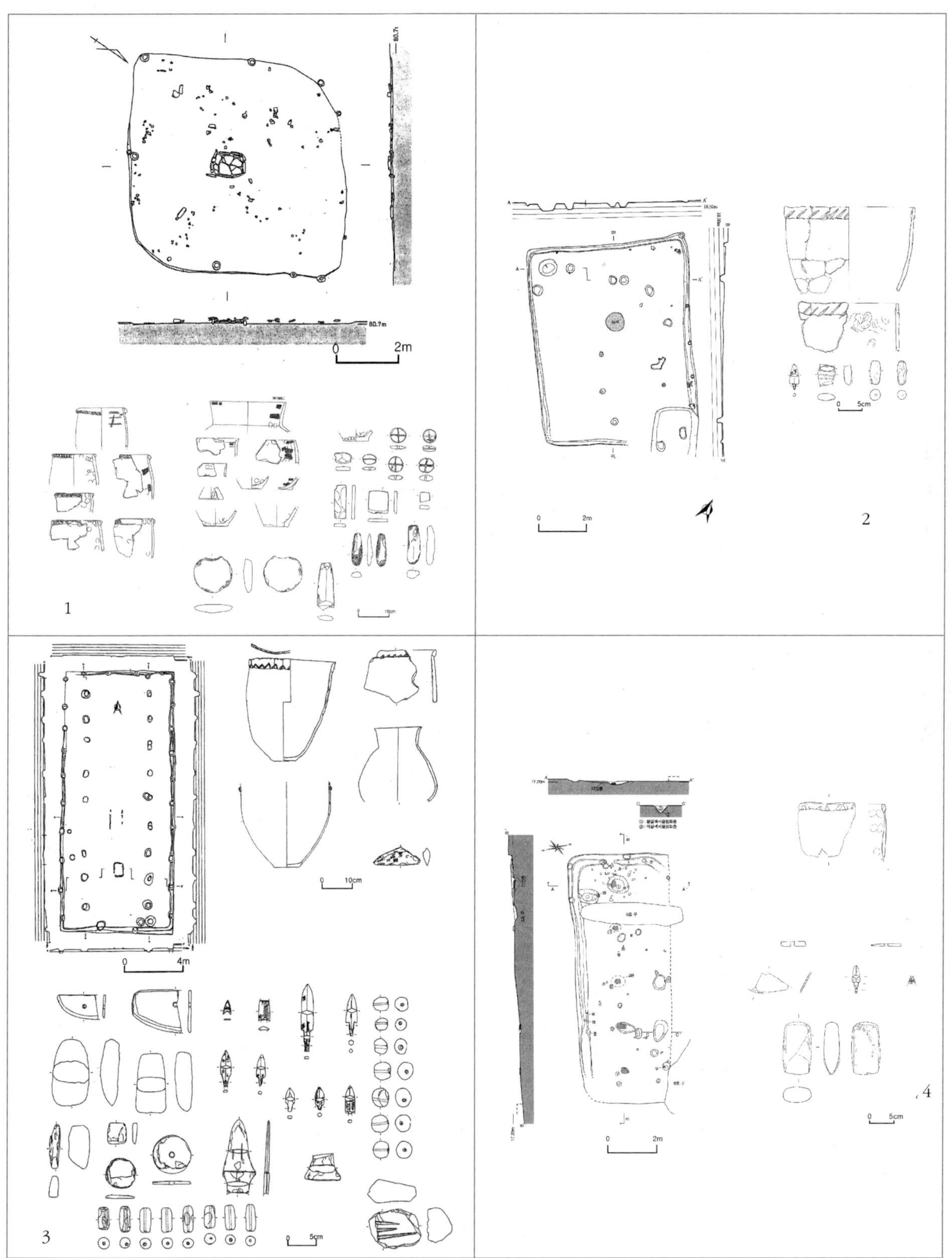

| **도면 4** | 전북지역 청동기시대 Ⅰ기 유적 주거지 및 출토유물
(1. 순창 원촌 2. 익산 영등동 Ⅰ-7주, 3. 익산 영등동 Ⅱ-7주, 4. 익산 제상리 B-1주)

| **도면 5** | 전북지역 청동기시대 Ⅱ기 유적 주거지 및 출토유물
(1. 익산 영등동 Ⅰ-3주, 2. 전주 장동 8주, 3. 전주 장동 9주, 4. 전주 효자(4) 5주, 5. 남원 고죽동 1주)

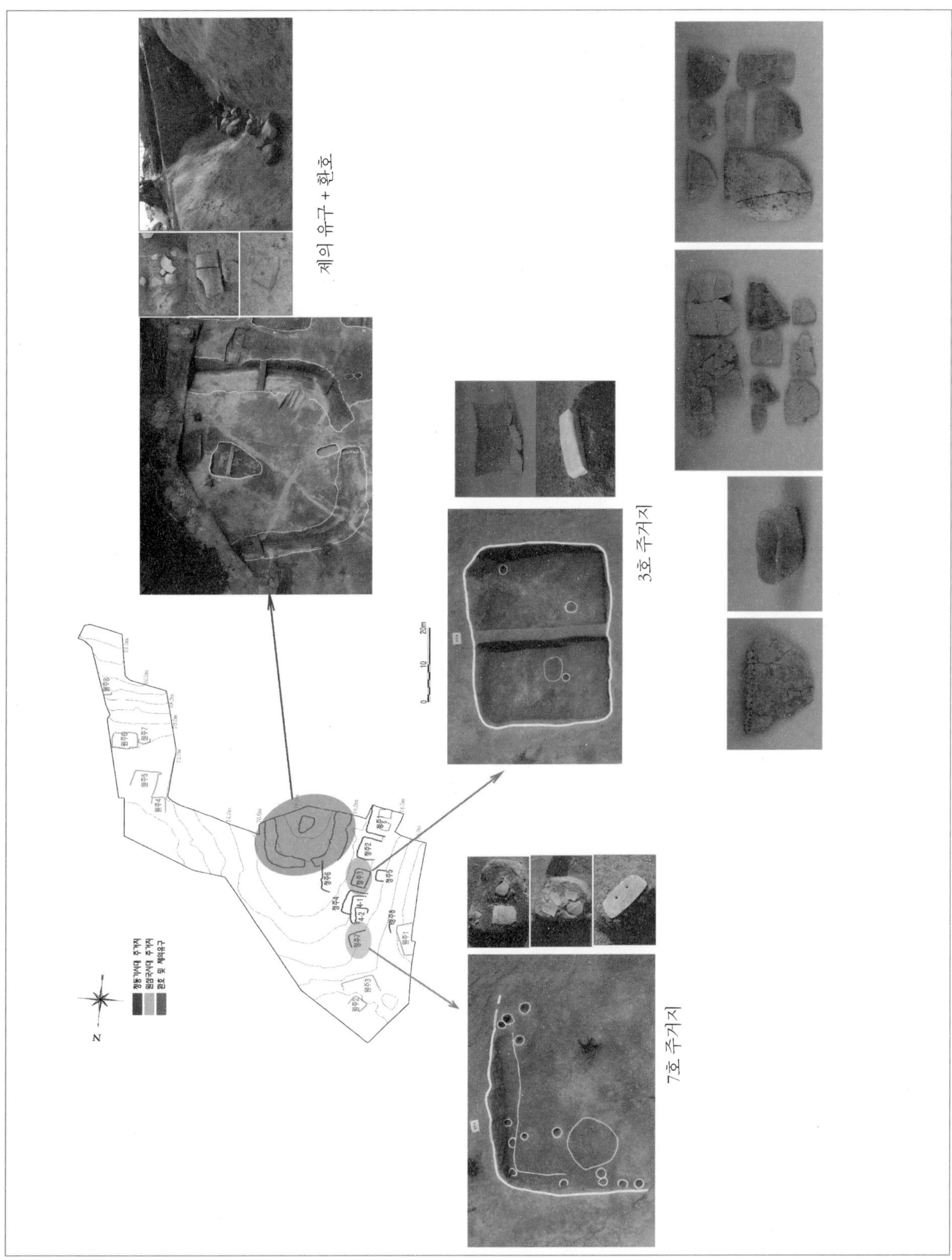

| **사진 1** | 전북지역 청동기시대 Ⅱ기 유적 주거지 및 출토유물
(완주 구암리유적)

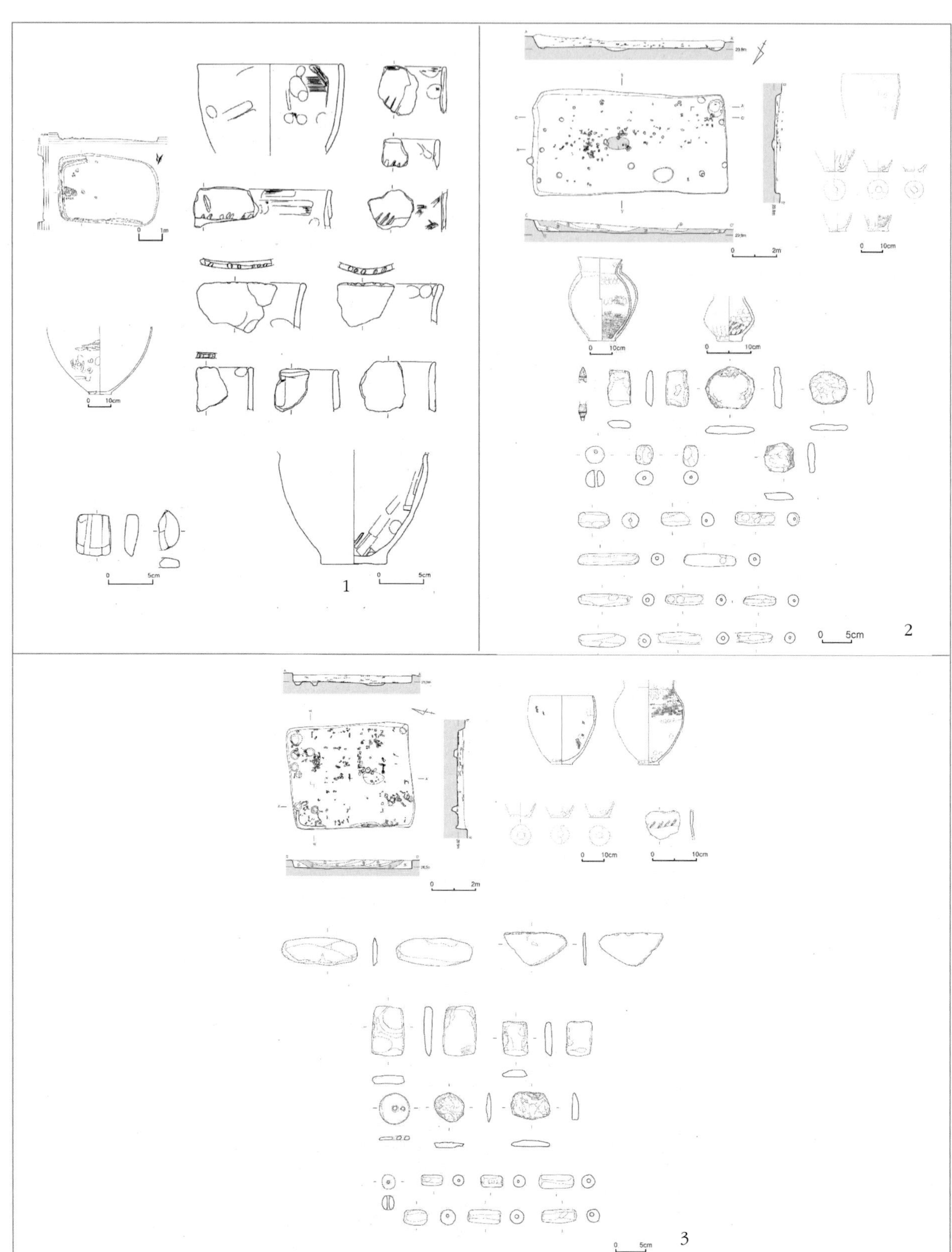

| **도면 6** | 전북지역 청동기시대 Ⅲ기 유적 주거지 및 출토유물
(1. 익산 영등동 I-2주, 2. 전주 성곡 1주, 3. 전주 성곡 2주)

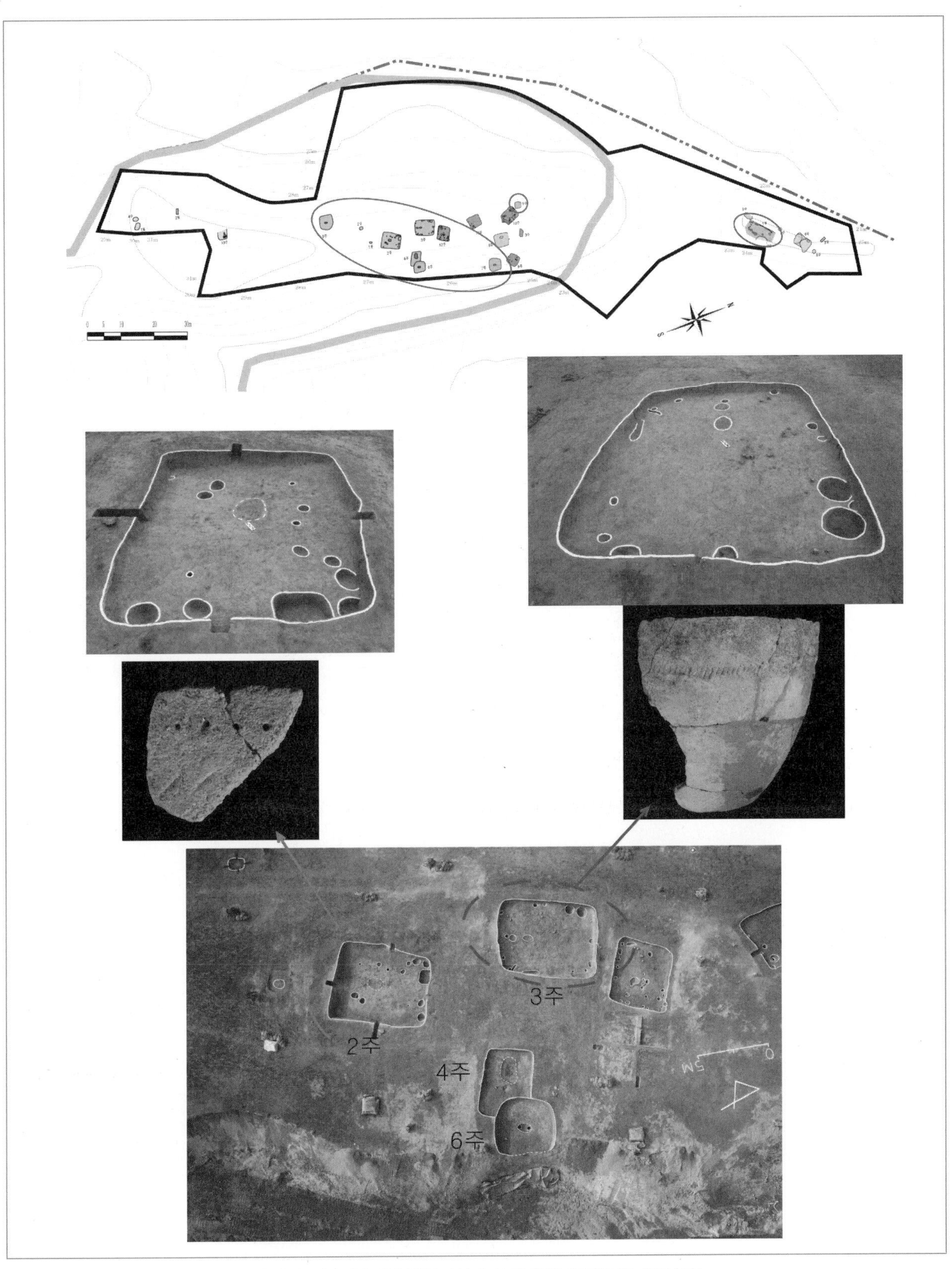

| **사진 2** | 전북지역 청동기시대 Ⅲ기 유적 주거지 및 출토유물
(익산 용기리 Ⅰ유적)

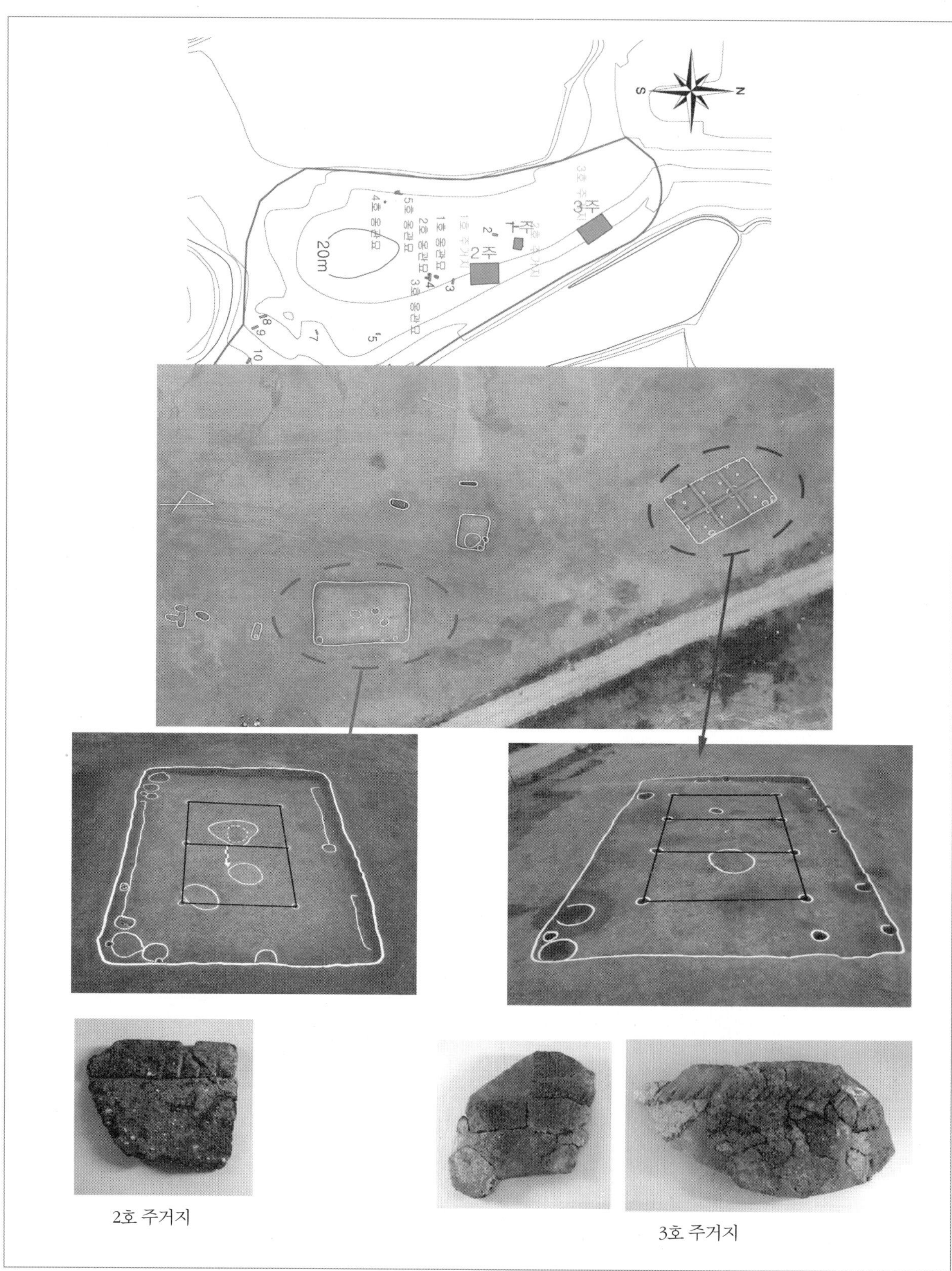

| **사진 3** | 전북지역 청동기시대 Ⅲ기 유적 주거지 및 출토유물
(김제 부거리 Ⅰ유적)

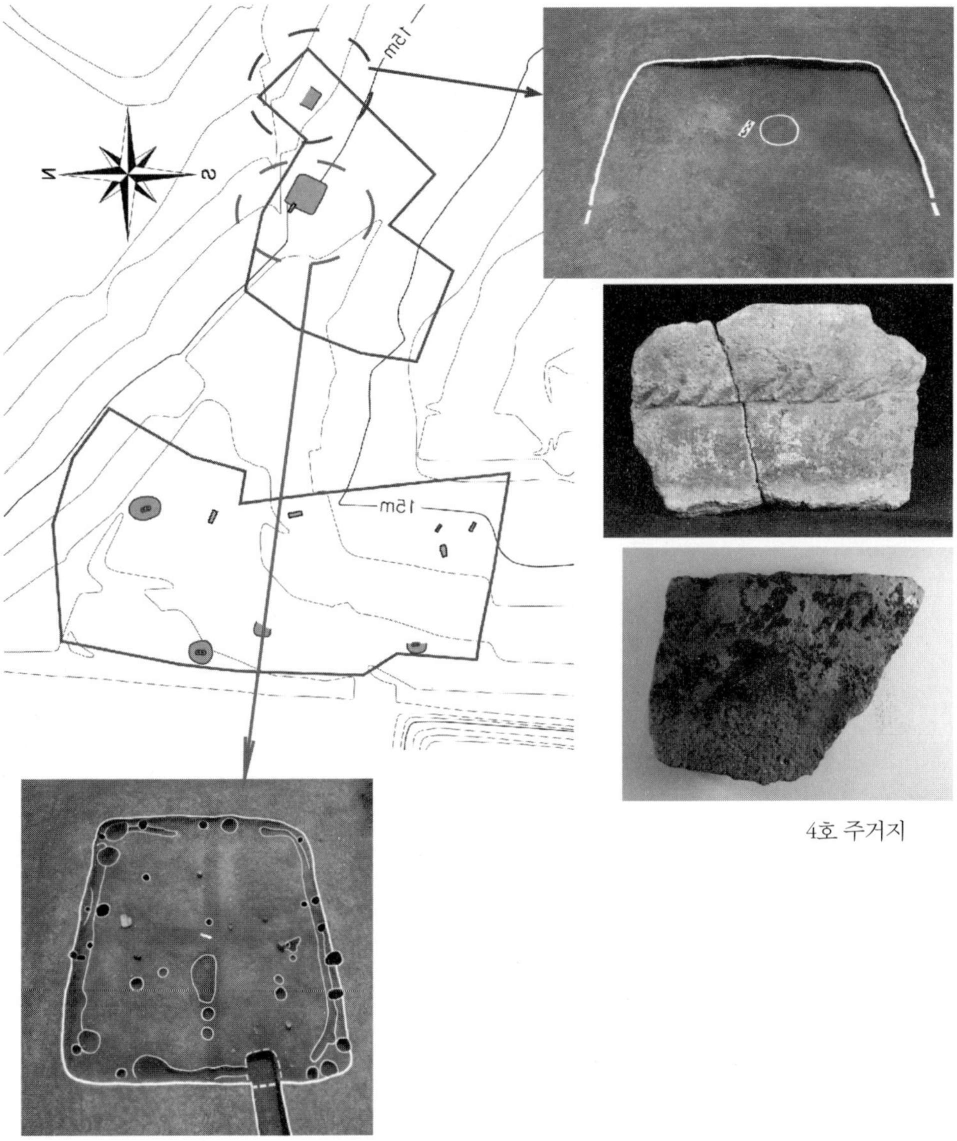

4호 주거지

5호 주거지

| **사진 3** | 전북지역 청동기시대 Ⅲ기 유적 주거지 및 출토유물
(김제 부거리 Ⅰ유적)

시기에 호의 형태도 변화가 나타나는데 전주 성곡유적에서 출토된 호처럼 목이 비교적 긴 외반구연호가 등장한다. 발형토기의 경우에는 전기적인 요소를 아직 지니고 있는데 일부 지역에서는 구순에 각목문을 시문하여 나타나기도 한다.

그러나, 후반의 늦은 단계로 들어서면 새로운 형식의 주거지가 등장하게 된다. 새로운 형식의 송국리유형의 등장인데 송국리유형의 출현으로 전기 문화의 분화 · 쇠퇴를 부른다. 전기의 장방형주거지에서 점진적인 변화를 거쳐 익산 영등동 Ⅰ-2호 주거지처럼 주거 규모의 소형화, 규격화가 이루어지면서 중앙에 노지가 사라지면서 휴암리식 방형주거지가 등장하고, 거의 동시기에 송국리식 원형주거지가 등장하여 전북지역 전역으로 확산된 것으로 보인다. 한편 동부내륙지역인 금강상류유역권과 섬진강상류유역권은 후기에 송국리형주거지가 축조되지만 출토유물은 전기의 특징적인 역삼동식 공열토기가 출토된다. 이는 재지의 무문토기 집단이 송국리문화의 일부 요소인 송국리형주거지를 채용하였으나 그들의 전통이라 할 수 있는 공열토기는 그대로 가지고 있었던 것으로 보인다.

Ⅲ기에는 주거군으로 구성된 소규모의 취락이 중심을 이루는 것으로 보인다. 대표적인 유적으로는 익산 용기리유적, 전주 성곡유적, 김제 부거리유적이 있다.

:: 참고문헌

● 報告書

곽장근 · 조인진 · 조명일 · 신소미 · 이현석, 2011, 「완주 구암리 유적」『2010 · 2011 호남지역문화유적발굴조사성과』, 호남고고학회.

金建洙 · 金永熙, 2004, 『潭陽 城山里遺蹟』, 湖南文化財研究院.

金建洙 · 李暎澈 · 李永德, 2005, 『扶安 格下貝塚』, 湖南文化財研究院.

金承玉 · 李宗哲, 2001, 『鎭安 龍潭댐 水沒地區內 文化遺蹟 發掘調査 報告書Ⅷ -如意谷遺蹟 -』, 全北大學校博物館.

金貞愛, 2007, 『求禮 鳳北里 遺蹟』, 馬韓文化財研究院.

金鐘文 · 金奎正 · 金大聖, 2007, 『全州 孝子 4 遺蹟』, 전북문화재연구원.

김승옥 · 이종철 · 김은정, 2001, 『鎭安 龍潭댐 水沒地區內 文化遺蹟 發掘調査 報告書IX-農山遺蹟-』, 全北大學校博物館.

박상선 · 진현석, 2012, 「김제 부거리 Ⅰ · Ⅱ유적」『2011 · 2012 호남지역문화유적발굴조사성과』, 호남고고학회.

박영민 · 고금님 · 전지호 · 정인숙, 2009, 『全州 長洞 遺蹟Ⅱ-1구역-』, 전북문화재연구원.

申大坤 · 金圭東, 2001, 『鎭安 龍潭댐 水沒地區內 文化遺蹟 發掘調査 報告書Ⅲ』, 國立全州博物館.

圓光大學校 馬韓 · 百濟文化研究所, 2005, 『益山 信洞里 遺蹟-5 · 6 · 7地區-』.

全北大學校 全羅文化研究所, 1997, 『南原 高竹洞 遺蹟 發掘調査報告書』.

전북문화재연구원, 2011, 『익산 일반산업단지 조성지역 내 문화유적 발굴조사 약보고서』.

崔完奎 · 金鍾文 · 金奎正, 2000, 『益山 永登洞 遺蹟』圓光大學校 馬韓 · 百濟文化研究所.

최성락 · 이영철 · 한옥민 · 김영희, 2001, 『영광 군동 유적』, 목포대학교박물관.

韓修英 · 李永德 · 申元才, 2005, 『淳昌 院村 · 官坪遺蹟』, 湖南文化財研究院.

湖南文化財研究院, 2006, 『全州 聖谷遺蹟』.

湖南文化財研究院, 2009, 『金堤 大青里 · 堤上里遺蹟』.

湖南文化財研究院, 2011, 『益山 慕縣洞 2街 遺蹟』.

● **論文**

高旻廷, 2003,『南江流域 無文土器문화의 變遷』, 慶北大學校 大學院 碩士學位論文.

高旻廷 · Martin T. Bale, 2008,「청동기시대 후기 수공업 생산과 사회분화」『青銅器學報』2, 韓國青銅器學會.

孔敏奎, 2003,『무문토기문화 가락동유형의 성립과 전개』, 崇實大學校 大學院 碩士學位論文.

孔敏奎, 2011,「금강 중류역 청동기시대 전기 취락의 검토」『韓國青銅器學報』8號, 韓國青銅器學會.

金權中, 2005,『北漢江流域 青銅器時代 住居址 研究-龍岩里 泉田里 遺蹟을 中心으로-』, 檀國大學校 大學院 碩士學位論文.

김규정, 2006,「無文土器 甕棺墓 檢討」『先史와 古代』25, 韓國古代學會.

김규정, 2009,「호남지역 무문토기 생산과 유통의 문제」『호남고고학에서 바라본 생산과 유통』, 湖南考古學會.

김규정, 2010,「湖南地域 青銅器時代 前期 聚落 研究」『日韓集落研究の新たな視角を求めて』, 韓日聚落研究會.

김규정, 2011a,「새만금권역의 청동기문화」『새만금권역의 고고학』, 湖南考古學會.

金奎正, 2011b,「湖南地域 青銅器時 代前期文化의 特徵」『韓國青銅器學報』9, 韓國青銅器學會.

金炳燮, 2009,「남한지역 조 · 전기 무문토기 편년 및 북한지역과의 병행관계」『青銅器學報』4, 韓國青銅器學會.

金承玉, 2004,「龍潭댐 無文土器時代 文化의 社會組織과 變遷科程」『湖南考古學報』19, 湖南考古學會.

宋永鎭, 2006,「韓半島 南部地域의 赤色磨研土器 研究」『嶺南考古學』38, 嶺南考古學會.

安在晧, 2006,『青銅器時代 聚落研究』, 釜山大學校大學院博士學位論文.

梁英珠, 2009,『湖南中北部地域 青銅器時代 住居址의 變化樣相』, 忠南大學校大學院 碩士學位論文.

李亨源, 2002,『韓國 青銅器時代 前期 中部地域 無文土器 編年研究』, 忠南大學校大學院 碩士學位論文.

李亨源, 2009,『韓國 青銅器時代의 聚落構造와 社會組織』, 忠南大學校大學院 博士學位論文.

李弘鍾 · 許義行, 2010,「湖西地域 無文土器의 變化와 編年」『湖西考古學』23, 湖西考古學會.

許義行, 2006,『無文土器時代 聚落立地와 生計經濟研究-천안 및 아산지역 자료를 중심으로-』, 高麗大學校 一般大學院 碩士學位論文.

홍밝음, 2010,「호남지역 청동기시대 전기 무문토기의 편년 및 검토」『전기 무문토기의 지역양식 설정』, 2010년 한국청동기학회 토기분과 워크숍, 한국청동기학회.

11 전남지역 청동기시대 조-전기문화의 변천과정

홍밝음((재)동북아지석묘연구소)

Ⅰ. 머리말

안재호(2000)에 의해 청동기시대 조기가 설정된 이후 청동기시대의 시기구분은 조기-전기-중기-후기의 4시기 구분법과 송국리유형을 후기로 설정한 조기-전기-후기의 3시기 구분법이 제시되었다. 그러나 조기로 편년되는 각목돌대문토기가 출토된 주거지의 방사성탄소연대 측정결과치가 적고 북한지역의 편년자체도 명확하게 구분되지 않기 때문에 조기를 부정하는 연구자도 있다(김장석 2010). 또한 최근에는 전기 후반에 묘제가 확인되고 주거지도 전기의 점상이나 열상구조에서 면상구조로의 변화가 확인된다는 점을 들어 전기 후반을 중기로 설정하자고 주장하는 논문도 발표되었다(배진성 2012). 이렇게 청동기시대의 시기편년은 연구자에 따라 다르게 설정되고 있다.

필자는 각목돌대문토기를 이른 시기로 설정하는 것에 이견을 제시하는 연구자가 없고, 산발적이기는 하지만 각목돌대문토기만을 반출하는 주거지가 전국적으로 분포한다는 점, 신석기시대 유문토기 등과 공반되어 확인되는 유적이 존재하는 것을 보아 청동기시대 조기를 설정하고자한다. 전남지역에서는 2000년대 이후 청동기시대 조-전기유적이 다수 확인되고 자료가 축적됨에 따라 김규정(2010, 2011), 홍밝음(2010) 등에 의해 연구 성과가 발표되었다. 그러나 다른 지역에 비해 여전히 청동기시대 조-전기의 자료가 적다.

최근에는 신석기시대 말기의 이중구연토기와 청동기시대 조기가 일부 지역에서는 병행된다는 연구결과가 발표되었다(천선행 2007). 따라서 여기에서는 전남지역에서 확인되는 신석기시대 말기에서 청동기시대 조기로의 전환과정을 살펴보고 이후 청동기시대 전기의 발전과정을 살펴보도록 하겠다.

Ⅱ. 신석기시대 말기-청동기시대 조기유적

신석기시대 말기는 이중구연토기로 대표된다. 이중구연토기의 형성과정에 대해서는 여러 가지 의견이 있지만 봉계리 9호 주거지에서 출토된 이중구연토기가 가장 이른 시기에 해당하는 것에 대해서는 여러 연구자가 공감하고 있다(이동주 2006;천선행 2010;하인수 2006). 이중구연토기의 변화관계를 보면 이중구연 구순 상면이 뾰족한 것에서 면상으로 변화가 일어나는데(천선행 2010), 영남내륙지역에서 발생해서 호남지역으로 전해진다.

전남지역에서 이중구연토기가 출토되는 유적은 광주 노대동, 순천 마륜, 패총 유적 등이 있다. 천선행(2010)은 호남지역에 이중구연토기가 유입된 시기를 말기 후반으로 보았고, 송현경(2012)은 말기 전반으로 파악하였다. 이중구연토기가 가장 많이 출토된 광주 노대동유적을 살펴보면 이중구연토기는 1호 수혈에서 2점, 2호 수혈에서 3점, 집석유구에서 18점이 출토되었다. 또한 1호 수혈에서는 사격자문과 함께 2줄의 점열문이 확인되었는데 사격자문의 형태가 비교적 정연하다. 1호 집석유구에서는 점열문과 함께 단사선문이 출토되었다.

신경철이 2010년에 분류한 이중구연형태분류를 참고하여 살펴보면 1호 수혈에서는 C2점, 2호 수혈에서는 D형 3점, 집석유구에서는 A형 1점, B형 2점, C형 7점, D형 6점이 출토되었다. 이중구연형태가 A형에서 D형에 이르기까지 출토가 되는 것을 알 수 있으며, 방사성탄소연대는 1호 수혈에서 비교적 이른 시기인 BP 4130±50과 BP 4140±50로 측정되었다. 그러나 유구에서 출토되는 이중구연의 형태가 A형과 B형 보다는 C, D형이 많고, 영남지역에서 유입되는 것을 볼 때 그 시기는 신석기시대 말기 전반으로 여겨진다. 또한 2호 수혈과 집석유구에서는 단사선문이 확인되고 점열문 등이 출토되는 것으로 보아 1호

수혈보다는 좀 더 늦은 시기의 유구로 여겨진다.

순천 마륜유적에서도 신석기시대 주거지에서 이중구연토기와 원형 점열문토기, 사격자문, 장사선문, 점열문+삼각집문토기 등이 출토되었다. 이중구연토기는 이중구연 직하에 점열문이 시문되어 있는데 이러한 형태는 광주 노대동 집석유구에서도 확인되는 형태이며 신경철(2010) 분류안 C형과 유사하다. 이중구연토기와 공반하는 사격자문이나 삼각집선문의 형태는 퇴화형이며 장사선문과 공반하는 점으로 볼 때 순천 마륜유적은 신석기시대 말기 후반 가운데에서도 좀 더 이른 시기로 여겨진다. 또한 순천 마륜유적에서 측정된 방사성탄소연대는 BP 3010±40으로 각목돌대문토기가 출토된 주거지의 방사성탄소연대와 비슷하다. 따라서 이러한 사실은 신석기시대 말기 후반의 이중구연토기가 청동기시대 조기에 확인되는 각목돌대문토기와 그 시기가 중복될 수 있는 가능성을 제시해 준다. 그러나 이러한 주거지가 전남지역에서 1기만 확인되었고 탄소연대도 측정된 것이 적기 때문에 단언할 수는 없다.

호남지역에서 측정된 방사성탄소연대를 볼 때 영남지역에서 전남지역으로 이중구연토기의 확산은 신석기시대 말기전반부터 이루어졌으며 순천 마륜유적을 볼 때 신석기시대 말기후반까지 지속된 것을 알 수 있다.

각목돌대문토기가 출토된 유적은 순창 원촌유적이 대표적이다[1]. 평면형태가 방형이며 주거지 중앙에 판석부위석식노지가 설치되었고 내부에서는 각목돌대문토기가 출토되었다. 주거지 주변으로는 신석기시대 수혈유구가 확인되었는데 여기에서는 구연이 외반된 봉계리식토기와 점열문토기, 집선문토기 등이 출토되었다. 그러나 순창 원촌유적에서 확인되는 주거지와 같이 평면 형태 방형에 판석부위석식노지가 설치되고 그 내부에서 각목돌대문토기가 출토된 유적은 현재까지 순창 원촌유적만 있다. 그리고 AMS 자료 등이 측정되지 않아 그 시기를 정확히 알 수 없다. 그러나 각목돌대문토기가 출토된 주거지의 연대가 대체로 기원전 15~14세기경에 해당하는 것을 볼 때 순창 원촌유적도 그 시기에 해당할 것으로 여겨진다(천선행 2005; 김재윤 2004).

이러한 각목돌대문토기는 담양 태목리 1호 주거지 까지 잔존하는데, 담양 태목리 주거지에서는 각목돌대문토기, 절상돌대문토기, 이중구연 상면에 파상문이 시문된 토기 등이 출토되었다. 담양 태목리유적은 순창 원촌유적에서 확인된 주거지의 규모가 커지고 초석시설 등이 확인되는 것으로 보아 호남 2기에 해당한다.

---

1 행정구역상 전북에 포함되지만 섬진강수계에 해당하기 때문에 여기에서는 포함하여 설명하도록 하겠다.

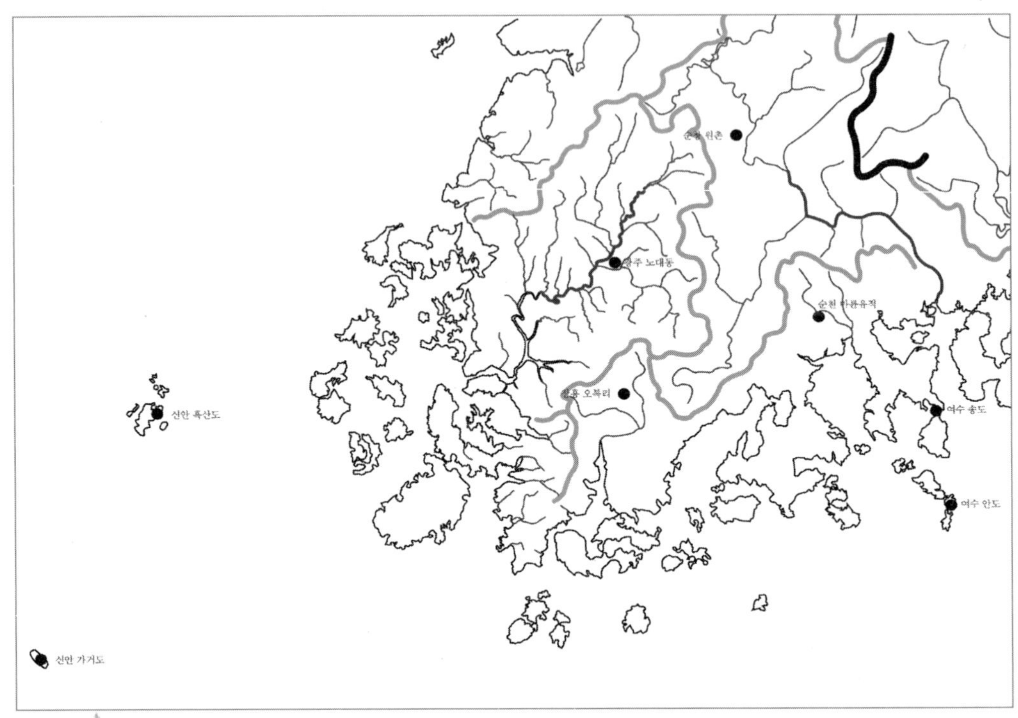

| **도면 1** | 호남지역 신석기시대 말기 · 청동기시대 조기유적 분포도

전남지역에서는 신석기시대 말기의 이중구연토기와 각목돌대문토기가 공반해서 출토된 예는 없다. 또한 AMS 자료도 거의 없기 때문에 아직까지 신석기시대 말기와 청동기시대의 조기의 공반성을 증명할 수는 없다. 그러나 최근에 발표된 논문에서는 각목돌대문토기문화 단독기와 즐문토기가 일정정도 공존하는 것이 절대연대에서 확인되고(안승모 2011, 천선행 2007), 이중구연토기가 출토된 순천 마륜유적에서 측정된 AMS자료와 각목돌대문토기가 출토된 진주 대평리 옥방 D지구 5호 주거지에서 측정된 AMS 자료를 볼 때 신석기시대 말기의 이중구연토기와 각목돌대문토기는 일정 시기 동안 병행했다고 볼 수도 있다.

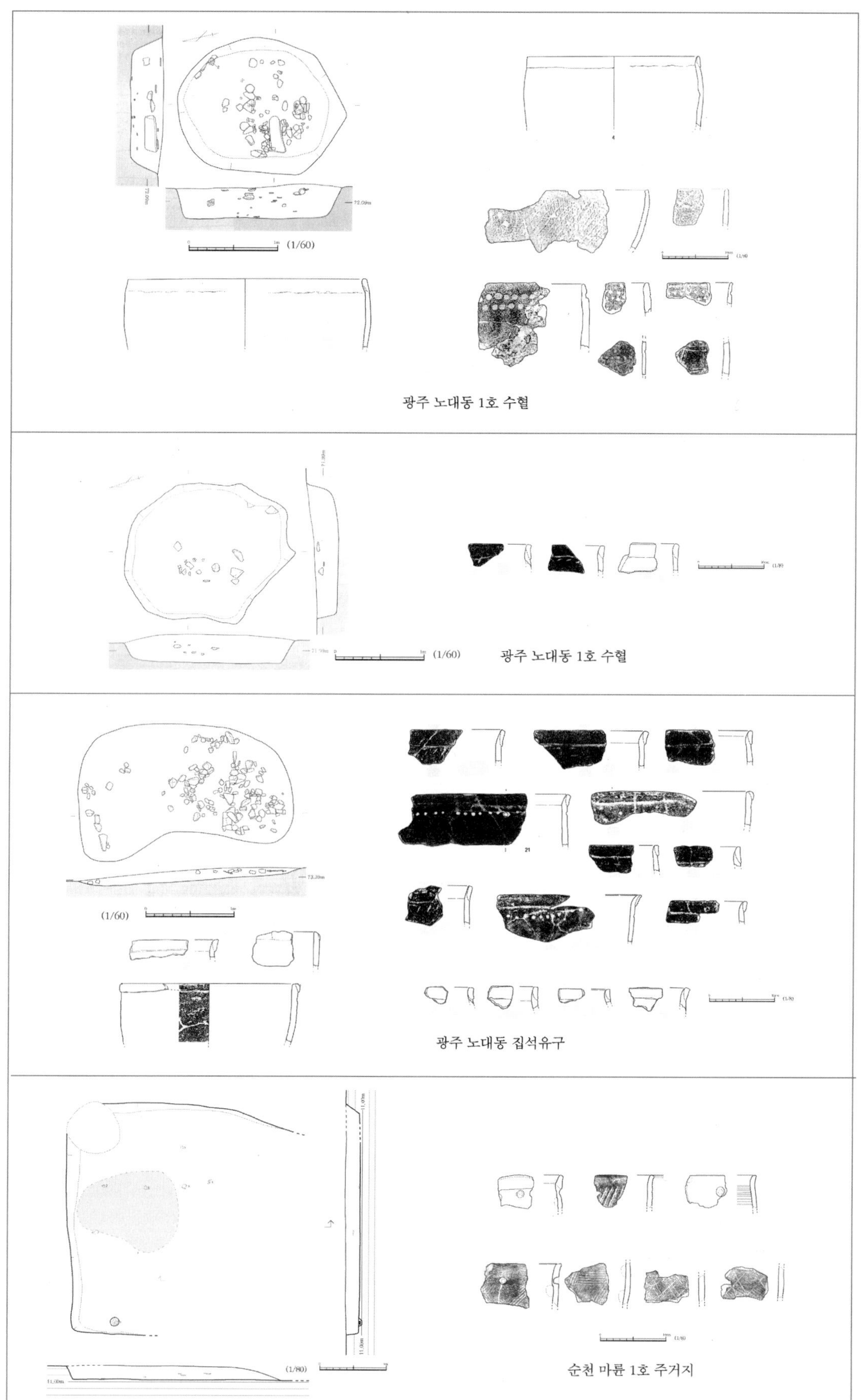

| 도면 2 | 전남지역 이중구연토기 출토유적

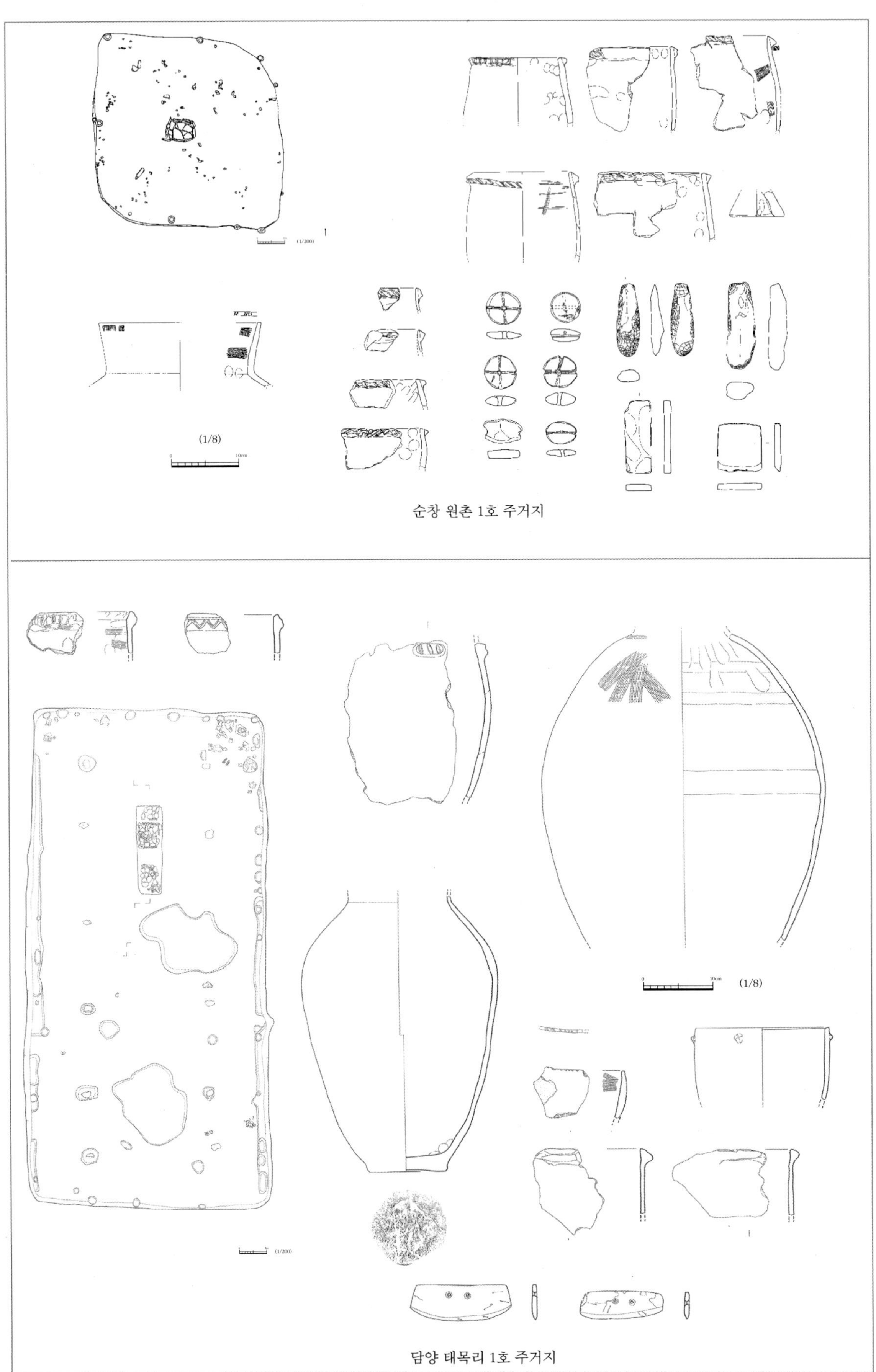

| 도면 3 | 각목돌대문토기 출토유적

Ⅲ. 청동기시대 전기유적

전남지역에서는 2012년까지 청동기시대 전기유적이 17개유적 52기가 조사되었다. 수계로 보면 영산강유역권에서 11개소 37기, 섬진강유역권에서 2개소 5기, 남해안지역권에서 4개소 10기가 확인되었다.

1. 영산강유역권

영산강유역권에서 발굴조사된 청동기시대 전기 주거지 유적은 11개소로 영광 군동유적, 담양 태목리유적, 광주 산정동유적, 광주 수문유적, 광주 용두동유적, 나주 횡산유적,

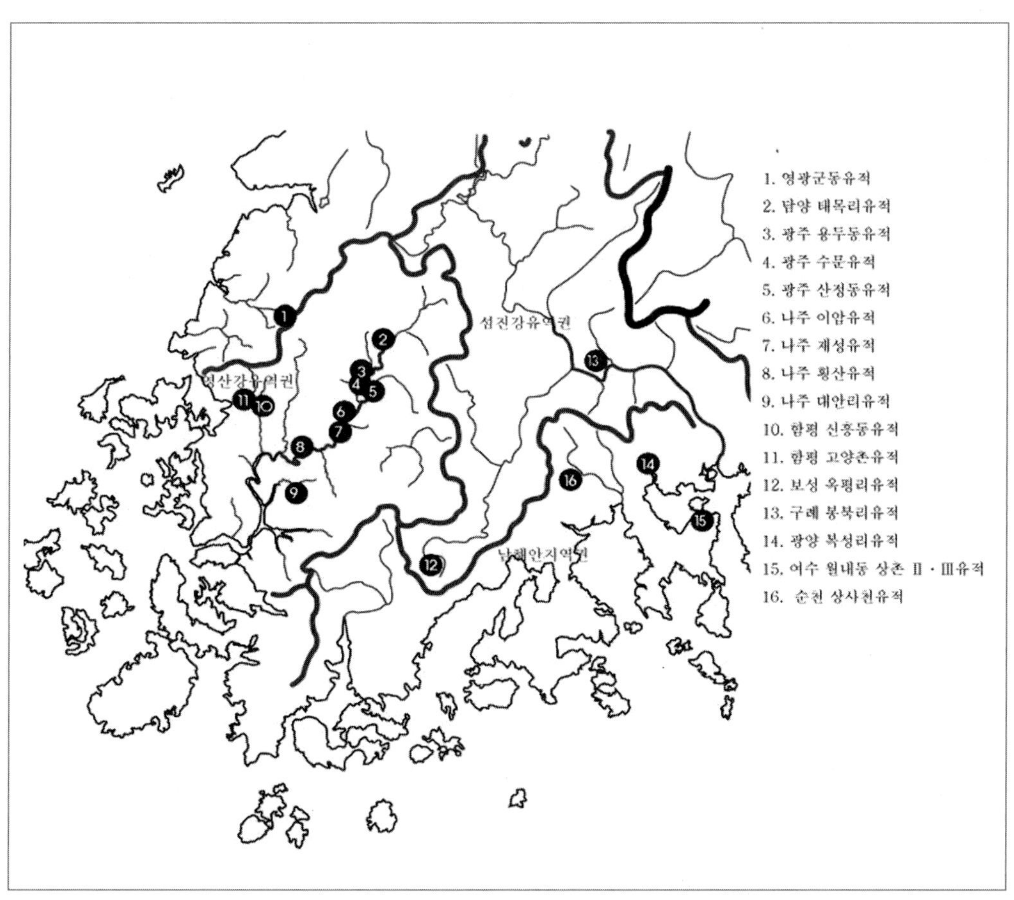

| 도면 4 | 호남지역 청동기시대 전기 주거유적

나주 이암유적, 나주 재성유적, 나주 대안리유적, 함평 신흥동유적, 함평 고양촌유적이 있다. 주거지는 거의 모두 평지성 구릉에 입지하지만 담양 태목리 1호는 충적지에 위치하고 있다. 주거지의 평면형태는 방형, 원형, 장방형, 세장방형, 초세장방형이 모두 확인되지만 장방형 주거지가 다수를 점한다. 노지는 토광형(무시설)과 위석식 모두 확인되지만 토광형(무시설)이 많다. 주혈은 거의 모든 유적에서 확인되지만 정연한 형태로 확인되는 주거지는 광주 수문 2호 · 2-1호 밖에 없다. 벽구와 벽체시설도 거의 모든 주거지에서 확인되지만 구 내부에 벽체시설이 정연하게 확인되는 주거지는 담양 태목리 1호, 광주 수문 2호 · 2-1호뿐이다.

2. 섬진강유역권

섬진강유역권에서 발굴조사된 청동기시대 전기 주거지 유적은 2개소로 구례 봉북리유적, 보성 옥평리유적이 있다. 구례 봉북리유적은 충적지에 입지하고 보성 옥평리유적은 산지성 구릉에 위치한다. 주거지의 평면형태는 방형, 장방형, 세장방형, 초세장방형으로 다양하지만 장방형 주거지가 다수이다. 노지는 무시설(토광형)이 확인되며 벽구는 보성 옥평리 1호에서 확인되었다.

3. 남해안지역권

남해안지역권에서 발굴조사된 청동기시대 전기 주거지 유적은 4개소로 광양 복성리유적과 여수 월내동 상촌II유적, 여수 월내동 상촌III유적, 순천 마륜유적이 있다. 주거지는 평지성 구릉에 입지한다. 주거지의 평면형태는 장방형, 세장방형이 확인되지만 장방형 주거지가 다수를 점한다. 노지는 여수 월내동 상촌II-1호와 여수 월내동 상촌 III유적 그리고 순천 마륜유적에서 모두 확인이 되며, 노지의 형태는 토광형이다. 순천 마륜유적에서는 저장공으로 보이는 내부시설이 1지구 1호 주거지, 1지구 3호주거지, 2지구 1호, 2호 주거지에서 모두 확인되었다. 1지구 2호 주거지도 파괴가 되지 않았다면 확인되었을 가능성이 높아보인다. 주혈 또한 마륜유적에서 확인되었는데 1지구에서는 확인되지 않고 2지구 1호 주거지에서만 확인되었다.

필자는 2010년 논문에서 이중구연단사선토기가 공열토기나 구순각목문토기 보다 시기 변화를 보다 잘 보여주기 때문에 이중구연토기에서 확인되는 단사선시문위치와 이중

| **표 1** | 호남지역 청동기시대 전기 주거지 제원표(홍밝음, 2010b 수정)

지역권	유적명	호수	규모(㎝)				노지		저장공	작업공	주혈	초석	벽체시설	구	참고문헌
			장축	단축	장폭비	면적	개수	형태							
영산강유역권	영광 군동	A-1호	448	(290)	·	·	·	·	·	·	·	·	·	·	최성락 외 2001
		A-2호	444	265	1.7	11.8	1	무시설	×	×	○	×	×	○	
		A-3호	496	300	1.7	14.9	1	무시설	2?	×		×	×	×	
		A-4호	420	324	1.3	13.61	1	무시설	2?	×	○	×	×	×	
		A-5호	376	296	1.3	11.1	1	무시설	×	×	×	×	×	×	
		A-6호	(166)	300	·	·	1	무시설	×	×	×	×	×	×	
	담양 태목리	20호	1802	836	2.2	150.6	2	석상 위석식	×	×	×	○	○		호남문화재연구원 2010
		21호	620	436	1.4	27.0	1	석상 위석식?[3]	·	·	○	○	×	×	
	광주 산정동	1호	846	(340)	2.5	28.8	2	토광형	×	×	○	×	×	×	호남문화재 연구원 2008
	광주 수문	1호	1500	(245)	·	·	5	무시설	×	×	○	×	×	×	호남문화재 연구원 2008 호남문화재
		2호	1860	(360)	·	·	5	무시설3 토광형2	2?	×	○	×	○		
		2-1호	1060	(140)	·	·		·	·	·		×	○		
	광주 용두동	1호	(740)	(320)	·	·	2	무시설	×	×	○	×	×	×	전남대학교박물관 2010
		2호	620	380	1.6	23.6	1	무시설	×	×	×	×	×	○	
		3호	360	330	1.1	11.9	1	무시설	×	×	×	×	×	×	
		4호	310	290	1.1	9.0	1	무시설	×	×	×	×	×	×	
		5호	505	(365)	·	·	1	무시설	×	×	×	×	×	×	
		6호	620	(220)	·	·	1	무시설	×	×	×	×	×	○	
		7호	(463)	520	·	·	1	무시설	×	×	○	×	×	○	
		8호	275	(240)	·	·	1	무시설	×	×	×	×	×	×	
		9호	740	(320)	·	·	1	무시설	·	·	○	×	×	○	
	나주 횡산	1호	874	572	1.5	50	3	토광형	4	×	○	×	○	○	국립나주 문화재연구소 2009
	나주 이암	1호	(692)[4]	520	·	·	·	·	·	·	○	×	×	×	호남문화재 연구원 2008

2 바닥에 석재가 있어 석상위석식노지로 추정된다.

3 ( )는 주거지가 파괴되어 주거지의 잔존 부분만을 측정한 것이다.

지역권	유적명	호수	규모(㎝)				노지		저장공	작업공	주혈	초석	벽체시설	구	참고문헌
			장축	단축	장폭비	면적	개수	형태							
	나주 매성리 재성	1호	1230	430	2.9	52.9	6	무시설	2	×	○	×	○	○	동북아지석묘 연구소 2010
	나주 대안리	1호	(150)	·	·	·	1	무시설	·	·	·	·	·	○	국립나주 문화재연구소 2009
	함평 신흥동	2호	714	370	1.9	26.4	×	×	×	×	○	×	×	×	대한문화유산 연구센타 2011
		3호	244	244	1.0	6.0	1	무시설	×	×	×	×	×	×	
		4호	306	(222)			1	소토부	×	×	×	×	×	×	
		5호	1106	546	2.0	60.3	1	위석식	×	×	×	×	×	×	
							2	무시설	×	×	×	×	×	×	
		6호	284	208	1.4	5.9	1	무시설	×	×	×	×	×	×	
		7호	658	276	2.6	19.6	2	무시설	×	×	○	×	×	×	
		8호	300	286	1.0	8.6	1	무시설	×	×	×	×	×	×	
		9호	(556)	324	·	·	2	무시설	×	×	·	·	·	·	
		10호	(276)	204	·	·	1	소토부	×	×	×	×	×	×	
	함평 고양촌	2호	558	406	1.4	22.7	1	무시설	×	×	○	×	×	◯	李暎澈 · 李恩政 2005
		5호	(155)	262	·	·	1	무시설	×	×	×	×	×	×	
섬진강유역권	구례 봉북리	1호	560	520	1.1	29.1	×	×	×	×	×	×	×	×	金貞愛 2007
		2호	386	295	1.3	11.4	×	×	×	×	×	×	×	×	
		3호	454	366	1.2	16.6	1	토광형?	×	×	×	×	×	×	
	보성 옥평리	1호	1590	520	3.1	82.7	4	무시설	1	×	×	×	×	○	동북아지석묘 연구소 2009
		2호	340	290	1.2	9.9	×	×	×	×	×	×	×	×	
남해안지역권	광양 복성리	1호	340	250	1.4	8.5	×	×	×	×	×	×	×	×	호남문화재 연구원 2009
		3호	320	206	1.6	6.6	×	×	×	×	×	×	×	×	
	여수 월내동 상촌II	1호	1144	480	2.4	54.9	×	×	×	×	×	×	×	×	동북아지석묘 연구소 2012
		2호	582	328	1.8	19.1	2	무시설	×	×	×	×	×	×	
	여수 월내동 상촌III	1호	1000	(496)	2.0	49.6	1	무시설	1	×	×	×	×	×	동북아지석묘 연구소 2012
	순천 마륜 유적	1-1호	820	510	1.6	41.8	1	무시설	1	×	×	×	×	×	동북아지석묘연구소 2011
		1-2호	698	410	1.7	28.6	1	무시설	×	×	×	×	×	×	
		1-3호	765	488	1.6	37.3	1	무시설	1	×	×	×	×	×	
		2-1호	544	306	1.7	16.6	2	토광형	2	×	×	×	○	×	
		2-2호	674	490	1.4	33	1	무시설	2	×	×	×	×	×	

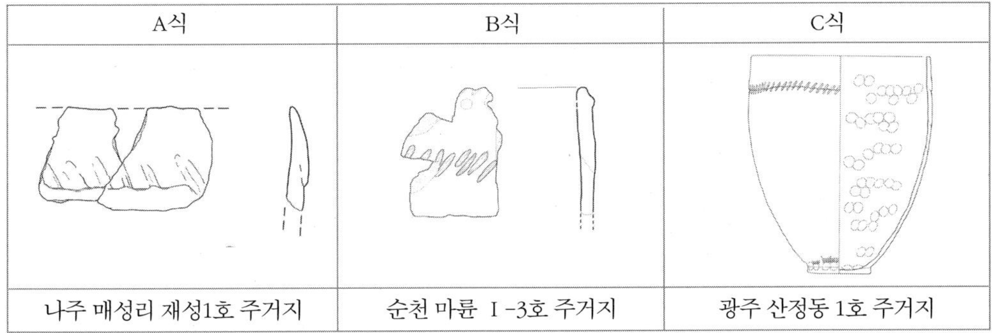

| **도면 5** | 이중구연단사선토기에서 단사선이 시문되는 위치

구연의 길이로 시기를 편년하였다. 이중구연단사선토기에서 추출할 수 있는 명목형 속성[4]은 단사선시문위치이며 연속형 속성[5]은 이중구연길이[6]이다.

명목형 속성인 단사선시문위치는 이중구연부 상면에 단사선이 시문되는 것과 이중구연부 상면과 동체부에 걸쳐 시문되는 것으로 구분할 수 있다. 그리고 이 두가지가 함께 시문되기도 하기 때문에 이중구연부 상면에 시문되는 것을 A식, 이중구연부 상면에 시문된 것과 이중구연부와 동체부에 걸쳐서 시문된 것이 혼재하는 것을 B식[7], 이중구연부 상면~동체부에 걸쳐 시문되는 것을 C식으로 구분하였다(도면 5).

또한 연속형 속성인 이중구연길이는 0.0~2.0cm, 2.0~4.0cm, 4.1~5.7cm, 5.8~7.5cm에서 각각 정상분포곡선의 형태를 띤다. 따라서 0.0~2.0cm는 Ⅰ식, 2.0~4.0cm는 Ⅱ식, 4.1~5.7cm는 Ⅲ식, 5.8~7.5cm는 Ⅳ식으로 구분하였다[8]. 새로 조사된 나주 매성리 재성유적에서

4 명목형 속성은 자료값의 크기나 순서에 대한 의미가 없고 단지 자료값 자체의 이름만 의미를 부여할수 있는 것이다.

5 연속형 속성은 수치로 나타낼 수 있는 것을 의미한다.

6 이중구연길이는 구순에서 이중구연까지의 길이이다.

7 이는 의도적으로 이중구연부 상면과 이중구연부 상면에서 동체부까지 시문되는 경우이다.

8 전남지역의 이중구연토기는 전북지역을 거쳐서 유입되기 때문에 이중구연단사선토기의 도수분포도를 홍밝음(2010) 논문의 것을 인용한다.

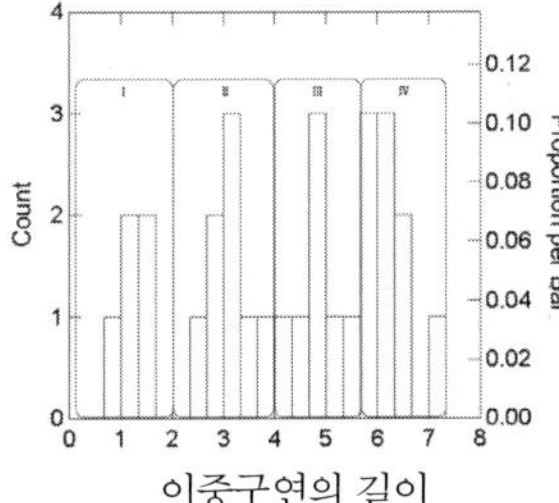

형식이중	구연의 길이
Ⅰ	0.0~2.0
Ⅱ	2.1~4.0
Ⅲ	4.1~5.7
Ⅳ	5.8~7.5

출토된 이중구연토기는 II식, 순천 마륜유적에서 출토되는 이중구연토기는 대체로 II식, III식과 IV식에 속하는 것을 알 수 있다.

| 표 2 | 이중구연단사선토기 제원표 (홍밝음, 2010b 수정)

유적명	호수	보고서 도면 번호	이중 구연 길이	단사선 길이	단사선 간격	구연~ 단사선 의 길이	단사선 시문위치	토기명
광주 산정동	1호	3	5.1	1.5	0.9	4.2	C	이중구연단사선문
광주 수문	1호	2	6.6	1.5	0.3	6.4	C	이중구연단사선문
광주 용두동	6호	실견	6.4	3.2	1.0	5.2	C	이중구연단사선문
			4.4	1.0	0.6	3.7	A	이중구연단사선문
나주 매성리 저성	1호	10	3.0	1.2	0.4	1.8	A	이중구연단사선문
함평 고양촌	2호	132-5	6.2	2.0	0.5	5.6	C	이중구연단사선문
		132-6	6.2	2.0	0.5	5.8	C	이중구연단사선문
	5호	134-25	7.2	1.2	0.3	6.9	C	이중구연단사선문
함평 신흥동	5호	17	6.6	1.3	2.3	5.3	A	이중구연단사선구순각목공열문
	5호	18-17	5.1	·	·	4.2	A	이중구거치문
보성 옥평	1호	5-1	5.5	2.2	0.7	5.0	C	이중구연단사선공열문
	1호	5-2	5.0	1.0	0.8	4.8	C	이중구연단사선구순각목문
여수 월내동 상촌II	1호	70-1	7.0	2.0	1.0	6.0	C	이중구연단사선공열구순각목문
순천 마륜유적	1-2호	실견	4.0	0.7	·	3.5	A	이중구연단사선구순각목
		실견	4.6	0.9	0.9	3.5	A	이중구연단사선
		실견	4.2	0.9	1.4	3.0	A	이중구연단사선구순각목
	1-3호	실견	5.1	2.0	0.9	4.0	C	이중구연단사선
	1-3호	실견	5.6	1.7	0.6	4.0	B	이중구연단사선공열
	2-2호	실견	5.2	1.4	1.1	4.0	A	이중구연단사선구산각목

주거지에서 출토된 이중구연단사선토기의 형식별 출토현황을 살펴보면 〈표 3〉과 같다. 필자는 2010년 논문을 발표할 당시 나주 이암 1호 와 나주 대안리 1호는 주거지 반 이상이 파괴되었고 유물도 출토되지 않았지만 두 유적에서 측정된 AMS연대가 B.P. 2900~3000년에 해당하기 때문에 전남지역의 청동기시대 전기가 다른 지역보다 늦지 않

| 표 3 | 이중구연단사선토기 형식별 출토현황(홍밝음, 2010 수정)

유적명 \ 형식	I A식	II A식	II B식	II C식	III A식	III C식	IV A식	IV B식	IV C식
나주 매성리 재성유적		●1							
순천 마륜 1지구 2호		●1			●3				
광주 산정동 1호						●1			
보성 옥평 1호						●2			
순천 마륜 2지구 2호					●1				
순천 마륜 1지구 3호						●1		●1	
광주 용두동 6호					●1				●1
함평 신흥동 5호					●1		●1		
함평 고양촌 2호									●2
여수 월내동 상촌II 1호									●1
광주 수문 1호									●1
함평 고양촌 5호									●1

다고 보았다. 2012년에 발간되거나 발간예정인 나주 매성리 재성유적과 순천 마륜유적을 볼 때 이러한 근거가 뒷받침된다. 즉, 2010년 논문에서는 전남지역에서는 II식이 출토되지 않아 호남 3기부터 이중구연단사선토기가 영산강유역권, 섬진강유역권, 남해안지역권에 유입된 것으로 파악하였지만, 새롭게 발굴조사된 위의 두 유적의 이중구연단사선토기가 IIA식이기 때문에 만경강유역권에서 영산강유역 그리고 남해안지역권으로 상당히 빠르게 이중구연단사선토기가 확산된 것을 알 수 있다. 즉 만경강유역권에 유입된 가락동유형이 상당히 빠르게 전남지역에 유입된 것을 알 수 있다.

그러나 이중구연길이가 I식과 II식인 이중구연단사선토기는 만경강유역권에서 주로 출토가 되며 이중구연길이가 III식과 IV식인 이중구연단사선토기는 주로 영산강유역권이나 섬진강유역권, 남해안지역권에서 출토가 되는 것을 알 수 있다.

또한 2010년 논문에서 단사선의 시문위치가 A식인 이중구연단사선토기는 주로 만경강유역권에서 출토된다고 보았으나 새로 보고된 나주 매성리 새성유적이나 순천 마륜유적을 볼 때 A식은 남해안지역권에서도 다수 확인이 되는 것을 알 수 있다. 그러나 대체적으로 이중구연길이가 짧고 단사선시문위치가 A식인 이중구연단사선토기는 만경강유역권에서 출토되며 이중구연길이가 길고 단사선시문위치가 C식인 이중구연단사선토기는 주로 영산강유역권이나 섬진강유역권, 남해안지역권에서 출토된다.

〈표 4 · 5〉는 호남지역 청동기시대 전기 주거지에서 확인되는 분기별 구연부시문토기의 출토비율과 분기별 구연부시문 문양개수 출토비율을 나타낸 것이다. 1기 유적은 전남지역에서 확인되지 않았다. 2기의 구연부시문토기는 만강강유역에 비해 상대적으로 적지만 이 시기부터 전남지역에 가락동유형이 유입되기 시작하며, 역삼동유형의 공열토기가 출토되는 것을 보여준다. 3기가 되면 가락동유형과 역삼동유형이 가장 활발하게 접촉하게 되면서 토기 문양의 복합도가 증가하고 구연부에 시문되는 문양 개수도 많아지는 것을 알 수 있다. 4기가 되면 이중구연단사선문토기와 공열문토기, 구순각목문토기, 단사선구순각목문토기가 출토되며, 4기까지 가락동유형의 요소와 역삼동유형의 요소가 잔존한 것을 알 수 있다. 그러나 문양의 개수가 줄어든 이유는 송국리유형과의 접촉을 통해 토기의 무문화가 진행되었기 때문일 것으로 생각된다.

| **표 4** | 전남지역 분기별 구연부시문토기 출토비율

토기 / 분기	무문	이중구연단사선문	공열문	이중구연거치문	각목돌대문[10]	절상돌대문	이중구연	구순각목문	이중구연단사선구순각목문	이중구연단사선공열구순각목문	이중구연단사선공열문	단사선문	단사선구순각목문	공열구순각목문
2기	○	(20.0%) (1/5)	(40.0%) (2/5)					(40.0%) (2/5)						
3기	○	(24.5%) (12/49)	(22.4%) (11/49)	(2.0%) (1/49)	(8.2%) (4/49)	(1.4%) (1/49)	(2.0%) (1/49)	(14.3%) (7/49)	(4.1%) (2/49)	(6.1%) (3/49)	(2.0%) (1/49)	(4.1%) (2/49)		(8.2%) (4/49)
4기	○	25% (1/4)	25% (1/4)					25% (1/4)					25% (1/4)	

| **표 5** | 분기별 구연부시문 문양개수 출토비율

시문개수 / 분기	1	2	3	4
2기	80.0%(4/5)	20.0%(1/5)	0	0
3기	44.9%(22/49)	42.9%(21/49)	6.1%(3/49)	6.1%(3/49)
4기	50%(2/4)	50%(2/4)	0	0

전남지역에서 출토된 석기는 석촉, 석검, 지석, 방추차, 어망추 등이 있다. 이 중 시간

9 담양 태목리 1호 주거지에서는 돌대문만 형성되어 있고 각목이 없는 무각목돌대문토기가 출토되었다. 여기에서는 각목돌대문토기에 포함시켜 파악하였다.

성을 반영하는 석기는 석촉과 석검이다. 석검은 광주 수문 2호와 나주 횡산 1호에서 출토되었다. 광주 수문 2호 출토품은 이단병식석검 병부편으로, 전기에 주로 확인되는 형태이다. 나주 횡산 1호에서 출토되는 것은 석검 병부편으로 추정되는 것으로 보고자에 따르면 찰절흔이 4군데 확인된다고 한다.

호남지역에서 완형으로 출토되거나 일부 파손되었더라도 형식을 파악할 수 있는 석촉은 13으로 삼각만입촉, 일단경촉이 출토되었다. 삼각만입촉은 광주 수문 1호, 2호[10], 나주 매성리 재성유적 1호, 함평 신흥동 5호, 함평 고양촌 5호, 광주 용두동 1호 · 2호 · 4호 · 7호에서 9점이 출토되었다. 호남 2기인 나주 매성리 재성유적에서부터 호남 3기인 광주 수문 1호와 2호, 광주 용두동 1호 · 2호에서 그리고 4기의 유적인 함평 고양촌 5호 그리고 광주 용두동 4호와 7호에서도 삼각만입촉이 출토되는 것을 볼 때 호남 II기부터 호남 IV기까지 삼각만입촉이 출토가 되는 것을 알 수 있다. 일단경촉은 구례 봉북리 1호와 나주 횡산 1호에서 완제품이 출토되었다. 나주 횡산 1호는 이중구연단사선토기와 공반하여 출토되지는 않았지만 방사선탄소연대와 익산 영등동 I -3호 주거지와 유사한 점을 볼 때 호남 II기에 해당하는 것으로 보인다. 구례 봉북리 1호는 주거지의 평면형태 등을 볼 때 호남 IV기로 여겨진다. 전남지역의 청동기시대 전기 석촉의 출토량을 볼 때 삼각만입촉이 9점, 일단경촉이 4점 출토되는 것을 알 수 있다. 따라서 전남지역 전기 주거지에서 출토되는 석촉은 삼각만입촉과 일단경촉이 출토되고 삼각만입촉이 다수를 차지하고 있는 것을 알 수 있다. 또한 나주 횡산 1호는 호남 II기에 해당하는 유적으로 비교적 이른 시기부터 일단경촉이 사용된 것을 알 수 있다.

전남지역의 청동기시대 전기 주거지에서는 노지를 비롯하여 기둥받침, 저장공, 벽구 등이 확인된다. 2010년 논문에서 발표한 것과 같이 주거지의 평면형태를 제외하고 주거지 내부에서 확인되는 시설들은 시기적은 변화관계 등이 뚜렷하게 나타나지 않는다. 그러나 주거지 평면형태에서는 시기적으로 변화관계가 나타나는데, 주거지의 평면형태는 일반적으로 방형, 장방형, 세장방형, 초세장방형으로 구분된다[11]. 이중구연토기가 출토된 주거지를 통해 주거지의 변화관계를 살펴보면, 장방형 주거지에서는 거의 모든 형식의 이중구연단사선토기가 출토되고 있다.

---

10 광주 수문 2호에서는 이중구연단사선토기가 출토되지 않았지만 주거지의 형태 등을 볼 때 광주 수문 1호 주거지와 같은 시기로 여겨진다.

11 1.0~1.2 미만을 방형, 1.2~2.4를 장방형, 2.5~3.4를 세장장방형, 3.5~4.2를 초세장방형으로 한다.

| 표 6 | 이중구연단사선토기가 출토되는 주거지 형태 · 규모 및 내부시설(홍밝음, 2010 수정)[12]

유적번호	유적명	호수	평면형태[13]				규모			노지개수	기둥받침	저장공	벽구	벽체시설
			1	2	3	4	1	2	3					
1	나주 매성리 재성	1호			●			●		6	무	유	유	유
2	광주 산정동	1호		●			●			2	유	무	×	×
3	보성 옥평	1호			●			●		4	무	유	ㄱ	×
4	남원 고죽동	1호			●			●		1	유	무	×	×
5	광주 용두동	6호		●			●			2	유	무	ㄷ,ㅁ	×
6	함평 신흥동	5호		●				●		3	무	무	×	×
7	함평 고양촌	2호		●			●			1	유	무	-	×
8	여수 칼텍스	II-1호			●			●		0	무	무	×	×
9	광주 수문	1호				●		●		5	유	무	×	×
10	순천 마륜	1-2호		●						1	무	무	×	×
11	순천 마륜	1-3호		●						1	무	유	×	×
12	순천 마륜	2-2호		●						1	무	유	×	×
13	함평 고양촌	5호	●				●			1	무	무	×	×

세장방형 주거지에서는 II식, III식, IV식이 모두 출토된다. II식이 출토되는 세장방형 주거지는 나주 매성리 재성 1호이며, III식과 IV식이 출토되는 세장방형 주거지는 남원 고죽동 1호, 보성 옥평리 1호, 여수 월내동 상촌II-1호이다. 초세장방형 주거지는 광주 수문 1호뿐인데 IV식이 출토되었다. 따라서 장방형 주거지는 전남지역에서 청동기시대 전기에 지속적으로 축조된 것을 알 수 있으며 이중구연길이가 길어질수록 주거지가 세장해지는 것을 확인할 수 있다. 그러나 함평 고양촌 5호는 평면형태가 원형에 가깝고 장폭비가 거의 1:1인데 IVC식 이중구연단사선토기가 출토되는 것은 청동기시대 전기의 전통과는 다른 문화의 영향이 있었을 가능성을 보여준다.

〈표 7〉에 기재된 숫자는 〈표 6〉의 유적번호이며 ( )로 표시한 숫자는 각 형식마다 출토된 이중구연단사선토기의 개수이다. 표시가 되지 않은 유적은 이중구연단사선토기가 1점 출토된 경우이다.

---

12 주거지 평면형태는 방형, 장방형, 세장방형, 초세장방형을 순서대로 1, 2, 3, 4로 하며 주거지 규모도 소형, 중형, 대형을 순서대로 1, 2, 3으로 표시하였다.

| 표 7 | 이중구연단사선토기 형식과 주거지 평면형태의 상관관계

평면형태 \ 형식	ⅡA	ⅡB	ⅡC	ⅢA	ⅢC	ⅣA	ⅣB	ⅣC
장방형	10(1)			5(1),12,6(1) 10(2), 11(1)	2	6(1)	11(1)	5(1),7
세장방형	1			4(1)	3(2)		4(1)	4(1),8
초세장방형								9
방형								13

〈표 8 · 9〉은 호남지역에서 조사된 청동기시대 전기 주거지의 방사성탄소연대 측정 자료를 정리한 것이다. 방사성탄소연대는 고목효과 등 그 신뢰도에 대하여 여러 가지 논의가 있어(안승모 2012) 여기에서는 획기를 나누는데 참고 자료로만 이용하였다.

| 표 8 | 전남지역 청동기시대 전기 주거지의 방사성탄소연대 측정 자료 1

유적명	호수	출토위치	B.P 연대					중심 연대
			B.P	95.4%	B.C	68.2%	B.C	
담양 태목리	1호	·	B.P 2980±60	95.4%	B.C 1390~1050	68.2%	B.C. 1300~1120	·
광주 수문	1호	·	B.P 2920±60	95.4%	B.C 1310~930	68.2%	B.C. 1220~1020	B.C. 1120
	2호	·	B.P 2690±60	95.4%	B.C 980~770	68.2%	B.C. 895~805	B.C. 880
나주 횡산	1호	1	B.P 3060±60	95.4%	B.C 1450~1120	68.2%	B.C. 1420~1260	B.C. 1290
		2	B.P 2860±50	95.4%	B.C 1210~900	68.2% 62.4%	B.C. 1120~970	B.C. 1060
		3	B.P 2930±50	95.4%	B.C 1310~980	68.2% 65.4%	B.C. 1220~1050	B.C. 1150
		4	B.P 2880±50	95.4% (94.0%)	B.C 1220~920	68.2%	B.C. 1130~970	B.C. 1070
나주 이암	1호	주거지 상층	B.P 2960±50	95.4% (92.8%)	B.C 1320~1010	68.2% (65.8%)	B.C. 1270~1110	B.C. 1170
		주거지 북편 벽면	B.P 3010±50	95.4%	B.C 1410~1110	68.2% (53.2%)	B.C. 1320~1190	B.C. 1260
		주거지 바닥 중앙부	B.P 3070±50	95.4%	B.C 1450~1190	68.2% (66.5%)	B.C. 1410~1290	B.C. 1320
나주 대안리	1호	·	B.P 2990±60	95.4%	B.C 1400~1040	68.2% (66.3%)	B.C. 1320~1120	B.C. 1220
광양 복성리	1호	바닥	B.P 2840±50	95.4% (93.4%)	B.C 1200~890	68.2% (67.0%)	B.C. 1070~910	B.C. 1050
		퇴적토	B.P 2830±50	95.4%	B.C 1130~840	68.2%	B.C. 1050~910	B.C. 990

유적명	호수	출토위치	B.P 연대					중심 연대
			B.P	95.4%	B.C	68.2%	B.C	
광주 용두동	1호	·	B.P 2980±50	95.4%	B.C 1390~1050	68.2%	B.C. 1300~1120	B.C. 1220
	4호	·	B.P 2940±60	95.4% (92.9%)	B.C 1320~970	68.2%	B.C. 1260~1050	B.C. 1150
		·	B.P 2970±60	95.4%	B.C 1390~1010	68.2%	B.C. 1310~1110	B.C. 1200
		·	B.P 2880±50	95.4% (94.0%)	B.C 1220~920	68.2%	B.C. 1130~970	B.C. 1070
	7호	·	B.P 3150±80	95.4%	B.C 1620~1210	68.2%	B.C. 1510~1310	B.C. 1420
	9호	·	B.P 2960±60	95.4%	B.C 1380~1000	68.2% (66.1%)	B.C. 1270~1050	B.C. 1190
		·	B.P 2790±60	95.4%	B.C 1120~810	68.2% (57.0%)	B.C. 1010~890	B.C. 970
보성 옥평리	1호	·	B.P 2770±50	95.4%	B.C 1040~810	68.2%	B.C. 980~840	B.C. 910
여수 상촌II	1호	·	B.P 2720±50	95.4%	B.C 980~790	68.2%	B.C. 910~815	B.C. 862
	2호	·	B.P 2680±50	95.4%	B.C 930~780	68.2% (48.9%)	B.C. 860~800	B.C. 830
		·	B.P 2820±60	95.4%	B.C 1130~820	68.2%	B.C. 1062~890	B.C. 975
여수 상촌 III	1호	·	B.P 2840±50	95.4% (93.4%)	B.C 1200~890	68.2% (67.0%)	B.C. 1070~910	B.C. 990
		·	B.P 2950±40	95.4%	B.C 1300~1020	68.2%	B.C. 1260~1110	B.C. 1185
		·	B.P 2740±40	95.4%	B.C 980~800	68.2%	B.C .920~830	B.C. 875
		수혈	B.P 2920±50	95.4% (93.4%)	B.C 1300~970	68.2%	B.C. 1220~1040	B.C. 1130
순천 마륜	1-1호	남벽	B.P 2910±40	95.4%	B.C 1260~980	68.2% (62.3%)	B.C. 1160~1020	B.C. 1090
		남벽	B.P 2880±50	95.4% (94.0%)	B.C 1220~920	68.2%	B.C. 1130~970	B.C. 1050
	1-3호	·	B.P 2820±50	95.4%	B.C 1130~840	68.2%	B.C. 1050~900	B.C. 980
	2-1호	·	B.P 2920±50	95.4%	B.C 1300~970	68.2%	B.C. 1220~1040	B.C. 1130
	2-2호	·	B.P 2880±60	95.4%	B.C 1120~820	68.2% (59.6%)	B.C. 1030~890	B.C. 960
		·	B.P 2940±40	95.4%	B.C 1290~1010	68.2% (57.8%)	B.C. 1220~1080	B.C. 1150
		·	B.P 2920±40	95.4%	B.C 1270~1000	68.2% (57.8%)	B.C. 1210~1040	B.C. 1130

전남지역에서 호남 1기의 유적은 확인되지 않았다. 호남 2기 유적에서 측정된 방사성탄소연대 자료로는 나주 횡산 1호와 담양 태목리 1호가 있는데 중심연대는 대체로

| **표 9** | 호남지역 청동기시대 전기 주거지의 방사성탄소연대 측정 자료 2

유적명	분기	AMS 측정자료
나주 횡산 1호	Ⅱ기	
담양 태목리 1호		
나주 횡산 1호		
나주 횡산 1호		
나주 횡산 1호		
광주 용두동 7호	Ⅲ기	
광주 용두동 1호		
광주 용두동 9호		
순천 상사천 2-2호		
여수 상촌 Ⅲ-1호		
순천 상사천 2-1호		
순천 상사천 2-2호		
순천 상사천 1-1호		
여수 상촌 Ⅲ-1호		
순천 상사천 1-1호		
광주 수문 1호		
광양 복성리 1호		
순천 상사천 2-2호		
광양 복성리 1호		
순천 상사천 1-3호		
여수 상촌 Ⅲ-1호		
여수 상촌 Ⅱ-2호		
광주 용두동 9호		
보성 옥평리 1호		
여수 상촌 Ⅲ-1호		
여수 상촌 Ⅱ-1호		
여수 상촌 Ⅱ-2호		
광주 수문 2호		
광주 용두동 4호	Ⅳ기	
광주 용두동 4호		
광주 용두동 4호		
年代		1600caBC 1400caBC 1200caBC 1000caBC 800caBC 600caBC

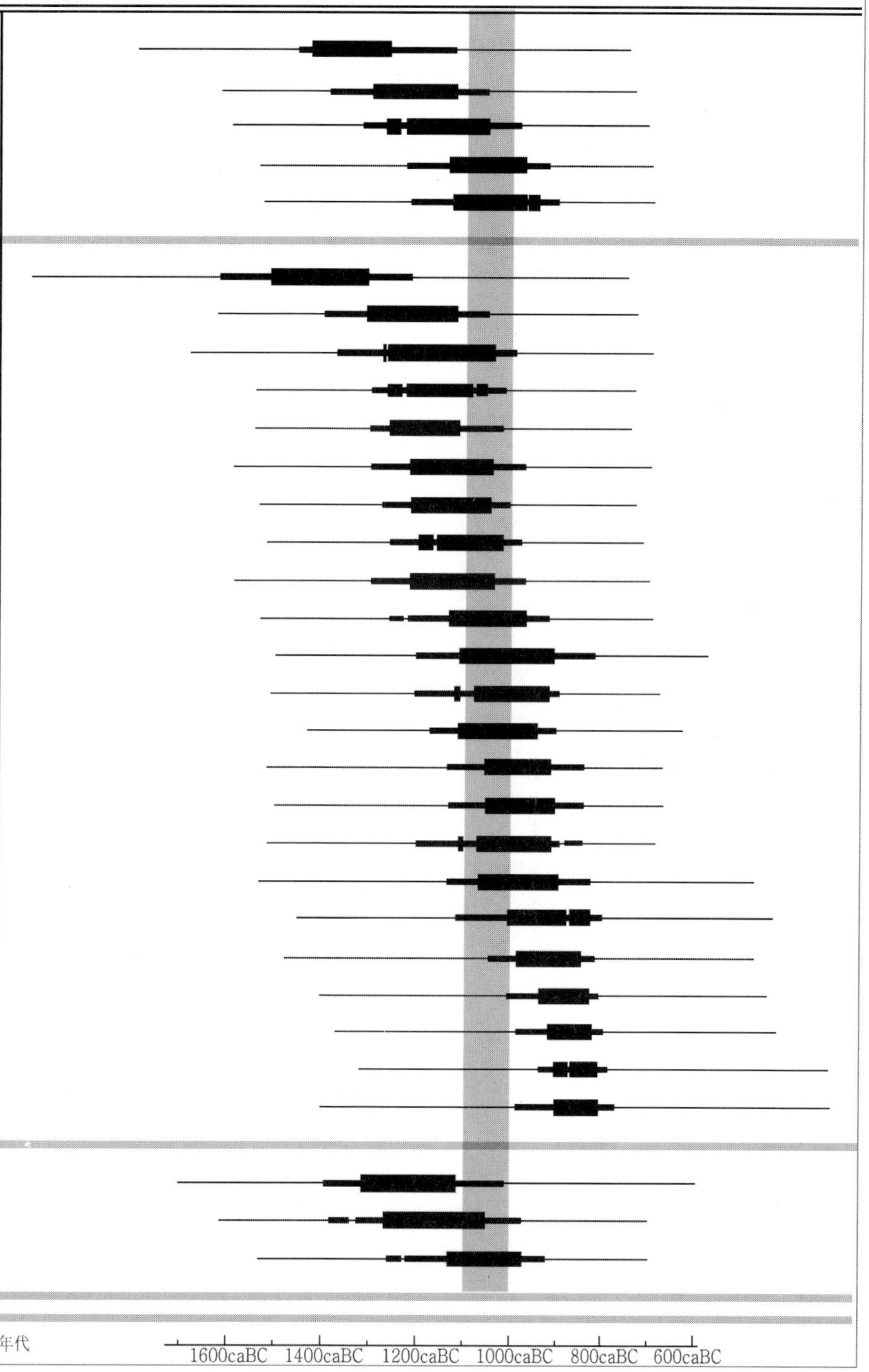

B.C.12~11세기이다. 나주 횡산 1호에서는 주거지 내부에서 공열문토기와 구순각목문토기만이 출토되어 그 시기를 자세히 알 수 없지만 방사성탄소연대가 이르고 주거지의 평면형태가 익산 영등동 Ⅰ-3호 주거지와 유사하기 때문에 호남 2기로 여겨진다.

3기는 가락동유형이 영산강유역권이나 섬진강유역권, 남해안지역권으로 본격적으로 확산되는 시기이다. 이 시기에 해당하는 광주 수문 1호, 2호와 광주 용두동 7호, 9호, 보성 옥평리 1호, 광양 복성리 1호, 여수 상촌 Ⅱ-1호와 2호, 여수 상촌 Ⅲ-1호, 순천 마륜 Ⅰ-1호, Ⅰ-3호, Ⅱ-1호, Ⅱ-2호 유적에서 방사성탄소연대가 측정되었는데 그 중간값은 대체로 B.P.2900~2800년 사이에 속한다. 따라서 이 시기의 중심연대는 대체로 B.C.11~10세기대로 추정해 볼 수 있다.

4기의 유적에서 측정된 방사성탄소연대 측정 자료로는 광주 용두동 4호가 있는데 중간값이 B.P.3000~2900년 사이에 속해 있다. 따라서 방사성탄소연대로만 본다면 3기보다 좀 더 이른 시기로 보여질 수도 있다. 그러나 4기는 이미 송국리유형이 등장한 시기로 추정되기 때문에 중심연대는 B.C.10~8세기로 추정해둔다.

이러한 관계는 주거지의 중복관계를 통해서도 확인된다. 호남지역 청동기시대 전기 주거지에서 중복관계가 확인된 사례로는 보성 옥평리 1호와 2호, 함평 신흥동 2호와 3호, 함평 신흥동 7호와 8호가 있다. 보성 옥평리 2호는 1호의 북서장벽을 파괴하고 축조되었고 함평 신흥동 3호는 2호의 북서쪽을 파괴하고 축조되었다. 또한 함평 신흥동 7호의 북동쪽 단벽을 파괴하고 8호가 축조되었다. 보성 옥평리 1호와 함평 신흥동 2호, 함평 신흥동 7호는 주거지의 평면형태와 내부시설 및 출토유물로 보아 3기에 속하기 때문에 이를 파괴하고 축조한 보성 옥평리 2호와 함평 신흥동 3호, 함평 신흥동 8호는 3기보다 좀 더 늦은 시기에 속하는 것을 알 수 있다.

Ⅳ. 청동기시대 전기유적의 변천과정

필자는 2010년 논문에서 호남지역을 4기로 구분하였다(홍밝음 2010). 1기와 2기의 유적은 주로 전북지역에서 확인되며 전남지역에서는 잘 확인되지 않는다. 그러나 나주 매성리 재성 1호와 순천 마륜 Ⅰ-2호[13]를 볼 때 호남 2기부터 가락동유형이 유입되는 것을 할

13 가락동유형은 순천 마륜 Ⅰ-2호를 볼 때 2기에 축조되었지만 3기까지 생활을 영위한 것으로 생각된다.

수 있다. 또한 토광형노지가 설치된 장방형의 주거지인 나주 횡산 1호에서 공열문토기가 출토되는 것을 볼 때 이 시기부터 역삼동유형의 주거지도 축조가 되는 것을 알 수 있다. 그 시기의 중심연대는 대체로 기원전 12~11세기 일 것으로 추정된다.

호남 3기의 주거지로는 광주 용두동 2호 · 5호 · 6호, 보성 옥평리 1호, 여수 월내동 상촌 II지구 1호 · 2호, 함평 고양촌 2호, 순천 마륜 I-2호 · I-3호, II-1호 등이 있다. 이 시기는 만경강유역권에서 출토된 가락동유형이 영산강유역권, 섬진강유역권, 남해안지역권에 본격적으로 확산되는 시기[14]이다. 이 주거지들에서 출토되는 이중구연단사선토기는 IIIA식, IIIC식과 IVA식, IVB식, IVC식으로 이중구연단사선문토기, 이중구연단사선구순각목문토기, 이중구연단사선공열문토기, 이중구연단사선공열구순각목문토기이다. 단사선시문위치는 A식, B식과 C식이 모두 출토되지만 C식의 비율이 많다. 이중구연길이는 III식과 IV식만 출토된다. 주거지 평면형태는 장방형, 세장방형, 초세장방형이 확인되며 노지는 0~5개 이다. 벽구의 형태는 ㄱ자, ㄴ자, ㅁ자이며 벽체시설도 일부 확인된다. 그 시기의 중심연대는 대체로 기원전 11~10세기 일 것으로 추정된다.

호남 4기의 주거지로는 함평 고양촌 5호, 보성 옥평리 2호, 함평 신흥동 4호 · 6호 · 8호 · 10호, 광주 용두동 3호, 구례 봉북리 1호가 있다. 이 시기에 출토되는 이중구연단사선토기는 IVC식이다. 주거지 평면형태는 원형이나 방형이며 장폭비는 1 : 1.1을 넘지 않는 것이 대부분이지만 함평 신흥동주거지를 볼 때 1:1.5를 넘지 않는 장방형주거지도 축조되는 것을 알 수 있다. 노지는 1개 정도 확인되며, 벽구와 벽체시설 등은 확인되지 않는다.

4기는 주거지의 장폭비가 현저하게 줄어들고 주거지의 평면형태가 주로 원형이나 방형으로 확인되는 점으로 미루어 볼 때 송국리형 주거지와 공존한 시기로 여겨진다[15]. 그 시기의 중심연대는 대체로 기원전 10~8세기 일 것으로 추정되지만 앞으로 청동기시대 전기에서 후기로 넘어가는 과도기에 대한 연구가 보다 이루어져야 할 것으로 여겨진다.

---

14 담양 성산리 수혈에서 출토된 이중구연단사선문토기는 I C식 호형토기로 2기에 속할 것으로 추정된다. 2기에 가락동유형이 영산강유역권까지 전해졌을 가능성을 생각해 볼 수 있다.

15 이 시기는 송국리유형과 공존하지만 여전히 청동기시대 전기의 요소가 다수 잔존한다. 따라서 시기는 송국리유형과 같지만 전기 4기로 한다.

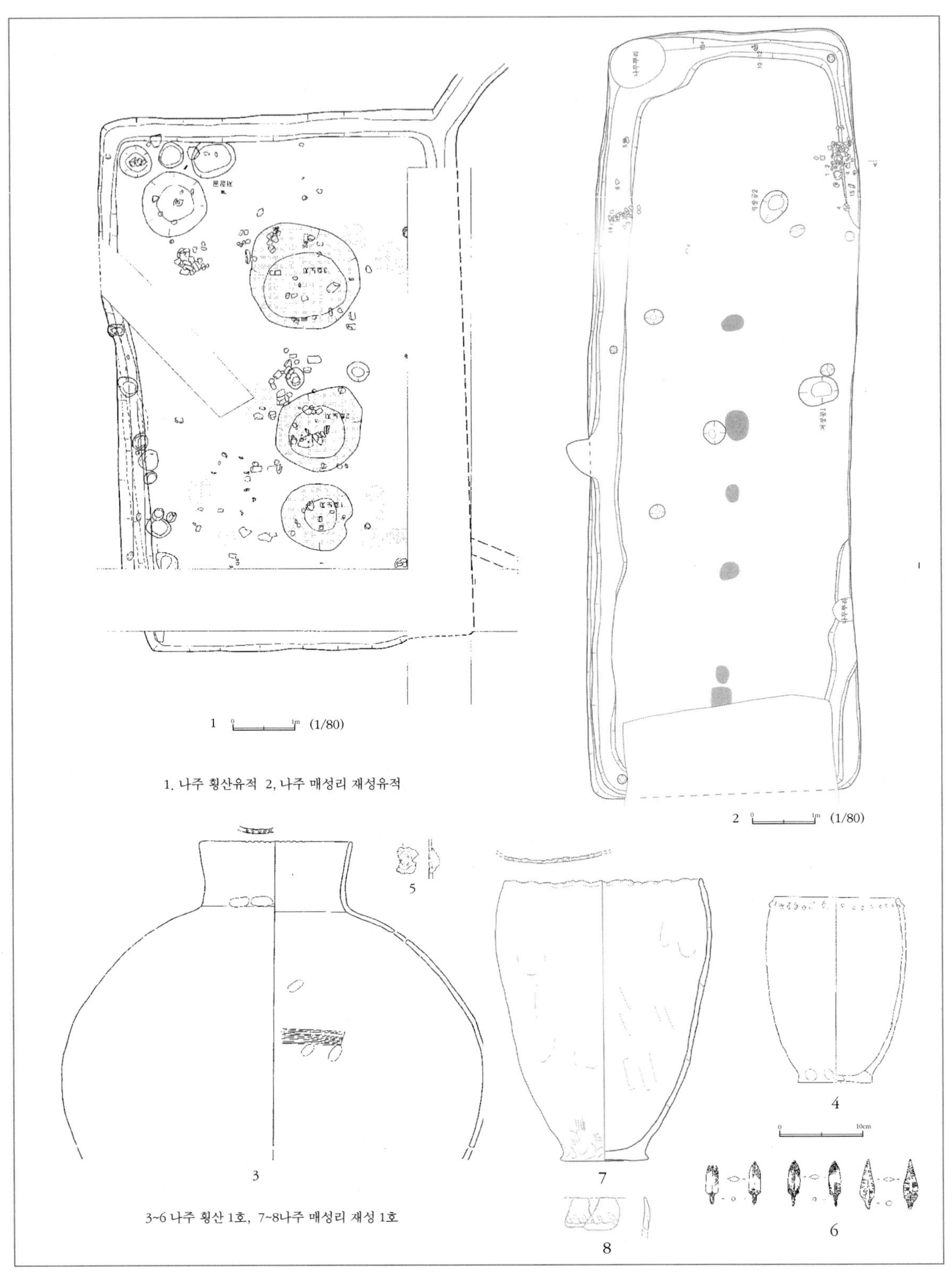

| **도면 6** | 호남 2기 출토유적 및 출토유물

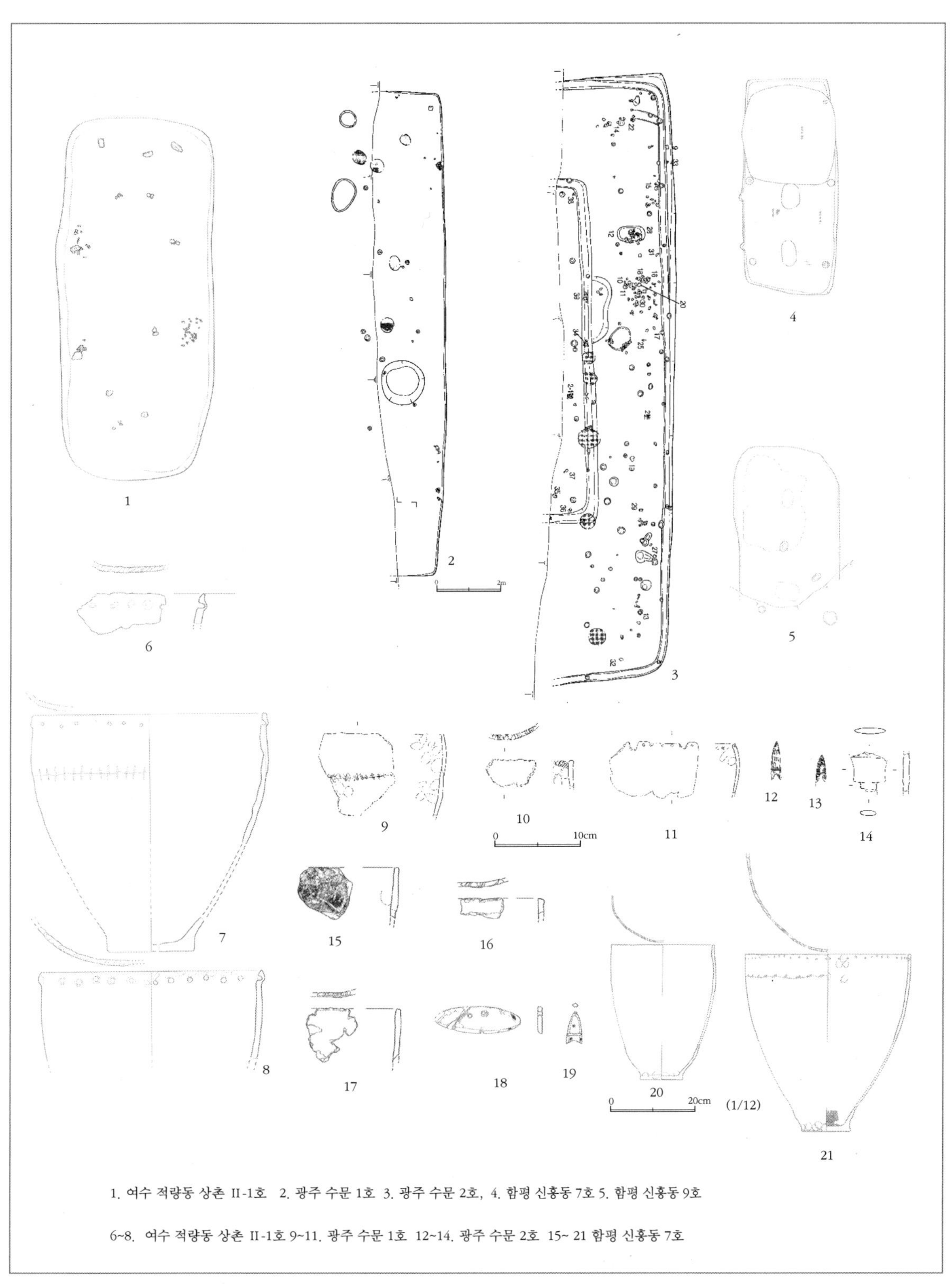

| **도면 7** | 호남 3기 출토유적 및 출토유물

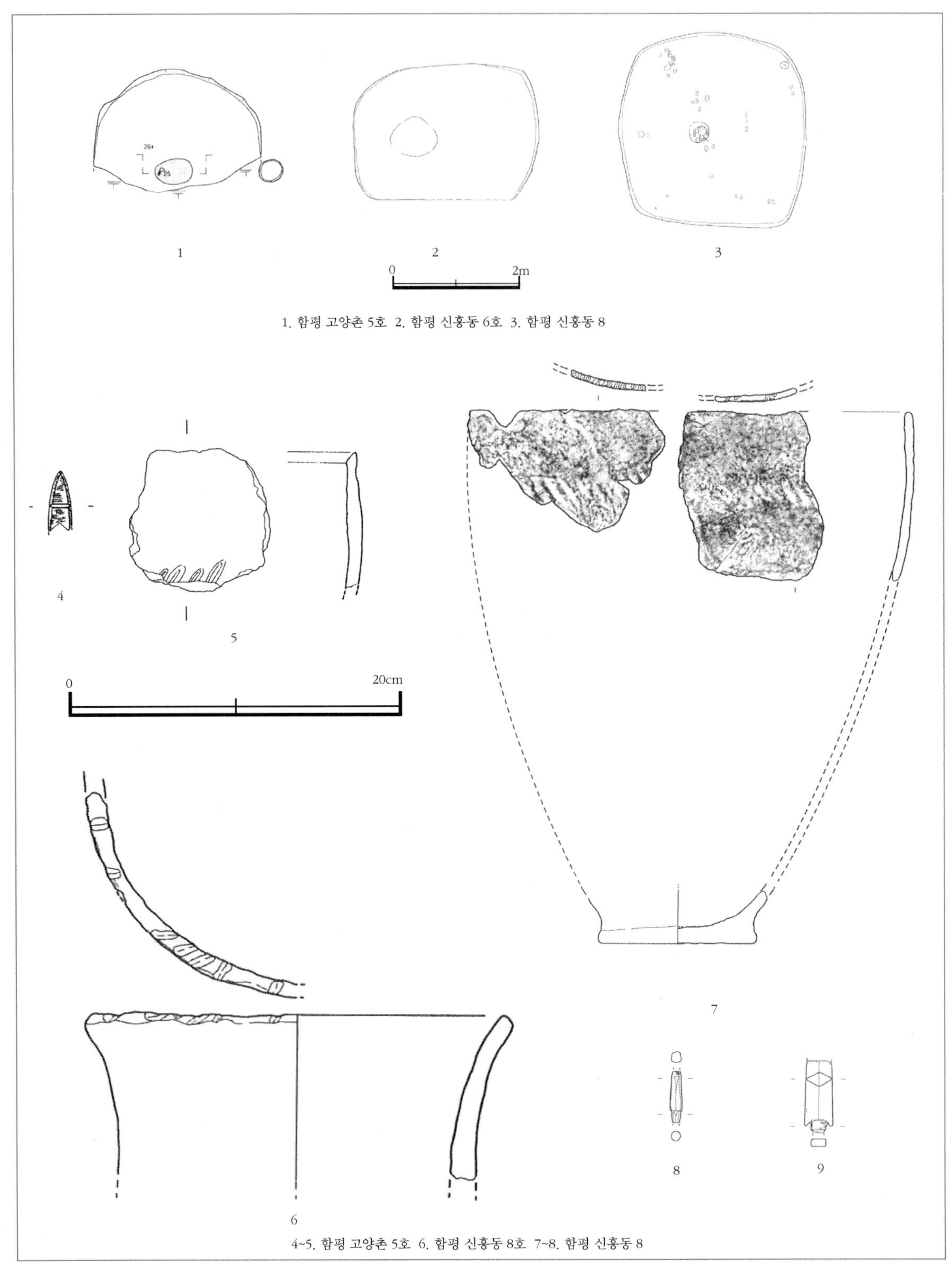

| **도면 8** | 호남 2기 출토유적 및 출토유물

Ⅴ. 맺음말

전남지역에서는 2000년대 이후 청동기시대 조-전기유적이 다수 확인되고 자료가 축적됨에 따라 2010년 이후 김규정(2010, 2011), 홍밝음(2010) 등에 의해 연구 성과가 발표되었다. 그러나 다른 지역에 비해 여전히 청동기시대 조-전기의 자료가 적다.

최근의 연구에서는 신석기시대 말기가 청동기시대 조기와 병행한다는 연구가 발표되었다. 호남지역에서 AMS가 측정된 신석기시대 말기유적은 광주 노대동유적과 순천 마륜유적이 있다. 광주 노대동유적은 AMS의 측정치가 이르고 이중구연이 A~D까지 확인되는 것으로 보아 신석기시대 말기 전반으로 보인다. 순천 마륜유적 신석기시대 주거지에서는 이중구연이 C형이고 장사선문과 공반하며 방사성탄소연대를 볼 때 신석기시대 말기 후반으로 여겨진다.

각목돌대문토기는 순창 원촌 1호에서만 확인이 되었는데, 그 시기는 대체로 기원전 15~14세기로 추정된다. 방사성탄소연대 자료로만 볼 때 이중구연토기가 출토된 순천 마륜 신석기시대 주거지와 순창 원촌 1호의 연대가 서로 중복되기 때문에 아직까지는 유적의 수가 적고 이중구연토기와 각목돌대문토기가 함께 출토된 유적이 없지만 신석기시대의 말기와 청동기시대 조기가 병행할 수 있다고 여겨진다.

청동기시대 전기 주거지는 현재까지 17유적 52기가 확인되었다. 아직까지 전남지역에서는 익산 영등동 Ⅰ-17호 주거지에서 출토된 ⅠA식의 이중구연단사선토기는 출토가 되지 않았다. 전남지역에서는 호남 2기에 해당하는 유적부터 확인이 되고 있는데 나주 재성 1호 주거지에서 토광형노지가 다수 확인되는 것을 볼 때 역삼동 유형이 전남지역에 호남 1기부터 존재했을 가능성도 있다. 청동기시대의 전기유적은 호남 2기부터 확인이 되기 시작하며, 호남 3기 이후 영산강유역권, 섬진강유역권, 남해안지역권으로 확산이 활발하게 일어나며 이후 호남 4기가 되면 주거지의 규모가 축소되고 ⅣC식의 이중구연단사선토기가 출토되면서 청동기시대 전기는 청동기시대 후기로 점차 옮겨가게 된다.

:: **참고문헌**

김규정, 2010, 「호남지역 청동기시대 전기 취락 검토」『한국청동기학회 취락분과 제3회 워크숍-청동기시대 주거지의 편년과 취락구조의 (재)검토-』, 韓國靑銅器學會.

______, 2011, 「湖南地域 靑銅器時 代前期文化의 特徵」『한국청동기학보』9, 한국청동기학회.

金承玉, 2006, 「청동기시대 주거지의 편년과 사회변천」, 『韓國考古學報』60, 韓國考古學會.

金壯錫, 2000, 「흔암리 유형 재고 : 기원과 연대」『嶺南考古學報』28, 嶺南考古學會.

김장석, 2011, 「신석기문화의 종말과 청동기문화의 성립」, 『한국 신석기문화 개론』, 서경문화사.

배진성, 2003, 「無文土器의 成立과 系統」『嶺南考古學』32, 嶺南考古學會.

______, 2007, 『無文土器文化의 成立과 階層社會』, 서경문화사.

______, 2012, 「墳墓 築造 社會의 開始」『한국고고학보』80, 韓國考古學會.

손준호, 2007, 「마제석촉의 변천과 형식별 기능 검토」『韓國考古學報』62, 韓國考古學會.

송현경, 2012, 「신석기시대 남부지역 후 · 말기 이중구연토기의 전개과정」, 『한국신석기연구』23, 한국신석기학회.

안승모, 2011, 「신석기문화의 성립과 전개」, 『한국 신석기문화 개론』, 서경문화사.

安在晧, 1990, 「南韓 前期 無文土器의 編年-嶺南地方의 資料를 中心으로-」, 慶北大學校大學院 碩士學位論文.

______, 2006, 「靑銅器時代 聚落硏究」, 釜山大學校大學院 博士學位論文.

이동주, 2007, 『韓國 新石器文化의 起源과 展開』, 세종출판사.

이형원, 2002, 「韓國 靑銅器時代 前期 中部地域 無文土器 編年 硏究」, 忠南大學校大學院 碩士學位論文.

______, 2007, 「湖西地域 可樂洞遺型의 聚落構造와 性格」『湖西考古學會學術大會 第15會 湖西地域 靑銅器時代 聚落의 變遷』, 湖西考古學會.

______, 2009a, 「韓國 靑銅器時代의 聚落構造와 社會組織」, 忠南大學校大學院 博士學位論文.

______, 2009b, 『청동기시대 취락구조와 사회조직』, 서경문화사.

千羨幸, 2003, 「無文土器時代 前期文化의 地域性硏究-中西部地方을 中心으로-」, 釜山大學校大學

院 碩士學位論文.

천선행, 2007, 「무문토기시대 조기설정과 시간적 범위」『한국청동기학보』1, 한국청동기학회.

천선행, 2010, 「신석기시대 후말기 이중구연토기 형성과정 재검토」『한국신석기연구』20, 한국신석기학회.

河仁秀, 2006, 『韓半島 南部地域 櫛文土器 硏究』, 민족문화.

黃在焄, 2005, 「韓國 西南部地域 磨製石鏃의 變遷過程」, 全南大學校大學院 碩士學位論文.

홍밝음, 2010, 「湖南地域 靑銅器時代 前期文化의 展開過程」, 全南大學校 碩士學位論文.

洪밝음, 2010, 「호남지역 청동기시대 전기 주거지의 변천과정」, 호남고고학보, 36, 호남고고학회.

安在晧 · 千羨幸, 2004, 「前期無文土器の文様編年と地域相」『福岡大學考古學論集-小田富士雄先生退職記念-』.

12 남한과 북한 무문토기 편년의 병행관계

배진성(부산대학교 인문대학 고고학과)

Ⅰ. 머리말

남한과 북한을 아우르는 한반도 전역에 걸친 편년망의 수립은 현재로서는 하나의 희망사항에 불과할지도 모른다. 그만큼 어렵다는 뜻이며 남북한 간 고고학적 여건의 차이도 갈수록 커지고 있기 때문이다. 북한의 자료는 실물 관찰이나 보고문 등에서 한계점도 있겠지만, 동북아시아 선사토기의 편년 연구에서 차지하는 중요성은 지금도 적지 않다.

동북아시아 선사토기의 편년 연구에서 북한 무문토기의 편년은 북한뿐만 아니라 중국이나 일본의 학자들도 많이 다루어 왔지만, 그 속에서 남한의 편년은 소외되어 왔던 측면이 있다. 이 때문에 근래에 필자는 북한 무문토기의 편년을 다루면서 남한의 병행관계도 포함하려고 노력해 왔지만, 아직 부족한 부분이 많고 북한의 지역별 무문토기 가운데 새롭게 검토해야 할 대상도 남아 있다. 그리고 남한 전체와의 병행관계에 그치지 않고 남한의 각 지역별 편년과도 대비해 볼 수 있다면 더 좋을 것이다. 최근 남한의 무문토기 연구에서 소지역별 편년 연구가 다양하게 시도되고 있는데, 이 책의 출간 역시 그러한 성과의 확산과 앞으로의 연구를 더욱 활성화시키기 위해서이다.

이를 위해 여기서는 기존에 필자가 제시해 왔던 북한의 각 지역별 편년과 남한과의 병행관계에 대한 내용을 간결하게 정리하고[1], 2012년 한국청동기학회 학술대회에서 제시된 남한의 각 지역별 편년안이 북한 무문토기 편년과 어느 정도 대비될 수 있을지에 대해 약간의 전망을 제시하고자 한다. 그리고 말미에는 남북한 병행관계 설정의 어려움에 대해 지금까지 필자가 작업해 오면서 느꼈던 점을 언급하면서 마무리하였다.

II. 서북지역의 편년과 남한

1. 서북지역의 편년

여기서 서북지역이란 압록강 하류역과 청천강유역을 말한다. 심귀리와 공귀리유적이 있는 압록강 중상류역도 주로 압록강 하류역 및 청천강유역의 편년과 함께 대비되어 왔지만, 공귀리식토기와 같은 지역색도 있고 압록강 하류역의 편년과 꼭 정합적인 병행관계를 보이는 것은 아니었다. 그래서 여기서는 압록강 하류역과 청천강유역의 편년만 정리하였다.

〈 표 1 〉은 이 지역의 편년 및 남한과의 병행관계에 대한 案이다(裵眞晟 2009). 압록강 하류역은 신암리유적과 미송리유적으로 대표된다. 뇌문토기가 있는 신암리 I 도 즐문토기에서 무문토기로의 과도기를 포함한다고 하지만(리병선 1965: 11; 後藤直 1971; 藤口健二 1986; 裵眞晟 2003; 安在晧 2006 · 2010), 남한의 조기와 대비되는 것은 주로 신암리II이다(裵眞晟 2007b; 安在晧 2010). 신암리II의 토

| 표 1 | 서북지역의 편년과 병행관계

압록강 하류역		청천강유역		남한
신암리3-1		당산상층(?)		(↕)
신암리II	古	세죽리II$_1$ · 구룡강 I		조기
	新			전기전반
신암리III		세죽리II2	구룡강II$_1$	전기후반
미송리II1			구룡강II$_2$	

1 여기서는 서북지역과 동북지역만 다루었다. 그 외 지역은 자체의 편년도 안정적이지 않고 남한과의 병행관계를 설정하기에 무리한 측면이 많기 때문이다. 대동강유역의 팽이형토기 편년은 여러 연구자들이 시도하여 왔지만, 다양한 편년안이 상충한다. 그리고 원산만 일대의 경우는 늦은 시기의 자료 위주여서, 남한의 조기~전기를 대상으로 하는 이 책의 대상 범위와도 맞지 않는다.

기에는 각목돌대문 · 절상돌대문 · 횡침선+점열문 · 이중구연 등의 문양이 있고, 대부토기도 존재한다. 그리고 〈 표 1 〉에서 신암리II의 古와 新은 신암리II의 층위에 대한 문제점, 다양한 기형과 문양이 포함되어 있는 점(도면 1-4~19), 이중구연각목문 등에서 신암리

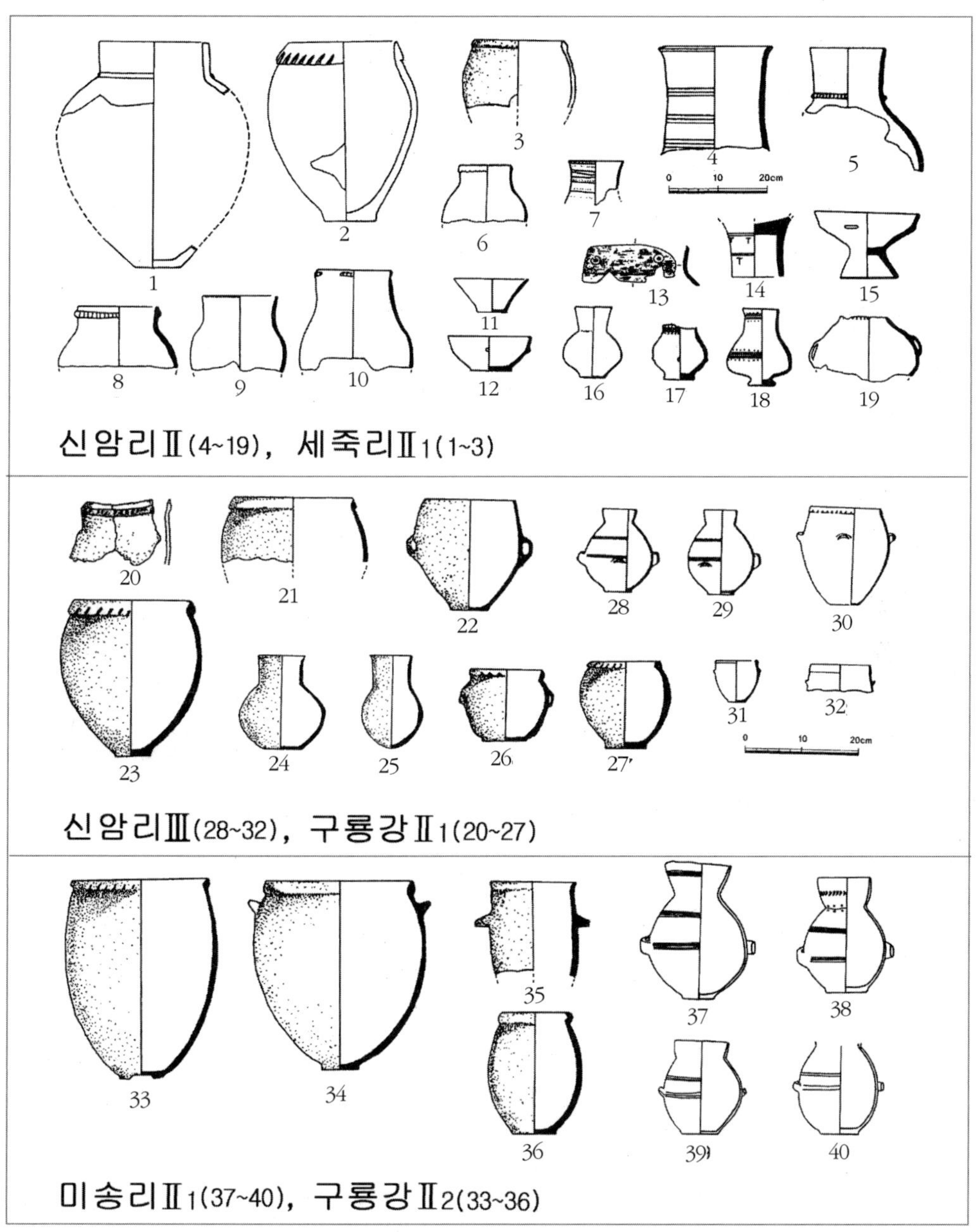

| **도면 1** | 서북지역의 무문토기(4 · 5: 1/16, 20 · 24: 축척 無, 나머지 1/13)

Ⅲ과 유사한 토기도 있는 점, 정한덕(1996: 211)에 의한 신암리 제4지점과의 대비, 古澤義久(2007: 104)에 의한 丹東地區 편년안과의 대비 등을 근거로 신암리Ⅱ를 分期하려 한 것이다(裵眞晟 2009: 8~11). 다음에 이어지는 단계는 미송리식토기가 등장하는 신암리Ⅲ인데(도면 1-28~32), 이 가운데 4·5호 주거지에서 출토된 토기는 신암리Ⅱ로 소급될 가능성도 고려되었다(後藤直 1971: 50~51; 裵眞晟 2009: 13). 미송리Ⅱ1에서는 頸部가 길어지면서 침선문이 추가된 것도 있으며(도면 1-37), 다음 단계인 미송리Ⅱ2는 묵방리식토기를 표지로 한다.

청천강유역은 세죽리유적과 구룡강유적이 대표적이다. 세죽리Ⅱ1은 각목돌대문·절상돌대문·이중구연각목문, 세죽리Ⅱ2는 미송리식토기를 특징으로 한다. 따라서 세죽리Ⅱ1은 신암리Ⅱ, 세죽리Ⅱ2는 신암리Ⅲ~미송리Ⅱ1과 병행시킬 수 있다. 구룡강Ⅰ에서 확인되는 구연부의 원형첨부문이나 縱狀把手는 신암리Ⅱ(도면 1-13·19)에도 보인다. 구룡강Ⅱ는 두 단계로 구분되는데 Ⅱ1은 돌대문(도면 1-20)과 같은 Ⅰ의 요소가 잔존하는 반면, Ⅱ2에는 돌대문이 소멸하고 파수의 형태(도면 1-21)도 다르다.

2. 남한과의 병행관계

신암리Ⅰ이 포함되기도 하지만, 신암리Ⅱ는 남한의 조기와 자주 대비되고 있다. 그런데 앞에서 신암리Ⅱ를 古와 新으로 분기하였다. 古는 남한의 조기 병행일 것이지만 新은 어떻게 될까. 신암리Ⅱ, 즉 신암리유적 제3지점의 3층과 4층의 토기가 동일 문화층으로서 일괄하여 보고된 상황에서(김용간·리순진 1966) 古와 新의 토기를 구분해 내기는 사실상 어렵다. 그러나 신암리Ⅱ와 Ⅲ이 공백이 없이 이어진다는(裵眞晟 2009: 13) 전제 하에 미송리식토기가 초현하는 신암리Ⅲ을 통해 신암리Ⅱ 新단계를 바라보자.

요동지역에서 전형적인 미송리식토기의 초기 형식을 대변하는 자료는 쌍방 6호묘 출토품(도면 2-1·2)일 것이다(許玉林·許明綱 1983). 이것은 함께 출토된 요령식동검과 함께 대체로 西周 中·後期로 비정되고 있어, 대략 기원전 9세기대를 중심으로 한다. 한반도 서북지역 출토품 가운데 쌍방 6호묘 미송리식토기처럼 頸部가 길지 않으면서 침선문이 없는 것은 신암리Ⅲ(도면 1-28·29)에 있다. 따라서 신암리Ⅲ을 대략 기원전 9세기대로 본다면, 신암리Ⅱ 新단계의 하한을 대략 기원전 10세기대로 유추할 수 있을 것이다. 기원전 9세기대는 남한의 전기 후반에 속할 것이며, 요령식동검 출현 직전인 기원전 10세기대의 어느 시점은 대략 남한의 전기 전반의 하한으로 볼 수 있을 것이다. 이렇게 볼 수 있다

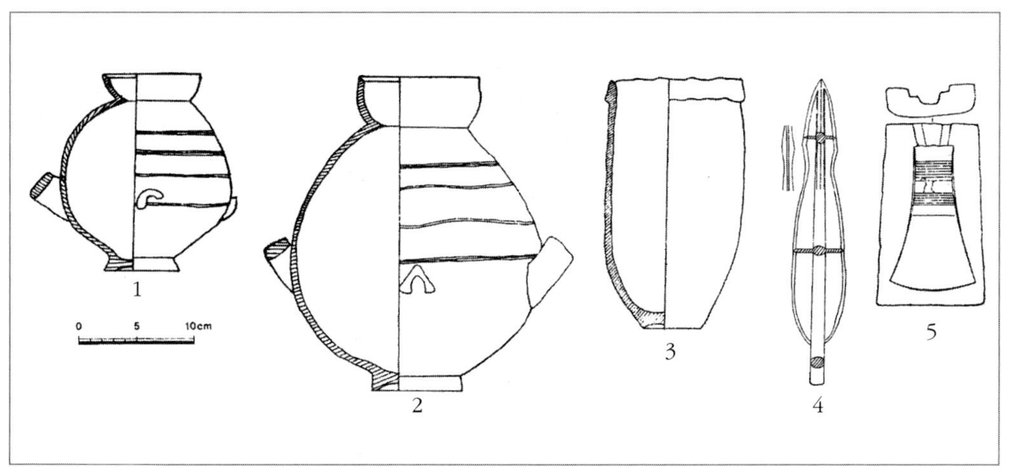

| 도면 2 | 요동 쌍방 6호묘 출토품(1/7)

면, 신암리II 古단계는 남한의 조기, 新단계는 전기 전반, 신암리III~미송리II1은 전기 후반 병행으로 설정할 수 있을 것이다.

III. 동북지역의 편년과 남한

1. 동북지역의 편년

여기서 동북지역이란 두만강유역을 말하며, 현재 북한 · 중국 · 러시아 세 나라가 접해 있다. 두만강유역의 무문토기는 이전부터 중류역과 하류역의 지역차가 언급되어 왔다(藤口健二 1986; 大貫靜夫 1992a). 이 지역에 대해서는 최근에도 세밀한 편년연구가 진행되고 있는데(姜仁旭 2007; 裵眞晟 2007b · 2010; 崔傾淑 2011), 여기서는 필자의 안을 토대로 간략하게 정리하였다.

두만강 중류역은 무산 호곡유적과 회령 오동유적을 필두로 하여, 興城 · 石灰場 · 鶯歌嶺遺蹟 등이 대표적이다. 가장 이른 호곡 I 은 뇌문과 어골문이 있는 I 1(도면 3-5~8)에 비해, 돌류문 · 공렬문 · 단사집선이 중심인 무문토기적 양상의 I 2(도면 3-11~15)로 구분하기도 하였다(裵眞晟 2007b). 그렇지만 대부토기(도면 3-11)가 호곡 I 의 모든 주거지에서 출토되었다는(황기덕 1975: 146) 점을 생각하면, 두 단계를 단절적으로 파악해서는 안 될 것

| 표 2 | 동북지역의 편년 및 병행관계

두만강 중류역				標識資料			두만강 하류역	남한
호곡 I	I_1			뇌문			서포항IV_2	조기
	I_2			┆	지두돌대		┆	
앵가령상층 오동4호	홍성	3		무경식석촉			서포항V	
		4	新龍				┆	전기전반
		5				적색마연	서포항VI	
호곡II	오동 2호		郎家店				서포항VII	전기후반

이다. 호곡II는 호곡 I 과 연속하지 않고 그 사이에 이른바 指頭突帶文土器(裵眞晟 2007a)를 표지로 하는 오동 4호 · 앵가령상층 · 홍성유형이 위치한다(도면 3-16~23). 다음의 호곡II 및 오동 2호는 돌대문은 쇠퇴하고 적색마연토기가 성행한다(도면 3-27~31).

두만강 하류역은 웅기 서포항유적의 편년을 기준으로 한다.[2] 서포항IV2(裵眞晟 2007b)는 뇌문이 남아 있지만 돌류문(도면 3-2)이 등장하는 점에서 호곡 I 기와 관련될 가능성이 있다. 서포항V부터 지두돌대문의 심발(도면 3-9)이 등장하고, 이것은 서포항VI의 조흔문이 시문된 심발(도면 3-24)과 유사한 기형임을 알 수 있다. 서포항VI부터 등장하는 적색마연토기는 서포항VII에 더욱 성행하며, 적색마연장경호(도면 3-36)도 확인된다.

2. 남한과의 병행관계

뇌문토기 · 지두돌대문토기 · 적색마연토기와 같은 표지 토기를 통해 두만강 중류역과 하류역의 병행관계를 설정하면 〈 표 2 〉와 같다. 그러면 이러한 두만강유역의 편년을 남한의 조기~전기와 어떻게 대응시킬 수 있을까. 남한의 자료와 대비할 수 있는 것으로는 돌류문이나 돌대문 및 적색마연토기 등이 있을 것이다. 두만강유역의 돌류문은 서포항IV2 및 호곡 I 등 대단히 이른 시기에 나오고 있어서 남한의 상황과는 다르고, 지두돌대문과 돌대문의 차이는 이미 논한 바이다(裵眞晟 2007a). 또 적색마연토기가 있지만 대비할 수 있는 것은 적색마연장경호 정도일 것이다.

2 웅기 송평동유적은 정식 보고되지 않았고, 나진 초도유적은 층위별로 구분되지 않아 편년 연구에는 많은 약점이 있다. 그러나 유적의 중요도는 낮지 않기 때문에 이 지역의 파악에 참고해야 하는 자료임은 분명하다.

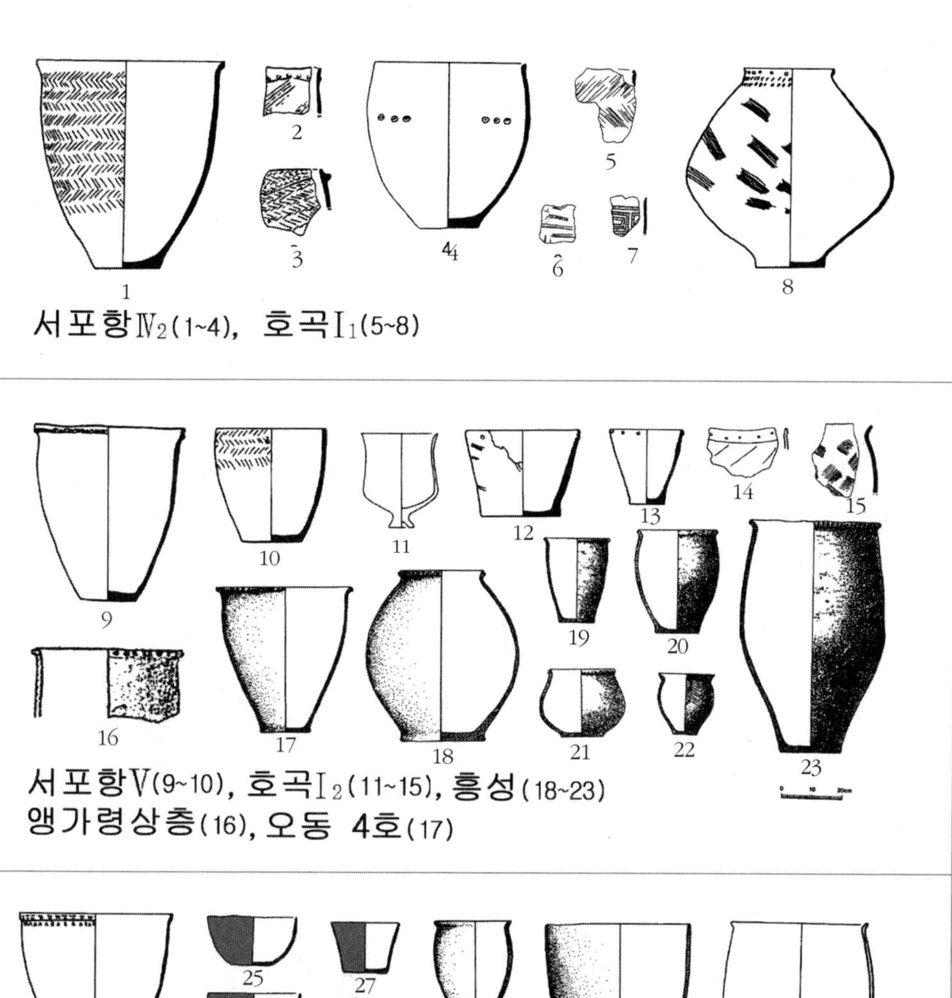

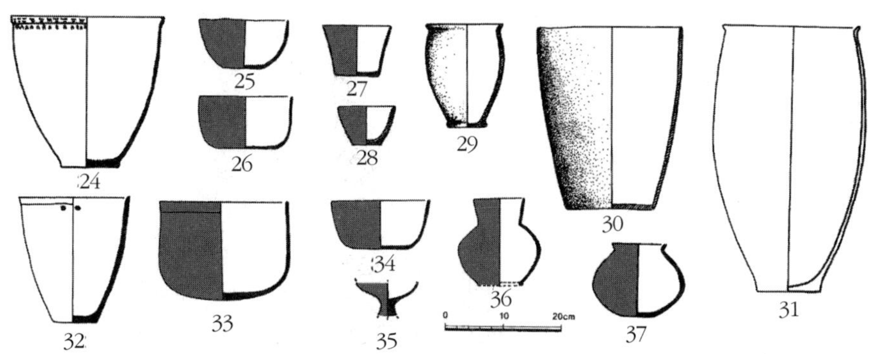

| **도면 3** | 동북지역의 무문토기(23 · 31: 1/23, 나머지 1/13)

〈 표 2 〉에 제시한 남한과의 병행관계는 사실 두만강유역만으로는 어렵고 서북지역과의 병행관계를 함께 고려한 결과이다. 북한지역에서 즐문토기와 무문토기의 경계를 자르기 곤란한 측면이 있지만 뇌문의 소멸과 무문토기적인 문양의 존재를 기준으로, 뇌문이 없는 호곡 I 2[3]는 대략 서북지역의 신암리3-1~신암리II 및 남한의 조기와 병행시켜도 큰 무리는 없을 것이다. 다음에 이어지는 지두돌대문토기를 표지로 하는 단계는 상당 부분 남한의 전기 전반과 병행할 것이다. 한편, 자료의 개체 수가 적은 서포항V기는 다른 지역과의 병행관계 설정이 어려운데, 무문토기의 가장 이른 시기를 포함하는 것은 분명하고 서포항VI기로 이어지는 기형 등을 감안하여, 대략 남한의 조기~전기 전반 병행으로 둔다.

다음의 서포항VII · 호곡II · 오동 2호는 지두돌대문이 소멸하고 다양한 적색마연토기가 성행하는 단계인데, 남한에서도 적색마연토기가 본격화하는 시기는 전기 후반이다. 두만강유역의 적색마연토기 가운데 남한과 가장 직접적으로 대비할 수 있는 것은 서포항VII에 보이는 적색마연평저장경호(도면 3-36)이다. 남한과 두만강유역의 적색마연평저장경호가 서로 관련이 있다는 전제하에서 생각할 때, 서포항VII의 적색마연평저장경호와 같은 기형은 영남지역에서 전기 전반에도 출토되며, 전기 후반에는 원저장경호가 우세한 편이다. 이 점을 고려할 때 서포항VII은 전기 후반 병행으로 하였지만 그 상한이 전기 전반의 어느 시점까지 올라올 수도 있고, 아니면 보고된 자료는 서포항VII의 한 점뿐이지만 서포항VI에도 적색마연평저장경호의 존재 가능성을 고려해야 할지도 모르겠다. 〈 표 2 〉에서 남한의 전기 전반과 전기 후반 사이에 실선은 고사하고 점선도 그을 수 없었던 것은 이 때문이다.

IV. 남한 각 지역별 편년과의 대비

여기서는 위의 내용과 함께 이 단행본의 토대가 되었던 2012년 한국청동기학회 학술대회에서 제시된 남한의 각 지역별 편년을 북한 무문토기 편년과 어느 정도 대비시켜 볼 수 있을지를 가늠해보았다.

먼저 영동지역은 조기, 전기 전엽, 전기 중엽, 전기 후엽으로 편년되었다(朴榮九 2012).

---

3 호곡 I 1은 신암리 I 과 병행할 것이다.

영동지역은 동해안을 통해 두만강유역과 상당한 관련성이 있었을 것으로 예상되고 있지만, 실제 직접 대비할 수 있는 토기를 지목하기는 쉽지 않다. 강릉 교동(江陵大學校博物館 2002) 1호의 상한이 조기까지 올라간다고 할 때, 호곡 I 2 및 서포항 V와 병행하는 시점이 있을 것이며, 교동 5호 및 6호에서 출토된 이중구연거치문(도면 4-6 · 8)은 서북지역과 관련시킬 수 있을 것이다. 그리고 동북형석도 등을 볼 때 전기에도 두만강유역과의 상호 관계는 밀접했다고 판단되지만, 토기를 통한 병행관계는 아직 구체적인 안을 그려내기 어렵다. 전기 전엽으로 편년된 임호정리 3호에 장경호(도면 4-12)[4]가 있는데(江原文化財硏究所 2008), 평저인지 원저인지는 알 수 없다. 이것이 평저였다면 전기 후반 병행으로 예상한 서포항VII의 평저장경호와는 편년상 어긋난다. 이것은 앞으로의 자료 증가를 통해 단일 기종에 대한 심화된 연구에 맡겨져야 할 것이다.

영서지역은 조기 전반, 조기 후반, 전기 전반, 전기 후반으로(金權中 2012), 서울 · 경기지역은 여기에 전기 중반이 추가되는(강병학 2012) 편년안이었다. 이 지역들의 돌대문과 이중구연은 서북계일 것이지만, 조기를 전반과 후반으로 나누었을 때 서북지역이나 동북지역의 편년과 어떻게 대응될지 아직 구체화하기 어려운 것 같다.

한편, 강화 삼거리(金載元 · 尹武炳 1967) 출토 팽이형토기(도면 5-4)와 함께 연천 삼거리(京畿道博物館 2002) 9호의 토기(도면 5-1~3)에서 대동강유역 팽이형토기의 영향을 생각할 수 있는데, 화천 용암리(도면 5-5 · 6)에서도 팽이형토기와 유사한 저부가 확인되었다(江原文化財硏究所 2007). 앞으로 서울 · 경기 및 영서지역과 대동강유역의 병행관계도 조금씩 밝혀지지 않을까 한다.

호서지역에서는 최근 연기 대평리유적을 비롯하여 이른 시기의 돌대문토기와 이중구연각목문토기가 증가하고 있는데, 북한 무문토기와 가장 직접적으로 대비할 수 있는 것은 둔산 1호 주거지에서(忠南大學校博物館 1995) 출토된 신암리II식토기일 것이다(도면 6). 둔산 1호의 시기에 대해서는 조기 혹은 전기 전반의 두 가지 가능성을 언급한 바 있다(裵眞晟 2012: 21).

그리고 남한의 조기는 일반적으로 신암리II 병행으로 인식되고 있는데, 진주 평거동유적 3호 및 4호 주거지에서 채색된 뇌문토기편이 검출되었다(慶南發展硏究院 歷史文化센터 2011). 뇌문토기는 신암리II 이전 요소로서 말기 즐문토기의 표지 자료 가운데 하나이다. 평거동의 뇌문토기는 신암리 I 과 II 사이에 편년되는 신암리3-1의 채색 뇌문토기

---

4 표면박리가 심해 적색마연의 유무는 알 수 없지만, 기형상 적색마연토기이다.

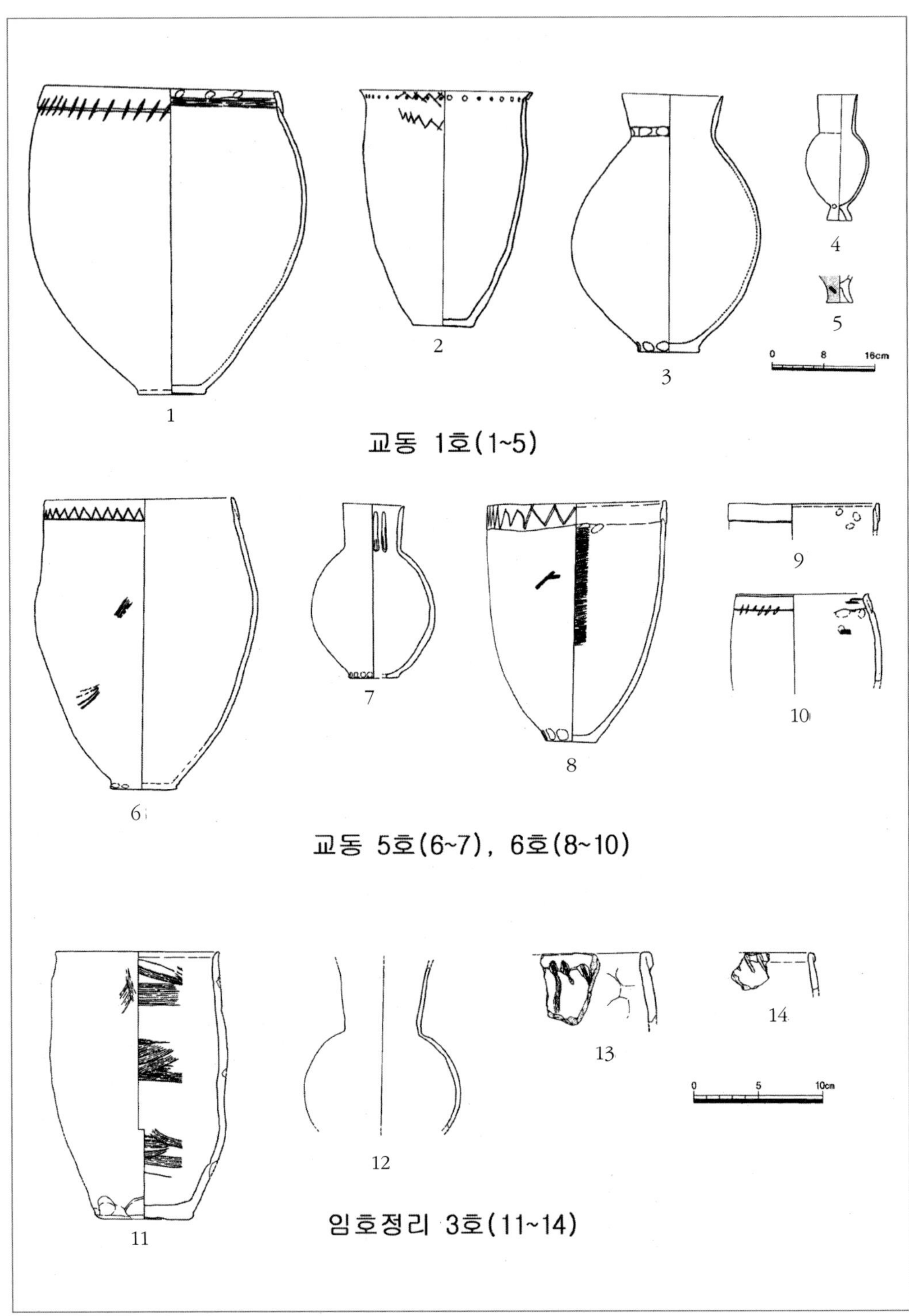

| **도면 4** | 강릉 교동 및 양양 임호정리 출토품(1~10: 1/11, 11~14: 1/6)

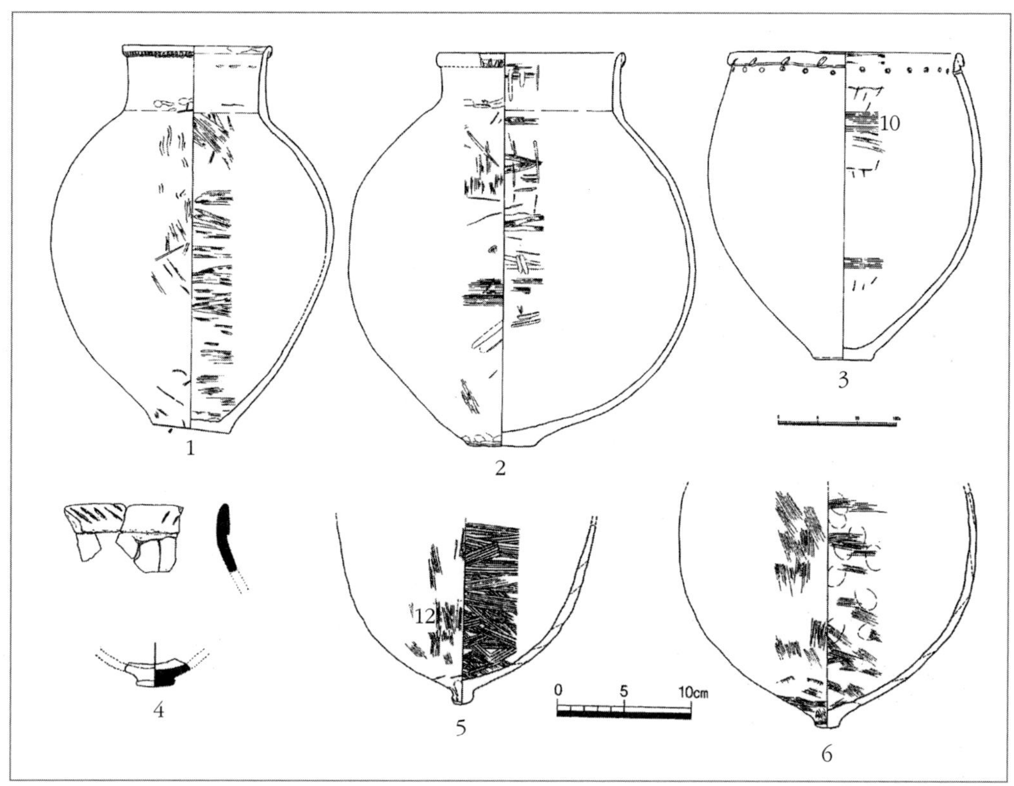

| **도면 5** | 연천 삼거리 9호(1~3, 1/10), 강화 삼거리(4, 1/6), 화천 용암리 52호(5 · 6, 1/6)

와 가장 유사하다(고민정 2011: 260). 뇌문토기가 성행하는 신암리 I 에 대해 즐문토기에서 무문토기로의 과도기를 포함한다는 의견도 있었다(리병선 1965: 11; 後藤直 1971; 藤口健二 1986; 裵眞晟 2003; 安在晧 2006 · 2010). 평거동의 뇌문토기편은 주거지 상부 출토품이라는 약점이 있지만, 이것을 적극적으로 이용한다면 서북지역과의 병행관계에서 남한 조기의

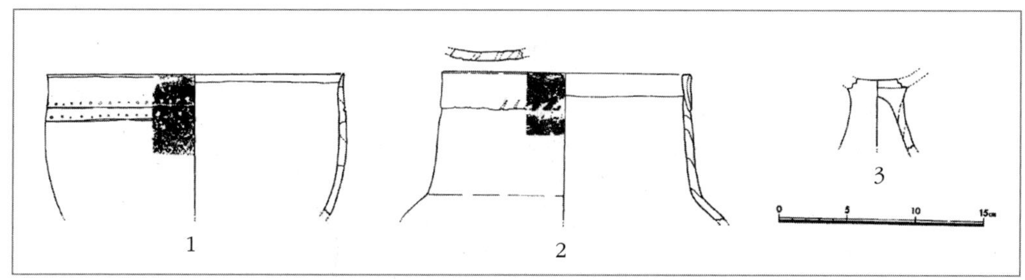

| **도면 6** | 대전 둔산유적 1호 출토 토기(1/6)

상한을 조금 더 올려볼 수 있는 근거가 될 가능성도 열어두고 싶다. 〈표 1〉에서 남한의 조기 위에 (↕)를 넣은 것은 이 때문이다.

Ⅴ. 남북한 병행관계 설정의 어려움 -맺음말을 대신하여-

첫째, 시기명 삽입·點線·實線이다. 북한 자료에 근거한 편년에 남한의 시기명을 어떻게 대응시켜 삽입해야 할지도 쉽지 않지만, 편년표에 남한의 시기명을 넣고 난 후 북한 자료의 편년과 대응시켜 시기명 사이의 어느 부분에 선을 그어야 할지가 더 고민스러웠다. 위의 표에서 북한지역의 경우 시기명 혹은 문화층 사이에 실선을 그을 수 있는 부분도 있지만, 현재로서 자신하기 어려워 점선으로 처리된 곳도 있다. 하물며 남한의 시기명 사이에는 겨우 조기와 전기 중심으로 점선을 두었을 뿐 실선은 한 곳도 긋지 못하였다.

둘째, 시기가 내려올수록 병행관계 설정은 더욱 어려워진다는 점이다. 이른 시기일수록 돌대문나 이중구연 등 남북한 공통의 자료도 있고, 대부분의 연구에서 남한의 조기는 신암리II·세죽리II1·호곡I 등과 병행시키는데 큰 이견이 없다. 그러나 전기부터는 사정이 달라진다. 다행히 횡대구획문토기가 출토되는 호서지역의 경우 요동을 포함한 동북아시아적 시야에서 대략적인 병행관계를 상정할 수 있겠지만, 그 외의 지역은 직접적인 대비가 쉽지 않다. 만약 서북지역 전기의 표지 토기인 미송리식토기의 분포권이 남한까지 내려왔다면 남북한을 포함한 편년망 설정에 좋은 실마리가 되지 않았을까. 남한 무문토기 연구자로서 아쉬울 따름이다.

셋째, 한반도의 가장 북쪽이면서 표준 유적이 밀집한 서북·동북지역에 비해 아래쪽으로 내려올수록 자료의 질적·양적 제약이 많다. 두만강유역의 이남에서 주요 유적이라 할 만한 금야유적이 있는 원산만 일대는 주로 늦은 시기가 중심이다. 그리고 대동강유역은 자료는 많지만 팽이형토기문화 자체가 지역적 한정성이 강하고, 가락동식토기의 계통론에서도 밀려난 현재 남한과의 대비는 더욱 어려워지고 있다.

넷째, 북한측 도면의 정밀도나 유물의 실견 문제 등은 말할 것도 없지만, 남한의 무문토기문화가 시간이 갈수록 지역색이 강해지는 점도 북한과의 병행관계 설정에 난관으로 작용하는 측면이 있을 것이다.

:: 참고문헌

江陵大學校博物館, 2002, 『江陵 校洞 住居址』.

강병학, 2012, 「서울 · 경기지역 조기-전기 편년」, 『청동기시대 광역편년을 위한 조기~전기문화 편년』, 6회 한국청동기학회 학술대회.

江原文化財硏究所, 2007, 『龍岩里』.

江原文化財硏究所, 2008, 『襄陽 臨湖亭里 遺蹟』.

姜仁旭, 2007, 「두만강 유역 청동기시대 문화의 변천 과정에 대하여 -동북한 토기의 편년 및 주변 지역과의 비교를 중심으로-」, 『韓國考古學報』 62, 韓國考古學會.

京畿道博物館, 2002, 『漣川 三巨里遺蹟』.

고민정, 2011, 「남강유역 각목돌대문토기문화의 지역성 연구」, 『동북아역사논총』 32호, 동북아역사재단.

慶南發展硏究院 歷史文化센터, 2011, 『진주 평거 3-1지구 유적 Ⅰ~Ⅵ』.

金權中, 2012, 「강원 영서지역 청동기시대 조기-전기문화의 편년」, 『청동기시대 광역편년을 위한 조기~전기문화 편년』, 제6회 한국청동기학회 학술대회.

김용간 · 리순진, 1966, 「1965년도 신암리유적발굴보고」, 『고고민속』 3.

金載元 · 尹武炳, 1967, 『韓國支石墓硏究』, 國立博物館.

리병선, 1965, 「압록강류역 빗살 무늬 그릇 유적들의 계승성에 대한 약간의 고찰」, 『고고민속』 2.

朴榮九, 2012, 「강원 영동지역의 조기~전기 편년」, 『청동기시대 광역편년을 위한 조기~전기문화 편년』, 제6회 한국청동기학회 학술대회.

裵眞晟, 2003, 「無文土器의 成立과 系統」, 『嶺南考古學』 32, 嶺南考古學會.

裵眞晟, 2006, 「北韓 無文土器의 編年 -早期~前期를 中心으로-」, 『轉換期의 先史土器 資料集』, 국립김해박물관.

裵眞晟, 2007a, 「豆滿江流域 無文土器의 實相」, 『嶺南考古學』 42, 嶺南考古學會.

裵眞晟, 2007b, 『無文土器文化의 成立과 階層社會』, 서울: 서경문화사.

裵眞晟, 2009, 「압록강~청천강유역 무문토기 편년과 남한」, 『韓國上古史學報』 64, 韓國上古史學會.

裵眞晟, 2010, 「青銅器時代의 蔚山과 豆滿江流域」, 『青銅器時代의 蔚山太和江文化』, 蔚山文化財研究院 開元10週年 紀念論文集, (財)蔚山文化財研究院.

裵眞晟, 2012, 「可樂洞式土器의 初現과 系統」, 『考古廣場』 第11號, 釜山考古學研究會.

安在晧, 2006, 『青銅器時代 聚落研究』, 釜山大學校 博士學位論文.

安在晧, 2010, 「韓半島 青銅器時代의 時期區分」, 『考古學誌』 第16輯, 國立中央博物館.

鄭漢德, 1996, 「美松里型土器形成期に於ける若干の問題」, 『東北アジアの考古學 第二』〔槿域〕, 깊은샘.

忠南大學校博物館, 1995, 『屯山』.

崔傾淑, 2011, 「두만강유역 청동기시대 제 유형 고찰」, 『韓國青銅器學報』 第八號, 韓國青銅器學會.

황기덕, 1975, 「무산 범의 구석 유적 발굴 보고」, 『고고민속론문집』 6.

古澤義久, 2007, 「遼東地域と韓半島西北部先史土器の編年と地域性」, 『東京大學考古學研究室紀要』 第21号.

宮本一夫, 1985, 「中國東北地方における先史土器の編年と地域性」, 『史林』 68-2.

大貫靜夫, 1992a, 「極東の先史文化」, 『季刊考古學』 38.

大貫靜夫, 1992b, 「豆滿江流域を中心とする日本海沿岸の極東平底土器」, 『先史考古學論集』 2.

大貫靜夫, 1996, 「欣岩里類型土器の系譜論をめぐって」, 『東北アジアの考古學〔槿域〕』.

藤口健二, 1986, 「朝鮮無文土器と彌生土器」, 『彌生文化の研究』 3 -彌生土器 I -, 雄山閣.

後藤直, 1971, 「西朝鮮の無文土器について」, 『考古學研究』 17-4.

許玉林・許明綱, 1983, 「新金雙房石棚和石蓋石棺墓」, 『文物資料叢刊』 7.